北方民族大学中央高校基本科研业务费专项资金资助（项目编号：2019KYQD39）、北方民族大学中国语言文学省级一流学科建设资助

# 宁夏南部方言语音研究

张秋红 ○ 著

中国社会科学出版社

**图书在版编目（CIP）数据**

宁夏南部方言语音研究／张秋红著 .—北京：中国社会科学出版社，
2021. 8

ISBN 978 - 7 - 5203 - 8394 - 3

Ⅰ. ①宁…　Ⅱ. ①张…　Ⅲ. ①西北方言 - 方言研究 - 宁夏
Ⅳ. ①H172. 2

中国版本图书馆 CIP 数据核字（2021）第 082802 号

| | |
|---|---|
| 出 版 人 | 赵剑英 |
| 责任编辑 | 耿晓明 |
| 责任校对 | 李　军 |
| 责任印制 | 李寡寡 |

| | |
|---|---|
| 出　　版 | 中国社会科学出版社 |
| 社　　址 | 北京鼓楼西大街甲 158 号 |
| 邮　　编 | 100720 |
| 网　　址 | http://www.csspw.cn |
| 发 行 部 | 010 - 84083685 |
| 门 市 部 | 010 - 84029450 |
| 经　　销 | 新华书店及其他书店 |

| | |
|---|---|
| 印刷装订 | 北京市十月印刷有限公司 |
| 版　　次 | 2021 年 8 月第 1 版 |
| 印　　次 | 2021 年 8 月第 1 次印刷 |

| | |
|---|---|
| 开　　本 | 710 × 1000　1/16 |
| 印　　张 | 18.5 |
| 插　　页 | 2 |
| 字　　数 | 316 千字 |
| 定　　价 | 98.00 元 |

凡购买中国社会科学出版社图书，如有质量问题请与本社营销中心联系调换
电话：010 - 84083683

# 序

　　对于很多人来说，宁夏可能是一个比较陌生的地方。对于汉语方言学界来说，宁夏方言也像是披着一层神秘的面纱，鲜为外界所知。我本人也只去过一次宁夏，而且只到了银川，对宁夏方言谈不上有什么印象。因此，当张秋红考入北语后，我和同事们都很高兴，因为我们终于可以接触到宁夏方言，终于有人来研究宁夏方言了。

　　张秋红从名字到性格都像是西北人，开朗乐观，说话有如机关枪扫射。然而一聊才知道，她老家是福建上杭，说一口闽西客家话。不过，她从上大学起就从福建老家远赴西北，在塞上江南求学、工作，一呆就是十几年，到如今已俨然是一个西北人了。人家都是孔雀东南飞，张秋红则是为数不多的逆行者之一。

　　张秋红在读博之前，就已经对宁夏方言包括移民方言做过不少调查研究。考上博士以后，我们很自然地希望她能够继续对宁夏方言进行更加深入的研究。经过反复考虑调整，最后确定以宁夏南部地区方言为研究对象，具体地说，包括固原市原州区、彭阳县、隆德县、西吉县、泾源县，中卫市海原县、沙坡头区兴仁镇和蒿川乡、吴忠市同心县南部、盐池县南部，从方言的角度来说即涵盖了宁夏南部使用中原官话的全部区域。宁夏方言南为中原官话，北为兰银官话，这也与宁夏地区历史上的南北分治、地形上的南高北低等历史地理因素直接相关。因宁夏的政治文化中心银川位于北部，宁夏方言的调查研究相对而言也呈现出北部较为深入、南部较为薄弱的局面。

　　张秋红按照统一的规范，实地调查了宁夏南部地区 8 个县市区的 38 个地点的方言（包括 14 个重点点和 24 个一般点），取得了大量第一手资料，在此基础上写成《宁夏南部方言语音研究》的博士论文。论文运用历时比较、共时比较、地理语言学等方法进行分析研究，比较全面地揭示了该地区方言语音的基本面貌和主要特点，并对全浊声母逢今塞音塞擦音仄声读送气清音、端精见组细音字声母合流、泥来母分混、知系字的读音、见系字的腭化、疑影喻母的演变、果摄一三等的读音、遇流摄的读音、止摄合口三等支微入鱼现象、[i]［u］的舌尖化、咸山摄的鼻化、深臻摄读同曾梗通摄、山臻摄精组来母合口字读撮口呼、入声韵的演变、平声的分化与合并、阴阳平的合并、阳平的演变、两字组连调及轻声等问题以及移民方言做了深入的专题研究，取得了令人信服的结论。论文还从共性和差异两方面对宁夏南部内部各方言进行比较和分区，并将宁夏南部方言与周边方言进行对比。文末附了内容丰富珍贵的字音对照表。

　　张秋红的论文得到了答辩专家较高的评价，经校外专家评审，还获得了北京语言大学校级优秀博士学位论文。

　　在当今形势下，一个南方人能够长期扎根于西北边疆地区，把自己奉献给西北方言的调查研究事业，不能不说是难能可贵的。在和张秋红的交往中，我能感觉到她对宁夏方言有着浓厚的兴趣和强烈的责任感。做事情贵在有决心，有恒心。张秋红已经具备必要的语言调查研究能力，相信她只要持之以恒，在宁夏这片广袤的土地上持续耕耘，必定能继续收获越来越丰硕的成果。

　　是为序。

曹志耘

2020 年 11 月 20 日于浙江师范大学

# 目　　录

惠农区

石嘴山市
(大武口区)
石 嘴 山 市
平罗

放包圪垯
3556

银川市    贺兰区      黄
自治区政府
西夏区    金凤区  兴庆区
银          永宁        河
川          灵武市

内蒙古自治区

青铜峡市
吴忠市
(利通区)
市

牛首山
1774

中卫市
(沙坡头区)
河    中      中宁
黄                      红寺堡区
香山            吴      大罗山        忠      市      陕西省
2361                            2624

卫              同心

甘肃省        天都山        市
2703
海原      马万山
2954      海原
(新区)
月亮山                          云雾山
2632                          2148      甘肃省

固原市
(原州区)

固          西吉      原      市
彭阳

隆德      米缸山
2930

泾源

图　例
⊚ 自治区人民政府
◎ 地级市人民政府
⊙ 自治区、县、县级
人民政府
—·—·— 自治区（省）界
———— 地级市界
—··—··— 自治区、县、
县级市界
比例尺　1∶2600000

**宁夏回族自治区略图**

注：图片来源于宁夏回族自治区自然资源厅网站 http：//www.nxgtt.gov.cn/bsfw/
xzfw.htm。审图号：宁 S〔2019〕第 018 号。

# 第一章　绪论

## 第一节　宁夏南部概况

本书研究范围涵盖宁夏南部说中原官话的所有区域：固原市原州区、彭阳县、隆德县、西吉县、泾源县；中卫市海原县、中卫市沙坡头区兴仁镇、蒿川乡；吴忠市同心县南部、吴忠市盐池县南部。如图1-1。

**图1-1　宁夏南部地区**

注：下文方言地图中盐池县（南）标为"盐池县"，同心县（南）标为"同心县"，沙坡头区（南）标为"沙坡头区"。

## 壹　人文地理

宁夏回族自治区位于北纬 35°14′—39°23′，东经 104°17′—107°39′，是我国最大的回族聚居地，古"丝绸之路"要道，素有"塞上江南"之美誉，自治区首府驻地银川。宁夏地处黄土高原与内蒙古高原过渡地带，黄河穿省而过，西北有贺兰山，南部有六盘山。宁夏地势北低南高，南部以流水侵蚀的黄土地貌为主，中部和北部以干旱剥蚀、风蚀地貌为主，大体以宁夏吴忠市同心县为界划分为宁夏北部川区和南部山区。

宁夏南部地区即南部山区。宁夏南部地区地处黄土高原，地形呈南高北低之势，海拔约在 1500—2200 米，固原市总面积 10540 平方公里，海原县总面积 6899 平方公里。受河水切割、冲击作用，地形上以丘陵为主、沟壑纵横、梁峁交错，属黄土丘陵沟壑区。六盘山山脉以南北走向横亘宁夏南部，主峰美高山（米缸山）海拔 2942 米，为固原市最大、最高山脉。宁夏南部地区为我国最大的回族聚居地，据《宁夏统计年鉴》（2017）记载，2016 年固原市户籍总人口 122.03 万人，其中回族人口 56.63 万人，占总人口的 46.41%。宁夏南部地区主要包括固原市原州区、彭阳县、西吉县、隆德县、泾源县以及 2004 年从固原市划归中卫市管辖的海原县共 6 个市县区，以固原市原州区为中心，东部与甘肃省庆阳市相连，南部与甘肃省平凉市为邻，西部与甘肃省白银市相连，北部与宁夏回族自治区中卫市、吴忠市接壤。但吴忠市同心县南部、盐池县南部、中卫市沙坡头区兴仁镇、蒿川乡（原隶属海原县）在地形地理上与宁夏南部地区相似且相连，方言相通，本书合并为宁夏南部方言区。

原州区为宁夏回族自治区固原市政府驻地，介于东经 106°00′—106°30′，北纬 35°50′—36°20′之间，东邻彭阳县，南接泾源县，西连西吉县，北靠海原县、同心县，东北、西南分别与甘肃环县、隆德县毗壤。全区总面积 2739.01 平方公里，区政府驻地南关街道。下辖 7 个镇、4 个乡、3 个街道：三营镇、头营镇、官厅镇、张易镇、开城镇、彭堡镇、黄铎堡镇、寨科乡、炭山乡、中河乡、河川乡、南关街道办事处、古雁街道办事处、北源街道办事处。2018 年原州区户籍总人口为 46.48 万人，其中回族人口 22.62 万人，占全县总人口的 48.7%。为行文统一，原州区沿用"固原"，与老百姓所说的"固原"（原州区）行政区划一致。

海原县隶属中卫市，地理坐标为东经 105°09′—106°10′，北纬 36°

06′—37°04′。位于宁夏回族自治区中南部，县境东与固原市原州区相连，南与西吉县毗邻，西临甘肃靖远县、会宁县，北与中卫市沙坡头区、同心县接壤。全县总面积6463平方公里，县政府驻地海城镇，下辖辖4个镇、12个乡：海城镇、李旺镇、西安镇、七营镇、史店乡、树台乡、关桥乡、高崖乡、郑旗乡、贾塘乡、曹洼乡、九彩乡、李俊乡、红羊乡、关庄乡、甘城乡。1920年12月，海原发生了8.6级大地震，据《海原县志》记载，海原县震亡7.3万余人。震后，外地人口陆续迁入海原。

彭阳县隶属固原市，介于东经106°32′—106°58′之间，北纬35°41′—36°17′，位于宁夏回族自治区南部边缘，六盘山东麓，东临甘肃省庆阳市镇原县，西连固原市原州区，南与甘肃省平凉市崆峒区接壤，北接甘肃省庆阳市环县。全县总土地面积为2533.49平方公里，县政府驻地白阳镇，下辖4个镇、8个乡：白阳镇、王洼镇、古城镇、红河镇、新集乡、城阳乡、冯庄乡、小岔乡、孟塬乡、罗洼乡、交岔乡、草庙乡。

西吉县隶属固原市，介于东经105°20′—106°04′、北纬35°35′—36°14′之间，位于宁夏回族自治区南部，六盘山西麓，属黄土高原干旱丘陵区。东接宁夏原州区，西临甘肃静宁县，南与宁夏隆德县毗邻，北与宁夏海原县接壤。县政府驻地吉强镇，下辖4个镇、15个乡：吉强镇、兴隆镇、平峰镇、将台堡镇、新营乡、红耀乡、田坪乡、马建乡、震湖乡、兴平乡、西滩乡、王民乡、什字乡、马莲乡、硝河乡、偏城乡、沙沟乡、白崖乡、火石寨乡。

隆德县隶属固原市，地处东经105°48′—106°15′、北纬35°21′—35°47′之间，位于宁夏南部边陲，六盘山西麓，县境西北毗连甘肃静宁县、宁夏西吉县，东南与宁夏泾源县、甘肃庄浪县毗邻，东北与宁夏原州区接壤。全县总面积985平方公里，县政府驻地城关镇。下辖3个镇、10个乡：城关镇、沙塘镇、联财镇、陈靳乡、好水乡、观庄乡、杨河乡、神林乡、张程乡、凤岭乡、山河乡、温堡乡、奠安乡。

泾源县隶属固原市，地处东经106°30′—106°38′、北纬35°45′—35°50′，位于宁夏回族自治区最南端，因泾河发源于此而得名。东与甘肃省平凉市崆峒区相连，南与甘肃省华亭县、庄浪县接壤，西与隆德县毗邻，北与原州区、彭阳县交界。全县总面积1131平方公里，县政府驻地香水镇，下辖3个镇、4个乡：香水镇、泾河源镇、六盘山镇、黄花乡、大湾乡、兴盛乡、新民乡。

　　同心县隶属吴忠市，地处东经 105°55′—106°67′、北纬 36°58′—37°43′，位于宁夏回族自治区中南部，地处鄂尔多斯台地与黄土高原北部的衔接地带，东部与甘肃庆阳市环县相邻，南部与宁夏固原市原州区接壤，西部与宁夏中卫市海原县相邻，北部与宁夏吴忠市中宁县、红寺堡区接壤。2016 年同心县户籍总人口 32.80 万人，回族人口 28.26 万人，占全县户籍总人口的 86.16%。全县总面积 4662 平方公里，县政府驻地豫海镇，下辖 7 个镇、4 个乡：河西镇、丁塘镇、下马关镇、预旺镇、王团镇、豫海镇、韦州镇、兴隆乡、马高庄乡、张家垣乡、田老庄乡。其中，本书主要研究对象为同心南部以下乡镇：下马关镇<sub>南部</sub>、田老庄乡、马高庄乡、预旺镇、王团镇、张家垣乡。

　　盐池县隶属吴忠市，地处东经 106°61′—107°65′、北纬 37°11′—38°15′，位于宁夏回族自治区东部，为银南地区，我国历史上农耕民族与游牧民族交界地带，东部与陕西省定边县、内蒙古自治区鄂托克前旗接壤，西北与灵武市相邻，西南与吴忠市同心县毗邻。全县总面积 8661 平方公里，县政府驻地花马池镇，下辖 4 个镇、4 个乡：花马池镇、大水坑镇、惠安堡镇、高沙窝镇、王乐井乡、冯记沟乡、青山乡、麻黄山乡。其中，本书主要研究对象为盐池南部以下乡镇：大水坑镇<sub>南部</sub>、麻黄山乡。

　　截至 2017 年 10 月，固原市共辖 1 个市辖区、4 个县，包括 62 个乡镇，3 个街道办事处，811 个行政村，60 个社区居委会。中卫市海原县辖 4 个镇、12 个乡，165 个行政村。吴忠市同心县辖 7 镇 4 乡 2 个管委会，170 个行政村，4 个居委会，属宁夏南部方言区的有 6 个乡镇。

　　本书所使用的行政区划为《中华人民共和国分省系列地图—宁夏回族自治区地图》（中国地图出版社 2016 年版），地图底图来源于宁夏回族自治区自然资源厅（测绘地理信息局）网站 2019 年所公布。

## 贰　历史沿革和行政区划

　　宁夏南部山区是历代兵家必争之地，《史记·年表》记载"东函谷，南崤武，西散关，北萧关"，萧关，也称为汉萧关，位于今固原市东南，三关口以北、瓦亭峡以南这一险要的峡谷地带，坐落在甘肃环县境内的秦长城与萧关故道的交汇点上，六盘山山脉横亘关中西北，为其西北屏障。《庆阳府志》记载："萧关在城西北二里"，旧《环县志》载："其疆域西北与宁夏固原势若唇齿，东北一带花马池、定边出入之要津。自灵州而南至郡城，由固原迤东至延绥，相距各四百余里，其中唯此一县襟带四方。实银夏之门户，彬宁之锁钥也。"萧关自古为西北军事要塞，也为古丝绸之路东段北道必经之路，该路线由长安出发，沿泾河，经固原、海原，于靖远县北渡黄河，经景泰直抵武威。现将20世纪以来宁夏南部地区的行政区划调整情况简要概括如下。

1. 行政区划调整

（1）固原市

历史上的固原是古丝绸之路东段的北道必经之路，历代军事重镇。根据薛正昌（2006），辛亥革命初，改平凉府为泾源道，固原州归其管辖。民国二年（1913），陕西固原提督府裁撤，固原直隶州也随之裁撤，改为固原县，裁撤硝河城州归入固原县。1913年改化平直隶厅为化平县，隆德县所属的庄浪各县分离出去，因海城县与奉天省（辽宁）海城县重名，1914年更名为海原县。1913年，甘肃省重新划分各道管辖范围，固原属陇东道；1914年，改陇东道为泾源道；1940年，改泾源道为陇东专员行署，固原仍属陇东专区。1942年，海固划割固原、海原、隆德、庄浪、静宁五县新置西吉县。

1949年10月，固原县、隆德县、海原县、泾源县（原化平县）属平凉专区（甘肃省辖）、西吉县属定西专区。1950年，报国务院批准，因原化平县地处泾河源头而更名为泾源县。1953年，析出平凉专区的西吉、海原、固原三县，成立甘肃省西海固回族自治区。1955年经国务院批准，西海固回族自治区更名为固原回族自治州，直隶甘肃。1958年10月，宁夏回族自治区成立，撤销固原回族自治州，成立固原专区，为宁夏回族自治区人民政府派出机构，辖固原、西吉、海原、隆德五县，同年改泾源回族自治县为泾源县，行政专署驻固原县城。1958年11月，甘肃省泾源县划归宁夏，归属固原专区。1970年，固原专区改为固原地区行政公署，行署驻固原县，辖固原、海原、西吉、隆德、泾源5县。1983年10月，根据《国务院关于宁夏回族自治区设立彭阳县的批复》文件精神，从固原县析出王洼、彭阳区所辖15个人民公社（冯庄、王洼、罗洼、小岔、孟塬、草庙、交岔、石岔、古城、新集、沟口、彭阳、城阳、红河、川口）成立彭阳县。2000年1月，固原地区固原县大战场乡移交吴忠市中宁县属地管理。2001年7月7日，撤销宁夏区固原地区和固原县，设立地级固原市和原州区。2002年7月，撤固原行政专署，成立固原市人民政府，固原县改成原州区，辖海原县、西吉县、隆德县、泾源县、彭阳县和原州区。2003 年，海原县划归中卫市，固原市辖 4 县 1 区。2008 年 2 月，划固原北部黑城镇、七营镇、甘城乡及炭山乡部分归海原县。从 2008 年至今，行政区划基本不变。宁夏回族自治区成立以来固原行政区划调整如表 1 - 1。

表 1 - 1　　　　　　　　　　固原市行政区划调整

| 原行政区划 | 调整时间 | 现行政区划 | 政府驻地 | 辖区 |
|---|---|---|---|---|
| 固原回族自治州 | 1958 年 10 月 | 固原专区 | 固原县 | 固原县、西吉县、海原县、隆德县（4 县） |
| | 1958 年 11 月 | 固原专区 | 固原县 | 固原县、西吉县、海原县、隆德县、泾源县（5 县） |
| 固原专区 | 1970 年 7 月 | 固原地区行政公署 | 固原县 | 固原县、西吉县、海原县、隆德县、泾源县（5 县） |
| | 1983 年 10 月 | 固原地区行政公署 | 固原县 | 固原县、西吉县、海原县、隆德县、泾源县、彭阳县（6 县） |
| 固原地区行政公署 | 2001 年 7 月 | 地级固原市 | 原州区（原固原县） | 原州区、西吉县、海原县、隆德县、泾源县、彭阳县（6 区县） |
| 地级固原市 | 2002 年 7 月 | 固原市人民政府 | 原州区 | 原州区、西吉县、海原县、隆德县、泾源县、彭阳县（6 区县） |
| | 2003 年 | 固原市 | 原州区 | 原州区、西吉县、隆德县、泾源县、彭阳县（5 区县） |

（2）吴忠市

据同心县政府网《同心县历史沿革》载，1914 年平远县改名为镇戎县，划归甘肃省宁夏道（朔方道），1918 年又改镇戎县为豫旺县。1929 年，宁夏道自甘肃省分出，建立宁夏省，豫旺县属宁夏省。1936 年 6 月，豫旺县解放，建立了工农（苏维埃）政权，驻下马关，后改建为豫海县回民自治政府，驻王家团庄。豫海县辖地是豫旺和海原东部的回民聚居区，是中国历史上第一个县级回民自治政府。其后，马鸿逵部恢复了国民党豫旺县，将驻地由下马关迁至同心城（亦称半角城），并改豫旺县名为同心县。1940年,宁夏省将韦州、下马关、红城水划归盐池县。1949年,宁夏解放,两个盐池县的局面结束,韦州、下马关、红城水复归同心县。同心县建置为6个区24个乡86个村,1950年调整为7个区31乡。1958年10月,同心县在原7个区的基础上组建了跃进、喊叫水、金铜、星火、下马关、豫旺、宏伟等7个人民公社。1954年3月,宁夏省建立了河东回族自治区,同心县归其管辖。同年,撤销宁夏省并入甘肃省,河东回族自治区属甘肃省管辖。1955年5月,河东回族自治区改称吴忠回族自治州。1958年宁夏回族自治区成立,同心县直属自治区。1961年9月,跃进、金铜、星火、宏伟4个公社分别更名为城关、新庄集、韦州、王家团庄公社。从城关、喊叫水、新庄集3个公社中各划出一部分组成纪家庄公社;自城关公社分设了窑山公社;从喊叫水公社分设了下流水公社;从下马关公社分设了田家老庄公社;从豫旺公社分设了羊路公社;韦州公社保持不变。同心县共分为14个公社。1972年,组建银南地区,同心县归属宁夏回族自治区银南地区。1982年6月,在县城增置了同心镇。1984年1月将所有公社改为乡。同时,划出城关乡的清水河以东和喊叫水乡的桃山以东组建了河西乡。1986年3月,改韦州、下马关2乡为镇。1992年8月,改豫旺乡为豫旺镇;改王家团庄乡为王团镇;撤销河西乡,分设为河西镇和丁家塘乡。至此,同心县辖同心、韦州、下马关、豫旺、王团、河西等6镇和城关、窑山、纪家、新庄集、田家老庄、马家高庄、张家塬、羊路、喊叫水、下流水、丁家塘等11乡。2002年9月,自治区政府明确红寺堡开发区区域界限,将同心县石炭沟(扬黄灌溉)开发区(乡级)成建制划归红寺堡开发区(宁政函〔2002〕138号)。2004年,中卫市成立,同心县喊叫水、下流水两乡镇划归中卫市。2008年,划海原县兴隆乡归同心县,同心县辖7镇4乡2管委会。

盐池县为历史上中国农耕民族与游牧民族的交界地带。据盐池县人民政府网资料及白永刚(2011),中华民国建立后于民国二年(1913)将花马池分州改为盐池县。此时亦将原属灵州管辖的惠安、盐积、隰宁、萌城四堡划归盐池县管辖。1929年宁夏省建立,盐池县属其管辖。1936年盐池解放,建立工农政权,后改为抗日民主政权,属陕甘宁边区三边分区。此时国民党宁夏省在惠安堡建立盐池县政府,管辖当时已被红军解放不久后撤退放弃的惠安堡、萌城堡等地,形成两个盐池县并存的局面。1947年,国民党蒋介石部进攻陕甘宁边区,宁夏马鸿逵部出兵配合,侵占了盐池县的大部分地区。因此，陕甘宁边区盐池县政府迁至县境南部山区李塬畔时，国民党宁夏省盐池县政府迁至盐池县城。1949 年 8 月，陕甘宁边区收复盐池（此前在 1947 年 7 月曾恢复过一个月）。盐池县政府由山区返回县城。1949 年 9 月宁夏全省解放，陕甘宁边区撤销，并存 13 年之久的两个盐池县的局面结束。1951 年，宁夏省撤销并入甘肃省，盐池县属甘肃省河东回族自治区。1955 年河东回族自治区改为吴忠回族自治州，盐池县属该州。1958 年，宁夏回族自治区成立，盐池县直属自治区。1972 年银南地区成立，盐池县属银南地区。1998 年银南地区改为地级吴忠市，沿用至今，盐池县也一直隶属于吴忠市。

2. 撤乡并镇

（1）原州区

2003 年 3 月，根据《宁夏回族自治区人民政府关于调整西吉隆德彭阳海原四县乡镇区划的批复》实施了"撤乡并镇"工作，将原州区大湾乡、什字路镇、蒿店乡合并为六盘山镇（驻原什字路镇）划归泾源县。原州区将原 18 乡 4 镇调整为 6 乡 8 镇 1 个街道办事处。甘城乡、高台乡合并为甘城乡，乡政府驻原甘城乡驻地；寨科乡、马渠乡合并为寨科乡，乡政府驻原寨科乡驻地；三营镇、黄铎堡乡合并为三营镇，镇政府驻原三营镇驻地；头营乡、杨郎乡合并为头营镇，镇政府驻原头营乡驻地；东郊乡、西郊乡合并为清河镇，镇政府驻原东郊乡驻地；张易乡、红庄乡合并为张易镇，镇政府驻原张易乡驻地；南郊乡、开城乡合并为开城镇，镇政府驻原南郊乡驻地；原彭堡乡改设为彭堡镇，政府驻地不变；城关镇改设为中山街道办事处，驻地仍在原城关镇。炭山乡、官厅乡、中河乡、河川乡、七营镇、黑城镇未作调整（固原市人民政府网 2017）。全市共减少行政村148 个，村民小组 31 个。调整的乡镇区划如下表。2008 年 2 月，划固原北部黑城镇、七营镇、甘城乡及炭山乡部分归海原县。2009 年 7 月，固原市政府批准将原州区所属的 1 个街道办事处重新划分为 3 个街道办事处，居委会由 15 个调整为 23 个。2014 年 8 月，经宁夏回族自治区人民政府批准，撤销彭阳县红河乡改红河镇。至 2015 年底，各县区共辖 62 个乡镇，3个街道办事处，811 个行政村，60 个社区居委会。原州区乡镇区划调整情况如表 1－2。

表 1-2　　　　　　　　原州区撤乡并镇情况

| 合并前 | 合并后 | 乡镇府驻地 | 现归属地 |
| --- | --- | --- | --- |
| 原州区大湾乡、什字路镇、蒿店乡 | 六盘山镇 | 原什字路镇 | 泾源 |
| 甘城乡、高台乡 | 甘城乡 | 原甘城乡 | 原州区 |
| 寨科乡、马渠乡 | 寨科乡 | 原寨科乡 | 原州区 |
| 三营镇、黄铎堡乡 | 三营镇 | 原三营镇 | 原州区 |
| 头营乡、杨郎乡 | 头营镇 | 原头营镇 | 原州区 |
| 东郊乡、西郊乡 | 清河镇 | 原东郊乡 | 原州区 |
| 张易乡、红庄乡 | 张易镇 | 原张易乡 | 原州区 |
| 南郊乡、开城乡 | 开城镇 | 原南郊乡 | 原州区 |
| 彭堡乡 | 彭堡镇 | 原彭堡乡 | 原州区 |
| 城关镇 | 中山街道办事处 | 原城关镇 | 原州区 |

（2）泾源县

2003 年 7 月，宁夏回族自治区人民政府批准，将泾源乡镇调整为 4 乡 3 镇。东峡乡并入泾河源镇，镇政府驻原泾河源镇驻地；园子乡、惠台乡并入香水镇，镇政府驻原香水镇驻地；什字路镇、蒿店乡合并为六盘山镇，镇政府驻原什字路镇驻地；新民乡、黄花乡、大湾乡、兴盛乡未作调整。泾源县乡镇区划调整情况如表 1-3。

表 1-3　　　　　　　　泾源县撤乡并镇情况

| 合并前 | 合并后 | 乡镇府驻地 | 现归属地 |
| --- | --- | --- | --- |
| 东峡乡、泾河源镇 | 泾河源镇 | 原泾河源镇 | 泾源县 |
| 园子乡、惠台乡、香水镇 | 香水镇 | 原香水镇 | 泾源县 |
| 什字路镇、蒿店乡 | 六盘山镇 | 原什字路镇 | 泾源县 |

（3）隆德县

2003 年 10 月，宁夏回族自治区人民政府批准，将隆德县原 18 乡 3 镇调整为 10 乡 3 镇。峰台乡、城郊乡并入城关镇，镇政府驻隆德县城；崇安乡并入山河乡，乡政府驻原山河乡驻地；杨沟乡并入奠安乡，乡政府驻原奠安乡驻地；桃山乡并入温堡乡，乡政府驻原温堡乡驻地；上梁乡并入凤岭乡，乡政府驻原凤岭乡驻地；桃园乡并入张程乡，乡政府驻原张程乡驻地；观堡乡、大庄乡合并为观庄乡，乡政府驻原大庄乡驻地；杨河乡、好水乡、陈靳乡、神林乡、沙塘镇、联财镇未作调整。隆德县乡镇区划调整情况如表1-4。

表1-4　　　　　　　　　　　**隆德县撤乡并镇情况**

| 合并前 | 合并后 | 乡镇府驻地 | 现归属地 |
| --- | --- | --- | --- |
| 峰台乡、城郊乡、城关镇 | 城关镇 | 原城关镇 | 隆德县 |
| 崇安乡、山河乡 | 山河乡 | 原山河乡 | 隆德县 |
| 杨沟乡、奠安乡 | 奠安乡 | 原奠安乡 | 隆德县 |
| 桃山乡、温堡乡 | 温堡乡 | 原温堡乡 | 隆德县 |
| 上梁乡、凤岭乡 | 凤岭乡 | 原凤岭乡 | 隆德县 |
| 桃园乡、张程乡 | 张程乡 | 原张程乡 | 隆德县 |
| 观堡乡、大庄乡 | 观庄乡 | 原大庄乡 | 隆德县 |

（4）西吉县

2003年，宁夏回族自治区人民政府批准，将西吉县原24乡2镇调整为16乡3镇。其中公易乡、玉桥乡并入兴隆镇，镇政府驻原兴隆镇；白城乡并入新营乡，乡政府驻原新营乡；下堡乡（鹞子村除外）并入偏城乡，乡政府驻原偏城乡；下堡乡鹞子村并入白崖乡，乡政府驻原白崖乡；城郊乡、夏寨乡、城关镇合并为吉强镇，镇政府驻原城关镇驻地；三合乡并到平峰镇，镇政府驻原平峰乡驻地；田坪乡、什字乡、马建乡、兴坪乡、西滩乡、王民乡、沙沟乡、火石寨乡、红耀乡、硝河乡、马莲乡、将台乡、苏堡乡未作调整。西吉县乡镇区划调整情况如表1-5。

表1-5　　　　　　　　　　　**西吉县撤乡并镇情况**

| 合并前 | 合并后 | 乡镇府驻地 | 现归属地 |
| --- | --- | --- | --- |
| 公易乡、玉桥乡、兴隆镇 | 兴隆镇 | 原兴隆镇 | 西吉县 |
| 白城乡、新营乡 | 新营乡 | 原新营乡 | 西吉县 |
| 下堡乡（鹞子村除外）、偏城乡 | 偏城乡 | 原偏城乡 | 西吉县 |
| 下堡乡鹞子村、白崖乡 | 白崖乡 | 原白崖乡 | 西吉县 |
| 城郊乡、夏寨乡、城关镇 | 吉强镇 | 原城关镇 | 西吉县 |
| 三合乡、平峰乡 | 平峰镇 | 原平峰乡 | 西吉县 |

（5）彭阳县

彭阳县16乡3镇调整为9乡3镇。王洼乡、石岔乡并入王洼镇，镇政府驻原王洼乡驻地；彭阳乡、崾岘乡并入白阳镇，镇政府驻原彭阳乡驻地；川口乡并入古城镇，镇政府驻原古城镇驻地；刘塬乡并入草庙乡，乡政府驻原草庙乡驻地；沟口乡并入新集乡，乡政府驻原新集乡驻地；红河乡、城阳乡、孟塬乡、冯庄乡、交岔乡、罗洼乡、小岔乡未作调整。2014年8月，经宁夏回族自治区人民政府批准，撤销彭阳县红河乡改红河镇。彭阳县乡镇区划调整情况如表1-6。

表1-6　　　　　　　　　　　**彭阳县撤乡并镇情况**

| 合并前 | 合并后 | 乡镇府驻地 | 现归属地 |
|---|---|---|---|
| 王洼乡、石岔乡 | 王洼镇 | 原王洼乡 | 彭阳县 |
| 彭阳乡、崾岘乡 | 白阳镇 | 原彭阳乡 | 彭阳县 |
| 川口乡、古城镇 | 古城镇 | 古城镇 | 彭阳县 |
| 刘塬乡、草庙乡 | 草庙乡 | 草庙乡 | 彭阳县 |
| 沟口乡、新集乡 | 新集乡 | 新集乡 | 彭阳县 |
| 红河乡 | 红河镇 | 红河镇 | 彭阳县 |

（6）海原县

2004年中卫市成立，2004年6月，固原市海原县整建制划入新成立的中卫市管辖。2005年底，固原市下辖西吉县、隆德县、泾源县、彭阳县和原州区。共辖65个乡镇，1个街道办事处，有27个居委会，1047个行政村。2008年2月，又将原州区北部的黑城镇、七营镇、甘城乡及炭山乡部分划归中卫市海原县管辖。2008年，海原县兴仁镇、嵩川乡划归中卫市沙坡头区，固原市原州区黑城镇划归海原县管辖，黑城镇更名为三河镇。2009年6月海原县实行一县两城（三河镇、海城镇），县政府仍驻地海城镇。海原县乡镇区划调整情况如表1-7。

表1-7　　　　　　　　　　　**海原县撤乡并镇情况**

| 原行政区划 | 调整时间 | 现行政区划 | 政府驻地 | 辖区 |
|---|---|---|---|---|
| 固原市海原县 | 2004年6月 | 中卫市海原县 | 海原县 | 海原县 |

| 原行政区划 | 调整时间 | 现行政区划 | 政府驻地 | 辖区 |
|---|---|---|---|---|
| 固原市原州区黑城镇、七营镇、甘城乡及炭山乡部分 | 2008 年 2 月 | 中卫市海原县 | 海原县 | 海原县原有乡镇及黑城镇、七营镇、甘城乡、炭山乡部分 |
| 海原县兴仁镇、蒿川乡 | 2008 年 | 中卫市沙坡头区 | 沙坡头区 | 沙坡头区原有乡镇及兴仁镇、蒿川乡 |

（7）盐池县

2003 年，盐池县行政区划调整由原来的 13 个乡、3 个镇，调整为 4 个乡、4 个镇，即：撤并城关镇、城郊乡、柳杨堡乡和城西滩吊庄，成立花马池镇；撤并高沙窝乡和苏步井乡，成立高沙窝镇；撤并大水坑镇和红井子乡，成立新的大水坑镇；撤并惠安堡镇和萌城乡，成立新的惠安堡镇；撤并王乐井乡和鸦儿沟乡，成立新的王乐井乡；撤并冯记沟乡和马儿庄乡，成立新的冯记沟乡；撤并麻黄山乡和后洼乡，成立新的麻黄山乡；青山乡不变。把原马儿庄乡老盐池村划归新成立的惠安堡镇、原鸦儿沟乡的李庄子村划归新成立的高沙窝镇、原苏步井乡的高利乌素村划归新成立的花马池镇、原后洼乡王兴庄村划归新成立的大水坑镇。盐池县乡镇区划调整情况如表 1-8。

表 1-8 　　　　　　　　　　　　**盐池县撤乡并镇情况**

| 合并前 | 合并后 | 乡镇府驻地 | 现归属地 |
|---|---|---|---|
| 城关镇、城郊乡、柳杨堡乡、城西滩吊庄、苏步井乡高利乌素村 | 花马池镇 | 花马池镇 | 盐池县 |
| 高沙窝乡、苏步井乡、鸦儿沟乡的、李庄子村 | 高沙窝镇 | 高沙窝镇 | 盐池县 |
| 大水坑镇、红井子乡、后洼乡王兴庄村 | 大水坑镇 | 大水坑镇 | 盐池县 |
| 惠安堡镇、萌城乡、马儿庄乡老盐池村 | 惠安堡镇 | 惠安堡镇 | 盐池县 |
| 王乐井乡、鸦儿沟乡 | 王乐井乡 | 王乐井乡 | 盐池县 |
| 冯记沟乡、马儿庄乡 | 冯记沟乡 | 冯记沟乡 | 盐池县 |
| 麻黄山乡、后洼乡 | 麻黄山乡 | 麻黄山乡 | 盐池县 |

# 第二节 宁夏南部方言的分布及研究现状

## 壹 宁夏方言分布概况

按照《官话方言的分区》（李荣，1985）中原官话的古全浊入声归阳平，清入、次浊入归阴平；兰银官话的古全浊入声归阳平，清入、次浊入归去声。根据这一分区标准，宁夏境内方言主要分为两种：兰银官话和中原官话。以宁夏吴忠市同心县、盐池县为过渡地带，北部为兰银官话银吴片，南部为中原官话秦陇片、陇中片、关中片。"同心东南部的王团、羊路、张家塬、预旺、马高庄、田老庄6乡镇属于中原官话秦陇片固海小片。这条分界线与北宋、西夏对峙始到清中叶宁夏南北分治的政区边界、与明长城的走向大体重合。"（张安生，2008）《中国语言地图集·汉语方言卷》（第二版）以吴忠市同心县南部、盐池县东部、中卫市海原县为过渡地带，其中同心县、盐池县既出现在兰银官话银吴片的分区也出现在中原官话秦陇片的分区中。具体分布如图1-2。兰银官话银吴片在宁夏俗称"川区话"，宁夏南部中原官话在宁夏俗称"山汉话"，两种方言除入声归并方式有所差异外，其他特征如曾梗摄入声韵字的今读、调类的合并等也有区别，详见第五章第一节。

## 贰 宁夏南部方言概况

### 1. 总体概况

根据《中国语言地图集·汉语方言卷》（第二版）B1-6官话之六（中原官话B）将宁夏南部方言划分为中原官话陇中片、关中片、秦陇片，宁夏固原市西吉县、隆德县方言归入中原官话陇中片，固原市原州区、彭阳县、中卫市海原县、吴忠市同心县南片、吴忠市盐池县东片归入中原官话秦陇片，固原市泾源县归入中原官话关中片。从宁夏的历史沿革看，今宁夏方言南部为中原官话、北部为兰银官话的分布格局与历史政区沿革息息相关。自西夏开始，宁夏南北分治的政治格局及行政区划大体形成。中华民国时期，宁夏北部为宁夏省，南部属甘肃省，直至1958年宁夏回族自治区成立，宁夏南北行政区划才合二为一。此外，宁夏方言南北过渡分界与宁夏地形地貌北低南高、南北温差的等温线也比较一致。宁夏南部汉语方

图1-2　宁夏回族自治区汉语方言的分布

言具体分布如图 1-3。

图 1-3　宁夏南部方言的分布

2. 各县口音差异

2003 年宁夏自治区政府针对西吉、隆德、彭阳、海原四县实施了"撤乡并镇"工作，共减少行政村 148 个，因此很多乡镇内部方言口音差异较大，但据调查，口音差异主要体现在个别字或词上，但老百姓能够从这些字或词中辨别地域方言。今根据乡镇主体口音差异，简单归纳如下：

（1）原州区口音分为 4 种，一是寨科片口音，含寨科乡、炭山乡；二是三营口音，含三营镇、头营镇、黄铎堡镇、彭堡镇、中河乡；三是官厅口音，含官厅镇、河川乡、开城镇；四是张易口音，主要分布在张易镇。

（2）彭阳县口音分为 5 种，一是白阳镇、王洼镇、红河镇、草庙乡口音；二是冯庄乡、小岔乡、孟塬乡口音；三是古城镇、新集乡口音；四是罗洼乡、交岔乡口音；五是城阳乡口音。

（3）同心县南片方言口音分为两种，主要包括：一是下马关镇南部、田老庄乡、马高庄乡、预旺镇、王团镇、张家垣乡口音，二是下马关北部口音。

（4）西吉县境内方言口音差异较大，主要有7种，按照乡镇归纳如下：一是县政府驻地吉强镇口音；二是偏城乡、火石寨乡口音；三是兴坪乡、西滩乡、王民乡口音；四是将台乡、硝河乡、马莲乡、兴隆镇、什字乡口音；五是田坪乡、红耀乡、马建乡、震湖乡、平峰镇口音；六是新营乡；七是沙沟乡、白崖乡口音。从当地老百姓按民族来区分的话，回族话中有"北苕子、盐关话、南八营、老陕"等方言口音差异，汉族话有所谓"静宁口音、会宁口音、隆德口音、固原口音"等方言口音的差异，大多与该地移民来源有关，但如今各乡镇人口杂居，方言口音交错。

（5）隆德县方言口音分为3个小片：北片、中片、南片。杨苏平（2015）认为北片主要以县城北边的北象山为界，包括观庄、好水、杨河乡，该片特点为三个单字调，泥来母相混，不分尖团，杨河回民汉语中端精见细音合流；中片主要指隆德境内渝河流域的一些乡镇，包括城关、沙塘、联材、神林、张程、陈靳乡，该片语音特点是三个单字调，泥来母相混，不分尖团；南片指隆德境内甘渭河流域的山河、奠安、凤岭、温堡四乡，该片特点为老派方言四个单字调，新派方言三个单字调，分尖团，泥来母在合口呼前相混，部分古全浊仄声字逢塞音塞擦音读为送气音的情况较多，该地区比较封闭落后，故方言变化较为缓慢滞后。

（6）海原县口音分为5种，按照乡镇归纳如下：一是海城镇、关桥乡、史店乡口音，与其他各乡镇存在较大差别；二是西安镇、树台乡口音；三是李旺镇、甘城乡、七营镇、高崖乡南部（高崖乡北部与同心县豫海镇、兴隆乡、王团镇接壤，为兰银官话银吴片区）为一种，接近固原原州区口音；四是九彩乡、李俊乡、关庄乡、红羊乡口音，该片靠近西吉县，方言也接近西吉话；五是郑旗乡、贾塘乡、曹洼乡口音。该县的方言口音差异主要为上世纪移民来源差异。

（7）泾源县方言口音主要有5种，第一种为香水镇口音，含香水镇（惠台村除外）、兴盛乡、泾河源镇（涝池村、泾光村除外）；第二种为新民乡口音；第三种为六盘山镇口音，含六盘山镇、大湾乡；第四种为黄花乡口音，含黄花乡、香水镇惠台村（原为惠台乡）；第五种为泾河源镇的涝池村、泾光村口音。

（8）盐池县<sub>南部</sub>方言为中原官话秦陇片，该片区方言口音大体相同，不再细分。

## 叁　研究现状

1959 年，由宁夏大学中文系编写《宁夏人怎样学习普通话》油印本标志着宁夏方言研究工作的起步。1978 年，宁夏大学中文系语言学教师对宁夏各地方言开展了较为深入的调查和研究工作，取得了系列成果，在西北乃至全国方言学届都产生了一定的影响，可谓是宁夏方言研究史上的黄金时代。总结性的成果如：李树俨、李倩（2001）《宁夏方言研究论集》收录了十九篇作者认为宁夏方言研究学术成果较高的论文；李生信（2008）《宁夏方言研究五十年》总结了宁夏方言研究辉煌的五十年，提出了宁夏方言研究前进方向；林涛《宁夏方言概要》（宁夏人民出版社 2012 年版）分章节描写了宁夏各地方言的语言面貌，归纳了宁夏方言的特点，同时比较了宁夏方言内部的异同，较为详实地总结了宁夏方言研究的概况。从目前的文献来看，把宁夏南部地区作为一个整体进行调查研究的文章基本没有。以下就宁夏方言分区、方志、宁夏南部方言研究等作一简要介绍。

1. 宁夏方言分区

针对宁夏境内的方言区划分，20 世纪 80 年代众多学者开展了相关研究，如：《宁夏方音跟陕、甘、青方音的比较》（高葆泰，1982）、《宁夏方言的分区及其归属》（李树俨，1986）、《陕甘宁青四省区汉语方言的分区（稿）》（张盛裕、张成材，1986）。1987 年，中国社会科学院和澳大利亚人文科学院合作编纂的《中国语言地图集·汉语方言卷》（1987）明晰了宁夏南部方言的分区，随后学者又对宁夏方言进行了深入的调查研究，如：《宁夏方言的语音特点和分区》（高葆泰，1989）、《兰银官话的分区（稿）》（周磊，2005）、《宁夏境内的兰银官话和中原官话》（张安生，2008）等，在此基础上，2012 年，《中国语言地图集·汉语方言卷》（第二版）对宁夏方言分区进行了调整，主要是将海原县方言由中原官话秦陇片调整为陇中片，把同心县南片方言归入中原官话秦陇片。

张安生（2008）基于宁夏方言调查和文献，根据古入声的今调类，将宁夏境内的汉语方言划分为兰银官话、中原官话，其中兰银官话主要分布在宁夏北部 11 市县，内部分为银川、中卫、同心三个方言小片；中原官话主要分布在宁夏南部山区 6 个市县（固原、彭阳、海原、西吉、隆德、泾源）以及宁夏东部的盐池县，内部分为固海、西隆、泾源三个方言小片，即秦陇片、陇中片、关中片。经作者的田野调查和音系归纳研究认为，盐池县为兰银官话和中原官话的过渡地带。宁夏方言以盐池为界，北部为兰银官话银吴片，南部为中原官话秦陇片、陇中片、关中片、盐池小片。这一分区得到方言学界认可，故《中国语言地图集·汉语方言卷》修订时充分采纳了该观点。

2. 宁夏方言志

1979 年，宁夏回族自治区地方志编审委员会决定把方言志纳入地方志编纂出版的规划，成立宁夏方言志编审委员会。故 20 世纪 90 年代，借各县编写县志、方言志的契机，宁夏方言界在全区开展了系统全面的调研，随后各市陆续出版了方言志，此外，地方志编纂也简要介绍了方言情况，如：

李树俨：《中宁县方言志》，宁夏人民出版社 1989 年版。

杨子仪、马学恭：《固原县方言志》，宁夏人民出版社 1990 年版。

高葆泰、林涛：《银川方言志》，语文出版社 1993 年版。

中宁县志编纂委员会：《中宁县志·方言》，宁夏人民出版社 1994 年版。

贺兰县志编委会：《贺兰县志·方言》，宁夏人民出版社 1994 年版。

林涛：《中卫方言志》，宁夏人民出版社 1995 年版。

中卫县志编纂委员会：《中卫县志·方言》，宁夏人民出版社 1995 年版。

西吉县志编纂委员会：《西吉县志·方言》，宁夏人民出版社 1995 年版。

永宁县志编审委员会：《永宁县志·方言俗语》，宁夏人民出版社 1995 年版。

同心县志编委会：《同心县志·方言》，宁夏人民出版社 1995 年版。

平罗县志编纂委员会：《平罗县志·方言》，宁夏人民出版社 1996 年版。

这些方言志书简要介绍了宁夏方言的总体情况，如：语音、词汇、语法等，让读者对宁夏方言有比较全面、直观的了解，代表了宁夏方言学者对方言研究工作的深入。《浅谈汉语方言学与方言志——兼评〈固原县方言志〉和〈中宁县方言志〉》（张钟和，1990）针对固原县志和中宁县志进行了简要评价，他认为宁夏境内中原官话、兰银官话两个体系各出版一本方言志书标志着宁夏的方言学者已经充分掌握了宁夏方言的基本特点，这些努力和成果将推动宁夏方言研究工作的深入。但是属于宁夏南部方言志丛书的只有《固原方言志》一书，因此宁夏南部地区方言志书的编纂任重道远。

3. 宁夏南部方言研究

（1）语音研究

宁夏南部方言单点综合性语音研究主要有《西吉音略》（杨子仪，1989）、《海原方言音韵研究》（曹强，2006）、《隆德方言研究》（杨苏平，2015）。《西吉音略》（杨子仪，1989）较为详细地概括了西吉城关话音系、变调、异读、轻声、儿化等，归纳了西吉话同音字表，描述了盐官话、北莒子话、老陕话、苏堡话的语音轮廓。《海原方言音韵研究》（曹强，2006）主要描写了海原方言的语音系统，同时将海原方言与《切韵》音系进行历时比较，并从共时层面上将海原方言与中原官话区的固原、西吉、西安、扶风等地方言以及兰银官话区的银川、同心、中宁等地方言进行了横向比较。《隆德方言研究》（杨苏平，2015）在细致调查其母语隆德方言的基础上，从语音、词汇、语法等方面进行比较全面的研究，对我们了解隆德方言乃至西北方言都具有重要的参考意义。

李树俨（1993）《中古知庄章三组声组在隆德方言中的演变——兼论宁夏境内方言分 ts、tʂ 类型》认为隆德话有平、上、去三声，连读能区分阴平和阳平，其突出特点是中古庄知章组字在今隆德话中分化为 [ts tsʰ s]、[tʂ tʂʰ ʂ]、[tʃ tʃʰ ʃ] 三组声母，文章按十六摄的顺序列出二三等韵与知庄章三组的拼合关系，讨论了隆德方言中知庄章组声母的演变及其条件，该篇文章对后来的隆德方言语音研究具有重要的参考价值。杨子仪《固原话声调与中古调类之比较研究》（1988）从历时角度把固原方言声调与中古调类进行了比较研究，梳理了三十六字母在固原方言的调类今读，文章调类梳理得比较清晰但分析稍显不足、不够深入。杨苏平所发表的以下六篇文章《隆德方言尖团音分读与合流现象探析》（2007）、《宁夏隆德方言分尖团举例》（2008）、《隆德方言音系与中古音系比较》（2009）、《宁夏隆德方言古从母仄声字的声母异读现象》（2012）、《宁夏隆德方言古全浊声母今读的送气现象》（2013）、《西北汉语方言泥来母混读的类型及历史层次》（2015），探讨了隆德方言的分尖团情况、全浊声母今读情况、泥来母相混情况以及历时发展情况等，深化了隆德方言的语音研究，具有重要的意义。王玉鼎（2009）《论海原方言的浊音清化规则及其形成原因》认为海原话浊音清化规则的形成与关中方言和兰银官话相互波散影响有关，同时跟历史行政区划和移民等因素相关，对探讨海原方言浊音清化有一定的参考价值。曹强、王玉鼎《古影疑母在海原方言中的演变》（2009）该文比较细致地总结了古影母、疑母字在今海原方言中的今读情况，探讨了其历史演变情况，指出海原新派话古疑、影母字开始向零声母发展、靠拢，对海原方言研究有重要参考价值。阎淑琴《固原话中的吸气音》（2002）及《对宁夏固原话吸气音的两个听辨实验》（2009）从实验语音学角度，分析了固原话吸气音的特征，并对其进行了相关实验，认为固原话声带不振动的吸气音能分辨声调的调型，但齐齿、撮口呼的送气音容易误认为不送气音。阎淑琴的文章从实验语音学的角度开拓了宁夏南部方言研究的思路。高顺斌《固原方言两字组连读变调和轻声》（2013）按照轻声、非轻声对固原方言两字组连调情况进行了列举和简单分析研究，该文章语料丰富，但分析得不够深入，还可对变调情况作进一步探讨。

（2）词汇研究

杨子仪（1991）《固原方言本字考释》通过文献佐证，音义结合，考证了固原方言中 110 个方言本字，对固原方言有音无字或俗字的正字具有较大的帮助。杨苏平（2005）《隆德方言古词语例释》对隆德方言 10 个古语词进行了文献佐证和相关阐释。《固原话单音词例释》（高顺斌，2008）对固原方言 240 多个单音词进行了解释。《固原方言四字格词语的结构和语义特点》（高顺斌，2009）对固原方言四字格词语的构词方式、语义特征进行了分析，《固原方言的重叠式》（高顺斌，2009）对固原方言中名词、形容词、量词的重叠式进行了语义、语法、结构等方言的分析；《固原方言的派生词及词缀》（高顺斌，2010）主要从构词方言探讨固原方言的派生词、词缀。以上文章对了解固原方言的构词特征有一定的帮助。马芳《固原方言中的近代汉语词例释》（2015）对固原方言存古的一些词语进行了解释。这些论文对了解隆德方言有一定的帮助，但不够深入。

赵红芳对固原方言亲属称谓、方言熟语给予了不少关注，发表了《固原方言中亲属称谓的泛化现象》（2013）、《固原方言中回汉亲属称谓的差异对比》（2013）、《固原方言中回族亲属称谓的特点》（2013）、《固原方言亲属称谓的文化底蕴》（2013）、《固原方言熟语中独特的地域文化》（2015）、《固原方言中回族熟语的特点》（2015）等文章，对固原话亲属称谓词有比较细致的观察和研究。此外，马军丽对固原方言词汇也有一定的研究，发表了《固原方言词汇特点探析》（2012）、《固原方言词汇的文化特色》（2012）等文章。另外，涉及固原方言词汇研究还有零星论文发表，如：《固原方言的隐实示虚趣难词》（刘瑞明，2005）、《宁夏南部山区回族亲属称谓研究》（马学娟，2015）等，但探讨的模式都比较单一。

总之，宁夏南部方言的词汇研究停留在比较浅层次的描写分析上，共时、历时研究不够，局限于本县区方言，没有从宁夏方言词汇放到整个西北乃至全国作整体的地理分布、语言类型等角度的研究。

（3）语法研究

《固原话否定词语札记》（马学恭，1981）对"不咧""没事""不得"三个否定副词在方言中的使用情况进行了比较详细的分析研究。《固原话的两个动态助词"给""得"》（马学恭，1986）分析了比较有特色的动态助词在固原话中的情况。《固原话语法特点撮要》（杨子仪，1986）分析了固原话单音节形容词的重叠形式、动词的表示方法、程度补语的特殊表示法、几种状语、句式等，对了解固原话的语法起到了一定的帮助。《固原方言中的助词"下"》（闫淑琴1986）、《固原方言里几种特殊的程度补语句》（赵红芳，2012）、《固原方言中的"胡 + A/V + 呢（呢么）"》（马小燕，2013）、《原州区回族汉语方言中表"完成"体貌助词"咧"》（蒙丽娜，2011）等文章主要分析了固原方言语法的几种特色。《隆德方言的体貌格式》（杨苏平，2015）、《隆德方言几种特殊的句式》（杨苏平，2017）、《宁夏隆德方言的时体研究》（吕玲玲，2014）等文章侧重隆德方言的句式、时体研究。《宁夏泾源方言中的 ABB 构形例析》（白玉波，2011）认为泾源方言中的 ABB 构形具有副词、形容词、动词和名词的语法功能，能充当状语、定语、谓语和主语。宁夏南部方言语法研究从内容上来看比较深入些，但是文章数量不多，成果有限，局限于单一方言的描述，共时层面与其他方言的对比较少。

（4）移民方言研究

宁夏南部地区从 1986 年国家"三西"扶贫搬迁开始，开展了长达三十余年的移民搬迁工程，主要是搬迁宁夏南部山区人口到北部黄河灌区。移民从中原官话区搬迁至兰银官话区，其语言适应、调整引起了大家的关注，故部分文章结合调查进行了移民方言探讨，如：《移民与文化变迁：宁夏生态吊庄移民语言变迁的调查研究》（马伟华，2009）在采访调查了芦草洼（今兴泾镇）移民在迁入地即所谓"吊庄"里的语言变迁，通过语言探讨他们与迁入地原住居民之间族群关系的变化状况，文章视角很好，但是稍显不足的是未从方言学角度进行语音、词汇或语法的探讨或方言例证。《回族移民社区语言的接触与适应——以宁夏平罗县红瑞移民村为例》（马妍，2014）从人类学视角探讨移民语言文化的变迁与调适，在南部地区移民与迁入地原居民发生交流互动的过程中，移民改变了原有的经济生活、政治身份及文化认同等，这些因素都在不断地影响移民社区的语言适应和语言调试。《红寺堡回族中学生语言情况调查研究》（刘晨红，2015）通过对宁夏移民主战场——红寺堡区中学生的问卷调查和访谈，了解移民中青少年在方言接触、选择、调试及认同情况。《宁夏红寺堡生态移民区回族方言接触探析》（张秋红、杨占武，2016）从回族方言变迁探讨了移民的方言认同、调试和变异情况，通过语言变迁了解移民对迁入地的心理适应和社会认同。《移民方言接触与回族方言语音变迁探析——以宁夏红寺堡开元村关中方言为例》（张秋红，2017）以清末陕西关中回族移民方言为切入点，从方言、姓氏等角度切入，探讨分析移民的来源，并分析了移民对方言变迁的影响。周永军（2018）《生态移民区移民语言使用状况及其影响因素的相关性研究——以宁夏红寺堡生态移民区语言调查为例》《宁夏生态移民区移民语言使用状况实证研究》《宁夏红寺堡生态移民区回族移民语言态度调查》以上三篇文章基于红寺堡移民语言使用进行问卷调查并进行统计学分析，从语言使用情况认为移民没有很好地融入当地生活，社会适应并不是很好，红寺堡移民家庭和社会场合使用家乡话占绝对优势，普通话使用者主要集中在30岁以下年龄段的人，吴忠话的使用相对很低。该文从社会语言学角度进行移民方言使用的研究取得了一定了成效，但是语言使用的调整并非三十年可以完成的，有些移民迁徙时间才十来年，语言的变迁受各种因素的影响，红寺堡区作为单独设立的移民开发区，与中心城市吴忠直线距离70公里，所以从语言接触影响来说，吴忠话的辐射效应比较有限，且红寺堡移民居住方式属于聚居而并非杂居，同属于中原官话通话度较高，对吴忠话的需求较低，但不能认为他们的社会适应性不好。《宁夏生态移民居住方式对方言变化的影响》（李生信，2018）从移民的居住方式，如：聚居、杂居等对迁出地方言的保留或改变，文章认为聚居有利于原方言的保留，形成新的方言岛，而散居则不利于原方言的保留。因此，宁夏移民方言研究应结合居住方式、移民语言使用心理、交际需求进行分析研究。

## 第三节　研究目的、材料和方法

### 壹　研究目的

近年来，宁夏方言研究较少成系统的、深入的研究，宁夏南部方言研究更是凤毛麟角，除杨苏平博士学位论文、曹强硕士学位论文分别对隆德方言、海原方言进行了较系统的研究外，其他地区如彭阳县、泾源县、西吉县、原州区等地的方言研究仍是空白。宁夏南部地区在历史上为军事要塞和古丝绸之路途经之地，其语言特色比较突出，对其进行全面系统的研究具有重要意义：

第一，由于宁夏南部方言的调查还不够深入，宁夏南部方言目前尚未有全面、系统的研究成果，可供使用的方言学资料屈指可数，目前学术界对宁夏南部方言的认知基本停留在《中国语言地图集》的分区上，缺乏客观、准确的理解和评价。本书把说中原官话的南部地区作为一个整体进行研究，分县区、分方言片、分口音进行调查、描写，以期为中原官话的研究提供、补充材料。

第二，从上述历史沿革可见宁夏南部的行政区划一直处于变动中，尤其是与甘肃、陕西行政隶属关系的分分合合以及近年来的"撤乡并镇"，使得宁夏南部方言与行政区划的关系更为复杂。因此，详细调查描写并梳理内部方言口音差异，分析差异形成的原因，并与周边地区如甘肃、陕西方言进行语言接触的探讨，无疑具有非常重要的学术价值。

第三，宁夏南部方言处于变化的过程中，尤其是秦陇片、陇中片方言阴阳平的合并问题历来为方言学界所争议，因此对宁夏南部方言进行全面、系统的调查研究，可为该片方言的归属问题提供可资参考的建议。

基于此，对宁夏南部方言语音、词汇、语法进行全面描写、分析、研究的任务尤为迫切。在此基础上，对宁夏南部方言的内部差异、回汉差异、周边方言差异等研究非常重要。总之，目前的研究远远不能体现出宁夏南部方言的价值，尤其是处于中原文化向边疆文化过渡的历史重镇和回汉聚居的民族地区，方言所蕴含的文化价值有待深入挖掘。

本书在对宁夏南部方言进行全面、客观、系统的调查基础上，细致描写每个方言点的语音面貌，尤其是语音特点、回汉差异及移民方言等进行描写、解释、分析，同时利用地理语言学的方法绘制方言特征地图，展现方言变化、内部差异的地理分布情况，并对这一现象的分布特征、演变机制等问题进行解释。

## 贰　研究材料

本书研究材料主要来源于本人方言田野调查所得材料和已有研究材料。

本书根据宁夏南部方言研究已有研究成果，如：《固原方言志》（杨子仪、马学恭，1990）、《隆德方言研究》（杨苏平，2015）、《海原方言研究》（曹强，2006）、《西吉音略》（杨子仪，1989）、《宁夏境内的兰银官话和中原官话》（张安生，2008）等材料，整理文献，归纳方言特点，进行方言语音摸底工作，文内引用已注明出处。

本书田野调查布点的原则是按县设点，一县至少一个点，由于2003年宁夏实行"撤乡并镇"，乡镇合并较多，乡镇内口音存在差异，且回汉族存在方言差异，不太好确认当地百姓口音的差异，故除同心县南部、盐池县南部语音差异较小分别设一个点外，一般为一县两点即该县南北各一个重点点。语音调查以《方言调查字表》（中国社会科学院语言研究所，2016）为主，连读变调表依据《西北地区汉语方言地图集》（邢向东，2016）、《方言调查词汇手册》（丁声树，1989）为底本，结合宁夏方言调查所得词汇进行增删。

本书共调查了宁夏南部地区八个市县区38个方言点，如图1-4，分别是：

固原城关、固原三营、固原开城、隆德城关、隆德观庄、隆德大庄、隆德联财、隆德好水、隆德温堡、隆德山河、彭阳小岔、彭阳交岔、彭阳新集、彭阳城阳、彭阳王洼、彭阳草庙、彭阳白阳、泾源香水、泾源新民、泾源黄花、泾源六盘山、泾源大湾、海原城关、海原郑旗、海原李旺、海原李俊、海原贾塘、西吉吉强、西吉马莲、西吉硝河、西吉火石寨、西吉红耀、西吉田坪、同心预旺、同心张家垣、盐

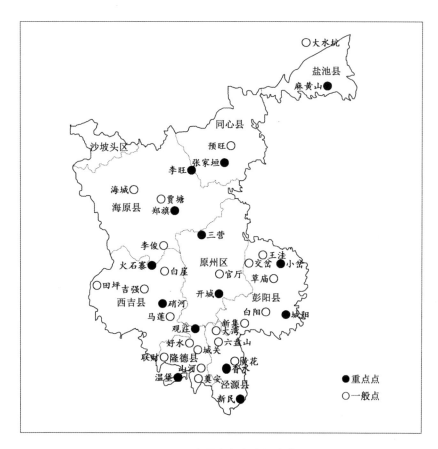

**图1-4 宁夏南部方言调查点**

池<sub>麻黄山</sub>、盐池<sub>大水坑</sub>

材料调查和整理分四个阶段实施。

第一阶段：试点调查。试点调查时间为2017年1月、2017年7月，根据《方言调查字表》对宁夏南部原州区<sub>官厅镇</sub>、泾源县<sub>香水镇</sub>、西吉县<sub>吉强镇</sub>进行了调查，这三个方言点分别对应中原官话秦陇片、关中片、陇中片。在试点调查的基础上，整理语音差异，同时参考其他材料，确定各县不同方言口音为一般调查点，设计《宁夏南部方言语音调查手册（一般点）》为一般点的调查内容。

第二阶段：重点点调查。本书重点点调查共15个，分别是：固原<sub>开城</sub>、固原<sub>三营</sub>、彭阳<sub>小岔</sub>、彭阳<sub>城阳</sub>、泾源<sub>香水</sub>、泾源<sub>新民</sub>、隆德<sub>温堡</sub>、隆德<sub>城关</sub>、西吉硝河、西吉<sub>火石寨</sub>、海原<sub>李旺</sub>、海原<sub>贾塘</sub>、同心<sub>张家垣</sub>、盐池<sub>大水坑</sub>、盐池<sub>麻黄山</sub>。调查时间为 2017 年 7 月至 2018 年 7 月。调查内容主要包括《方言调查字表》（中国社会科学院语言研究所，2016）、《方言调查词汇手册》（丁声树，1989）、《西北地区汉语方言地图集调查手册》（邢向东，2016）。

第三阶段：全面调查。调查时间为 2018 年 8 月至 2018 年 12 月，在前期调查的基础上，汇总各县方言口音差异，依据《方言调查字表》（中国社会科学院语言研究所，2016）、《方言调查词汇手册》（丁声树，1989）、《西北地区汉语方言地图集》（邢向东，2016）、《宁夏南部方言语音调查手册（一般点）》，调查整个宁夏南部地区的区县方言。论文撰写贯穿整个调查过程，一般为调查完一个点，及时归纳总结音系、音韵特点等。

第四阶段：核对材料和补充调查。2018 年 12 月—2019 年 2 月补充调查本书写作中需要补充的材料。

## 叁　研究方法

1. 田野调查法

方言田野调查是研究的基础，也是本书研究材料的最主要来源，本书在宁夏南部地区进行了系统、深入的调查基础上，建立宁夏南部方言研究语料库，为本书的研究提供了可靠、有效的语言事实。田野调查是本书的研究基础，也是最重要的研究方法。

2. 比较分析法

本书在系统描写宁夏南部方言语音面貌，分析语音特点的同时，采用历时和共时的比较方法，历时比较法主要针对语音从中古音到今方言的演变，共时比较法主要应用在移民方言语音接触变异、回汉方言差异方面。

3. 地理语言学研究方法

用地图的手段表现某一样特征的地域分布，这是地理语言学的一个显著特点，或者说是地理语言学的一个区别性特征（曹志耘，2008）。学术界一般认为宁夏南部方言内部一致性比较强，但经过调查后发现内部差异比较大，如：古知庄章组的分化、古端组拼细音的今读、儿化韵的类型等，通过绘制方言地理特征图，将不同方言特征的地理分布进行描写和解释，探讨宁夏方言分布的特征及其形成原因。

4. 社会语言学方法

调查不同年龄层人群的方言使用情况是社会语言学研究语言演变最常见的方法。本书以个案追踪的方式，跟踪调查宁夏南部移民搬迁至宁夏北部兰银官话区前、后的方言演变情况。

# 第二章　声母

## 第一节　概述

### 壹　宁夏南部方言声母总体情况

1. 声母概述

表 2 - 1 是根据宁夏南部方言 36 个方言点的声母数量取的最小公倍数，共 30 个（含零声母）。其中 [tʃ tʃʰ ʃ ʒ] 与 [tʂ tʂʰ ʂ ʐ] 音位互补，[tʂ tʂʰ ʂ ʐ] 声母拼开口呼，[tʃ tʃʰ ʃ ʒ] 声母拼合口呼韵母；[n] 与 [ȵ] 音位互补，[n] 声母拼开口呼、合口呼，[ȵ] 声母拼齐齿、撮口呼。为便于讨论，本书将互补的两个音位一并列出。从整体来看，各地声母方言数量最多为 30 个，最少为 24 个，其差异主要在于是否有舌根鼻音 [ŋ]、舌尖前浊擦音 [z] 以及舌叶音 [tʃ tʃʰ ʃ ʒ]。

表 2 - 1 　　　　　　　宁夏南部方言声母总况

| p | pʰ | m | f | v | |
|---|-----|---|---|---|---|
| t | tʰ | n | | | l |
| ts | tsʰ | | s | z | |
| tʂ | tʂʰ | | ʂ | ʐ | |
| tʃ | tʃʰ | | ʃ | ʒ | |
| tɕ | tɕʰ | ȵ | ɕ | | |
| k | kʰ | ŋ | x | | |
| ø | | | | | |

2. 声母数量概况

宁夏南部方言声母数量详细分布如下表 2 - 2。

表 2 - 2　　　　　　　　宁夏南部各县区方言的声母数量概况

| 方言点 | 声母总数 | 舌根鼻音［ŋ］ | 舌尖前浊擦音［z］ | 舌叶音［tʃ tʃʰ ʃ ʒ］ |
|---|---|---|---|---|
| 固原官厅 | 25 | + | − | − |
| 固原开城 | 24 | − | − | − |
| 固原三营 | 24 | − | − | − |
| 同心张家垣 | 24 | − | − | − |
| 同心预旺 | 24 | − | − | − |
| 盐池麻黄山 | 29 | + | − | + |
| 盐池大水坑 | 24 | − | − | − |
| 彭阳小岔 | 28 | − | − | + |
| 彭阳交岔 | 28 | − | − | + |
| 彭阳新集 | 29 | + | − | + |
| 彭阳城阳 | 28 | − | − | + |
| 彭阳王洼 | 28 | − | − | + |
| 彭阳草庙 | 28 | − | − | + |
| 彭阳白阳 | 24 | − | − | − |
| 海原郑旗 | 24 | − | − | − |
| 海原海城 | 24 | − | − | − |
| 海原李旺 | 24 | − | − | − |
| 海原李俊 | 29 | + | − | + |
| 海原贾塘 | 24 | − | − | − |
| 隆德奠安 | 29 | + | − | + |
| 隆德城关 | 29 | + | − | + |
| 隆德观庄 | 29 | + | − | + |
| 隆德大庄 | 29 | + | − | + |
| 隆德联财 | 29 | + | − | + |
| 隆德好水 | 29 | + | − | + |
| 隆德温堡 | 29 | + | − | + |
| 隆德山河 | 29 | + | − | + |
| 西吉吉强 | 29 | + | − | + |
| 西吉马莲 | 29 | + | − | + |
| 西吉火石寨 | 29 | + | − | + |

续表

| 方言点 | 声母总数 | 舌根鼻音［ŋ］ | 舌尖前浊擦音［z］ | 舌叶音［tʃ tʃʰ ʃ ʒ］ |
|---|---|---|---|---|
| 西吉硝河 | 29 | + | − | + |
| 西吉红耀 | 29 | + | − | + |
| 西吉田坪 | 29 | + | − | + |
| 泾源香水 | 30 | + | + | + |
| 泾源新民 | 30 | + | + | + |
| 泾源黄花 | 30 | + | + | + |
| 泾源六盘山 | 30 | + | + | + |
| 泾源大湾 | 29 | − | | + |

根据表2−2宁夏南部方言声母数量表进行比较，各类型的方言点数及主要差异见表2−3（"＋"表示有，"－"表示无）。

表2−3 **宁夏南部方言声母数量的比较**

| 声母数量 | 方言点数 | 舌根鼻音［ŋ］ | 舌尖前浊擦音［z］ | 舌叶音［tʃ tʃʰ ʃ ʒ］ |
|---|---|---|---|---|
| 24 | 10 | − | − | − |
| 25 | 1 | + | − | − |
| 28 | 5 | − | + | + |
| 29 | 18 | + | − | + |
| 30 | 4 | + | + | + |

说明：（1）24个声母。无舌根鼻音［ŋ］、舌尖前浊擦音［z］和舌叶音［tʃ tʃʰ ʃ ʒ］。主要分布在彭阳、同心、海原、固原、盐池。

（2）25个声母。有舌根鼻音［ŋ］，无舌尖前浊擦音［z］和舌叶音［tʃ tʃʰ ʃ ʒ］。主要分布在固原、盐池县境内，其中固原官厅［ŋ］声母仅有"我［ŋə⁵²］"一字，未见其他例字。

（3）28个声母，有舌尖前浊擦音［z］和舌叶音［tʃ tʃʰ ʃ ʒ］，无舌根鼻音［ŋ］，主要分布在隆德境内。

（4）29个声母。有舌根鼻音声母［ŋ］和舌叶音［tʃ tʃʰ ʃ ʒ］，无舌尖前浊擦音［z］，主要分布在西吉县境内。

（5）30个声母。有舌根鼻音声母［ŋ］、舌尖前浊擦音［z］和舌叶音

［tʃ tʃʰ ʃ ʒ］，主要分布在泾源县境内。

根据上述统计情况，宁夏南部方言声母数量分布如图 2－1。

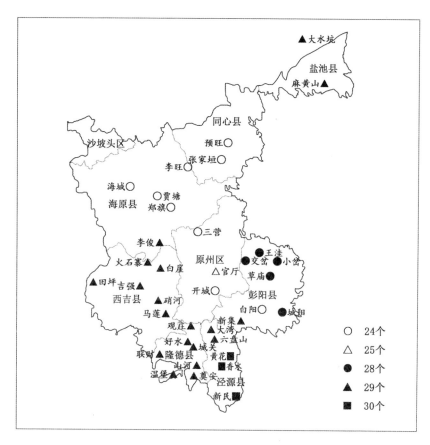

图 2－1　宁夏南部方言声母数量分布

从表格和地理分布来看，宁夏南部方言声母数量大体上呈从南到北递
减，北部为 24—25 个声母，南部为 28—30 个声母，其中陇中片西吉、隆
德和关中片泾源方言声母数量内部相对比较统一，分别为 29、30 个声母。

## 贰　音值特点

宁夏南部方言声母的音值具有以下一些特点：

1. 声母［v］

唇齿浊擦音［v］声母与合口呼韵母（单韵母［u］除外）及开口呼

韵母相拼时实际音值为 [ʋ]。该特点分布在整个宁夏方言区。

2. 声母 [n] 与 [ɲ]

[n] 声母与洪音相拼，[ɲ] 声母与细音相拼。该特点分布在整个宁夏方言区。

3. 声母 [tʂ tʂʰ ʂ ʐ] 和 [tʃ tʃʰ ʃ ʒ]

宁夏南部方言大部分地区舌尖后音 [tʂ tʂʰ ʂ ʐ] 声母拼合口呼韵母时实际音值接近舌叶音 [tʃ tʃʰ ʃ ʒ]。其中固原、同心、彭阳受合口呼韵母 [u] 影响，舌尖后音 [tʂ tʂʰ ʂ ʐ] 拼读合口呼时有向舌叶音 [tʃ tʃʰ ʃ ʒ] 滑动的趋势，但依然为舌尖后音 [tʂ tʂʰ ʂ ʐ]。而海原、泾源、隆德、西吉、盐池方言受合口呼韵母 [ʮ] 影响，舌尖后音 [tʂ tʂʰ ʂ ʐ] 拼读合口呼韵母时声母实际读为舌叶音 [tʃ tʃʰ ʃ ʒ]。

4. 泾源方言双唇音 [p pʰ m] 声母拼合口呼韵母时，实际音值接近 [pf pfʰ ɱ]，如泾源新民、泾源香水、泾源黄花。

5. 泾源方言舌尖前塞音 [t tʰ] 拼 [u] 韵母时，双唇抖动，实际音值为 [d dʰ]。

6. 泾源方言舌尖前塞擦音、擦音 [ts tsʰ s] 声母，实际音值接近 [tθ tθʰ θ]，尤其在子尾词"子"作后缀时，摩擦尤其明显。

7. 泾源方言舌根音 [k kʰ] 与 [u] 相拼时，受高元音影响，实际音值接近 [kᵛ kʰᵛ]。

8. 零声母的摩擦化。宁夏南部方言中 [i] 作零声母时普遍存在摩擦化，实际音值接近 [j]。

## 叁　音韵特征

宁夏南部方言声母在历时演变过程中，与北方官话区大体相同，如古全浊声母清化、古非敷奉母在今宁夏南部方言读为 [f] 声母、见系字拼细音大部分腭化等。但也存在一定的差异，如古全浊声母今逢塞音塞擦音仄声字时读为送气音、端组读 [tɕ tɕʰ ɕ] 和 [ts tsʰ s] 声母、微母读为 [v] 等。下面将宁夏南部方言声母音韵特征简要概括如下：

1. 古並、定、从、澄、崇、群母

古全浊声母字今逢塞音、塞擦音时一般为平声字读送气清音，仄声字不送气清音。但部分字例外，且分布情况不一，详见本章第二节。

2. 帮组

帮母大多数读为［p］声母，但有个别全清声母字读为送气音［pʰ］，如："波、杯"，分布在整个宁夏南部方言。滂母今读为［pʰ］声母。并母今读为［p］［pʰ］声母，今逢塞音、塞擦音一般平声送气，仄声不送气，部分并母字仄声也读为送气音，详见本章第二节，此外，假摄开口二等并母字"爬琶杷"在隆德温堡方言中今读为不送气清音［p］。其中"爬—山"读为不送气清音［p］是宁夏南部方言的共同特征。明母今读为［m］声母。

3. 非组

（1）非敷奉母字合流，读为唇齿清擦音［f］。

（2）微母主要读［v］或［ø］，［v］音值接近［ʋ］，此外，还有个别微母字读重唇音［m］，如山摄合口三等微母字"蔓瓜~"。

（3）隆德温堡方言遇摄合口三等非组字"赴讣"读为［pʰ］声母。

4. 端组

宁夏南部方言古端组今读有三种类型。一是不管拼洪音还是细音都读［t tʰ］声母，主要分布在同心、盐池、固原、彭阳、海原等区县；二是端组拼洪音读为［t tʰ］声母，拼细音时与精组、见组细音合流读为［tɕ tɕʰ］声母，主要分布在西吉、泾源两县；三是端组拼齐韵、脂韵时，读［ts tsʰ］声母，除此外，与其他韵母相拼时读［t tʰ］声母，主要分布在彭阳东南部城阳、孟塬等乡镇，与毗邻的甘肃方言特征一致。详见本章第三节。

5. 泥来母

宁夏南部方言泥来母逢细音不混，逢洪音时一般为泥母混入来母。其中陇中片方言泥来分混的情况最为普遍，关中片次之，秦陇片较少。详见本章第四节。

宁夏南部方言来母一律读作［l］声母，泥母拼开口呼、合口呼时读［n］声母，拼齐齿呼、撮口呼时读［ȵ］声母，但个别方言点泥（娘）母字读为［m］声母，如彭阳白阳、彭阳城阳。

6. 精组

（1）精组与遇摄合口一等字相拼时，宁夏南部方言大多读［ts tsʰ s］声母，彭阳东南部一带方言读［tɕ tɕʰ ɕ］声母。精组与通摄合口一三等入声字相拼读［tɕ tɕʰ ɕ］声母。

（2）泾源关中片方言山、臻摄合口心母部分字白读为 [ɕ] 声母，文读为 [s] 声母，如：酸山合一 ɕyæ³¹ | suæ³¹；蒜山合一 ɕyæ⁴⁴ | suæ⁴⁴；算山合一 ɕyæ⁴⁴ | suæ⁴⁴；孙臻合一 ɕyn³¹ | sun³¹；笋臻合三 ɕyn⁵² | sun⁵²。该情况主要出现在关中片方言即泾源话中，彭阳城阳方言"笋"白读为 [ɕ] 声母，其他片区或县市区暂未发现该特征。

（3）宁夏南部方言古邪母字今拼开口呼、合口呼时读擦音 [s]，拼齐齿呼、撮口呼时读擦音 [ɕ]。其中，流摄开口三等字"囚"读塞擦音 [tɕʰ]，隆德温堡方言中读为 [ɕ] 声母；止摄开口三等字"词、祠、辞"大部分地区读塞擦音 [tsʰ]，个别地区"辞~职"读擦音 [s]，如彭阳王洼、彭阳新集。

（4）彭阳王洼、新集方言山摄合口三等从母个别字今读为 [ts tsʰ s] 声母，如彭阳王洼：全大家都~着呢 tsʰuæ¹³ | 权~力 tsʰuæ¹³。彭阳新集方言臻摄开口三等清母字"七"有时读为塞音声母 [tʰ]，大多数情况读塞擦音 [tɕʰ]。隆德温堡方言效摄开口一等心母字"骚搔"今读 [ts] 声母。

（5）例外字：宕摄开口一等从母平声字"藏躲~"今读 [tɕʰ] 声母，分布在整个宁夏南部方言区，文读为 [tsʰ] 声母。

7. 知庄章组

（1）宁夏南部方言知庄章三组一般合流为 [tʂ tʂʰ ʂ] 声母。其中知庄组开口二等、庄组开口三等、章组止摄字读 [ts tsʰ s]，其他读 [tʂ tʂʰ ʂ]。知组开口二三等字"巢效开二 | 抓效开二 | 壮宕开三"、庄组合口二三等字"傻假合二 | 阻遇合三 | 缩通合三"等字例外。

古知组假摄开口三等字"爹"今秦陇片、陇中片方言读为 [t] 声母，关中片方言读为 [tɕ] 声母。彭阳城阳方言，庄组遇摄合口三等字"阻"读为 [tɕ] 声母。山摄合口二等初母字"篡谋权~位"白读为 [tʂʰ] 声母，文读为 [tsʰ] 声母。受普通话影响，部分字白读符合宁夏南部方言知庄章母的演变规律，但文读音却不符合规律，如：遇摄合口三等生母字"所"、通摄合口三等生母字"缩"，白读为 [ʂ]，文读为 [s]。

（2）船书禅母。古船书禅母个别字例外，大多数字与普通话读音一致。例外情况如下：

①古船母："船""唇"普通话读为塞擦音 [tʂʰ]，宁夏南部方言读为擦音 [ʂ]。

②古禅母："尝""偿""仇""蝉"普通话读为塞擦音 [tʂʰ]，宁夏

南部方言读为擦音［ʂ］。隆德温堡方言"常"在姓氏中读为塞擦音［ʂ］。据杨苏平（2015）"晨"一般读塞擦音［tʂʰ］，隆德温堡读为擦音［ʂ］。"植殖"一般读塞擦音［tʂ］，隆德温堡读为擦音［ʂ］。

③古书母："鼠"在普通话读为擦音［ʂ］，宁夏南部方言一律读为塞擦音［tʂʰ］。

8. 日母

宁夏南部方言大部分日母字读［ʐ̩］或［ʒ］或零声母，但泾源、隆德温堡方言的个别字读为［z］声母。

9. 见系

（1）见晓组。宁夏南部方言古见晓组拼三四等字已基本腭化，但白读层还保留一些未腭化的情况，如泾源新民：蜗 kua⁵²｜鞋 xɛ³⁵｜街 kɛ³¹｜解 kɛ⁵²｜咸 xæ̃³⁵｜下 xa⁴⁴，该特征出现在宁夏南部所有县市区的方言中。

（2）影疑母。古影疑母字除个别读［v］声母和零声母外，其他大多数字在宁夏南部方言中读鼻音声母。主要有两种差别：一种读［n］和［ȵ］声母，另一种统一读为［ŋ］声母。具体详见本章第五节"贰 影疑母开口韵"。

例外字：蟹摄开口一等影母字"呆"读［t］声母；山开二影母字"轧"读［ts］或零声母；江摄开口二等影母字"握"读［v］声母。彭阳城阳方言果摄开口一等疑母字"蛾"读［l］声母。彭阳新集方言果摄开口一等疑母字"我"除了［vuə⁵²］、［ŋə⁵²］读音外，还读为［kə⁵²］。

（3）云以母

中古云以母大多读为［v］声母和零声母，小部分读［ʐ̩］和［ȵ］声母。

云以母读零声母。宁夏南部方言云以母开口三等字、合口三等字今读为零声母，如彭阳城阳：爷假开三 iə¹³｜移止开三 i¹³｜摇效开三 iɔ¹³｜炎咸开三 iæ̃¹³｜沿山合三 iæ̃¹³｜药宕开三 yə²¹³｜钥宕开三 yə²¹³｜跃宕开三 yə²¹³｜孕曾开三 yŋ⁴⁴；雨遇合三 y⁵²｜裕遇合三 y⁴⁴｜容通合三 yŋ¹³｜荣梗合三 yŋ¹³｜融通合三 yŋ¹³｜镕通合三 yŋ¹³。隆德温堡方言止摄合口三等字"慰、蔚、渭、猬、尉、苇"读为零声母［y］。

云以母读［v］［ʐ̩］。云以母合口三等字今读为［v］、［ʐ̩］，如彭阳新集：卫蟹合三 vei⁴⁴｜王宕合三 vaŋ¹³｜锐蟹合三 ʐ̩uei⁴⁴｜榆遇合三，~树 ʐ̩u¹³。

云以母读［tɕ］［ɕ］。以母山合三字今读［tɕ］声母，如同心张家垣：

铅山合三［tɕʰiæ̃²¹³］；云母通摄合口三等字今读［ɕ］声母，如同心张家垣：熊ɕyŋ¹³｜雄ɕyŋ¹³。

以母读［ȵ］。以母除［tɕ］、［z̩］声母外，个别字读［ȵ］声母，如：痒宕开三［ȵiɔ⁵²］，分布在整个宁夏南部山区。

古影疑母字在合口一二等前主要读［v］声母，在合口三四等前主要读零声母［y］，影疑母合口字与喻母字的读音一致，如表2－4。

表2－4　　　　　　　疑影喻母合口与微母的读音

| | 疑母 | | | 影母 | | | | | 喻母 | |
|---|---|---|---|---|---|---|---|---|---|---|
| | 玩<br>山合一 | 瓦<br>假合二 | 愿<br>山合三 | 碗<br>山合一 | 挖<br>山合二 | 喂<br>止合三 | 芋<br>遇合三 | 渊<br>山合四 | 用<br>通合三 | 王<br>宕合三 |
| 固原开城 | væ̃¹³ | va⁵² | yæ̃⁴⁴ | væ̃⁵² | va¹³² | vei⁴⁴ | y⁴⁴ | yæ̃¹³² | yŋ⁴⁴ | vaŋ¹³ |
| 海原李旺 | væ̃¹³ | va⁵² | yæ̃⁴⁴ | væ̃⁵² | va¹³ | vei⁴⁴ | y⁴⁴ | yæ̃¹³ | yŋ⁴⁴ | vaŋ¹³ |
| 彭阳城阳 | væ̃¹³ | va⁵² | yæ̃⁴⁴ | væ̃⁵² | va²¹³ | vei⁴⁴ | y⁴⁴ | yæ̃²¹³ | yŋ⁴⁴ | vaŋ¹³ |
| 同心张家垣 | væ̃¹³ | va⁵² | yæ̃⁴⁴ | væ̃⁵² | va²¹³ | vei⁴⁴ | y⁴⁴ | yæ̃²¹³ | yŋ⁴⁴ | vaŋ¹³ |
| 盐池麻黄山 | væ̃³⁵ | va⁵² | yæ̃⁴⁴ | væ̃⁵² | va³¹ | vei⁴⁴ | y⁴⁴ | yæ̃³¹ | yŋ⁴⁴ | vaŋ³⁵ |
| 隆德温堡 | væ̃¹³ | va⁵² | yæ̃⁴⁴ | væ̃⁵² | va¹³ | vei⁴⁴ | y⁴⁴ | yæ̃¹³ | yŋ⁴⁴ | vaŋ¹³ |
| 西吉硝河 | væ̃¹³ | va⁵² | yæ̃⁴⁴ | væ̃⁵² | va¹³ | vei⁴⁴ | y⁴⁴ | yæ̃¹³ | yŋ⁴⁴ | vaŋ¹³ |
| 泾源新民 | væ̃³⁵ | va⁵² | yæ̃⁴⁴ | væ̃⁵² | va³¹ | vei⁴⁴ | y⁴⁴ | yæ̃³¹ | yŋ⁴⁴ | vaŋ³⁵ |

疑影喻母合口与微母今读合流，疑影喻母合口字今读合口呼，高元音［u］在语流中容易出现摩擦，读为［v］声母，同时微母合口呼也进一步摩擦为［v］，因此发生了疑影喻母合口和微母的合流现象。

10. 全清读为送气音

个别全清声母字今读为送气音，如西吉硝河：波帮，~浪pʰuə¹³｜杯帮，~子pʰei¹³｜浸精tɕʰiŋ⁴⁴｜巩见，~固kʰuŋ⁵²｜躁精tsʰɔ⁴⁴，基本分布在宁夏南部所有方言中。此外，隆德温堡方言流摄开口一等端母字"抖"今读为送气音［tʰəu⁵²］；隆德温堡、彭阳城阳方言止摄开口三等精母字"兹滋"今读为送气音［tsʰ］。

11. 次清读为不送气音

部分次清声母字今读为不送气音，如隆德观庄：遇摄合口三等澄母字"储"、通摄开口三等昌母字"触"白读［tʂu¹³］，今受文读音影响，也读

［tʂʰu⁴⁴］，基本分布在宁夏南部所有方言。

12. 误读字

宁夏南部方言中存在一些误读的字，大多数字读声旁的音。如隆德温堡：械 tɕiə⁴⁴｜剿 tsʰɔ¹³｜窜 tʂʰuæ⁴⁴。

13. 古今声母对照表

根据古今声母演变规律，现将宁夏南部方言古今声母对照如表2-5。

表2-5　　　　　　　　　　宁夏南部方言古今声母对照

| 组 | 类 | 清 | | | | 全浊 | | | 次浊 | | 清 | | 全浊 | | |
|---|---|---|---|---|---|---|---|---|---|---|---|---|---|---|---|
| | | | | | | | 平 | 仄 | | | | | | 平 | 仄 |
| 帮组 | | 帮 | p | 滂 | pʰ | 并 | pʰ | p pʰ | 明 | m | | | | | |
| 非组 | | 非 | f | 敷 | f | 奉 | f | | 微 | v u | | | | | |
| 端组 | 洪音 | 端 | t | 透 | tʰ | 定 | tʰ | t tʰ | 泥 | n l　来 l | | | | | |
| | 细音 | | tɕ | | tɕʰ | | tɕʰ | tɕ tɕʰ | | ȵ | | | | | |
| | | | ts | | tsʰ | | tsʰ | ts tsʰ | | | | | | | |
| 精组 | 今开合 | 精 | ts | 清 | tsʰ | 从 | tsʰ | ts tsʰ | | | 心 | s | 邪 | s tɕʰ tsʰ | |
| | 今齐撮 | | tɕ | | tɕʰ | | tɕʰ | tɕ tɕʰ | | | | ç | | ç | |
| 知组 | 开二 | 知 | ts | 彻 | tsʰ | 澄 | tsʰ | ts tsʰ | | | | | | | |
| | 开三 | | tʂ | | tʂʰ | | tʂʰ | tʂ tʂʰ | | | | | | | |
| | 江开二 | | | | | | | | | | | | | | |
| | 合口 | | | | | | | | | | | | | | |
| 庄组 | 开口 | 庄 | ts | 初 | tsʰ | 崇 | tsʰ | ts／tsʰ s | | | 生 | s | | | |
| | 江开二 | | tʂ | | tʂʰ | | tʂʰ | tʂ tʂʰ | | | | ʂ | | | |
| | 合口 | | | | | | | | | | | | | | |
| 章组 | 止开三 | 章 | ts | 昌 | tsʰ | 船 | s | | | | | | | | |
| | 其他 | | tʂ | | tʂʰ | | tʂʰ ʂ | ç | | | | | | | |
| 日母 | 止开和合口 | | | | | | | | 日 | ∅ z | | | | | |
| | 其他 | | | | | | | | | ʐ | | | | | |
| 见晓组 | 洪音 | 见 | k | 溪 | k ∅ | 群 | k ∅ | k k ∅ | | | 晓 | x | 匣 | x | |
| | 细音 | | tɕ | | tɕ ∅ | | tɕ | tɕ tɕ ∅ | | | | ç | | ç | |

| | | 清 | 全浊 | | 次浊 | | 清 | 全浊 | |
|---|---|---|---|---|---|---|---|---|---|
| | | | 平 | 仄 | | | | 平 | 仄 |
| 疑母 | 开口 | | | | 疑 | n ŋ v | | | |
| | 齐齿 | | | | | ȵ ∅ | | | |
| | 合撮 | | | | | v ∅ | | | |
| 影组 | 开口 | 影 | n ŋ v | | 云 | ∅ | 以 | ∅ | |
| | 齐齿 | | ȵ ∅ | | | | | | |
| | 合撮 | | v ∅ | | | | | | |

备注：个别例外字未列入表中，详见下文。

# 第二节　全浊声母

## 壹　古全浊声母的读音

古全浊声母在今宁夏南部方言中清化，清化后在共时层面上与其他官话既有共性也有差异，共性方面：並、定、从、澄、崇、群母大部分字今逢塞音、塞擦音时平声读为送气音，仄声读为不送气音；奉母与非敷母今合并为 [f] 声母。差异方面：宁夏南部方言古全浊声母字平声送气，部分仄声字今逢塞音、塞擦音时也读为送气音。

1. 並定从澄群母的今读

古並、定、从、澄、群五个全浊声母清化后在宁夏南部方言的演变分为两种类型，一类是古全浊塞音、塞擦音逢平声送气，仄声不送气，如表2－6。另一类是古全浊塞音、塞擦音逢平声送气，逢仄声时部分字也送气，如表2－7。

表2－6　　　　　　　　　古並定从澄群母字的读音

| | 平声 | | | | | 仄声 | | | | |
|---|---|---|---|---|---|---|---|---|---|---|
| | 赔並 | 条定 | 秦从 | 潮澄 | 奇群 | 伴並 | 道定 | 尽从 | 兆澄 | 掘群 |
| 固原开城 | pʰei¹³ | tʰiɔ¹³ | tɕʰiŋ¹³ | tʂʰɔ¹³ | tɕʰi¹³ | pæ⁴⁴ | tɔ⁴⁴ | tɕiŋ⁴⁴ | tʂɔ⁴⁴ | tɕyə¹³ |
| 海原李旺 | pʰei¹³² | tʰiɔ¹³² | tɕʰiŋ¹³² | tʂʰɔ¹³² | tɕʰi¹³² | pæ⁴⁴ | tɔ⁴⁴ | tɕiŋ⁴⁴ | tʂɔ⁴⁴ | tɕyə¹³² |
| 彭阳城阳 | pʰei¹³ | tʰiɔ¹³ | tɕʰiŋ¹³ | tʂʰɔ¹³ | tɕʰi¹³ | pæ⁴⁴ | tɔ⁴⁴ | tɕiŋ⁴⁴ | tʂɔ⁴⁴ | tɕyə¹³ |

续表

| | 平声 | | | | | 仄声 | | | | |
|---|---|---|---|---|---|---|---|---|---|---|
| | 赔並 | 条定 | 秦从 | 潮澄 | 奇群 | 伴並 | 道定 | 尽从 | 兆澄 | 掘群 |
| 同心张家垣 | pʰei¹³ | tʰiɔ¹³ | tɕʰiŋ¹³ | tʂʰɔ¹³ | tɕʰi¹³ | pæ⁴⁴ | tɔ⁴⁴ | tɕiŋ⁴⁴ | tʂɔ⁴⁴ | tɕyə¹³ |
| 盐池麻黄山 | pʰei³⁵ | tʰiɔ³⁵ | tɕʰiŋ³⁵ | tʂʰɔ³⁵ | tɕʰi³⁵ | pæ⁴⁴ | tɔ⁴⁴ | tɕiŋ⁴⁴ | tʂɔ⁴⁴ | tɕyə³⁵ |
| 西吉硝河 | pʰei¹³ | tʰiɔ¹³ | tɕʰiŋ¹³ | tʂʰɔ¹³ | tɕʰi¹³ | pæ⁴⁴ | tɔ⁴⁴ | tɕiŋ⁴⁴ | tʂɔ⁴⁴ | tɕyə¹³ |
| 隆德温堡 | pʰei¹³ | tʰiɔ¹³ | tɕʰiŋ¹³ | tʂʰɔ¹³ | tɕʰi¹³ | pæ⁴⁴ | tɔ⁴⁴ | tɕiŋ⁴⁴ | tʂɔ⁴⁴ | tɕyə¹³ |
| 泾源新民 | pʰei³⁵ | tɕʰiɔ³⁵ | tɕʰiŋ³⁵ | tʂʰɔ³⁵ | tɕʰi³⁵ | pæ⁴⁴ | tɔ⁴⁴ | tɕiŋ⁴⁴ | tʂɔ⁴⁴ | tɕyə³⁵ |

表2-7　　　　　　　　古並定从澄群母仄声字送气的读音

| | 並母 | | 定母 | | 从母 | | 澄母 | | 群母 | |
|---|---|---|---|---|---|---|---|---|---|---|
| | 败蟹 | 捕遇 | 舵果 | 弟蟹 | 襶假 | 贼曾 | 撞江 | 柱遇 | 跪止 | 局通 |
| 固原开城 | pʰɛ⁴⁴ | pʰu⁵² | tuə⁴⁴ | tʰi⁴⁴ | tɕʰiə⁴⁴ | tsei¹³ | tʂʰuaŋ⁴⁴ | tʂʰu⁴⁴ | kuei⁴⁴ | tɕʰy¹³ |
| 海原李旺 | pʰɛ⁴⁴ | pʰu⁵² | tuə⁴⁴ | tʰi⁴⁴ | tɕʰiə⁴⁴ | tsei¹³² | tʃʰuaŋ⁴⁴ | tʃʰu⁴⁴ | kʰuei⁴⁴ | tɕʰy¹³² |
| 彭阳城阳 | pʰɛ⁴⁴ | pʰu⁵² | tʰuə⁴⁴ | tsʅ⁴⁴ | tɕʰiə⁴⁴ | tsei¹³ | tʃʰuaŋ⁴⁴ | tʃu⁴⁴ | kʰuei⁴⁴ | tɕʰy¹³ |
| 同心张家垣 | pʰɛ⁴⁴ | pʰu⁵² | tʰuə⁴⁴ | ti⁴⁴ | tɕʰiə⁴⁴ | tsei¹³ | tʂʰuaŋ⁴⁴ | tʂu⁴⁴ | kuei⁴⁴ | tɕʰy¹³ |
| 盐池麻黄山 | pʰɛ⁴⁴ | pʰu⁵² | tʰuə⁴⁴ | ti³⁵ | tɕʰiə⁴⁴ | tsei³⁵ | tʃʰuaŋ⁴⁴ | tʃu³⁵ | kʰuei³⁵ | tɕʰy³⁵ |
| 西吉硝河 | pʰɛ⁴⁴ | pʰu⁵² | tʰuə⁴⁴ | tɕʰi⁴⁴ | tɕʰiə⁴⁴ | tsʰei¹³ | tʃʰuaŋ⁴⁴ | tʃu⁴⁴ | kʰuei⁴⁴ | tɕʰy¹³ |
| 隆德温堡 | pʰei⁴⁴ | pʰu⁵² | tʰuə¹³ | tʰi⁴⁴ | tɕʰiə⁴⁴ | tsʰei¹³ | tʃʰuaŋ⁴⁴ | tʃʰu⁴⁴ | kʰuei⁴⁴ | tɕʰy¹³ |
| 泾源新民 | pʰɛ⁴⁴ | pʰu⁵² | tʰuə¹³ | tɕʰi⁴⁴ | tɕʰiə⁴⁴ | tsʰei³⁵ | tʃʰuaŋ⁴⁴ | tʃʰu⁴⁴ | kʰuei⁴⁴ | tɕʰy³⁵ |

　　根据《方言调查字表》，现将宁夏南部方言代表点全浊塞音、塞擦音仄声送气的常用例字列举如表2-8。

表2-8　　　　　　　古並定从澄群母仄声字今读送气声母的统计

| 代表点 | 字数 | 例字 |
|---|---|---|
| 固原开城 | 31个 | 並母：部簿步捕败倍佩避鼻鉋推~鳔辨薄雹病（15）<br>定母：舵驮~子弟徒~藿灰~沓淡咸~断夺动~弹毒消~瀑仆曝（13）<br>从母：襶尿~子（1）<br>澄母：撞（1）<br>群母：局（1） |

续表

| 代表点 | 字数 | 例字 |
|---|---|---|
| 海原<sub>贾塘</sub> | 39 个 | 並母：耙~地部簿步败倍佩辟避鳔辫辩辫叛薄雹病瀑仆曝（20）<br>定母：突弟<sub>徒</sub>~薹<sub>灰</sub>沓淡<sub>咸</sub>挺艇特断动毒消~（11）<br>从母：籍~<sub>故</sub>褯<sub>尿~子</sub>（2）<br>澄母：撞秩住<sub>站</sub>~（3）<br>群母：跪强<sub>勉</sub>~局（3） |
| 彭阳<sub>城阳</sub> | 39 个 | 並母：耙~地部簿步捕稗败倍佩辟避鲍鉋<sub>推</sub>~鳔叛雹瀑仆曝（18）<br>定母：舵弟<sub>徒</sub>~稻薹<sub>灰</sub>沓淡<sub>咸</sub>~盾<sub>矛</sub>~闰钝遁突特挺艇毒消~（15）<br>从母：褯<sub>尿~子</sub>（1）<br>澄母：撞（1）<br>群母：跪柜旧局（4） |
| 同心<sub>张家垣</sub> | 21 个 | 並母：部簿步捕败佩避鳔傍辟雹曝瀑仆曝（14）<br>定母：舵薹<sub>灰</sub>~沓（3）<br>从母：褯<sub>尿~子</sub>（1）<br>澄母：秩撞（2）<br>群母：局（1） |
| 盐池<sub>麻黄山</sub> | 23 个 | 並母：部簿捕败倍佩辟~傍<sub>复</sub>~傍<sub>晚</sub>瀑仆曝（11）<br>定母：舵薹<sub>灰</sub>~沓特挺艇（6）<br>从母：褯<sub>尿~子</sub>族（2）<br>澄母：秩撞（2）<br>群母：跪局（2） |
| 西吉<sub>火石寨</sub> | 25 个 | 並母：部簿步捕倍佩避鳔雹辟瀑仆曝（13）<br>定母：薹<sub>灰</sub>~沓突特挺艇毒消~淡<sub>咸</sub>~（8）<br>从母：褯<sub>尿~子</sub>（1）<br>澄母：痔~<sub>疮</sub>（1）<br>群母：轿局（2） |
| 隆德<sub>温堡</sub> | 95 个 | 並母：部簿步捕罢败倍佩避鼻鉋鉋<sub>推</sub>~鳔拔辫辩辫伴拌叛勃饽傍薄泊帛雹病鹁瀑仆曝（31）<br>定母：舵驮~子杜肚<sub>腹部</sub>弟<sub>徒</sub>~第递地稻薹<sub>灰</sub>~沓淡叠碟蛋垫断椴~<sub>木</sub>夺笛籴动挺艇特独犊毒（28）<br>从母：坐座剂<sub>面~</sub>~子就贱饯截凿昨匠嚼静净（13）<br>澄母：柱绽~开约辙侄着<sub>睡</sub>~撞丈~人轴<sub>承厂重轻</sub>~碡（11）<br>群母：跪柜轿旧枢件圈<sub>羊</sub>~橛~子近强<sub>倔</sub>~局（11） |

| 代表点 | 字数 | 例字 |
|---|---|---|
| 泾源<sub>新民</sub> | 58 个 | 並母：部簿步捕败倍佩避辟鼻鉋<sub>推</sub> ~鳔拔辨辫辬薄泊雹病（20）<br>定母：舵驮<sub>~子</sub>杜肚腹<sub>部</sub>弟徒 ~ 藋<sub>灰</sub> ~ 蕈沓淡<sub>咸</sub> ~ 叠碟蛋断夺动毒<sub>消</sub> ~ 瀑仆曝（18）<br>从母：坐贱截匠静净字（7）<br>澄母：柱伫着<sub>睡</sub> ~ 撞丈 ~ 儿：丈人（5）<br>群母：跪柜轿旧件圈<sub>羊</sub> ~ 近局（8） |

备注：隆德温堡方言材料来源于杨苏平（2015）及本人调查。

### 2. 崇母的今读

宁夏南部方言古崇母字清化后一般读塞擦音 [ts tsʰ]、[tʂ tʂʰ]，今逢平声时读送气音，逢仄声时读不送气音。其中，止摄开口三等字今读擦音 [s]，具体如表 2 - 9。个别字例外："镯<sub>~子</sub>"在泾源话中读舌尖后清擦音 [ʂ]，同心<sub>张家垣</sub>读送气音 [tʂʰ]；"铡<sub>~刀</sub>"在隆德<sub>温堡</sub>话中读为送气音。

表 2 - 9　　　　　　　　　　　**古崇母字的读音**

| | 闸<sub>遇</sub> | 铡<sub>山</sub> | 柴<sub>蟹</sub> | 愁<sub>流</sub> | 柿<sub>止</sub> | 事<sub>止</sub> | 状<sub>宕</sub> | 助<sub>遇</sub> | 锄<sub>遇</sub> | 崇<sub>通</sub> |
|---|---|---|---|---|---|---|---|---|---|---|
| 固原<sub>开城</sub> | tsa⁴⁴ | tsa¹³ | tsʰɛ¹³ | tsʰəu¹³ | sɿ⁴⁴ | sɿ⁴⁴ | tʂuaŋ⁴⁴ | tʂu⁴⁴ | tʂʰu¹³ | tʂʰuŋ¹³ |
| 海原<sub>李旺</sub> | tsa⁴⁴ | tsa¹³² | tsʰɛ¹³² | tsʰəu¹³² | sɿ⁴⁴ | sɿ⁴⁴ | tʂuaŋ⁴⁴ | tʂu⁴⁴ | tʂʰu¹³² | tʂʰuŋ¹³² |
| 彭阳<sub>城阳</sub> | tsa⁴⁴ | tsa¹³ | tsʰɛ¹³ | tsʰəu¹³ | sɿ⁴⁴ | sɿ⁴⁴ | tʂuaŋ⁴⁴ | tʂu⁴⁴ | tʂʰu¹³ | tʂʰuŋ¹³ |
| 同心<sub>张家垣</sub> | tsa⁴⁴ | tsa¹³ | tsʰɛ¹³ | tsʰəu¹³ | sɿ⁴⁴ | sɿ⁴⁴ | tʂuaŋ⁴⁴ | tʂu⁴⁴ | tʂʰu¹³ | tʂʰuŋ¹³ |
| 盐池<sub>麻黄山</sub> | tsa⁴⁴ | tsa³⁵ | tsʰɛ³⁵ | tsʰəu³⁵ | sɿ⁴⁴ | sɿ⁴⁴ | tʂuaŋ⁴⁴ | tʂu⁴⁴ | tʂʰu³⁵ | tʂʰuŋ³⁵ |
| 西吉<sub>硝河</sub> | tsa⁴⁴ | tsa¹³ | tsʰɛ¹³ | tsʰəu¹³ | sɿ⁴⁴ | sɿ⁴⁴ | tʂuaŋ⁴⁴ | tʂu⁴⁴ | tʂʰu¹³ | tʂʰuŋ¹³ |
| 隆德<sub>温堡</sub> | tsa⁴⁴ | tsʰa¹³ | tsʰɛ¹³ | tsʰəu¹³ | sɿ⁴⁴ | sɿ⁴⁴ | tʂuaŋ⁴⁴ | tʂu⁴⁴ | tʂʰu¹³ | tʂʰuŋ¹³ |
| 泾源<sub>新民</sub> | tsa⁴⁴ | tsa³⁵ | tsʰɛ³⁵ | tsʰəu³⁵ | sɿ⁴⁴ | sɿ⁴⁴ | tʂuaŋ⁴⁴ | tʂu⁴⁴ | tʂʰu³⁵ | tʂʰuŋ³⁵ |

### 3. 奉母的今读

古奉母字在宁夏南部方言中今读为唇齿清擦音 [f]，与非、敷母合流。如表 2 - 10。

表 2 – 10 　　　　　　　　　　　　　　　　**古奉母字的读音**

| | 扶<sub>遇</sub> | 吠<sub>蟹</sub> | 肥<sub>止</sub> | 妇<sub>流</sub> | 乏<sub>咸</sub> | 饭<sub>山</sub> | 份<sub>臻</sub> | 房<sub>宕</sub> | 奉<sub>通</sub> |
|---|---|---|---|---|---|---|---|---|---|
| 固原<sub>开城</sub> | fu¹³ | fei⁴⁴ | fei¹³ | fu⁴⁴ | fa¹³ | fæ⁴⁴ | fən⁴⁴ | faŋ¹³ | fəŋ⁴⁴ |
| 海原<sub>李旺</sub> | fu¹³² | fei⁴⁴ | fei¹³² | fu⁴⁴ | fa¹³² | fæ⁴⁴ | fən⁴⁴ | faŋ¹³² | fəŋ⁴⁴ |
| 彭阳<sub>城阳</sub> | fu¹³ | fei⁴⁴ | fei¹³ | fu⁴⁴ | fa¹³ | fæ⁴⁴ | fən⁴⁴ | faŋ¹³ | fəŋ⁴⁴ |
| 同心<sub>张家垣</sub> | fu¹³ | fei⁴⁴ | fei¹³ | fu⁴⁴ | fa¹³ | fæ⁴⁴ | fən⁴⁴ | faŋ¹³ | fəŋ⁴⁴ |
| 盐池<sub>麻黄山</sub> | fu³⁵ | fei⁴⁴ | fei³⁵ | fu⁴⁴ | fa³⁵ | fæ⁴⁴ | fən⁴⁴ | faŋ³⁵ | fəŋ⁴⁴ |
| 西吉<sub>硝河</sub> | fu¹³ | fei⁴⁴ | fei¹³ | fu⁴⁴ | fa¹³ | fæ⁴⁴ | fən⁴⁴ | faŋ¹³ | fəŋ⁴⁴ |
| 隆德<sub>温堡</sub> | fu¹³ | fei⁴⁴ | fei¹³ | fu⁴⁴ | fa¹³ | fæ⁴⁴ | fən⁴⁴ | faŋ¹³ | fəŋ⁴⁴ |
| 泾源<sub>新民</sub> | fu³⁵ | fei⁴⁴ | fei³⁵ | fu⁴⁴ | fa³⁵ | fæ⁴⁴ | fən⁴⁴ | faŋ³⁵ | fəŋ⁴⁴ |

#### 4. 匣母的今读

宁夏南部方言古匣母字一般逢洪音读［x］声母，逢细音读［ɕ］声母，也有部分例外字读［tɕ］、［tɕʰ］、［k］、［Ø］声母，如表 2 – 11。其中"械<sub>匣</sub>"受声旁影响误读为［tɕiə⁴⁴］，"萤［iŋ¹³］、汞［kuŋ⁵²］、睢［tɕʰi¹³］"等字大部分来自读书音。部分匣母字存在文白异读，白读［x］声母为早期的层次，文读［ɕ］声母为晚近的层次。

表 2 – 11 　　　　　　　　　　　　　　　　**古匣母字的读音**

| | 河<sub>果</sub> | 霞<sub>假</sub> | 下<sub>假</sub> | 回<sub>蟹</sub> | 械<sub>蟹</sub> | 溃<sub>蟹</sub> | 萤<sub>梗</sub> | 杏<sub>梗</sub> | 巷<sub>江</sub> |
|---|---|---|---|---|---|---|---|---|---|
| 固原<sub>开城</sub> | xuə¹³ | ɕia¹³ | xa⁴⁴ | xuei¹³ | tɕiə⁴⁴ | kʰuei⁴⁴ | iŋ¹³ | xəŋ⁴⁴ | xaŋ⁴⁴ |
| 海原<sub>李旺</sub> | xuə¹³² | ɕia¹³² | xa⁴⁴ | xuei¹³² | tɕiə⁴⁴ | kʰuei⁴⁴ | iŋ¹³² | xəŋ⁴⁴ | xaŋ⁴⁴ |
| 彭阳<sub>城阳</sub> | xuə¹³ | ɕia¹³ | xa⁴⁴ | xuei¹³ | tɕiə⁴⁴ | kʰuei⁴⁴ | iŋ¹³ | ɕiŋ⁴⁴ | xaŋ⁴⁴ |
| 同心<sub>张家垣</sub> | xuə¹³ | ɕia¹³ | xa⁴⁴ | xuei¹³ | tɕiə⁴⁴ | kʰuei⁴⁴ | iŋ¹³ | xəŋ⁴⁴ | xaŋ⁴⁴ |
| 盐池<sub>麻黄山</sub> | xuə³⁵ | ɕia³⁵ | xa⁴⁴ | xuei³⁵ | tɕiə⁴⁴ | kʰuei⁴⁴ | iŋ³⁵ | xəŋ⁴⁴ | xaŋ⁴⁴ |
| 西吉<sub>硝河</sub> | xuə¹³ | ɕia¹³ | xa⁴⁴ | xuei¹³ | tɕiə⁴⁴ | kʰuei⁴⁴ | iŋ¹³ | xəŋ⁴⁴ | xaŋ⁴⁴ |
| 隆德<sub>温堡</sub> | xuə¹³ | ɕia¹³ | xa⁴⁴ | xuei¹³ | tɕiə⁴⁴ | kʰuei⁴⁴ | iŋ¹³ | ɕiŋ⁴⁴ | xaŋ⁴⁴ |
| 泾源<sub>新民</sub> | xuə³⁵ | ɕia³⁵ | xa⁴⁴ | xuei³⁵ | tɕiə⁴⁴ | kʰuei⁴⁴ | iŋ³⁵ | xəŋ⁴⁴ | xaŋ⁴⁴ |

#### 5. 邪母的今读

宁夏南部方言古邪母字清化后一般读作［ɕ］声母，止摄、通摄部分字读［tsʰ］、［s］声母，如表2－12。例外字：止摄开口三等字"祠—堂、辞—职"白读为［s］声母，文读为［tsʰ］声母，流摄开口三等字"囚"读［tɕʰ］声母。

表2－12　　　　　　　　　　　　　古邪母字的读音

| | 谢假 | 徐遇 | 寺止 | 随止 | 袖流 | 寻深 | 详宕 | 羡山 | 巡臻 | 俗通 |
|---|---|---|---|---|---|---|---|---|---|---|
| 固原开城 | çiə$^{44}$ | çy$^{13}$ | sʅ$^{44}$ | suei$^{13}$ | çiəu$^{44}$ | çiŋ$^{13}$ | çiaŋ$^{13}$ | çiæ$^{44}$ | çyŋ$^{13}$ | çy$^{13}$ |
| 海原李旺 | çiə$^{44}$ | çy$^{132}$ | sʅ$^{44}$ | suei$^{132}$ | çiəu$^{44}$ | çiŋ$^{132}$ | çiaŋ$^{132}$ | çiæ$^{44}$ | çyŋ$^{132}$ | çy$^{132}$ |
| 彭阳城阳 | çiə$^{44}$ | çy$^{13}$ | sʅ$^{44}$ | suei$^{13}$ | çiəu$^{44}$ | çiŋ$^{13}$ | çiaŋ$^{13}$ | çiæ$^{44}$ | çyŋ$^{13}$ | çy$^{13}$ |
| 同心张家垣 | çiə$^{44}$ | çy$^{13}$ | sʅ$^{44}$ | suei$^{13}$ | çiəu$^{44}$ | çiŋ$^{13}$ | çiaŋ$^{13}$ | çiæ$^{44}$ | çyŋ$^{13}$ | çy$^{13}$ |
| 盐池麻黄山 | çiə$^{44}$ | çy$^{35}$ | sʅ$^{44}$ | suei$^{35}$ | çiəu$^{44}$ | çyŋ$^{35}$ | çiaŋ$^{35}$ | çiæ$^{44}$ | çyŋ$^{35}$ | çy$^{35}$ |
| 西吉硝河 | çiə$^{44}$ | çy$^{13}$ | sʅ$^{44}$ | suei$^{13}$ | çiəu$^{44}$ | çiŋ$^{13}$ | çiaŋ$^{13}$ | çiæ$^{44}$ | çyŋ$^{13}$ | çy$^{13}$ |
| 隆德温堡 | çiə$^{44}$ | çy$^{13}$ | sʅ$^{44}$ | suei$^{13}$ | çiəu$^{44}$ | çiŋ$^{13}$ | çiaŋ$^{13}$ | çiæ$^{44}$ | çyŋ$^{13}$ | çy$^{13}$ |
| 泾源新民 | çiə$^{44}$ | çy$^{35}$ | sʅ$^{44}$ | suei$^{35}$ | çiəu$^{44}$ | çiŋ$^{35}$ | çiaŋ$^{35}$ | çiæ$^{44}$ | çyŋ$^{35}$ | çy$^{35}$ |

6. 船、禅母的今读

古船、禅母字清化后在宁夏南部方言今读为［ʂ］声母，部分字读［tʂʰ］声母。如表2－13、表2－14。

表2－13　　　　　　　　　　　　　古船母字的读音

| | 蛇假 | 示止 | 船山 | 神臻 | 唇臻 | 盾臻 | 乘曾 | 绳曾 | 赎通 |
|---|---|---|---|---|---|---|---|---|---|
| 固原开城 | ʂə$^{13}$ | ʂʅ$^{44}$ | ʂuŋ$^{13}$ | ʂəŋ$^{13}$ | ʂuŋ$^{13}$ | tuŋ$^{44}$ | tʂʰəŋ$^{13}$ | ʂəŋ$^{13}$ | ʂu$^{13}$ |
| 海原李旺 | ʂə$^{132}$ | ʂʅ$^{44}$ | ʂuæ$^{132}$ | ʂəŋ$^{132}$ | ʂuŋ$^{132}$ | tuŋ$^{44}$ | tʂʰəŋ$^{132}$ | ʂəŋ$^{132}$ | ʂu$^{132}$ |
| 彭阳城阳 | ʂə$^{13}$ | ʂʅ$^{44}$ | ʂuæ$^{13}$ | ʂəŋ$^{13}$ | ʂuŋ$^{13}$ | tuŋ$^{44}$ | tʂʰəŋ$^{13}$ | ʂəŋ$^{13}$ | ʂu$^{13}$ |
| 同心张家垣 | ʂə$^{13}$ | ʂʅ$^{44}$ | ʂuæ$^{13}$ | ʂəŋ$^{13}$ | ʂuŋ$^{13}$ | tuŋ$^{44}$ | tʂʰəŋ$^{13}$ | ʂəŋ$^{13}$ | ʂu$^{13}$ |
| 盐池麻黄山 | ʂə$^{35}$ | ʂʅ$^{44}$ | tʂʰuæ$^{35}$ | ʂəŋ$^{35}$ | tʂʰuŋ$^{35}$ | tuŋ$^{44}$ | tʂʰəŋ$^{35}$ | ʂəŋ$^{35}$ | ʂu$^{35}$ |
| 西吉硝河 | ʂə$^{13}$ | ʂʅ$^{44}$ | ʂuæ$^{13}$ | ʂəŋ$^{13}$ | ʂuŋ$^{13}$ | tuŋ$^{44}$ | tʂʰəŋ$^{13}$ | ʂəŋ$^{13}$ | ʂu$^{13}$ |
| 隆德温堡 | ʂə$^{13}$ | ʂʅ$^{44}$ | ʂuæ$^{13}$ | ʂəŋ$^{13}$ | ʂuŋ$^{13}$ | tuŋ$^{44}$ | tʂʰəŋ$^{13}$ | ʂəŋ$^{13}$ | ʂu$^{13}$ |
| 泾源新民 | ʂə$^{35}$ | ʂʅ$^{44}$ | ʂuæ$^{35}$ | ʂəŋ$^{35}$ | ʂuŋ$^{35}$ | tuŋ$^{44}$ | tʂʰəŋ$^{35}$ | ʂəŋ$^{35}$ | ʂu$^{35}$ |

表 2 - 14　　　　　　　　　　　　**古禅母字的读音**

| | 社假 | 薯遇 | 誓蟹 | 市止 | 垂止 | 仇流 | 晨臻 | 尝宕 | 承曾 |
|---|---|---|---|---|---|---|---|---|---|
| 固原开城 | ʂə⁴⁴ | ʂu⁵² | ʂʅ⁴⁴ | sʅ⁴⁴ | tʂʰuei¹³ | ʂəu¹³ | tʂʰəŋ¹³ | ʂaŋ¹³ | tʂʰəŋ¹³ |
| 海原李旺 | ʂə⁴⁴ | ʂu⁵² | ʂʅ⁴⁴ | sʅ⁴⁴ | tʂʰuei¹³² | ʂəu¹³² | tʂʰəŋ¹³² | ʂaŋ¹³² | tʂʰəŋ¹³² |
| 彭阳城阳 | ʂə⁴⁴ | ʂu⁵² | ʂʅ⁴⁴ | sʅ⁴⁴ | tʂʰuei¹³ | ʂəu¹³ | tʂʰəŋ¹³ | ʂaŋ¹³ | tʂʰəŋ¹³ |
| 同心张家垣 | ʂə⁴⁴ | ʂu⁵² | ʂʅ⁴⁴ | sʅ⁴⁴ | tʂʰuei¹³ | ʂəu¹³ | tʂʰəŋ¹³ | ʂaŋ¹³ | tʂʰəŋ¹³ |
| 盐池麻黄山 | ʂə⁴⁴ | ʂu⁵² | ʂʅ⁴⁴ | sʅ⁴⁴ | tʂʰuei³⁵ | ʂəu³⁵ | tʂʰəŋ³⁵ | ʂaŋ³⁵ | tʂʰəŋ³⁵ |
| 西吉硝河 | ʂə⁴⁴ | ʂu⁵² | ʂʅ⁴⁴ | sʅ⁴⁴ | tʂʰuei¹³ | ʂəu¹³ | tʂʰəŋ¹³ | ʂaŋ¹³ | tʂʰəŋ¹³ |
| 隆德温堡 | ʂə⁴⁴ | ʂu⁵² | ʂʅ⁴⁴ | sʅ⁴⁴ | tʂʰuei¹³ | ʂəu¹³ | ʂəŋ¹³ | ʂaŋ¹³ | tʂʰəŋ¹³ |
| 泾源新民 | ʂə⁴⁴ | ʂu⁵² | ʂʅ⁴⁴ | sʅ⁴⁴ | tʂʰuei³⁵ | ʂəu³⁵ | tʂʰəŋ³⁵ | ʂaŋ³⁵ | tʂʰəŋ³⁵ |

## 贰　地理分布及演变

### 1. 地理分布

宁夏南部方言古全浊声母今逢塞音、塞擦音仄声读送气音的分布各地情况不一，而且全浊声母（并定从澄群）字今仄声读送气音的数量也不一致，故从地理分布与内部演变方面并未出现共时层面的一致性，如表 2 - 15。除遇摄并母字、效摄部分并母字及个别例字如倍並母、撞澄母、局群母等在宁夏南部方言中统一读为送气音外，其他全浊仄声字今读送气音的演变及分布并无规律可循。

表 2 - 15　　　　　　　**宁夏南部方言古全浊仄声字的读音**

| 方言点 | 倍並 | 奉奉 | 断定 | 字从 | 撞澄 | 局群 | 寨崇 | 示船 | 很匣 |
|---|---|---|---|---|---|---|---|---|---|
| 固原开城 | pʰei⁴⁴ | fəŋ⁴⁴ | tuæ⁴⁴ | tsʅ⁴⁴ | tʂʰuaŋ⁴⁴ | tɕʰy¹³² | tsɛ⁴⁴ | sʅ⁴⁴ | xəŋ⁵² |
| 海原李旺 | pʰei⁴⁴ | fəŋ⁴⁴ | tuæ⁴⁴ | tsʅ⁴⁴ | tʂʰuaŋ⁴⁴ | tɕʰy¹³² | tsɛ⁴⁴ | sʅ⁴⁴ | xəŋ⁵² |
| 同心张家垣 | pʰei⁴⁴ | fəŋ⁴⁴ | tuæ⁴⁴ | tsʅ⁴⁴ | tʂʰuaŋ⁴⁴ | tɕʰy¹³ | tsɛ⁴⁴ | sʅ⁴⁴ | xəŋ⁵² |
| 盐池麻黄山 | pʰei⁴⁴ | fəŋ⁴⁴ | tuæ⁴⁴ | tsʅ⁴⁴ | tʃʰuaŋ⁴⁴ | tɕʰy³⁵ | tsɛ⁴⁴ | sʅ⁴⁴ | xəŋ⁵² |
| 彭阳城阳 | pʰei⁴⁴ | fəŋ⁴⁴ | tuæ⁴⁴ | tsʅ⁴⁴ | tʃʰuaŋ⁴⁴ | tɕʰy¹³ | tsɛ⁴⁴ | sʅ⁴⁴ | xəŋ⁵² |
| 隆德温堡 | pʰei⁴⁴ | fəŋ⁴⁴ | tʰuæ⁴⁴ | tsʰʅ⁴⁴ | tʃʰuaŋ⁴⁴ | tɕʰy¹³ | tsɛ⁴⁴ | sʅ⁴⁴ | xəŋ⁵² |
| 西吉硝河 | pʰei⁴⁴ | fəŋ⁴⁴ | tuæ⁴⁴ | tsʅ⁴⁴ | tʃʰuaŋ⁴⁴ | tɕʰy¹³ | tsɛ⁴⁴ | sʅ⁴⁴ | xəŋ⁵² |
| 泾源新民 | pʰei⁴⁴ | fəŋ⁴⁴ | tʰuæ⁴⁴ | tsʰʅ⁴⁴ | tʃʰuaŋ⁴⁴ | tɕʰy³⁵ | tsɛ⁴⁴ | sʅ⁴⁴ | xəŋ⁵² |

　　根据表2-15的读音情况，以"局群母"的读音为例，宁夏南部方言全浊声母今读送气的分布如图2-2。

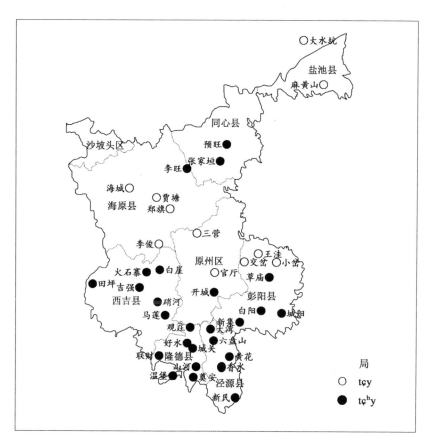

图2-2　"局群"的读音

　　从图2-2来看，全浊声母"局群"今读送气的情况主要分布在南部和北部，不送气的情况主要分布在中部。"局群"在宁夏南部方言中一般较少使用，但今在新词如"局长""公安局"等词汇中仍然读为送气音，可见全浊声母仄声字今读送气的演变是比较成系统的，但在长期的语言接触演变中，部分全浊声母仄声字的读音发生了改变即从送气读为不送气，部分保存底层读音即依然读为送气音，由此导致了全浊声母仄声字读音的不一致性以及各地读音的非均衡性。但部分学者认为古全浊声母仄声字的读音在中古时期就有分歧和差异，并非由不送气读为送气或者送气读为不送气，该问题下文再讨论。本书从"古並定从澄群"母中选择比较常用的例字"倍並断定字从柱澄局群"，观察宁夏南部方言全浊塞音、塞擦音仄声送气的数量分布情况，如图2-3。

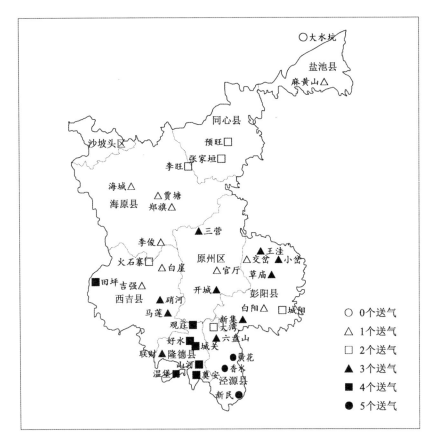

图2-3 "倍並断定字从柱澄局群"声母读为送气音的数量

从图2-3可得，全浊塞音、塞擦音仄声今读送气的地理分布不均衡，但是和图2-2"局群"的读音地理分布一致，总体呈南多北少，即集中分布在南部的泾源、隆德县，中部彭阳、西吉、固原次之，北部海原、同心、盐池最少。为了验证该分布类型，本书使用《方言调查字表》对古全浊声母字（並、定、从、澄、群母）进行统计，剔除宁夏南部方言不使用或较少使用的字，如"餐、籴、腈、蚌、碟、噇、柞、铎、掷、捐"等，有效统计数字共461个，其中並母100个、定母133个、从母75个、澄母

73个、群母80个，这些字在宁夏南部方言中今读送气或不送气的情况如表2-16至2-23。

表2-16　　　　　　　　固原开城方言古全浊声母送气情况统计

|  | 並 | | 定 | | 从 | | 澄 | | 群 | | 总计 | |
|---|---|---|---|---|---|---|---|---|---|---|---|---|
|  | 平 | 仄 | 平 | 仄 | 平 | 仄 | 平 | 仄 | 平 | 仄 | 总数 | 占比 |
| 送气 | 43 | 14 | 60 | 8 | 33 | 1 | 33 | 2 | 40 | 2 | 236 | 51.2% |
| 不送气 | 0 | 43 | 0 | 65 | 1 | 40 | 1 | 37 | 1 | 37 | 225 | 48.8% |
| 总计 | 43 | 57 | 60 | 73 | 34 | 41 | 34 | 39 | 41 | 39 | 461 | 100% |

表2-17　　　　　　　　海原李旺方言古全浊声母送气情况统计

|  | 並 | | 定 | | 从 | | 澄 | | 群 | | 总计 | |
|---|---|---|---|---|---|---|---|---|---|---|---|---|
|  | 平 | 仄 | 平 | 仄 | 平 | 仄 | 平 | 仄 | 平 | 仄 | 总数 | 占比 |
| 送气 | 43 | 13 | 60 | 7 | 33 | 2 | 33 | 3 | 40 | 2 | 236 | 51.2% |
| 不送气 | 0 | 44 | 0 | 66 | 1 | 39 | 1 | 36 | 1 | 37 | 225 | 48.8% |
| 总计 | 43 | 57 | 60 | 73 | 34 | 41 | 34 | 39 | 41 | 39 | 461 | 100% |

表2-18　　　　　　　　同心张家垣方言古全浊声母送气情况统计

|  | 並 | | 定 | | 从 | | 澄 | | 群 | | 总计 | |
|---|---|---|---|---|---|---|---|---|---|---|---|---|
|  | 平 | 仄 | 平 | 仄 | 平 | 仄 | 平 | 仄 | 平 | 仄 | 总数 | 占比 |
| 送气 | 43 | 13 | 60 | 7 | 33 | 1 | 33 | 3 | 40 | 1 | 234 | 50.8% |
| 不送气 | 0 | 44 | 0 | 66 | 1 | 40 | 1 | 36 | 1 | 38 | 227 | 49.2% |
| 总计 | 43 | 57 | 60 | 73 | 34 | 41 | 34 | 39 | 41 | 39 | 461 | 100% |

表2-19　　　　　　　　彭阳城阳方言古全浊声母送气情况统计

|  | 並 | | 定 | | 从 | | 澄 | | 群 | | 总计 | |
|---|---|---|---|---|---|---|---|---|---|---|---|---|
|  | 平 | 仄 | 平 | 仄 | 平 | 仄 | 平 | 仄 | 平 | 仄 | 总数 | 占比 |
| 送气 | 43 | 15 | 60 | 9 | 33 | 1 | 33 | 2 | 40 | 5 | 241 | 52.3% |
| 不送气 | 0 | 42 | 0 | 64 | 1 | 40 | 1 | 37 | 1 | 34 | 220 | 47.7% |
| 总计 | 43 | 57 | 60 | 73 | 34 | 41 | 34 | 39 | 41 | 39 | 461 | 100% |

表2-20　　　　　　　盐池麻黄山方言古全浊声母送气情况统计

| | 並 | | 定 | | 从 | | 澄 | | 群 | | 总计 | |
|---|---|---|---|---|---|---|---|---|---|---|---|---|
| | 平 | 仄 | 平 | 仄 | 平 | 仄 | 平 | 仄 | 平 | 仄 | 总数 | 占比 |
| 送气 | 43 | 12 | 60 | 7 | 33 | 3 | 33 | 4 | 40 | 2 | 237 | 51.4% |
| 不送气 | 0 | 45 | 0 | 66 | 1 | 39 | 1 | 35 | 1 | 37 | 224 | 48.6% |
| 总计 | 43 | 57 | 60 | 73 | 34 | 41 | 34 | 39 | 41 | 39 | 461 | 100% |

表2-21　　　　　　　西吉火石寨方言古全浊声母送气情况统计

| | 並 | | 定 | | 从 | | 澄 | | 群 | | 总计 | |
|---|---|---|---|---|---|---|---|---|---|---|---|---|
| | 平 | 仄 | 平 | 仄 | 平 | 仄 | 平 | 仄 | 平 | 仄 | 总数 | 占比 |
| 送气 | 43 | 14 | 60 | 9 | 33 | 1 | 33 | 3 | 40 | 4 | 240 | 52.1% |
| 不送气 | 0 | 43 | 0 | 64 | 1 | 40 | 1 | 36 | 1 | 35 | 221 | 47.9% |
| 总计 | 43 | 57 | 60 | 73 | 34 | 41 | 34 | 39 | 41 | 39 | 461 | 100% |

表2-22　　　　　　　隆德温堡方言古全浊声母送气情况统计

| | 並 | | 定 | | 从 | | 澄 | | 群 | | 总计 | |
|---|---|---|---|---|---|---|---|---|---|---|---|---|
| | 平 | 仄 | 平 | 仄 | 平 | 仄 | 平 | 仄 | 平 | 仄 | 总数 | 占比 |
| 送气 | 43 | 24 | 60 | 31 | 33 | 16 | 33 | 13 | 40 | 10 | 302 | 65.5% |
| 不送气 | 0 | 33 | 0 | 42 | 1 | 25 | 1 | 26 | 1 | 29 | 159 | 34.5% |
| 总计 | 43 | 57 | 60 | 73 | 34 | 41 | 34 | 39 | 41 | 39 | 461 | 100% |

表2-23　　　　　　　泾源新民方言古全浊声母送气情况统计

| | 並 | | 定 | | 从 | | 澄 | | 群 | | 总计 | |
|---|---|---|---|---|---|---|---|---|---|---|---|---|
| | 平 | 仄 | 平 | 仄 | 平 | 仄 | 平 | 仄 | 平 | 仄 | 总数 | 占比 |
| 送气 | 43 | 20 | 60 | 18 | 33 | 9 | 33 | 9 | 40 | 8 | 274 | 59.4% |
| 不送气 | 0 | 37 | 0 | 55 | 1 | 32 | 1 | 30 | 1 | 31 | 187 | 40.6% |
| 总计 | 43 | 57 | 60 | 73 | 34 | 41 | 34 | 39 | 41 | 39 | 461 | 100% |

　　根据以上统计数据，宁夏南部方言古並定从澄群母字今读送气的比例归纳如表2-24。

表2-24 宁夏南部方言古全浊声母仄声字送气比例对照

| | 並母 | 定母 | 从母 | 澄母 | 群母 |
|---|---|---|---|---|---|
| 固原开城 | 24.6% | 11% | 2.4% | 5.4% | 5.4% |
| 海原李旺 | 22.8% | 9.6% | 4.9% | 7.7% | 5.1% |
| 彭阳城阳 | 26.3% | 12.3% | 2.4% | 5.1% | 12.8% |
| 同心张家垣 | 22.8% | 9.6% | 2.4% | 7.7% | 2.6% |
| 盐池麻黄山 | 21.1% | 9.6% | 7.3% | 10.3% | 5.1% |
| 西吉火石寨 | 24.6% | 12.3% | 2.4% | 7.7% | 10.3% |
| 隆德温堡 | 42.1% | 42.5% | 39% | 33.3% | 25.6% |
| 泾源新民 | 35.1% | 24.7% | 22% | 23.1% | 20.5% |

从表2-24可知，宁夏南部方言古並母字今仄声读送气的字数最多、比例最高，定母字次之，群母、澄母字地理分布最不均衡，从母字除隆德外今读送气的字数最少，如图2-4。

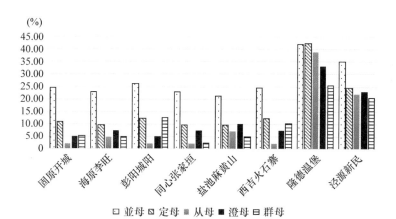

图2-4 宁夏南部方言並定从澄群母仄声送气分布

古並、定、从、澄、群五母今逢塞音、塞擦音仄声字今读送气的比例分布不均衡，具体为：固原12.4%、海原15.7%、同心8.4%、彭阳15.7%、盐池9.2%、西吉10%、隆德38.2%、泾源23.2%，隆德、泾源方言比例最高，固原、海原、彭阳、盐池、西吉、同心比例相近。如图2-5。

根据现有文献，古全浊塞音、塞擦音仄声字在海原话中今读送气音的

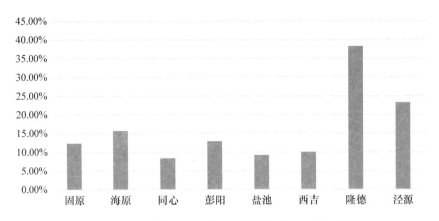

图2-5　宁夏南部方言並定从澄群母仄声送气的比例

比例约占9.7%（曹强，2006），古全浊塞音、塞擦音仄声字在隆德方言读送气音的比例约占31.15%（杨苏平，2015）。与本书统计数据基本相近。从上文可得，宁夏南部方言泾源、隆德方言全浊塞音、塞擦音仄声字今读为送气音的比例最大，固原、海原、彭阳、盐池、西吉次之，同心方言最少。从地形地貌上来看，泾源、隆德处于六盘山脉两侧，地理位置偏僻，受六盘山脉影响，该地区交通不便，与外界的语言接触较少，比较古老的白读层读音保留较为完整，且这两县远离行政、经济、文化中心，经济发展缓慢，语言接触相对单一，方言发展较为滞后，所以底层的全浊塞音、塞擦音仄声今读送气音的字保留较多。

2. 讨论

（1）並定从澄群母仄声字今读送气问题

古全浊声母字今平声送气、仄声不送气的演变规律是北京官话、东北官话、冀鲁官话等官话区的共同特征，今宁夏南部方言大部分全浊声母字今读基本遵循平送仄不送的演变规律，小部分仄声字在规律之外。古全浊声母仄声字今逢塞音、塞擦音读为送气音在客家话、赣语中保留相对比较完整，今西北地区（陕西、甘肃、青海）汉语方言及晋方言一大批古全浊仄声字今读送气音的现象一直备受学术界的关注。关于古全浊声母是否送气的问题历来有争议，邵荣芬（1963）根据敦煌俗文学中的别字异文认为唐五代西北方音全浊声母消失，並定从澄群崇六母的仄声字变同帮端精知见庄母字，尉迟治平（1982）、黄淬伯（1998）、马伯乐（2005）认为並定从澄群船等声母读为不送气音。王力（1985）认为浊声母送气与否的争论是多余的"从音位观点看，浊音送气不送气在汉语里是互换音位。所以我对浊母一律不加送气符号"。龚煌城（2004）根据《番汉合时掌中珠》的对音材料，如 [pʰu] 既可以用"普"也可以用"部"来注音，证明12世纪末西北方音中古浊塞音与浊塞擦音声母不分声调都变为送气的清塞音和清塞擦音。罗常培利用《千字文》《金刚经》《阿弥陀经》《大乘中宗见解》残卷以及《开蒙要训》与兰州、平凉、西安、三水、文水、兴县六种方音材料进行唐五代西北方音对音，认为全浊声母在现代西北方音的读法是从《千字文》《大乘中宗见解》所代表的那一系方音演变而来，其中全浊声母的送气成分是受声调的影响而出现强弱的不同（罗常培，2012）。邢向东（2012）综合罗常培、邵荣芬等各家研究，认为从上古到中古，无论假定全浊声母是送气音还是不送气音，都不能解释今方言中全浊声母的演变类型，方言间语音差异、全浊声母送气或不送气的差异在春秋战国时期就已经存在，由全浊声母清化为清声母中间不存在由原来的送气音演变为不送气音或由原来的不送气音演变为送气音的问题，只是简化为声带不振动而已。本书认为邢文的观点从历时和共时的角度出发，非常符合西北地区汉语方言古全浊声母字今读的问题，尤其是可以解释图2-2宁夏南部方言並定从澄群母仄声送气的比例问题。宁夏南部地区在历史上曾隶属于甘肃或陕西，与秦晋陇等地方言的关系十分密切，今宁夏南部方言也是在继承唐五代西北方言的基础上，受语言自身演变和接触逐渐演变成如今的语言面貌。但是却无法解释图2-1宁夏南部方言並定从澄群母仄声送气分布问题，宁夏南部方言古並母字今仄声读送气的字数最多、比例最高，定母次之，群母、澄母地理分布最不均衡。如果古全浊声母字在上古或中古各地就存在方言间的语音差异，那么並母仄声字今读送气音的比例最高且最稳固，这一现象在宁夏南部方言呈高度一致性的形成原因似乎很难从中古音的共时差异进行解释。

本书认为古全浊声母仄声字今读送气的问题既有中古时期方言语音的地理分布差异，也有自身演变的差异，从历时的角度看，语音自身的演变占主导，理由有二。一是並母为唇音，全浊音气流较强所以读送气音比较稳定；二是並母和定母为塞音，从母、澄母、群母为塞擦音，相对来说，全浊声母清化过程中塞音比塞擦音更稳定。从共时的角度看，今宁夏南部方言古全浊声母仄声字今读送气音的现象逐渐式微与共同语的影响息息相关。从地理分布来看，今宁夏南部方言全浊塞音、塞擦音仄声字读为送气音的分布呈由南向北递减，如图 2 - 2。秦晋沿黄河方言的分布也呈从南到北递减的趋势（邢向东，2012）。宁夏南部方言这种从南到北递减的地理分布与它自身所处的方言区和地形地势不无关系。一是宁夏南部山区的南端与甘肃接壤，方言接近，泾源为关中方言岛，基本保存了关中方言的面貌，两片方言中全浊声母仄声字读为送气清音的比例较高。二是宁夏南部的隆德、泾源两县都位于六盘山脉，长期以来地形相对闭塞，交通不便，经济落后，方言演变相对较慢，因此全浊声母仄声字读为送气清音的字保留较多。三是宁夏南部山区的北部如固原、同心一带曾为宋与西夏对峙的边界地带，各地方言接触比较频繁，唐五代时期的一些语音特色容易磨损，且 1958 年宁夏自治区成立后固原地区从甘肃划归宁夏所辖，与北部兰银官话区的银川、吴忠地区交流更加密切，故全浊声母仄声字送气的特征更容易丢失。宁夏南部方言古全浊声母字今读送气和不送气两种类型，说明在全浊声母的演变过程中，既有存古的现象，也有自身演变或受其他语言方言接触的影响。自 20 世纪 50 年代推广普通话以来，今宁夏南部方言古全浊声母仄声字今读送气音的分布不断萎缩。近年来，随着西部大开发的推进和政府扶贫开发，宁夏南部山区得到了飞速发展，教育不断普及，特别是在推广普通话、媒体宣传等因素的强势冲击下，宁夏南部方言区年轻人有意识地向标准普通话靠拢，今新派方言中古全浊声母字仄声读送气清音的字逐渐减少。杨苏平（2015）对隆德温堡方言中 260 个全浊仄声字在老派、新派方言的今读进行统计，其中老派读送气音的字有 81 个，新派有 53 个，指出新派话文读音层正在扩张，白读音层相应萎缩。由此可见，宁夏南部方言中古全浊声母仄声读送气音的较古老的层次将不断消亡，替换的结果是共同语的读音，即全浊声母今逢塞音、塞擦音平声送气、仄声不送气。

（2）崇、船、禅母的擦音化问题

宁夏南部方言古船、禅母字清化后在宁夏南部方言今读为 [ʂ] 声母，部分字读 [tʂʰ] 声母。崇母清化后一般读塞擦音 [ts tsʰ]、[tʂ tʂʰ]，止摄开口三等字读擦音 [s]。中古崇、船、禅母平声字北京话今读塞擦音的字在宁夏南部方言中文读为塞擦音，白读为擦音，如表 2 - 25（"/"前为文读，后为白读）。

表 2-25 崇、船、禅母平声字的读音

| | 崇母 | 船母 | | 禅母 | |
|---|---|---|---|---|---|
| | 铡山 | 船山 | 唇臻 | 仇流 | 尝宕 |
| 固原开城 | tsa$^{13}$ | tʂʰuæ$^{13}$ / ʂuæ$^{13}$ | tʂʰuŋ$^{13}$ / ʂuŋ$^{13}$ | tʂʰəu$^{13}$ / ʂəu$^{13}$ | tʂʰaŋ$^{13}$ / ʂaŋ$^{13}$ |
| 海原李旺 | tsa$^{132}$ | tʂʰuæ$^{132}$ / ʂuæ$^{13}$ | tʂʰuŋ$^{132}$ / ʂuŋ$^{132}$ | tʂʰəu$^{132}$ / ʂəu$^{132}$ | tʂʰaŋ$^{132}$ / ʂaŋ$^{132}$ |
| 彭阳城阳 | tsa$^{13}$ | tʂʰuæ$^{13}$ / ʂuæ$^{13}$ | tʂʰuŋ$^{13}$ / ʂuŋ$^{13}$ | tʂʰəu$^{13}$ / ʂəu$^{13}$ | tʂʰaŋ$^{13}$ / ʂaŋ$^{13}$ |
| 同心张家垣 | tsa$^{13}$ | tʂʰuæ$^{13}$ / ʂuæ$^{13}$ | tʂʰuŋ$^{13}$ / ʂuŋ$^{13}$ | tʂʰəu$^{13}$ / ʂəu$^{13}$ | tʂʰaŋ$^{13}$ / ʂaŋ$^{13}$ |
| 盐池麻黄山 | tsa$^{35}$ | tʂʰuæ$^{35}$ / ʂuæ$^{35}$ | tʂʰuŋ$^{35}$ / ʂuŋ$^{35}$ | tʂʰəu$^{35}$ / ʂəu$^{35}$ | tʂʰaŋ$^{35}$ / ʂaŋ$^{35}$ |
| 西吉硝河 | tsa$^{13}$ | tʂʰuæ$^{13}$ / ʂuæ$^{13}$ | tʂʰuŋ$^{13}$ / ʂuŋ$^{13}$ | tʂʰəu$^{13}$ / ʂəu$^{13}$ | tʂʰaŋ$^{13}$ / ʂaŋ$^{13}$ |
| 隆德温堡 | tsʰa$^{13}$ | tʂʰuæ$^{13}$ / ʂuæ$^{13}$ | tʂʰuŋ$^{13}$ / ʂuŋ$^{13}$ | tʂʰəu$^{13}$ / ʂəu$^{13}$ | tʂʰaŋ$^{13}$ / ʂaŋ$^{13}$ |
| 泾源新民 | tsa$^{35}$ | tʂʰuæ$^{35}$ / ʂuæ$^{35}$ | tʂʰun$^{35}$ / ʂuŋ$^{35}$ | tʂʰəu$^{35}$ / ʂəu$^{35}$ | tʂʰaŋ$^{35}$ / ʂaŋ$^{35}$ |

澄、崇、船、禅母是古知庄章三组的全浊声母，宁夏南部方言庄知组二等、止摄开口三等章组声母与精组洪音字合流为［ts tsʰ s］声母，知庄组三等、章组开口（止摄开口三等除外）分立今读为［tʂ tʂʰ ʂ］。宁夏南部方言古崇母、船母、禅母都有白读为擦音的现象，但澄母却未与其合流，基本读为塞擦音，因此可见崇母、船母、禅母擦音化的过程在知庄章合并前已经完成。此外，庄组、章组的全清、次清声母中今无擦音的现象，说明崇母、船母、禅母擦音化应该是伴随全浊声母清化出现的一种现象。邵荣芬（1963）利用《切韵》和汉藏对音材料认为船母是擦音。王力（1985）考证宋代"床神禅并入了穿审两母"。龚煌城（2004）通过对汉文、西夏文的对音材料《番汉合时掌中珠》的研究认为 12 世纪末西北方音中存在"浊塞擦音变为清擦音"的现象，与全浊声母清化的时间大体一致。关于崇母、船母、禅母擦音化的问题，邢向东、王临惠等（2012）认为崇、船母在隋代开始弱化并分别并入了俟禅母，唐代时期崇俟、船禅开始清化分别并入生书母；宋代知组字以等、开合为条件分别与庄组、章组合并前，崇俟、船禅已经完成擦音化。该著作将崇、船、禅母的擦音化问题讨论得很清晰了，宁夏南部方言与秦晋方言关系密切，故宁夏南部方言古崇母、船母、禅母擦音化应当也是遵循这种演变路径而来，本书不再赘述。今宁夏南部方言中崇母、船母、禅母今文读或又读为塞擦音的字大部分来自普通话或周边方言。

# 第三节　端精见组

## 壹　端精见组的读音

### 1. 端组的读音

端组字的声母今读主要有三种类型［t tʰ］、［tɕ tɕʰ］、［ts tsʰ］，如表 2 - 26。

表 2 - 26　　　　　　　　宁夏南部方言端组的读音

| | 洪音 | | | 细音 | | |
|---|---|---|---|---|---|---|
| | 冻通合一 | 等曾开一 | 段山合一 | 田山开四 | 地止开三 | 定梗开四 |
| 固原开城 | tuŋ⁴⁴ | təŋ⁵² | tuæ⁴⁴ | tʰiæ¹³ | ti⁴⁴ | tiŋ⁴⁴ |
| 海原李旺 | tuŋ⁴⁴ | təŋ⁵² | tuæ⁴⁴ | tʰiæ¹³² | ti⁴⁴ | tiŋ⁴⁴ |
| 彭阳城阳 | tuŋ⁴⁴ | təŋ⁵² | tuæ⁴⁴ | tʰiæ¹³ | tsʅ | tiŋ⁴⁴ |
| 同心张家垣 | tuŋ⁴⁴ | təŋ⁵² | tuæ⁴⁴ | tʰiæ¹³ | ti⁴⁴ | tiŋ⁴⁴ |
| 盐池麻黄山 | tuŋ⁴⁴ | təŋ⁵² | tuæ⁴⁴ | tʰiæ³⁵ | ti⁴⁴ | tiŋ⁴⁴ |
| 西吉硝河 | tuŋ⁴⁴ | təŋ⁵² | tuæ⁴⁴ | tɕiæ¹³ | tɕi⁴⁴ | tɕiŋ⁴⁴ |
| 隆德温堡 | tuŋ⁴⁴ | təŋ⁵² | tuæ⁴⁴ | tʰiæ¹³ | ti⁴⁴ | tiŋ⁴⁴ |
| 泾源新民 | tuŋ⁴⁴ | təŋ⁵² | tuæ⁴⁴ | tɕiæ³⁵ | tɕi⁴⁴ | tɕiŋ⁴⁴ |

第一类是端组字无论拼洪音还是细音都读为［t tʰ］声母，主要分布在同心、盐池、固原、海原、彭阳五区县；第二类是端组拼洪音读［t tʰ］声母，拼细音时与精见组合流，读为［tɕ tɕʰ］声母，主要分布在泾源、西吉；第三类是端组拼洪音读［t tʰ］声母，拼齐韵、脂韵时，读为［ts tsʰ］声母，除齐韵、脂韵外的其他细音读［t tʰ］声母，主要分布在彭阳东南部的城阳、孟塬、冯庄几个乡镇，彭阳北部草庙、小岔等几个乡镇方言存在新老派的区别，其中七十五岁以上老人与彭阳东南部读音一致，即端组拼齐韵、脂韵时，读为［ts tsʰ］声母，七十五岁以下的人读为［t tʰ］声母，但今以新派读音为主导，故未列。

### 2. 精组的读音

精组的读音在本章第一节的"音韵特征"中已简要概括。主要演变规律为精组洪音字读［ts tsʰ s］声母，细音字读［tɕ tɕʰ ɕ］声母，个别地区例外，如表 2－27。

表 2－27　　　　　　　　　　宁夏南部方言精组的读音

| | 左果开一 | 借假开三 | 早效开一 | 蒜山合一 | 做遇合一 | 足通合一 |
|---|---|---|---|---|---|---|
| 固原开城 | tsuə⁵² | tɕiə⁴⁴ | tsɔ⁵² | suæ̃⁴⁴ | tsu⁴⁴ | tsu¹³ |
| 海原李旺 | tsuə⁵² | tɕiə⁴⁴ | tsɔ⁵² | suæ̃⁴⁴ | tsu⁴⁴ | tsu¹³² |
| 彭阳城阳 | tsuə⁵² | tɕiə⁴⁴ | tsɔ⁵² | suæ̃⁴⁴ | tɕy⁴⁴ | tɕy¹³ |
| 同心张家垣 | tsuə⁵² | tɕiə⁴⁴ | tsɔ⁵² | suæ̃⁴⁴ | tsu⁴⁴ | tsu¹³ |
| 盐池麻黄山 | tsuə⁵² | tɕiə⁴⁴ | tsɔ⁵² | suæ̃⁴⁴ | tsu⁴⁴ | tɕy³⁵ |
| 西吉硝河 | tsuə⁵² | tɕiə⁴⁴ | tsɔ⁵² | suæ̃⁴⁴ | tsu⁴⁴ | tsu¹³ |
| 隆德温堡 | tsuə⁵² | tɕiə⁴⁴ | tsɔ⁵² | suæ̃⁴⁴ | tsu⁴⁴ | tsu¹³ |
| 泾源新民 | tsuə⁵² | tɕiə⁴⁴ | tsɔ⁵² | ɕyæ̃⁴⁴ | tsu⁴⁴ | tsu³⁵ |

### 3. 见组的读音

见组的读音在本章第一节的"音韵特征"中已简要概括，这一节主要讨论与端精组合流的问题，并将在第六节讨论见晓组二等韵及影疑母的问题。宁夏南部方言见组（含见晓组，疑母除外，下文同）主要读［tɕ tɕʰ ɕ］、［k kʰ x］声母，洪音字读［k kʰ x］声母（假摄除外），细音字读［tɕ tɕʰ ɕ］声母。如表 2－28。

表 2－28　　　　　　　　　　宁夏南部方言见组的读音

| | 个果开一 | 课果合一 | 河果开一 | 鞋蟹开二 | 架假开二 | 去遇合三 | 喜止开三 |
|---|---|---|---|---|---|---|---|
| 固原开城 | kə⁴⁴ | kʰuə⁴⁴ | xuə¹³ | xɛ¹³ | tɕia⁴⁴ | tɕʰi⁴⁴ | ɕi⁵² |
| 海原李旺 | kə⁴⁴ | kʰuə⁴⁴ | xuə¹³² | xɛ¹³² | tɕia⁴⁴ | tɕʰi⁴⁴ | ɕi⁵² |
| 彭阳城阳 | kə⁴⁴ | kʰuə⁴⁴ | xuə¹³ | xɛ¹³ | tɕia⁴⁴ | tɕʰi⁴⁴ | ɕi⁵² |
| 同心张家垣 | kə⁴⁴ | kʰuə⁴⁴ | xuə¹³ | xɛ¹³ | tɕia⁴⁴ | tɕʰi⁴⁴ | ɕi⁵² |
| 盐池麻黄山 | kuə⁴⁴ | kʰuə⁴⁴ | xuə³⁵ | xɛ³⁵ | tɕia⁴⁴ | tɕʰi⁴⁴ | ɕi⁵² |
| 西吉硝河 | kə⁴⁴ | kʰuə⁴⁴ | xuə¹³ | xɛ¹³ | tɕia⁴⁴ | tɕʰi⁴⁴ | ɕi⁵² |
| 隆德温堡 | kə⁴⁴ | kʰuə⁴⁴ | xuə¹³ | xɛ¹³ | tɕia⁴⁴ | tɕʰi⁴⁴ | ɕi⁵² |
| 泾源新民 | kə⁴⁴ | kʰuə⁴⁴ | xuə³⁵ | xɛ³⁵ | tɕia⁴⁴ | tɕʰi⁴⁴ | ɕi⁵² |

从表 2－26、2－27、2－28 可得，端精见三组字在细音前发生合流是

宁夏南部方言常见的一种音变现象，根据端精见合流后的音值类型，可以分为三种类型：一是端精见组细音字合流为舌面音［tɕ tɕʰ ɕ］，主要分布在泾源县以及西吉县的部分乡镇；二是端组拼洪音读［t tʰ］声母，拼齐韵、脂韵时与精组合流为舌尖前音［ts tsʰ s］，分布在彭阳东南部；三是端组字读舌尖前塞音［t tʰ］，精组合口字与见组合流为舌面音［tɕ tɕʰ ɕ］，分布在彭阳东南部。宁夏南部方言端精见组字的读音情况如表2-29。

表2-29　　　　　　　　宁夏南部方言端精见组细音字的读音

| | 端组 | | 精组 | | 见组 | |
|---|---|---|---|---|---|---|
| | 顶梗开四 | 底蟹开四 | 洗蟹开四 | 瞧效开三 | 欠咸开三 | 骄效开三 |
| 固原开城 | tiŋ$^{52}$ | ti$^{52}$ | ɕi$^{52}$ | tɕʰiɔ$^{13}$ | tɕʰiæ$^{44}$ | tɕiɔ$^{52}$ |
| 海原李旺 | tiŋ$^{52}$ | ti$^{52}$ | ɕi$^{52}$ | tɕʰiɔ$^{132}$ | tɕʰiæ$^{44}$ | tɕiɔ$^{52}$ |
| 彭阳城阳 | tiŋ$^{52}$ | tsʅ$^{52}$ | ɕi$^{52}$ | tɕʰiɔ$^{13}$ | tɕʰiæ$^{44}$ | tɕiɔ$^{52}$ |
| 同心张家垣 | tiŋ$^{52}$ | ti$^{52}$ | ɕi$^{52}$ | tɕʰiɔ$^{13}$ | tɕʰiæ$^{44}$ | tɕiɔ$^{52}$ |
| 盐池麻黄山 | tiŋ$^{52}$ | ti$^{52}$ | ɕi$^{52}$ | tɕʰiɔ$^{13}$ | tɕʰiæ$^{44}$ | tɕiɔ$^{52}$ |
| 西吉硝河 | tɕiŋ$^{52}$ | tɕi$^{52}$ | ɕi$^{52}$ | tɕʰiɔ$^{13}$ | tɕʰiæ$^{44}$ | tɕiɔ$^{52}$ |
| 隆德温堡 | tiŋ$^{52}$ | ti$^{52}$ | ɕi$^{52}$ | tɕʰiɔ$^{13}$ | tɕʰiæ$^{44}$ | tɕiɔ$^{52}$ |
| 泾源香水 | tɕiŋ$^{52}$ | tɕi$^{52}$ | ɕi$^{52}$ | tɕʰiɔ$^{13}$ | tɕʰiæ$^{44}$ | tɕiɔ$^{52}$ |

## 贰　地理分布及演变

1. 端组细音字读为舌尖音

（1）地理分布

宁夏南部方言端组拼细音以"低端剃透"为例，其地理分布如图2-6。

从图2-6，可以看出，宁夏南部方言端组细音字"低端剃透"以读［t tʰ］声母为主，泾源中南部以及西吉部分乡镇方言端组细音字读［tɕ tɕʰ］声母，彭阳城阳方言读［ts tsʰ］声母。

（2）讨论

彭阳县东部一带方言端组字拼古蟹摄、梗摄开口四等、止摄开口三等字时今读为舌尖前塞擦音［ts tsʰ］，如：弟蟹开四 tsʰʅ$^{44}$｜体蟹开四 tsʰʅ$^{52}$｜剃蟹开四 tsʰʅ$^{213}$｜低蟹开四 tsʅ$^{213}$｜地止开三 tsʅ$^{44}$｜踢梗开四 tsʰʅ$^{213}$｜敌梗开四 tsʅ$^{13}$｜笛梗开四 tsʅ$^{13}$｜剔梗开四 tsʰʅ$^{213}$，主要分布在彭阳东南部的城阳、孟塬、冯庄、草庙南部（原刘塬乡），以城阳乡为主，其他乡镇零星分布。从彭阳

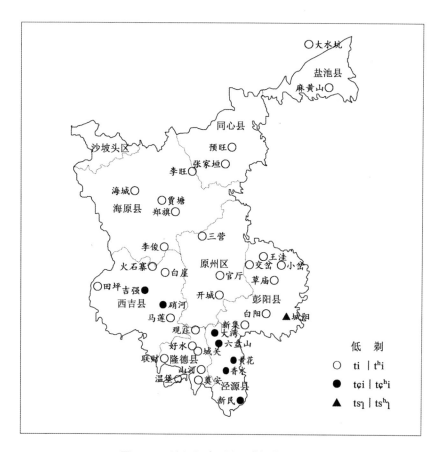

图 2-6 端组细音 "低<sub>端</sub>剃<sub>透</sub>" 的读音

端组字的读音来看，虽然都出现了今读〔ts tsʰ〕声母的现象，与精组、知庄章组声母的读音一致，但这三组读音的演变时间及方式应该各有不同，并非一时一地完成的合流而是各自独立发展演变的结果。古端组字拼齐韵、脂韵时声母由〔t tʰ〕发展为〔ts tsʰ〕，大概是受高元音摩擦化的影响即高元音〔i〕不断高化为〔ʅ〕，这种高元音的强烈摩擦引起了声母的擦化，强烈的摩擦化容易衍生出擦音〔s〕，故塞音〔t〕到塞擦音〔ts〕的演变就比较顺理成章。张建军（2009）结合河州方言认为："端组舌尖化的过程应该是：ti > tɕi > tsi > tsʅ"，即端组先演变为舌面前塞擦音再演变为舌尖前塞擦音，李蓝（2019）认为甘肃秦安方言端组在〔ʅ〕韵母前读〔ts tsʰ〕是韵母〔i〕先舌尖化变成〔ʅ〕，然后拉动塞音声母〔t tʰ〕

变成［ts tsʰ］，并将这个音变过程和规则写成音变公式：

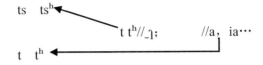

　　宁夏彭阳东南部方言端组的音变过程与甘肃秦安方言的演变大致相同。彭阳<sub>城阳</sub>方言端组拼齐、脂韵字读为［ts tsʰ］声母与精见组字演变为［ts tsʰ］不是同步或同样的演变模式产生的，因为精组与齐、脂韵字相拼读为［tɕ tɕʰ］，而非舌尖音［ts tsʰ］，且精见组今读［tɕi tɕʰi］的字未出现向［tsi tsʰi］或［tsʅ tsʰʅ］发展的趋势。彭阳<sub>城阳</sub>方言中今端组字读［ts tsʰ］的演变应是受元音高化摩擦化引起的声母演变。今端组字拼古蟹摄、止摄、梗摄开口四等韵时今读为舌尖前塞擦音［ts tsʰ］的现象在宁夏南部地区不断萎缩，从彭阳北部草庙、小岔最先开始消失，今彭阳东南部城阳乡、孟塬乡五六十岁的人已很少使用，七十岁以上的老人偶尔使用。

　　2. 精组合口字读为舌面音

　　中古精组字在宁夏南部方言中拼细音时读为舌面前音［tɕ tɕʰ ɕ］，如：挤<sub>精</sub>tɕi｜妻<sub>清</sub>tɕʰi｜西<sub>心</sub>ɕi；拼洪音时读为舌尖前音［ts tsʰ s］，如：最<sub>精</sub>tsuei｜崔<sub>清</sub>tsʰuei｜碎<sub>心</sub>suei。但彭阳县东部方言，如彭阳<sub>城阳</sub>方言部分精组拼遇摄合口一等模韵、通摄合口一三等屋、烛韵字时读为［tɕ tɕʰ ɕ］声母，如：祖<sub>精</sub>tɕy｜粗<sub>清</sub>tɕʰy｜塑<sub>心</sub>ɕy｜族<sub>心</sub>tɕy｜足<sub>精</sub>tɕy｜宿<sub>心</sub>ɕy。除彭阳<sub>城阳</sub>方言外，宁夏南部其他县区遇摄合口一等精组字读舌面音的现象在隆德<sub>温堡</sub>也有相应的分布，如：租<sub>精</sub>tɕy｜素<sub>心</sub>ɕy，辖字较少。精组拼通摄合口一三等屋、烛韵字读为［tɕ tɕʰ ɕ］声母的现象在宁夏南部方言较常见。泾源方言除通摄合口精组入声字读舌面前［tɕ tɕʰ ɕ］外，山摄合口一等、臻摄合口一三等心母字也同样读舌面前［tɕ tɕʰ ɕ］，如：酸<sub>山合一</sub>ɕyæ̃³¹｜算<sub>山合一</sub>ɕyæ̃⁴⁴｜蒜<sub>山合一</sub>ɕyæ̃⁴⁴｜孙<sub>臻合一</sub>ɕyn³¹｜笋<sub>臻合三</sub>ɕyn⁵²。如表2－30。

　　遇摄合口一三等精组字的读音以表2－30中“做<sub>精</sub>肃<sub>心</sub>俗<sub>邪</sub>”为例，宁夏南部方言精组合口字读舌面音的地理分布情况如图2－7。

　　从图2－7可知，遇摄合口一等字读［tɕ tɕʰ］声母只分布在彭阳东南部，但通摄合口三等入声字读［tɕ tɕʰ ɕ］声母分布在整个宁夏南部方言中。

表 2-30　　　　　　　遇摄合口一等、通摄合口一三等精组字的读音

| | 做 遇合一 | 粗 遇合一 | 苏 遇合一 | 酸 山合一 | 笋 臻合三 | 族 通合一 | 肃 通合三 | 足 通合三 | 俗 通合三 |
|---|---|---|---|---|---|---|---|---|---|
| 固原开城 | tsu⁴⁴ | tsʰu¹³² | su¹³² | suæ¹³² | suŋ⁵² | tsu¹³ | ɕy¹³² | tɕy¹³ | ɕy¹³ |
| 海原李旺 | tsu⁴⁴ | tsʰu¹³² | su¹³² | suæ¹³² | suŋ⁵² | tsu¹³² | ɕy¹³² | tɕy¹³² | ɕy¹³² |
| 彭阳城阳 | tɕy⁴⁴ | tɕʰy²¹³ | ɕy²¹³ | suæ²¹³ | ɕyŋ⁵² | tɕʰy | ɕy²¹³ | tɕy¹³ | ɕy¹³ |
| 同心张家垣 | tsu⁴⁴ | tsʰu²¹³ | su²¹³ | suæ²¹³ | suŋ⁵² | tsu¹³ | ɕy²¹³ | tsu¹³ | ɕy¹³ |
| 盐池麻黄山 | tsu⁴⁴ | tsʰu³¹ | su³¹ | suæ³¹ | ɕyŋ⁵² | tsʰu³⁵ | ɕy³¹ | tɕy³⁵ | ɕy³⁵ |
| 西吉火石寨 | tsu⁴⁴ | tsʰu¹³ | su¹³ | suæ¹³ | suŋ⁵² | tsu¹³ | ɕy¹³ | tsu¹³ | ɕy¹³ |
| 隆德温堡 | tsu⁴⁴ | tsʰu¹³ | su¹³ | suæ¹³ | ɕyŋ⁵² | tsu¹³ | ɕy¹³ | tsu¹³ | ɕy¹³ |
| 泾源新民 | tsu⁴⁴ | tsʰu³¹ | su³¹ | ɕyæ³¹ | ɕyn⁵² | tsu³⁵ | ɕy³¹ | tsu³⁵ | ɕy³⁵ |

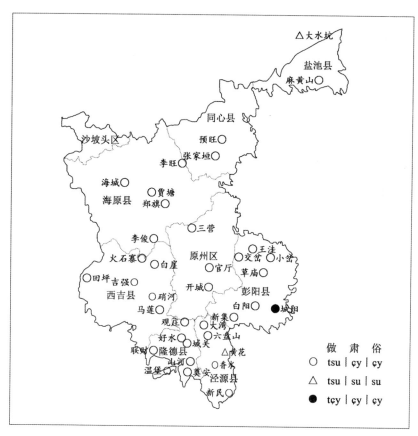

图 2-7　遇摄、通摄合口精组字"做精肃心俗邪"的读音

通摄合口三等精组入声字今读［tɕ tɕʰ ɕ］声母大概存在两种可能：一是古精组字今在撮口呼前读［tɕ tɕʰ ɕ］声母，如：蛆遇合三 tɕʰy｜絮遇合三 ɕy｜全山合三 tɕʰyæ｜选山合三 ɕyæ｜俊臻合三 tɕyŋ｜迅臻合三 ɕyŋ，这种语音演变规律属于常见的现象，受精组洪音字演变规律扩散的影响，通摄合口三等精组入声字在方言的演变中与其他韵摄的合口三等字一起演变为［tɕ tɕʰ ɕ］声母，与通摄合口三等精组非入声字的演变出现分化。二是通摄合口精组入声韵字舒化过程中，入声韵尾脱落读为阴声韵，受合口三等字介音的影响，入声舒化过程中与精组细音字合流为［tɕ tɕʰ ɕ］声母，从而出现与精组洪音字读音的分歧现象，这种演变模式与兰银官话一致，但与北京官话、东北官话等官话区入声字的演变方式有所不同，但在进一步的演变中，受通语的影响，宁夏南部方言部分字也逐渐读为［ts tsʰ s］声母，如：足 tsu｜促 tsʰu｜粟 su。相比而言，宁夏南部方言通摄合口三等精组入声字今读［tɕ tɕʰ ɕ］声母为第二种演变的可能性更大一些，臻摄合口三等心母字读［ɕ］声母为第一种演变规律的支配的可能性更大些。

至于遇摄合口一等精组字、山摄合口一等心母字、臻摄合口一等心母字、通摄合口一等精组入声字今读舌面前音［tɕ tɕʰ ɕ］，应是受韵母的影响，本书第三章第三节"叁 山臻摄精组来母合口字读撮口呼"有相应的讨论，遇摄、通摄精组字的演变类型与山臻摄的演变类型基本一致。

3. 端精见组合流为舌面音

泾源方言及西吉县部分乡镇方言端组字拼细音时读为［tɕ tɕʰ］声母，与精组、见组合流，如表 2 – 29。端精见组在细音前合流的现象在关中片方言较常见，以泾源香水为例，如：颠端 = 笺精 = 肩见 tɕiæ³¹｜天透 = 千清 = 牵溪 tɕʰiæ³¹｜田定 = 前从 = 虔群 tɕʰiæ³⁵，即端精见组字在细音前合流。

以"钉端天透"字为例，宁夏南部方言端组读音的分布情况如图 2 – 8。从图 2 – 8 可知宁夏南部方言端精见合流的现象分布不是特别广泛，除了泾源、西吉县的回族聚居区有所分布外，其他县区回族聚居区并无相应的分布，且西吉境内部分回族聚居区也存在端精见组字未合流的现象，如西吉火石寨、白崖。

邢向东、黄珊（2007）将端精见组字在齐齿呼韵母前的分混分成六种类型，其中第六类就是端精见组合流，并例举渭南：底 = 挤 = 几 tɕi｜梯 = 七 = 欺 tɕʰi｜西 = 稀 ɕi。丁明俊（1994）、拜学英（2009）考证，宁夏

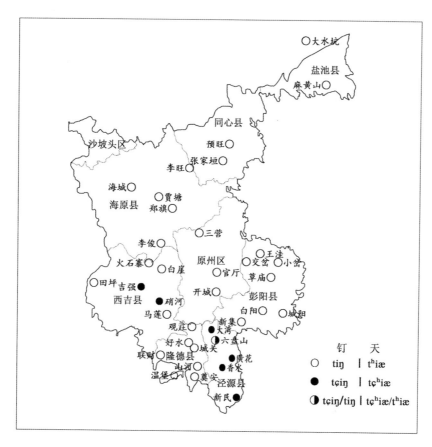

图 2-8　端组细音"钉端天透"的读音

泾源回族大多来自陕西渭南一带，当地百姓今与陕西渭南还有亲属关系的往来，故宁夏泾源方言端精见组字在细音前合流的现象与陕西渭南方言基本一致。西吉县部分回族聚居乡镇也出现了端精见组字在细音前合流的现象，这种现象与清末同治年间政府安插陕甘回族相关，西吉回族大部分来自陕西甘肃地区，但具体来自哪个县或乡镇，目前尚不详知。

　　除宁夏南部方言外，端精见组合流为舌面音的现象在西北汉语方言较为常见，如：临夏市八坊、临夏县、积石山、循化、同仁、尖扎、贵德、民和、化隆、循化、宝鸡、扶风、凤县凤州地区等（张建军，2009；芦兰花，2011；吴媛，2011）。此外，刘俐李（1993）报道端组细音字如"第地、铁天"等字在焉耆回族读为 [tɕ tɕʰ] 声母；侯精一、温端政（1996）

指出汾河片的霍州话白读层，端精见组字在齐齿呼韵母前完全合流，如：低＝鸡 tɕi，丢＝揪 tɕiəu，梯＝欺 tɕʰi，天＝牵 tɕʰiaŋ；林涛（2003）认为中古端组字今逢齐齿呼韵母时在东干语甘肃话口语读［t tʰ］声母，而陕西话口音读［tɕ tɕʰ］声母；海峰（2003）指出东干语方言中甘肃话端组字在齐齿呼前读为［t tʰ］，在陕西话中读为［tɕ tɕʰ］或［t tʰ］，并认为受来自甘肃方言或者说标准音影响的结果。一系列的文献资料证明西北地区汉语方言以及晋方言中端组拼细音与精见组合流为［tɕ tɕʰ］声母的现象分布广泛。现根据李蓝（2013），吴媛（2011），邢向东、黄珊（2007），张建军（2009），芦兰花（2011）等文献资料将陕甘宁青的情况归纳如表 2 - 31。

表 2 - 31　　　　　　　　　陕甘宁青端精见组字的读音

| | 天透<br>山开四 | 千清<br>山开四 | 牵溪<br>山开四 | 电定<br>山开四 | 贱从<br>山开三 | 见群<br>山开三 | 听透<br>梗开四 | 清清<br>梗开三 | 轻溪<br>梗开三 |
|---|---|---|---|---|---|---|---|---|---|
| 宁夏西吉 | tɕʰiæ | tɕʰiæ | tɕʰiæ | tɕiæ | tɕiæ | tɕiæ | tɕʰiŋ | tɕʰiŋ | tɕʰiŋ |
| 宁夏泾源 | tɕʰiæ | tɕʰiæ | tɕʰiæ | tɕiæ | tɕiæ | tɕiæ | tɕʰiŋ | tɕʰiŋ | tɕʰiŋ |
| 陕西渭南 | tɕʰiæ | tɕʰiæ | tɕʰiæ | tɕiæ | tɕiæ | tɕiæ | tɕʰiŋ | tɕʰiŋ | tɕʰiŋ |
| 陕西宝鸡 | tɕʰiæ | tɕʰiæ | tɕʰiæ | tɕiæ | tɕiæ | tɕiæ | tɕʰiŋ | tɕʰiŋ | tɕʰiŋ |
| 陕西扶风 | tɕʰiæ | tɕʰiæ | tɕʰiæ | tɕiæ | tɕiæ | tɕiæ | tɕʰiŋ | tɕʰiŋ | tɕʰiŋ |
| 陕西凤县 | tɕʰiæ | tɕʰiæ | tɕʰiæ | tɕiæ | tɕiæ | tɕiæ | tɕʰiŋ | tɕʰiŋ | tɕʰiŋ |
| 甘肃宁县 | tɕʰiæ | tɕʰiæ | tɕʰiæ | tiæ | tɕiæ | tɕiæ | tɕʰiŋ | tɕʰiŋ | tɕʰiŋ |
| 甘肃华亭 | tɕʰiæ̃ | tɕʰiæ̃ | tɕʰiæ̃ | tɕiæ̃ | tɕiæ̃ | tɕiæ̃ | tɕʰiŋ | tɕʰiŋ | tɕʰiŋ |
| 甘肃崇信 | tɕʰiæ | tɕʰiæ | tɕʰiæ | tɕiæ | tɕiæ | tɕiæ | tɕʰiŋ | tɕʰiŋ | tɕʰiŋ |
| 甘肃宕昌 | tɕʰiæ | tɕʰiæ | tɕʰiæ | tɕiæ | tɕiæ | tɕiæ | tɕʰiŋ | tɕʰiŋ | tɕʰiŋ |
| 甘肃张家川 | tɕʰiæ | tɕʰiæ | tɕʰiæ | tɕiæ | tɕiæ | tɕiæ | tɕʰiŋ | tɕʰiŋ | tɕʰiŋ |
| 甘肃甘谷 | tɕʰia | tɕʰia | tɕʰia | tia | tɕia | tɕia | tɕʰiəŋ | tɕʰiəŋ | tɕʰiəŋ |
| 甘肃陇西 | tɕʰiæ | tiæ | tɕʰiæ | tiæ | tɕiæ | tɕiæ̃ | tɕʰin | tɕʰin | tɕʰin |
| 甘肃漳县 | tɕʰiæ | tsʰiæ | tɕʰiæ | tiæ | tsiæ | tɕiæ | tɕʰiɤ̃ | tsʰiɤ̃ | tɕʰiɤ̃ |
| 甘肃广河 | tɕʰiã | tɕʰiã | tɕʰiã | tɕiã | tɕiã | tɕiã | tɕʰiŋ | tɕʰiŋ | tɕʰiŋ |
| 甘肃临夏 | tɕʰiæ̃ | tɕʰiæ̃ | tɕʰiæ̃ | tɕiæ̃ | tɕiæ̃ | tɕiæ̃ | tɕʰiɔ̃ | tɕʰiɔ̃ | tɕʰiɔ̃ |

续表

| | 天透<br>山开四 | 千清<br>山开四 | 牵溪<br>山开四 | 电定<br>山开四 | 贱从<br>山开三 | 见群<br>山开三 | 听透<br>梗开四 | 清清<br>梗开三 | 轻溪<br>梗开三 |
|---|---|---|---|---|---|---|---|---|---|
| 青海民和 | – | – | – | – | – | – | tɕʰiəŋ | tɕʰiəŋ | tɕʰiəŋ |
| 青海循化 | tɕʰiɛ̃ | tɕʰiɛ̃ | tɕʰiɛ̃ | tɕiɛ̃ | tɕiɛ̃ | tɕiɛ̃ | tɕʰiɔ̃ | tɕʰiɔ̃ | tɕʰiɔ̃ |
| 青海同仁 | tɕʰiã | tɕʰiã | tɕʰiã | tɕiã | tɕiã | tɕiã | tɕʰiɔ̃ | tɕʰiɔ̃ | tɕʰiɔ̃ |

从表 2 – 31 可知，陕甘宁青皆有端精见组细音字合流现象的分布，且主要出现在回族聚居区。但是是否可以此为依据，认为端精见组细音字合流现象是西北地区回族话的语音特色，目前并无足够的例证支撑，且西北地区其他回族聚居区并无该现象。就表 2 – 31 所列的方言点确为回族自治区、自治县或回族聚居区，如宁夏泾源、陕西渭南、甘肃临夏、青海循化，但是除表 2 – 31 所列地区外，西北地区其他回族聚居区如宁夏同心、海原、固原方言并未出现端精见组字细音合流的现象。此外，林涛（2003）、海峰（2003）提到的东干语陕西话以及刘俐李（1993）提到的新疆焉耆回族话其源头都是关中话，结合上述文献资料及方言材料认为，西北地区端精见组细音字今合流为［tɕ tɕʰ］声母属于中原官话关中片方言的语音特征。甘肃、青海部分县区市方言端精见组细音字合流的问题，主要因素有二，一是清末清政府分散安置陕甘回族有关，即政府主导的移民活动致使方言的扩散传播；二是关中方言在历史上曾作为强势方言对周边方言产生的辐射影响。

　　学术界关于端精见合流现象的分析比较全面。从方言自身演变来看，远藤光晓（2001）认为："d－、t－声母在西北方言逢－i－介音就腭化为 tɕi－、tɕʰi－……d－、t－（n－、l－），也就是舌头音与－i－介音之间有排斥关系。但这个排斥关系在现代北京话和很多现代汉语方言里没有显现出来（但在上古至中古之间曾经产生过这个定律所引起的变化）。这一方面是因为舌头音与 i 之间的排斥关系比较弱，另一方面是因为很多现代汉语方言的音系里已经有 tɕi－、tɕʰi－等音，因此抑制 d－、t－等变为 tɕi－、tɕʰi－，以免产生一系列同音字。"邢向东、黄珊（2007）赞同远藤先生的分析，认为精见组的合流是一种权威演变模式，关中方言应该是端精组字的合流先于精见组字的合流，并在方言接触、交汇中出现端精见三组声母在齐齿呼韵母前完全合流。本书赞同以上学者的观点，宁夏南部方言相应的语音现象与周边方言的演变是相通的。从地理分布来看，古端精见组细音字合流为［tɕ tɕʰ］声母的现象分布非常广泛，东起山西、西至青海、北至新疆乃至中亚地区。这种分布格局的形成原因主要是人口迁徙引发的语言扩散现象，当然也不排除强势方言的影响。清末陕西、甘肃发生事变，后经左宗棠镇压，变乱首领白彦虎等率众一路经新疆逃至中亚，清政府为巩固统治将陕甘群众分散安插至西北各地，故今西北地区存在大小不一的关中话方言岛。张安生（2008）认为精见组细音字在泾源方言依然能区分尖团音，但目前已不区分尖团，故古端精见合流现象应该是在近十年完成。

4. 精见组分尖团

宁夏南部方言古精见组细音字一般读为舌面前音［tɕ tɕʰ ɕ］，但隆德温堡读为舌尖音［ts tsʰ s］。"固海、盐池、西隆小片大部地区不分尖团，泾源小片和隆德某些乡镇逢今齐齿呼可分尖团（泾源尖音高度腭化，与［tɕ］组声母已很接近），逢今撮口呼尖团相混。如泾源：精 tsiŋ ≠ 经 tɕiŋ｜秋 tsʰiəu ≠ 丘 tɕʰiəu｜修 siəu ≠ 休 ɕiəu｜需 = 虚 ɕy｜泉 = 拳 tɕʰyaʰ；隆德温堡乡：节 tsiə ≠ 结 tɕiə｜聚 = 巨 tɕy。泾源小片端组齐齿字与'尖字'合流，读［ts］组声母，即：钉端 = 精 tsiŋ｜电定 = 贱 tsiæ̃｜听透 = 青 tsʰiŋ｜田定 = 前 tsʰia。"（张安生，2008）"在隆德县境南片一带，老派话精组声母齐齿呼保留了尖音的读法。新派音已不分尖团了"（杨苏平，2015）。从上述文献来看，泾源、隆德方言分尖团情况正处于逐渐消失的过程中，以隆德温堡方言为例：

老派　　精精 tsiŋ ≠ 经见 tɕiŋ　　　秋清 tsʰiəu ≠ 丘溪 tɕʰiəu　　齐从 tsʰi ≠ 旗群 tɕʰi

新派　　精精 = 经见 tɕiŋ　　　　　秋清 = 丘溪 tɕʰiəu　　　　　齐从 = 旗群 tɕʰi

笔者进行隆德温堡方言调查时，发音人精见组细音字并不读舌尖前音，但反复比字时发音人认为：精精 tsiŋ ≠ 经见 tɕiŋ｜节精 tsiə ≠ 结见 tɕiə｜秋清 tsʰiəu ≠ 丘溪 tɕʰiəu｜齐从 tsʰi ≠ 旗群 tɕʰi｜修心 siəu ≠ 休晓 ɕiəu，但脱离精见组字相比较的环境，将精见组细音字放入词汇、句子中发音人基本读为舌面前音［tɕ tɕʰ ɕ］。因此可见，隆德温堡方言精见组细音字处于变化中，即分尖团的现象逐步消失，精见组细音字逐渐合流为舌面前音［tɕ tɕʰ ɕ］。

"泾源尖音高度腭化，与［tɕ］组声母已很接近"张安生（2008）。今泾源方言精组细音字已不读舌尖前音，一律读为舌面前音，即不区分尖

团，如：精<sub>精</sub> = 经<sub>见</sub> tçiŋ | 节<sub>精</sub> = 结<sub>见</sub> tçiə | 秋<sub>清</sub> = 丘<sub>溪</sub> tçʰiəu | 齐<sub>从</sub> = 旗<sub>群</sub> tçʰi | 修<sub>心</sub> = 休<sub>晓</sub> çiəu。

罗常培（2012）认为西北方言精、清、从、心、邪四等和见、溪、群、晓、匣三四等在西北方音中受［i］介音的腭化作用而变成舌面前音，在《开蒙要训》的注音里已经有以从注澄、以照注从、以彻注清、以清注穿、以审注心、以邪注禅、以晓注心等例字，说明从那时（后唐明宗时期，公元930年左右）起就已经出现了腭化的痕迹。"'齿头音'的四等跟'牙音'的三、四等，在唐代西北方音至多不过受了［j］化，一定还没有到腭化的程度，但是从五代起已然开始有类似近代西北方音的演变了。"今从发音经济省力的原则看，精见组细音字朝着舌面音发展是宁夏南部方言的演变趋势，且绝大部分方言已经早已完成了这一演变，泾源方言应是这十年时间在全县范围内逐步演变完成了腭化进程，隆德南片方言也即将完成，这种腭化进程与其说是方言自身演变的结果，不如说是外力作用如推广普通话、异地移民等因素不断推进，加快了精见组细音字的腭化进程。

## 第四节　泥来母

### 壹　泥来母的分混

#### 1. 今读类型

宁夏南部方言古泥来母字一般今读分别为［n］［l］声母，如：闹<sub>泥</sub> nɔ | 能<sub>泥</sub> nəŋ | 狼<sub>来</sub> laŋ | 老<sub>来</sub> lɔ。但是部分字也存在泥来母相混的问题，主要是泥母混入来母。其中秦陇片、关中片方言泥来母今逢开口呼、齐齿呼、撮口呼不相混，如：纳<sub>泥</sub> na ≠ 拉<sub>来</sub> la | 你<sub>泥</sub> n̠i ≠ 李<sub>来</sub> li | 女<sub>泥</sub> n̠y ≠ 旅<sub>来</sub> ly；泥母今逢合口呼时部分字混入来母，如：农<sub>泥</sub> = 龙<sub>来</sub> luŋ | 内<sub>泥</sub> = 累<sub>来</sub> luei。陇中片方言泥来母在细音前不混，洪音前相混，如西吉<sub>田坪</sub>：你<sub>泥</sub> n̠i ≠ 李<sub>来</sub> li | 女<sub>泥</sub> n̠y ≠ 旅<sub>来</sub> ly | 南<sub>泥</sub> = 兰<sub>来</sub> læ̃ | 脑<sub>泥</sub> = 老<sub>来</sub> lɔ，但陇中片内部各方言点泥来母相混的情况不一。宁夏南部方言泥来母读音类型如表 2 - 32。

表 2 - 32                                          泥来母字的读音

| | 泥母洪音 | | | | | 泥母细音 | | 来母 | |
|---|---|---|---|---|---|---|---|---|---|
| | 脑<br>效开一 | 南<br>咸开一 | 内<br>蟹合一 | 暖<br>山合一 | 农<br>通合一 | 泥<br>蟹开四 | 女<br>遇开三 | 弄<br>通合一 | 聋<br>通合一 |
| 固原开城 | nɔ52 | næ13 | luei44 | luæ52 | luŋ13 | n̠i13 | n̠y52 | luŋ44 | luŋ13 |
| 海原李旺 | nɔ52 | næ132 | luei44 | luæ52 | luŋ132 | n̠i132 | n̠y52 | luŋ44 | luŋ132 |
| 彭阳城阳 | nɔ52 | næ13 | luei44 | luæ52 | luŋ13 | n̠i13 | n̠y52 | luŋ44 | luŋ13 |
| 同心张家垣 | nɔ52 | næ13 | luei44 | næ52 | luŋ13 | n̠i13 | n̠y52 | luŋ44 | luŋ13 |
| 盐池麻黄山 | nɔ52 | næ35 | luei44 | næ52 | luŋ35 | mi35 | n̠y52 | nəŋ44 | luŋ35 |
| 西吉硝河 | nɔ52 | næ13 | luei44 | luæ52 | luŋ13 | n̠i13 | n̠y52 | luŋ44 | luŋ13 |
| 隆德温堡 | nɔ52 | næ13 | luei44 | luæ52 | luŋ13 | n̠i13 | n̠y52 | luŋ44 | luŋ13 |
| 泾源新民 | nɔ52 | næ35 | luei44 | luæ44 | luŋ35 | n̠i35 | n̠y52 | luŋ44 | luŋ35 |

2. 地理分布

泥来母相混的情况以"南泥农泥隆来"的读音为例,地理分布如图 2 - 9。宁夏南部方言泥母洪音读音差异以"南泥暖泥"的读音为例,地理分布如图 2 - 10。

从图 2 - 9 可知,宁夏南部方言泥来母相混的情况主要出现在西吉、隆德,但是这两县境内方言也存在一些差异,即部分乡镇方言泥来母合口字相混,开口字不混;部分乡镇方言泥来母洪音不管开口还是合口都相混。其中第一类占主导,第二类次之。从图 2 - 10 可知,泥母字"南咸开一暖山合一"开合口混读情况呈东北—西南对立分布,即东北部为泥来母开合口不相混,西南以泥母合口字混入来母为主,但是部分方言点泥母开口字也混入来母,如:西吉田坪、马莲、隆德观庄、城关。故泥来母相混的情况主要出现泾源、西吉、隆德,及即陇中片、关中片方言,秦陇片如同心、盐池、固原、海原、彭阳方言基本不相混,其中秦陇片南部地区与陇中片、关中片交界处泥母合口字混入来母,如固原开城、彭阳新集、白阳、城阳。

3. 讨论

关于泥来母相混的问题学界探讨得已经比较明晰。曹志耘(2012)结

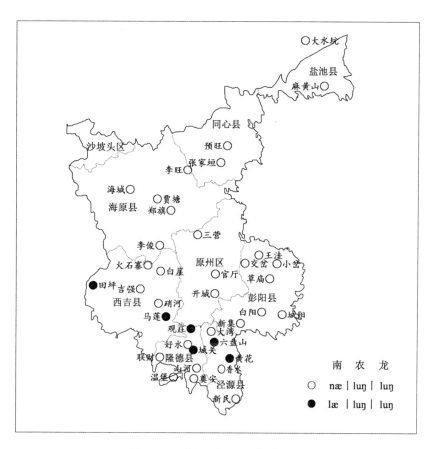

图2-9　"南泥农泥隆来"的读音

合《汉语方言地图集》将泥来母的分合归纳为长江流域型分布，"［n］、［l］声母相混（例如：南＝蓝｜年＝连）是汉语方言中一种重要的语音现象……从'泥来母的分合'（语音057）、'脑－老｜南－蓝<sub>泥来洪</sub>声母的异同'（语音058）、'泥－梨｜年－连<sub>泥来细</sub>声母的异同'（语音059）可以看出，尽管［n］、［l］相混的地点南到广东、福建，北到甘肃、陕西，但其主要分布地区正好与长江流域相吻合，离长江越近的地方点越多，离长江越远的地方点越少，可以说是一种'长江流域型'分布"曹志耘（2012）。杨苏平（2015）将西北地区泥来母的混读划分为"泥＝离""南＝蓝""农＝笼"三种类型和与之对应的三种历史层次，认为早在《切韵》成书的年代就已经存在泥来母的混读了。从宁夏南部方言泥来母的混读情况来看，各地演变的进程并不一致，有些泥母已经并入来母，有些尚未合并，但从目前的语音现象来看宁夏南部方言泥来母未合并的也没有出现合并的端倪，且从语音自身演变来看，今宁夏南部方言泥来母并不存在合并的条件，且随着推普的深入和义务教育的普及，泥来母发生合并的可能性更小。

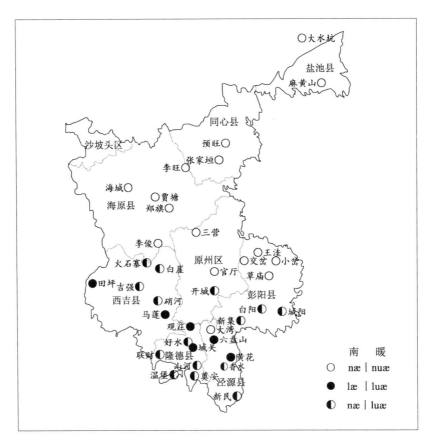

图 2 - 10　泥母开合口例字"南咸开—暖山合—"的读音

## 贰　泥母读［m］

宁夏南部方言泥母细音字一般读［ȵ］声母，个别地方泥（娘）母字今读为［m］声母，具体读音如表 2 - 33。其中，"女 ~子: 女儿"读［m］声母主要分布在彭阳县，如彭阳白阳、小岔、城阳，但是"女 ~猫"作为性别词的标志读［m］声母却广泛分布在宁夏南部方言中。

表 2 - 33　　　　　　　　　　　　泥母读［m］声母

| | 女—子 | 女—猫 | 腻 | 鲇—鱼 | 倪 | 泥 |
|---|---|---|---|---|---|---|
| 固原开城 | ȵy⁵² | mi⁵² | ȵi⁴⁴ | miæ̃¹³ | ȵi¹³ | ȵi¹³ |
| 海原海城 | ȵy⁵² | mi⁵² | ȵi⁴⁴ | miæ̃¹³² | ȵi¹³² | mi¹³² |
| 彭阳城阳 | mŋ⁵² | mi⁵² | mi⁴⁴ | miæ̃¹³ | mi¹³ | ȵi¹³ |
| 同心张家垣 | ȵy⁵² | mi⁵² | ȵi⁴⁴ | miæ̃¹³ | ȵi¹³ | ȵi¹³ |
| 盐池麻黄山 | ȵy⁵² | mi⁵² | i⁴⁴ | miæ̃³⁵ | ȵi³⁵ | mi³⁵ |
| 西吉火石寨 | ȵy⁵² | mi⁵² | ȵi⁴⁴ | ȵiæ̃¹³ | ȵi¹³ | ȵi¹³ |
| 隆德温堡 | ȵy⁵² | mi⁵² | ȵi⁴⁴ | ȵiæ̃¹³ | ȵi¹³ | ȵi¹³ |
| 泾源新民 | ȵy⁵² | mi⁵² | ȵi⁴⁴ | miæ̃³⁵ | ȵi³⁵ | ȵi³⁵ |

从表 2 - 33 可知，泥母细音字读［m］声母的情况主要集中在彭阳城阳方言，该地方言与相邻的甘肃方言比较接近，故很多语音特征与毗邻甘肃方言相近。"泥"读为［m］声母主要分布在盐池、海原、固原，这种现象应该是受兰银官话银吴片的影响，银川、吴忠方言中"泥"读为［m］声母，如"水泥、泥墙"的"泥"读［mi⁵³］，盐池、海原、固原、同心处于中原官话和兰银官话的过渡地带或临界地区，受语言接触影响的可能性比较大。除此外，"离同心县较近的海原县李旺、关桥、兴仁三个方言点，'泥'白读为［mi²²³］，跟固原较近的海原县贾塘、郑旗方言点也读［mi²²³］，而离固原、同心较远的西安、树台、盐池等方言点一律读［ȵi²²³］"（曹强，2008）。"鲇～鱼"读为［m］声母是宁夏境内方言的共同读法，宁夏南部大部分地区处于内陆干旱地带，基本没有足够的水进行鱼类的养殖，即使雨水充沛的泾源方言，也基本不养鱼，故宁夏南部方言鱼的种类统称为"鱼"，基本不再细分为鲤鱼、鲢鱼、草鱼等，但宁夏北部黄河流经水流丰富，兰银官话银吴片如银川话"鲇～鱼"读为［miæ̃¹³］，故"鲇～鱼"读为［m］声母可能是近年来从宁夏北部兰银官话借入的读音。"女～子"读成［m］主要分布在彭阳县境内，主要表示女性，如：女子女儿、孙女子孙女。但是如果从动物的性别词来看，如"女猫"，宁夏南部方言各点都存在"女"读成［m］的情况。除宁夏南部方言外，据张建

军（2009）、芦兰花（2011）、李蓝（2013），青海、甘肃汉语方言大多数地方也存在泥母读为［m］的情况，如：青海贵德、乐都、循化、同仁、民和、西宁、湟源、大通、化隆、平安以及甘肃临夏、和政、舟曲、红古、静宁、古浪等地。

　　王福堂（2005）认为：在语音演变的过程中某字的变化应该受某一语音条件的支配，但因另一语音条件的影响而改变了应有的变化方向，成为例外。例如西安话"女猫"一词中的"女［mi］"常写作"咪"，作为鱼韵泥母字应该和"女"字在其他使用场合中一样读作［n̠y］。不过汉语方言中鼻音声母发音部位转移而发音方法不变是相当常见的现象。如合肥话"泥<sub>泥</sub>"［mŋ］、"尼<sub>泥</sub>"［mi］、"日<sub>日</sub>"［mi］，苏州话"蚁<sub>疑</sub>"［mi］，温州话"峨<sub>疑</sub>"［mai］，北京话"谬<sub>明</sub>"［niou］，广州话"弥<sub>明</sub>"［nei］等等，各字音声母的例外都是因为泥、日、疑、明母等鼻音声母的发音部位转移造成的。这种音变虽然只涉及到部分字，却也是一种有规律的现象。西安话"女猫"一词中的"女"字声母的例外，就是这一规律的表现。泥母字"女"声母的正常演变正是受到这一规律的干扰，才变成了［m］。这种音变也需要一定的条件。比如从河北滦县、定兴等方言母猫叫"伲（妮）猫"的情况来看，"女"字的声母在变成［m］以前，韵母先要变成［i］，然后声母再发生变化。因此变化过程应该是 n̠y→ni→mi。青海乐都话中除"你"外所有的音节［ni］都变成了［mŋ］，如"泥尼"［mŋ］，"女"［mŋ］，"腻逆"［mŋ］。这是同一语音条件的作用范围有了扩大，音变的规律也就表现得更为明显了。

　　宁夏南部方言泥母"女、腻、倪"字从音值上来看，主元音［i］实际音值接近［ɿ］，高元音的强摩擦化导致声母的演变，与上述西安、乐都方言"女"字的演变路径大体一致，但宁夏南部方言的变化过程应该是：n̠y > n̠y > n̠i > mi > mj > mŋ。表性别词的"女"（常写作"咪"）由于在使用中固化，从语言使用心理上，为使动物和人在表义上有所区别，方言使用者会有意地将表"女性""女儿"义的"女"子进一步舌尖化，故表亲属称谓时，"女<sub>~子：女儿</sub>"大都读为［mŋ<sup>52</sup>］，表动物性别时，"女<sub>~猫</sub>"大都读为［mi<sup>52</sup>］，俗字写作"咪"。

# 第五节　知系

## 壹　知庄章的读音

### 1. 今读类型

宁夏南部方言古知庄章组字的今读分别有舌尖前音 [ts tsʰ s]、舌尖后音 [tʂ tʂʰ ʂ]、舌叶音 [tʃ tʃʰ ʃ]（部分方言点 [tʂ] 组拼开口呼，[tʃ] 组拼合口呼，[tʂ] [tʃ] 组声母呈音位互补）和唇齿音 [f] 四种类型。其中知庄章组部分字读 [f] 声母的现象主要分布在泾源县黄花乡沙塘、泾河源镇泾光村、涝池村等地。如泾源沙塘庄组：双生江开二 $faŋ^{31}$｜帅生止合三 $fei^{44}$；章组：出昌止合三 $fu^{31}$｜赎船通合三 $fu^{35}$｜鼠书遇合三 $fu^{31}$｜税书蟹合三 $fei^{31}$｜说书蟹合三 $fuə^{31}$｜水书止合三 $fei^{52}$｜叔书通合三 $fu^{31}$｜熟禅通合三 $fu^{35}$｜睡禅止合三 $fei^{44}$，除这些字外，大部分合口字读 [tʃ] 组声母，与泾源其他地方同。宁夏南部方言古知庄章组字的今读情况如表2-34、2-35、2-36。

表2-34　　　　　　　　　　　　知组字的读音

| | 知开二 | | | 知开三 | | 知合三 | |
|---|---|---|---|---|---|---|---|
| | 茶假摄 | 站咸摄 | 撞江摄 | 沉深摄 | 赵效摄 | 除遇摄 | 转山摄 |
| 固原开城 | $tsʰa^{13}$ | $tsæ^{44}$ | $tsʰuaŋ^{44}$ | $tsʰəŋ^{13}$ | $tʂɔ^{44}$ | $tʂʰu^{13}$ | $tʂuæ^{44}$ |
| 海原李旺 | $tsʰa^{132}$ | $tsæ^{44}$ | $tsʰuaŋ^{44}$ | $tsʰəŋ^{132}$ | $tʂɔ^{44}$ | $tʂʰu^{132}$ | $tʂuæ^{44}$ |
| 彭阳城阳 | $tsʰa^{13}$ | $tsæ^{44}$ | $tʃʰuaŋ^{44}$ | $tsʰəŋ^{13}$ | $tʂɔ^{44}$ | $tʃu^{13}$ | $tʃuæ^{44}$ |
| 同心张家垣 | $tsʰa^{13}$ | $tsæ^{44}$ | $tsʰuaŋ^{44}$ | $tsʰəŋ^{13}$ | $tʂɔ^{44}$ | $tʂʰu^{13}$ | $tʂuæ^{44}$ |
| 盐池麻黄山 | $tsʰa^{35}$ | $tsæ^{44}$ | $tʃʰuaŋ^{44}$ | $tsʰəŋ^{35}$ | $tʂɔ^{44}$ | $tʃʰu^{35}$ | $tʃuæ^{44}$ |
| 西吉硝河 | $tsʰa^{13}$ | $tsæ^{44}$ | $tʃʰuaŋ^{44}$ | $tsʰəŋ^{13}$ | $tʂɔ^{44}$ | $tʃʰu^{13}$ | $tʃuæ^{44}$ |
| 隆德温堡 | $tsʰa^{13}$ | $tsæ^{44}$ | $tʃʰuaŋ^{44}$ | $tsʰəŋ^{13}$ | $tʂʰɔ^{44}$ | $tʃʰu^{13}$ | $tʃuæ^{44}$ |
| 泾源新民 | $tsʰa^{35}$ | $tsæ^{44}$ | $tʃʰuaŋ^{44}$ | $tsʰəŋ^{35}$ | $tʂɔ^{44}$ | $tʃʰu^{35}$ | $tʃuæ^{44}$ |
| 泾源沙塘 | $tsʰa^{35}$ | $tsæ^{44}$ | $tʃʰuaŋ^{44}$ | $tsʰəŋ^{35}$ | $tʂɔ^{44}$ | $tʃʰu^{35}$ | $tʃuæ^{44}$ |

表 2 - 35　　　　　　　　　　　　　庄组字的读音

| | 庄开二 | | | 庄开三 | | 庄合二 | | 庄合三 | |
|---|---|---|---|---|---|---|---|---|---|
| | 斋蟹摄 | 炒效摄 | 捉江摄 | 筛止摄 | 衬臻摄 | 耍假摄 | 涮山摄 | 助遇摄 | 崇通摄 |
| 固原开城 | tsɛ¹³² | tsʰɔ⁵² | tʂuə¹³² | sɛ⁵² | tsʰəŋ⁴⁴ | ʂua⁵² | ʂuæ⁴⁴ | tʂu⁴⁴ | tʂʰuŋ¹³ |
| 海原李旺 | tsɛ¹³² | tsʰɔ⁵² | tʂuə¹³² | sɛ⁵² | tsʰəŋ⁴⁴ | ʂua⁵² | ʂuæ⁴⁴ | tʂu⁴⁴ | tʂʰuŋ¹³² |
| 彭阳城阳 | tsɛ²¹³ | tsʰɔ⁵² | tʃuə²¹³ | sɛ⁵² | tsʰəŋ⁴⁴ | ʃua⁵² | ʃuæ⁴⁴ | tʃu⁴⁴ | tʃʰuŋ¹³ |
| 同心张家垣 | tsɛ²¹³ | tsʰɔ⁵² | tʂuə²¹³ | sɛ⁵² | tsʰəŋ⁴⁴ | ʂua⁵² | ʂuæ⁴⁴ | tʂu⁴⁴ | tʂʰuŋ¹³ |
| 盐池麻黄山 | tsɛ³¹ | tsʰɔ⁵² | tʃuə³¹ | sɛ⁵² | tsʰəŋ⁴⁴ | ʃua⁵² | ʃuæ⁴⁴ | tʃu⁴⁴ | tʃʰuŋ³⁵ |
| 西吉硝河 | tsɛ¹³ | tsʰɔ⁵² | tʃuə¹³ | sɛ⁵² | tsʰəŋ⁴⁴ | ʃua⁵² | ʃuæ⁴⁴ | tʃu⁴⁴ | tʃʰuŋ¹³ |
| 隆德温堡 | tsɛ¹³ | tsʰɔ⁵² | tʃuə¹³ | sɛ⁵² | tsʰəŋ⁴⁴ | ʃua⁵² | ʃuæ⁴⁴ | tʃu⁴⁴ | tʃʰuŋ¹³ |
| 泾源新民 | tsɛ³¹ | tsʰɔ⁵² | tʃuə³¹ | sɛ⁵² | tsʰəŋ⁴⁴ | ʃua⁵² | ʃuæ⁴⁴ | tʃu⁴⁴ | tʃʰuŋ³⁵ |
| 泾源沙塘 | tsɛ³¹ | tsʰɔ⁵² | tʃuə³¹ | sɛ⁵² | tsʰəŋ⁴⁴ | ʃua⁵² | ʃuæ⁴⁴ | tʃu⁴⁴ | tʃʰuŋ³⁵ |

表 2 - 36　　　　　　　　　　　　　章组字的读音

| | 章开三 | | | | 章合三 | | | |
|---|---|---|---|---|---|---|---|---|
| | 纸止摄 | 试止摄 | 厂宕摄 | 射假摄 | 鼠遇摄 | 穿山摄 | 春臻摄 | 众通摄 |
| 固原开城 | tsɿ⁵² | sɿ⁴⁴ | tʂʰaŋ⁵² | ʂə⁴⁴ | tʂʰu⁵² | tʂʰuæ¹³² | tʂʰuŋ¹³² | tʂuŋ⁴⁴ |
| 海原李旺 | tsɿ⁵² | sɿ⁴⁴ | tʂʰaŋ⁵² | ʂə⁴⁴ | tʂʰu⁵² | tʂʰuæ¹³² | tʂʰuŋ¹³² | tʂuŋ⁴⁴ |
| 彭阳城阳 | tsɿ⁵² | sɿ⁴⁴ | tʂʰaŋ⁵² | ʂə⁴⁴ | tʃʰu⁵² | tʃʰuæ²¹³ | tʃʰuŋ²¹³ | tʃuŋ⁴⁴ |
| 同心张家垣 | tsɿ⁵² | sɿ⁴⁴ | tʂʰaŋ⁵² | ʂə⁴⁴ | tʂʰu⁵² | tʂʰuæ²¹³ | tʂʰuŋ²¹³ | tʂuŋ⁴⁴ |
| 盐池麻黄山 | tsɿ⁵² | sɿ⁴⁴ | tʂʰaŋ⁵² | ʂə⁴⁴ | tʃʰu⁵² | tʃʰuæ³¹ | tʃʰuŋ³¹ | tʃuŋ⁴⁴ |
| 西吉硝河 | tsɿ⁵² | sɿ⁴⁴ | tʂʰaŋ⁵² | ʂə⁴⁴ | tʃʰu⁵² | tʃʰuæ¹³ | tʃʰuŋ¹³ | tʃuŋ⁴⁴ |
| 隆德温堡 | tsɿ⁵² | sɿ⁴⁴ | tʂʰaŋ⁵² | ʂə⁴⁴ | tʃʰu⁵² | tʃʰuæ¹³ | tʃʰuŋ¹³ | tʃuŋ⁴⁴ |
| 泾源新民 | tsɿ⁵² | sɿ⁴⁴ | tʂʰaŋ⁵² | ʂə⁴⁴ | tʃʰu⁵² | tʃʰuæ³¹ | tʃʰuŋ³¹ | tʃuŋ⁴⁴ |
| 泾源沙塘 | tsɿ⁵² | sɿ⁴⁴ | tʂʰaŋ⁵² | ʂə⁴⁴ | fu⁵² | tʃʰuæ³¹ | tʃʰuŋ³¹ | tʃuŋ⁴⁴ |

　　熊正辉（1990）根据中古知庄章组字的今读类型，把官话方言归纳为济南型、昌徐型、南京型：济南型以济南话为代表，古知庄章三组字今全读 [tʂ] 组；昌徐型以昌黎话和徐州话为代表，今读开口呼的字，知组二等读 [ts] 组，三等读 [tʂ] 组，庄组全读 [ts] 组，章组除止摄开口三等读 [ts] 组外，其他全读 [tʂ] 组；南京型以南京话为代表，古庄组三等字除止摄合口和宕摄读 [tʂ] 组外，其他读 [ts] 组，其他知庄章组字

除梗摄二等读［ts］组外其他全读［tʂ］组音。从宁夏南部方言古知庄章组字的今读类型来看，基本可归为昌徐型，个别韵摄的知庄章组字的读音稍有不同，如江开二知组字、假开三知组字。个别地方知庄章组三等部分字今读［f］声母，主要分布在泾源黄花乡沙塘村，如：水$_{章止合三}$ fei$^{52}$｜睡$_{禅止合三}$ fei$^{44}$｜税$_{书蟹合三}$ fei$^{44}$｜说$_{书山合三}$ fuə$^{31}$｜赎$_{船通开三}$ fu$^{35}$｜鼠$_{书遇合三}$ fu$^{52}$｜双$_{生江开二}$ faŋ$^{35}$。现根据表2-34、2-35、2-36将宁夏南部方言知庄章组字的今读类型归纳如表2-37。

表2-37　　　　　　　　宁夏南部方言知庄章组字的今读类型

| 中古韵 | ［ts］组声母 | ［tʂ］组声母 | ［tʃ］组声母 | ［f］声母 |
|---|---|---|---|---|
| 知开二（江开二除外） | + | | | |
| 知开三（假开三"爹"除外） | | + | | |
| 知合三、知开二（江开二） | | | + | + |
| 庄开二（江开二除外）、庄开三 | + | | | |
| 庄合二、庄合三、庄开二（江开二） | | | + | |
| 章开三 | | + | | |
| 章开三（止开三） | + | | | |
| 章合三 | | | + | + |

说明：读［f］母仅出现在泾源部分乡镇，如泾源县黄花乡沙塘村。

张燕来（2003）认为盐池处于兰银官话与中原官话的过渡地带，盐池话白读系统与中原官话一致，文读系统与兰银官话一致，如：

白读：罩 tsɔ｜肘 tsəu｜爪 tsɔ｜止 tsๅ｜志 tsๅ｜迟 tsʰๅ｜疝 sæ̃｜事 sๅ

文读：罩 tʂɔ｜肘 tʂəu｜爪 tʂua｜止 tʂๅ｜志 tʂๅ｜迟 tʂʰๅ｜疝 ʂuæ̃｜事 ʂๅ

就盐池话整体情况来看，不仅知庄章母的白读系统属于中原官话，其他声母如影疑母的白读系统也与中原官话一致。从上述例字来看，盐池话的文读系统跟兰银官话一致可能只是一种巧合，更有可能是受普通话的影响，语言接触只影响知庄章母而不影响其他声母这是不成立的。盐池方言处于方言过渡地带，会出现一些过渡特征，但从盐池麻黄山方言的知庄章母字的今读来看，与宁夏南部方言无异，与周边方言如陕西定边方言也基本相同。

## 2. 地理分布及讨论

宁夏南部方言知系合口三等字的区别主要在于是否受合口呼韵母尤其是〔u〕元音高化摩擦化的影响引起声母出现变化，即由舌尖后音演变为舌叶音。宁夏南部方言知系合口三等字整体看来都存在读为舌叶音〔tʃ tʃʰ ʃ ʒ〕的倾向，但是各地方言摩擦程度及发展演变程度不一致，宁夏南部山区的北部县区如固原、海原、同心南部方言知系合口三等字声母略带舌叶音色彩，但实际音值仍然为舌尖后音〔tʂ tʂʰ ʂ ʐ〕，盐池南部、彭阳、海原、西吉、泾源方言知系合口三等字的介音摩擦化、高化明显，声母的实际音值为舌叶音〔tʃ tʃʰ ʃ ʒ〕。宁夏南部方言知系合口三等字的声母的读音地理分布情况如图 2 – 11。

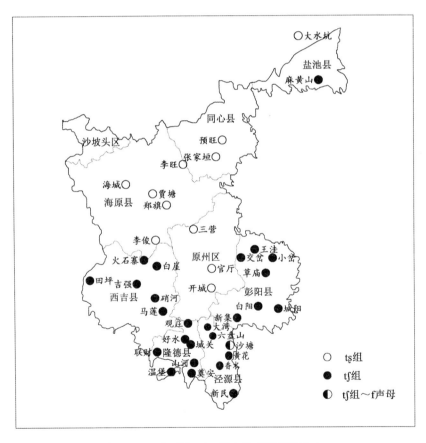

图 2 – 11　知系合口三等字的声母读音分布

　　从图 2 – 11 可以看出，知系合口三等字的声母在宁夏南部地区呈现南北对立分布的现象，南边主要受甘肃、陕西方言的影响，北部主要受宁夏吴忠兰银官话的影响。中间固原（原州区）为宁夏南部地区的政治、经济、文化中心，其方言演变比较快，知庄章合口字今读与同心、海原一致。其中泾源黄花沙塘村、泾河源镇方言中部分知系字仍保留［f］声母的读音。

　　古知庄章组字的读音演变历来为学界所关注，罗常培（1933）认为唐五代西北方音"舌上音"混入"正齿音"，"正齿音"二三等不分。邵荣芬（1963）认为："罗先生认为知、庄、章三组全同，未确。"李范文（1994）和龚煌城（1981）结合西夏文对音材料认为宋代西北方音的知、照二、照三合并成一类。王洪君（2007）认为："从字音的分合出发，已有的研究已证明，宋西北方音严格地区别中古的二等韵和三四等韵，因此在有独立二等的韵摄中，知二庄肯定与知三章有字音对立。"关于知系字声母演变的条件及过程，邢向东等（2012）认为：

　　　中古精组字只出现在一三四等里，唯独在二等字里没有精组，而庄组是二等字，恰好与精组互补，这不是一个偶然现象。从先秦到唐代中叶这期间汉语音系中一直保持着庄（精）、章的对立。二等字韵母在古今演变过程中很难保持独立的音值，通常的变化是要么跟一等韵母合并，要么跟三等韵母合并，见系二等字韵母的表现最能反映这种变化：大多数已经与三等合流，变为带有 i 介音的韵母，它的声母也由此而变为舌面前的［tɕ tɕʰ ɕ］了，而部分字则与一等字合流，韵母没有介音，声母仍保留舌面后［k kʰ x］的读法，如"蛤、骇、搞、更、客"等。今庄组字的声母保留着精组字舌尖前音的读法，它的韵母大致是与一等字合并了。止摄的庄组字声母较为稳定，它同化了其韵母，从而使韵母变为舌尖元音。但这当是知二归并入庄组以后与知二组韵母一起发生的归并，否则，它就失去了与知二组归并的条件。章组字在知三组字并入以前仍然保留着三等韵的特点，否则就失去了知三并入的条件。从唐代中叶起，知组逐渐从端组中分化出来，保留着独立的声类，但它的二、三等韵母的不同应该还没有消失，否则，就失去了二等并入庄组、三等并入章组的条件。知组声母以韵母相同为条件分别于庄组、章组发生了合并。

　　上述文献主要针对秦晋方言进行阐述，但也很合理地解释了宁夏南部方言知庄章组的分合以及与精组的分合问题。宁夏南部方言止摄开口三等字中精组、庄组完全合流，在其他韵摄中精、知、庄、章部分合流，其分合应该是以韵母的开口度为条件，正如邢向东等（2012）所述。

　　关于知庄章组合口字今读为［f］声母的情况，邢向东等（2012）也阐述得较为详尽，他认为［pf］类声母的产生是以合口呼韵母为条件，且产生的时间应该在知组声母按照等、开合口分布并入庄章组和宕江两摄合流且知庄组字韵母变为合口呼之后，［pf］类声母的生成时间最早不超过元代。泾源民众大多来自陕西关中地区，所以知庄章组合口字读为唇齿音的现象与陕西方言读［pf］类声母的演变发展过程大致一致，且在清末随移民分散到西北各地，但迁徙到泾源的民众受语言接触和今普通话影响，大部分知庄章组字读音不断与周边方言趋同。

## 贰　日母的读音

### 1. 今读类型

　　宁夏南部方言日母字大部分读［ʐ］声母，但止摄开口三等日母字的读音有所差异，主要有三种读音：［ər］、［ɛ］、［zɻ］，如表2–38。

表2–38　　　　　　　　　　　　　　日母字的读音

| 方言点 | 让臻开三 | 儿止开三 | 耳止开三 | 二止开三 | 褥通开三 | 肉通合三 |
|---|---|---|---|---|---|---|
| 固原开城 | z̢aŋ⁴⁴ | ər¹³ | ər⁵² | ər⁴⁴ | z̢u¹³ | z̢əu⁴⁴ |
| 同心张家垣 | z̢aŋ⁴⁴ | ər¹³ | ər⁵² | ər⁴⁴ | z̢u¹³ | z̢əu⁴⁴ |
| 盐池麻黄山 | z̢aŋ⁴⁴ | ər³⁵ | ər⁵² | ər⁴⁴ | ʒu³¹ | z̢əu⁴⁴ |
| 彭阳城阳 | z̢aŋ⁴⁴ | ɛ¹³ | ɛ⁵² | ɛ⁴⁴ | ʒu¹³ | z̢əu⁴⁴ |
| 海原李旺 | z̢aŋ⁴⁴ | ər¹³² | ər⁵² | ər⁴⁴ | z̢u¹³² | z̢əu⁴⁴ |
| 隆德温堡 | z̢aŋ⁴⁴ | ər¹³ | ər⁵² | ər⁴⁴ | ʒu¹³ | ʒu |
| 西吉硝河 | z̢aŋ⁴⁴ | ər¹³ | ər⁵² | ər⁴⁴ | ʒu¹³ | z̢əu⁴⁴ |
| 泾源新民 | z̢aŋ⁴⁴ | zɻ³⁵ | zɻ⁵² | ər⁴⁴ | ʒu³⁵ | z̢əu⁴⁴ |

　　从上表可得，中古止摄开口三等日母字在今宁夏南部方言的读音以零声母为主，部分方言点读［z］声母。读零声母［ər］的如同心张家垣：耳止开三 ər⁵² | 二止开三 ər⁴⁴，主要分布在同心、盐池、海原、西吉、固原，彭

阳北部方言止摄开口三等日母字读零声母〔ɹə〕时，卷舌色彩不明显；读零声母〔ε〕的如彭阳城阳：耳$_{止开三}$ ε$^{52}$ | 二$_{止开三}$ ε$^{44}$；泾源方言部分日母字读〔z〕声母，如：耳$_{止开三}$ zɿ$^{52}$ | □放置义 zɿ$^{35}$ | 褥$_{通开三}$ zu$^{31}$。除止摄开口字外，日母其他韵摄字在今宁夏南部方言有两类读法：一是无论开合今读〔ʐ〕声母，如：染$_{咸开三}$ ʐan | 绕$_{效开三}$ ʐɔ | 揉$_{流开三}$ ʐəu | 乳$_{遇合三}$ ʐu | 惹$_{假开三}$ ʐə | 认$_{臻开三}$ ʐəŋ | 让$_{宕开三}$ ʐaŋ | 肉$_{通合三}$ ʐəu。二是日母开口字读〔ʐ〕声母，合口字读〔ʒ〕声母，如：彭阳、隆德、泾源、海原等。

2. 地理分布及讨论

以止摄开口三等日母字"儿"的读音为例，宁夏南部方言的地理分布如图2-12。

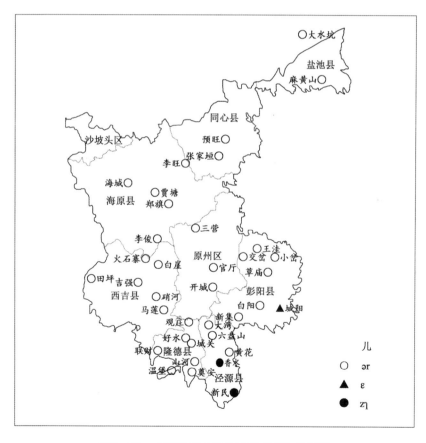

图2-12 止摄开口三等日母字"儿"的读音

　　从图 2-12 可得，宁夏南部方言止摄开口三等日母字"儿"的读音以 [ər] 为主，主要分布在盐池、同心、固原、海原、西吉、隆德、彭阳（东部除外）。止摄开口三等日母字今读 [z̩] 声母在宁夏南部山区的分布范围比较小，主要集中在泾源县关中片方言。止摄开口三等日母字今读零声母 [ɛ] 主要分布在彭阳东南部，如彭阳城阳。

　　关于古日母的拟音及古今演变学界已有比较详细的论述，如高本汉、王力、周祖谟、李荣、蒲立本、陆志伟、杨耐思、郑张尚芳等。高本汉将日母拟为 [nʑ]，李荣（1956）拟为 [ɳ]，王力（1985）也采用了李荣的拟音。潘悟云（2000）认为："在《切韵》系统中，只有日母拟作复辅音，这在音系结构上是很不规则的。"刘泽民（2005）认可潘悟云的观点，但是在拟音中仍然采取了复辅音的方式，认为日母的音变过程为：ɳ→nʑ→lʑ→lʑ，现代汉语方言的 z ʒ j 都是 lʑ 生成的，ø 则是 j 的演变结果。项梦冰（2006）认为刘泽民的音变历程是杂糅了晚期的音变因素，构拟为 [nʑ] 是为了解释现代汉语方言日母读为浊口音，而实际上现代汉语方言中日母浊口音的读法源自晚期音变，同时提出了他构拟的日母音变过程：ɳ→øj→ʑ/ʒ/z/z̩→dʑ/dz̩，其中 ø 和 j 只是处理的问题，属于鼻音弱化为零声母，认为北方方言日母的演变规律遵循的也是鼻音弱化为零声母的音变。罗常培（2012）根据切韵、藏音以及西北进行对音认为："在唐代西北方音里除去《阿弥陀经》把'而'字译作 ži、žu 两读，《金刚经》把'而、尔'两字译作 že，此外跟其他止摄字完全没有分别。"并根据汉藏几种对音材料把唐五代西北方音的声系及其演变进行了拟测、总结，其中日母字的发展演变路径为：切韵时代 [nʑ] →第八世纪 [ʑ] →第九世纪 [ʑ] →第十世纪 [z̩] →近代 [z̩ z v]。综合以上各家的观点，本书认为项文构拟的日母音变过程比较符合宁夏南部方言日母字的演变也能解释日母字的出现的各种今读类型。

　　泾源方言止摄开口三等日母字今读为 [z̩] 声母应该是与关中方言发展演变比较一致的特征，而且至迟在清末已经完成了演变，今散落各地的关中方言及其周边方言基本存在该类读音，如延安方言"[z] 的分布是局部性的，集中在南部的富县、黄陵、洛川、黄龙、宜川五县共 14 点"（孙建华，2016），"止摄开口日母主要读 ø，但有些点有白读 z̩ɻ，主要分布在阎良关山、渭南、华县以及关中片东部与晋南方言过渡地带"（辛亚宁，2018）。今宁夏泾源止摄开口三等日母字"儿"读 [z̩ɻ³⁵]，但相对应的儿化韵、儿尾却为［ər］，从方言自身演变来看，［zʅ］演变为［ər］基本不太可能，故读［zʅ］应该是泾源方言的底层，［ər］是新近的层次。

止摄开口三等日母字"儿"今读［ɛ］，相应的儿尾自成音节也读为［ɛ］，该特点主要分布在彭阳县东部，如彭阳城阳、冯庄、孟塬，与中原官话河州片、湟水河流域汉语方言特征一致，如：循化、同仁、尖扎康杨、贵德、乐都（张建军，2009）。"湟水流域汉语方言中日母的读音有以下几种：止开三日母字读［Ø］。从音值来说，民和、乐都芦花、马场、循化读［ər］，其他地方读［ɛ］"（芦兰花2011）。止摄开口三等日母字今读［ɛ］应该是从［ər］逐渐演变而来，彭阳北部乡镇如王洼、交岔、小岔方言中"儿"读［ər¹³］时，卷舌色彩不明显，实际音值接近［ɜ¹³］，彭阳中部乡镇如草庙，"儿"的实际读音接近［ɛ̃¹³］，再往彭阳南部如城阳，"儿"的读音已读为［ɛ］。从地理上来看，在彭阳县境内存在"儿"读音的卷舌色彩从北到南减弱并演变为［ɛ］的过程。彭阳城阳方言在当地被称为"薛蛮子话"，意为甘肃方言，故从语源和地缘来看，止摄开口三等日母字今读［ɛ］应当是中古时期方言语音的地域差异固化而来的。彭阳北部、中部"儿［ər¹³］"卷舌色彩的不断磨损应该是语音自身演变的结果。

今宁夏南部方言止开三日母字读［zʅ］［ɛ］的现象逐渐式微，共同语［ər］的读音逐渐占据主流，从而在共时层面上呈现文白读叠置的现状，且文读层不断覆盖白读层，如泾源方言"儿"今新派已经很少读［zʅ³⁵］而读［ər³⁵］，表放置义的"□［zʅ³⁵］"逐渐弃用。彭阳城阳老派方言止开三日母字今读［ɛ］由于从单字"儿"扩散到小称，词汇使用比较频繁，故文读层还未完全覆盖白读层，但新派方言已读为卷舌的［ər¹³］，故［ɛ］被［ər］替代是必然的趋势。

# 第六节　见系

## 壹　见晓组在二等韵前的读音

### 1. 今读类型

（1）宁夏南部方言古见组二等字一般读为［tɕ］组声母，其中蟹、江摄开口二等见母个别字今读为［k］组声母，如：街~上 kɛ｜解~开 kɛ｜角牛~ kə。江摄开口二等见组字"讲~价"在隆德温堡方言未腭化，其他地方暂未发现。例外字："宕摄开口一等见组字"刚~~儿:刚刚"读为[tɕ]声母，该读音在宁夏南部方言分布一致。

（2）宁夏南部方言古晓组二等字今逢开口呼读[x]声母，今逢合口、撮口呼读[ɕ]声母，部分二等字今读[x]声母，如表2-39。例外字：遇摄合口三等晓母字"吁"受文读音影响存在两读：吁气喘~~ɕy｜吁呼~y；效摄开口二等匣母字"肴淆"今白读为[Ø]声母，文读为[ɕ]声母；山摄合口一等匣母字"完丸皖"读[v]声母，其中"皖"西吉火石寨读[x]声母；宕摄合口三等晓母字"况"今读[kʰ]声母；梗摄合口四等匣母字"萤"今读[Ø]声母，"迥"今读[tɕ]声母。止摄合口三等晓母字"讳"在隆德温堡方言读为[ɕ]声母。

见晓组二等字的读音如表2-39。

表2-39　　　　　　　　　　　　　　见晓组二等韵字的读音

| 见组[k] | | | | | 晓组[x] | | | | | |
|---|---|---|---|---|---|---|---|---|---|---|
| 假摄 | 蟹摄 | | 江摄 | | 假摄 | 蟹摄 | 咸摄 | 山摄 | 江摄 | 梗摄 |
| 蜗见 | 街见 | 解见 | 角见 | 腔溪 | 下匣 | 吓晓 | 鞋匣 | 咸匣 | 睛晓 | 巷匣 | 杏匣 |
| kua uə | kɛ tɕiə | kɛ tɕiə | kə tɕiə | kʰaŋ tɕʰiaŋ | xa ɕia | xa ɕia | xɛ ɕiə | xæ ɕiæ | xa ɕia | xaŋ ɕiaŋ | xəŋ ɕiŋ |

备注：有文白异读者，上为白读，下为文读。

## 2. 地理分布及讨论

宁夏南部方言见晓组二等字基本已经腭化，只有小部分字仍未腭化，除梗开二"杏"字外，其他字内部演变规律高度一致，"杏"在宁夏南部方言今读[xəŋ][ɕiŋ]并存，一般来说，读[x]声母的方言也存在文读[ɕ]声母的情况，如：固原三营、官厅、开城；西吉吉强、火石寨、马莲；彭阳白阳、新集；泾源香水、新民；海原郑旗；盐池麻黄山；同心张家垣、预旺。但已经腭化读为[ɕiŋ]的则不存在文白异读，如：彭阳小岔、海原李俊、彭阳城阳、彭阳王洼、隆德温堡、隆德城关、隆德观庄、隆德联财、隆德好水。"杏"的读音地理分布如图2-13。

见晓组在开口二等韵前腭化是北方方言最普遍的音变特征，而宁夏南部方言未腭化彻底，主要表现为宁夏南部所有方言均存在读为舌根音[k kʰ x]的情况，但同时存在文读的舌叶音[tɕ tɕʰ ɕ]，其发展趋势是继续

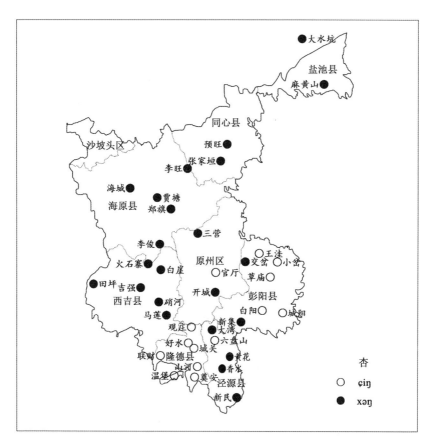

图 2 - 13　"杏匣"的读音

朝着舌叶音 [tɕ tɕʰ ɕ] 发展, 但这种演变可能并非方言自身演变如腭化带
来的, 而是受普通话的强势覆盖而完成。宁夏南部方言影母部分二等字与
见晓组一起发生腭化, 如: 鸦影假开二 ȵia｜压影咸开二 ȵia。王福堂 (2005)
认为: "在见系开口二等字声母腭化的元明时期, 影母字音节已经不再有ʔ
声母, 而是以纯元音起头, 其中三四等字已经和喻母字合流。《中原音韵》
中影母入声字的调类也已经按'次浊上归去'的规律分派。也就是说, 影
母已经不存在可能引起腭化的语音基础了。而低元音的 a 变成 ia 最大的可
能是受同组声母类推影响的结果。"故宁夏南部方言影母也在方言演变的
过程中经同组声母类推的影响完成了腭化。

## 贰　影疑母在开口韵前的读音

### 1. 影疑母的今读

宁夏南部方言古影疑母字在开口一二等前主要读 [ŋ] [n] [v] [ø] 声母，在开口三四等前主要读 [ȵ] [ø] 声母，在合口一二等前主要读 [v] 声母，在合口三四等前主要读零声母 [v] [ø]，如表2－40。按照今读开齐合撮四呼可概括为：今逢开口呼韵母读 [ŋ] 或 [n] 声母，逢齐齿呼韵母读 [ȵ] 和 [ø] 声母，逢合口呼韵母读 [v] 和 [ø] 声母。

表2－40　　　　　　　　　　宁夏南部方言影疑母的今读类型

| | 开口 | | | 合口 | |
|---|---|---|---|---|---|
| | 一等 | 二等 | 三四等 | 一二等 | 三四等 |
| 疑母 | n/ŋ/v/øʰ | i–/y–/n/ȵ | ȵ/i–/y– | v | v/y– |
| 影母 | n/ŋ/øʰ | i–/n/ȵ | i–/ȵ | v | v/y– |

备注：i－表齐齿呼零声母，y－表撮口呼零声母，øʰ 表开口、合口呼零声母。

隆德温堡受六盘山脉的阻隔，地理位置比较闭塞，交通不便，经济文化不发达，与周边方言的接触也较少，方言演变比较缓慢，保留的白读层读音相对南部山区其他县区较多，如"严、压、押、仰"在宁夏南部方言大部分地区读为零声母，隆德温堡方言读为 [ȵ] 声母；果摄开口一等影母字"阿~斗"读 [vuə¹³]；个别地名字在隆德方言中读法比较特殊，影母字"雍毛家~、姓~"读 [vəŋ⁴⁴]。彭阳新集与泾源六盘山接壤，该乡镇百姓大多于清末至民国年间从陕西逃荒至此，从人口来源上说与泾源同属陕西移民，故方言口音与泾源六盘山比较接近，但是新集乡行政区划属于彭阳县，故受彭阳县城权威方言影响，新集乡方言既有彭阳方言（秦陇片）的特征也有泾源方言（陇中片）的特征，不过从语音总体特征来看，更接近中原官话秦陇片。

宁夏南部方言疑、影母开口字的读音具体如表2－41、2－42。

宁夏南部方言古疑母开口一二三四等、影母开口一二三等今读都存在鼻音 [n] [ȵ] [ŋ] 的读法，一般来说今逢洪音字读 [n] 或 [ŋ] 声母，今逢细音字读 [ȵ] 声母，其中，影母开口三等字读 [ȵ] 声母的辖字较少。从音值来看，宁夏南部方言影疑母细音字与泥母合流为 [ȵ] 声母，秦陇片方言影疑母部分洪音字与泥母洪音字合流为［n］声母。根据宁夏南部方言影疑母和泥母的今读例举如表2-43。

表2-41　　　　　　　　　　　疑母在开口韵前的读音

| | 开一 | | 开二 | | 开三 | | 开四 | |
|---|---|---|---|---|---|---|---|---|
| | 饿果 | 熬效 | 咬效 | 额梗 | 牛流 | 业咸 | 倪蟹 | 研山 |
| 固原开城 | nuə⁴⁴ | nɔ¹³ | ȵiɔ⁵² | nɛ¹³ | ȵiəu¹³ | ȵiə¹³² | ȵi¹³ | iæ¹³ |
| 海原李旺 | vuə⁴⁴ | nɔ¹³² | ȵiɔ⁵² | nɛ¹³² | ȵiəu¹³² | ȵiə¹³² | ȵi¹³² | iæ¹³² |
| 彭阳城阳 | vuə⁴⁴ | nɔ¹³ | ȵiɔ⁵² | nɛ¹³ | ȵiəu¹³ | ȵiə²¹³ | mi¹³ | iæ¹³ |
| 同心张家垣 | vuə⁴⁴ | nɔ¹³ | ȵiɔ⁵² | nɛ¹³ | ȵiəu¹³ | iə²¹³ | ȵi¹³ | iæ¹³ |
| 盐池麻黄山 | nuə⁴⁴ | nɔ³⁵ | ȵiɔ⁵² | ə³⁵ | ȵiəu³⁵ | ȵiə³¹ | ȵi³⁵ | iæ¹³ |
| 西吉火石寨 | vuə⁴⁴ | nɔ¹³ | ȵiɔ⁵² | nɛ¹³ | ȵiəu¹³ | ȵiə¹³ | ȵi¹³ | iæ¹³ |
| 隆德温堡 | ŋə⁴⁴ | ŋɔ¹³ | ȵiɔ⁵² | ŋei¹³ | ȵiəu¹³ | ȵiə¹³ | ȵi¹³ | iæ¹³ |
| 泾源新民 | ŋə⁴⁴ | ŋɔ³⁵ | ȵiɔ⁵² | ŋɛ³⁵ | ȵiəu³⁵ | ȵiə³¹ | ȵi³⁵ | iæ¹³ |

表2-42　　　　　　　　　　　影母在开口韵前的读音

| | 开一 | | 开二 | | 开三 | | 开四 | |
|---|---|---|---|---|---|---|---|---|
| | 袄效 | 安蟹 | 矮蟹 | 勒效 | 蔫宕 | 要效 | 吆效 | 燕山 |
| 固原开城 | nɔ⁵² | næ¹³² | nɛ⁵² | iɔ⁴⁴ | ȵiæ¹³² | iɔ⁴⁴ | iɔ⁴⁴ | iæ⁴⁴ |
| 海原李旺 | nɔ⁵² | næ¹³² | nɛ⁵² | iɔ⁴⁴ | ȵiæ¹³² | iɔ⁴⁴ | iɔ⁴⁴ | iæ⁴⁴ |
| 彭阳城阳 | nɔ⁵² | næ²¹³ | nɛ⁵² | iɔ⁴⁴ | ȵiæ²¹³ | iɔ⁴⁴ | iɔ⁴⁴ | iæ⁴⁴ |
| 同心张家垣 | nɔ⁵² | næ²¹³ | nɛ⁵² | iɔ⁴⁴ | ȵiæ²¹³ | iɔ⁴⁴ | iɔ⁴⁴ | iæ⁴⁴ |
| 盐池麻黄山 | nɔ⁵² | næ³¹ | nɛ⁵² | iɔ⁴⁴ | ȵiæ³¹ | iɔ⁴⁴ | iɔ⁴⁴ | iæ⁴⁴ |
| 西吉火石寨 | nɔ⁵² | næ¹³ | nɛ⁵² | iɔ⁴⁴ | ȵiæ¹³ | iɔ⁴⁴ | iɔ⁴⁴ | iæ⁴⁴ |
| 隆德温堡 | ŋɔ⁵² | ŋæ¹³ | ŋei⁵²/nei⁵² | iɔ⁴⁴ | ȵiæ¹³ | iɔ⁴⁴ | iɔ⁴⁴ | iæ⁴⁴ |
| 泾源新民 | ŋɔ⁵² | ŋæ³¹ | ɛ⁵²/ŋɛ⁵² | iɔ⁴⁴ | ȵiæ³¹ | iɔ⁴⁴ | iɔ⁴⁴ | iæ⁴⁴ |

从表2-43可得，宁夏南部方言中部、北部秦陇片方言中影疑母字与泥母合流的情况较多，即无论洪音还是细音都出现合流的情况，但南面陇中片、关中片方言合流得较少，主要是影疑母细音字与泥母合流，洪音字仍然独立。从方言发展演变来看，陇中片、关中片方言影疑母洪音字有可能进一步演变为［n］，主要原因有两点：一是［n］和［ŋ］同属鼻音，音值比较接近，［n］比［ŋ］发音更经济省力；二是从语言接触来看，秦

陇片固原方言处于地级市行政中心、经济文化中心，固原方言相对泾源、隆德、西吉方言更具有权威性。但今随着推广普通话的不断深入和义务教育的普及，中断了宁夏南部方言影疑母洪音字的发展演变进程，今新派方言影疑母洪音字大多读为零声母，与普通话相同。

表 2 - 43　　　　　　　　　　疑影泥母开口韵字的读音

| | 疑母 | | 影母 | | 泥母 | |
|---|---|---|---|---|---|---|
| | 熬效开一 | 牛流开三 | 安蟹开一 | 蔫宕开三 | 难山开一 | 你止开三 |
| 固原开城 | nɔ¹³ | ȵiəu¹³ | næ¹³² | ȵiæ¹³² | næ¹³ | ȵi⁵² |
| 海原李旺 | nɔ¹³² | ȵiəu¹³² | næ¹³² | ȵiæ¹³² | næ¹³² | ȵi⁵² |
| 彭阳城阳 | nɔ¹³ | ȵiəu¹³ | næ²¹³ | ȵiæ²¹³ | næ¹³ | ȵi⁵² |
| 彭阳新集 | nɔ¹³—ŋɔ¹³ | ȵiəu¹³ | næ²¹³—ŋæ²¹³ | ȵiæ²¹³ | næ¹³ | ȵi⁵² |
| 同心张家垣 | nɔ¹³ | ȵiəu¹³ | næ²¹³ | ȵiæ²¹³ | næ¹³ | ȵi⁵² |
| 盐池麻黄山 | nɔ³⁵ | ȵiəu³⁵ | næ³¹ | ȵiæ³¹ | næ³⁵ | ȵi⁵² |
| 西吉火石寨 | nɔ¹³ | ȵiəu¹³ | næ¹³ | ȵiæ¹³ | næ¹³ | ȵi⁵² |
| 隆德温堡 | ŋɔ¹³ | ȵiəu¹³ | ŋæ¹³ | ȵiæ¹³ | næ¹³ | ȵi⁵² |
| 泾源新民 | ŋɔ³⁵ | ȵiəu³⁵ | ŋæ³¹ | ȵiæ³¹ | næ³⁵ | ȵi⁵² |

## 2. 地理分布及讨论

从上文可得，宁夏南部方言影疑母合口和开口三四等字的读音基本一致，区别主要是开口一二等字，今开口一二等字在宁夏南部地区地理上的分布主要是北部读为 [ȵ] 声母南部读为 [ŋ] 声母，但受语言接触和各地移民影响，也会出现 [ȵ] [ŋ] 并存的现象。以"饿疑""熬疑""暗疑"为例，宁夏南部方言疑、影母开口字的读音地理分布如图 2 - 14、2 - 15、2 - 16。

曹强、王玉鼎（2009）从《方言调查字表》中选取了 88 个疑母字、129 个影母字对海原方言进行调查，结果如下：38 个疑母今齐齿呼字读为 [ȵ] 声母的有 14 个，约占 36.9%；13 个疑母今开口呼字均读为 [n] 声母；17 个疑母今合口呼字都读为 [v] 声母；19 个疑母今撮口呼字读为 [n] 声母的仅有 2 个。27 个影母今开口呼字全部读为 [n] 声母；3 个影母今齐齿呼字读为 [ȵ] 声母。不过，从海原方言的形成来看，除了考虑方言自身的演变外，还应结合历史沿革进行音变分析，据《海原县志》，清同治年间海原境内回族多次起义，遭清军镇压，海原县城人口锐减，其

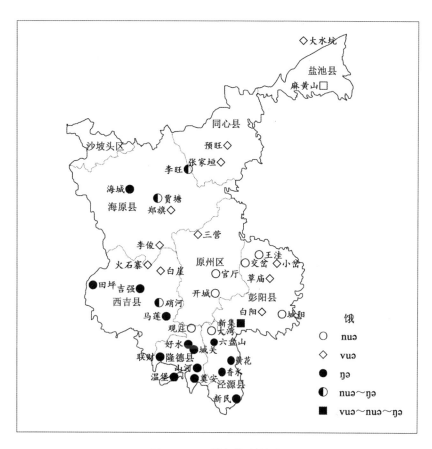

图 2-14　"饿疑"的读音

后清政府陆续招纳甘肃秦安等地的回族迁入海原县；光绪年间，又有大量
河州回族、临夏东乡族迁入海原县。1920 年 12 月 16 日（民国九年），今
宁夏海原县发生里氏 8.5 级特大地震，1922 年《地学杂志》（第八、九
期）刊载的资料表明此次地震共死亡人数 234117 人，其中海原县死亡
73064 人，占全县人口的 59%，占总死亡人数的 31.2%。灾后重建期间，
海原周边如甘肃、宁夏其他县区大量人口迁徙到海原，形成杂居。故从海
原县内方言来看，分布着各地迁徙而来的不同方言，在长期的接触中不断
融合，既有自身的演变因素，也有强势方言的接触影响，或者由通婚、贸
易等方式从其他方言借用而形成并存或演变的结果。

　　从宁夏南部方言的读音来看，影疑母的合并应该是晚近发生的。王力

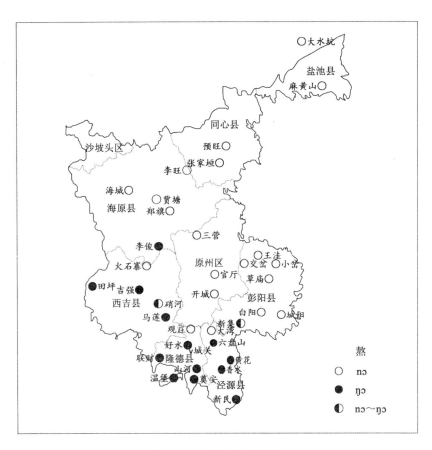

图 2 - 15 　 "熬<sub>疑</sub>" 的读音

(1985) 认为宋代影疑母是分立的, 元代已经相混, 如以影切疑: 义, 应计切, 眼, 衣简切, 讶, 衣加切; 以疑切影: 爱, 昂盖切, 厄, 叶崖去声。田文静 (2013) 中的图 5 - 3 "疑母'熬'的声母读音分布图"展示了疑母代表字"熬"的声母地理分布情况, 除了东北、河北、河南、山东西南部、江苏北部、安徽北部等地区的官话中很少有疑母读 [ŋ] 的情况外, 其他汉语方言几乎都有分布。而疑母读 [n] 主要分布在部分官话和晋语中, 西北一带主要有陇东 2 点、宁夏南部 2 点、青海东部 4 点。此外, 陕西延安西北部也有相应的分布 (孙建华, 2016)。从地理分布看, 陕甘宁青等西北地区汉语方言疑母读 [n] 声母形成连片分布。"汉语方言疑母开口一二等与泥母相混是发生在北方特定地域方言里的一种音变, 主要分

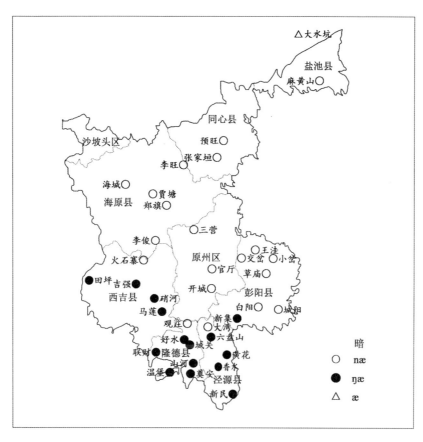

**图 2 - 16　"暗影"的读音**

布在西北、华北及东北两翼，其中跨越陕甘宁青四省的地理分布在小的地域范围形成连片式分布，代表了西北方言演变过程中疑母的一种演变方向"（孙建华，2016）。曹强、王玉鼎（2009）认为海原方言古影疑母的演变轨迹是影母先和疑母合流，受介音影响而分化，声母［ŋ］在细音前变为［ȵ］，而影母开口读［n］的原因是影母先演变到［ŋ］，然后和疑母开口字一起并入［n］，今受共同语影响，海原新派话开始向文读音靠拢。以上分析基本符合宁夏南部方言影疑母的读音演变。如今宁夏南部方言影疑母字的演变受权威的普通话影响，影疑母的零声母化是必然趋势，在相互竞争中，文读层的影响将不断扩大，白读层中［n］［ŋ］声母将不断被文读层的零声母替代。

# 第三章　韵母

## 第一节　概述

### 壹　宁夏南部方言韵母总体情况

表 3 – 1 宁夏南部方言韵母数量表是根据宁夏南部方言韵母数量取的最小公倍数，共 36 个，宁夏南部各县方言的韵母都取自这个表。总体来看，宁夏南部方言的韵母主要有 30 个、31 个、32 个、36 个四类，主要区别在于是否存在 ［ər］、［ɐu ɜ］ 和 ［ən in un yn］ 7 个韵母。

表 3 – 1　　　　　　　　　　　宁夏南部方言韵母总况

| ɿ | i | u | y |
|---|---|---|---|
| ʅ | | | |
| ɚ | | | |
| a | ia | ua | |
| ə | iə | uə | yə |
| ɛ | | uɛ | |
| ɔ | iɔ | | |
| əu | iəu | | |
| ei | | uei | |
| æ | iæ | uæ | yæ |
| ən | in | un | yn |
| aŋ | iaŋ | uaŋ | |
| əŋ | iŋ | uŋ | yŋ |

（1）30 个韵母。无［ɛ uɛ］、［ən in un yn］6 个韵母，主要分布在隆德南部，如：隆德温堡。

（2）31 个韵母。无［ər］、［ən in un yn］5 个韵母，主要分布在彭阳东南部，如：彭阳城阳。

（3）32 个韵母。无［ən in un yn］4 个韵母，主要分布在固原、彭阳、海原、西吉。

（4）36 个韵母。有［ər］和［ən in un yn］5 个韵母，只分布在泾源关中片方言，如泾源新民、香水。

宁夏南部方言韵母的区别主要有两点，一是古深臻摄是否并入曾梗通摄，即是否存在［ən in un yn］四个韵母；二是止摄开口三等日母字今读是否为［ər］韵母。三是蟹摄开合口一二等字今读为［ɛ］或［ei］韵母。宁夏南部方言韵母数量分布如图 3 – 1。

## 贰　音值特点

1. 鼻音

（1）宁夏南部方言鼻尾韵的主元音都略带鼻化色彩，开口度越低鼻化色彩越明显，其中［an ian uan yan］主元音鼻化，鼻尾脱落，记为［æ iæ uæ yæ］；［aŋ iaŋ uaŋ］主元音带鼻化，但韵尾鼻音明显，记为［aŋ iaŋ uaŋ］并在音系描写中作音值说明。

（2）鼻韵母［iŋ］鼻尾辅音介于［n］和［ŋ］之间，发音部位偏后，记为［ŋ］。

（3）撮口呼鼻韵母［yŋ］实际音值接近［ioŋ］。［yŋ］韵母有时自由变读为前鼻尾韵［yn］，但以后鼻尾韵为主。

2. 介音

合口呼韵母［uaŋ］与舌叶音［tʃ tʃʰ ʃ ʒ］相拼时，受声母影响，［u］介音逐渐弱化为附着在声母上的一个发音动作，［uaŋ］韵母实际音值接近［aŋ］，主要分布在西吉县，如西吉<sub>吉强</sub>。

3. 摩擦化

（1）宁夏南部方言［i］韵母摩擦比较明显，实际音值为［j］，如：一 j｜姨 j｜已 j，主要分布在固原、同心、盐池、泾源、隆德。部分方言点［i］韵母高化，实际接近舌尖前元音［ɿ］。尤其是与鼻音声母相拼时，实际音值为［ɿ］，如：米 mɿ｜迷 mɿ｜眉 mɿ，主要分布在西吉、彭阳、

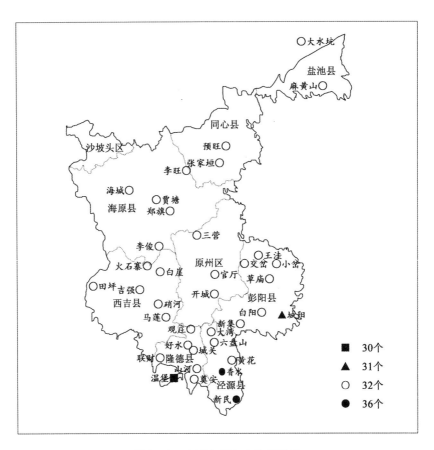

图 3 - 1　宁夏南部方言韵母数量

海原。

（2）与擦音、塞擦音声母相拼时，实际音值接近 [ɿi]，如：戏 ɕɿi｜喜 ɕɿi｜七 tɕʰɿi。

4. [ʮ] 韵

宁夏南部方言合口呼韵母与舌叶音 [tʃ tʃʰ ʃ ʒ] 相拼时，[u] 舌尖化，读为舌尖前元音 [ʮ]，主要分布在盐池、彭阳、泾源、西吉、隆德、泾源，如：猪 tʃʮ｜装 tʃʮaŋ｜砖 tʃʮæ̃｜床 tʃʰʮaŋ｜双 ʃʮaŋ｜润 ʒʮŋ。除 [tʃ] 组声母外，合口呼韵母与其他声母相拼时 [u] 不变。

5. 过渡音、尾音

（1）韵母 [iəu] 过渡音 [ə] 不太明显，实际接近 [iu]。

（2）盐池<sub>麻黄山</sub>方言［ʅ］韵母与［tʂ］组声母相拼时，实际读音为［ʅə］。

6. 自由变读

宁夏南部方言［uə］韵母与［p pʰ m］声母相拼时，［uə］［ə］自由变读，隆德、同心、海原方言中［uə］韵母与［p pʰ m］相拼时读为［ə］韵母。

7. 长元音

表远指"那个（比那个更远）"或"那里（比那里更远）"时，使用长元音，普遍存在于宁夏南部方言，如表3－2。

表3－2　　　　　　　　宁夏南部方言长元音例字的读音

| | 那~个 | 兀~个 | 那~搭［ta］ | □~搭［ta］ | □~搭［ta］ | 那~里［ni］ | 那~端［tæ̃］ |
|---|---|---|---|---|---|---|---|
| 固原<sub>官厅</sub> | - | - | nei꞉ | - | - | nei꞉ | - |
| 固原<sub>三营</sub> | nɛ꞉ | - | nɛ꞉ | - | - | nei꞉ | - |
| 彭阳<sub>新集</sub> | nɛ꞉ | - | nɔ꞉ | əu꞉ | - | nɛɤ | - |
| 彭阳<sub>王洼</sub> | nɛ꞉ | - | - | - | - | nei꞉ | nei꞉ |
| 海原<sub>郑旗</sub> | nɛ꞉ | - | - | - | - | nɛɤ | nɛɤ |
| 海原<sub>李俊</sub> | nɛ꞉ | - | - | - | - | nɛɤ | nɛɤ |
| 西吉<sub>马莲</sub> | - | vu꞉ | - | - | əu꞉ | - | - |
| 西吉<sub>吉强</sub> | - | vu꞉ | - | - | əu꞉ | - | - |
| 隆德<sub>山河</sub> | - | vu꞉ | - | - | - | - | - |
| 隆德<sub>温堡</sub> | - | vu꞉ | - | - | - | - | - |
| 泾源<sub>新民</sub> | nɛ꞉ | - | nei꞉ | - | - | - | - |
| 泾源<sub>香水</sub> | nɛ꞉ | - | nei꞉ | - | - | - | - |
| 盐池<sub>麻黄山</sub> | nei꞉ | - | - | - | - | nei꞉ | - |

8. 其他

（1）开元音［ɛ］实际音值接近［E］。

（2）［iə］［yə］在阴声韵中主元音舌位偏前偏高，实际接近［ie］［ye］，如：鞋 ɕie｜夜 ie｜靴 ɕye｜瘸 tɕʰye。入声韵舒化后的［iə］舌位偏后，实际接近［iɤ］［yɤ］，如：写 ɕiɤ｜节 tɕiɤ｜药 yɤ｜雪 ɕyɤ。本书合并统一记为［iə］［yə］韵母。

（3）韵母［əu］实际音值接近［ɤu］。其中固原方言［əu］韵母主元音舌位偏高偏圆，实际音值接近［ou］。

（4）彭阳草庙方言［ɚ］韵母实际音值接近［e］。

## 叁　音韵特征

宁夏南部方言入声韵全部舒化，阳声韵主元音大多带鼻化。下文结合《方言调查字表》，归纳宁夏南部方言韵母古今演变。

1. 果摄

宁夏南部方言存在果开一混入果合一的情况。部分方言点果开一端系字混入果合一，见系字不混，主要分布在隆德、泾源以及西吉中南部部分乡镇。详见本章第二节。

2. 假摄

假摄开口二等非见系字今读为［a］，如泾源香水：马明 ma⁵²｜沙生 sa³¹。见系字存在腭化的问题，故韵母今读［ia］，如泾源香水：家见 tɕia³¹｜牙疑 ȵia³⁵｜亚影 ȵia⁴⁴。假摄开口三等非知系字今读为［iə］，如泾源香水：姐精 tɕiə⁵²｜爷以 iə³⁵；知系字今读［ə］，如泾源香水：遮章 tʂə³¹｜舍书 ʂə⁵²。

假摄合口二等今读为［a ua］，如隆德观庄：傻生 ʂa⁵²｜瓦疑 va⁵²｜耍生 ʂua⁵²｜瓜见 kua¹³｜化晓 xua⁴⁴。例外字：假摄开口三等以母字"也"宁夏南部方言大都读作［iə］，隆德山河、温堡方言读作［ia］。

3. 遇摄

遇摄合口一等模韵字今读作［u］韵母，如西吉火石寨：布帮 pu⁴⁴｜土透 tʰu⁵²｜图定 tʰu¹³｜路来 lu⁴⁴｜组精 tsu⁵²｜姑见 ku¹³｜胡匣 xu¹³｜乌影 vu¹³。其中"努、奴"今［u］［əu］两读，混入流摄。彭阳县东部一带精组遇摄合口一等模韵字今读［y］，如西吉火石寨：租精 tɕy¹³｜粗清 tɕʰy¹³｜塑心 ɕy⁴⁴。遇摄合口三等泥来母、精组、见系字今读作［y］韵母，如西吉火石寨：女泥 ny⁵²｜絮邪 ɕy⁴⁴｜举见 tɕy⁵²｜预以 y⁴⁴，其中来母个别字、帮组、知系字今读［u］韵母，如西吉火石寨：庐来 lu¹³｜除澄 tʂʰu¹³｜梳生 ʂu¹³｜书禅 ʂu¹³｜如日 ʐu¹³。遇摄合口一等精组去声字"措错"、遇摄合口三等生母上声字"所"今读［uə］韵母，溪母去声字"去"今读［i］韵母。彭阳方言泥母上声字"女"今读［i］韵母。遇摄部分字与流摄相混。

4. 蟹摄

蟹摄开口一二等字今读作［ɛ］韵母，蟹开一帮组字"贝沛"今读［ei］韵母，蟹开二见系部分字今读［iə］韵母，如西吉硝河：械蟹开二

tɕiə⁴⁴｜懈蟹开二 ɕiə⁴⁴。蟹开二並母字"罢"今读［a］韵母，以上特征分布在除隆德温堡以外的宁夏南部山区。隆德温堡方言蟹摄开口一二等字今读［ei］韵母，如：贝蟹开一 pei⁴⁴｜败蟹开二 pʰei⁴⁴，见系个别字例外。

蟹摄开口三四等字（知系除外）今读为［i］韵母，知系字今读为［ʅ］韵母，其中彭阳东南部方言蟹开四部分字今读［ʅ］韵母，详见本章第二节第叁点。例外字：蟹开一溪母字"咳～嗽"在宁夏南部方言一般读［ə］韵母，海原海城方言读为［uə］韵母。

蟹摄合口字与开口一二等字读音相同，今读作［uei］［uɛ］韵母（帮组除外），如西吉硝河：对蟹合一定 tuei⁴⁴｜内蟹合一泥 luei⁴⁴｜乖蟹合二见 kuɛ¹³｜岁蟹合三心 suei⁴⁴｜慧蟹合四匣 xuei⁴⁴，蟹摄合口帮组字今读为［ei］韵母，如西吉硝河：辈蟹合一帮 pei⁴⁴｜废蟹合三非 fei⁴⁴。见系部分二等字今读［ua］韵母，如西吉硝河：卦蟹合二见 kua⁴⁴｜画蟹合二匣 xua⁴⁴｜蛙蟹合二影 va¹³。蟹合四匣母字"携"今读［iə］韵母、"畦"今读［i］韵母。蟹摄来母合口一三等字在今宁夏南部方言中读［uei］韵母，如西吉硝河：内 luei⁴⁴｜雷 luei⁴⁴｜儡 luei⁵²｜累～得很 luei⁴⁴，今文读层读［ei］韵母，与止摄合口三等字同。蟹摄合口一等疑母字"外"存在［ɛ］、［ei］两读，一般来说，表方位时读［ɛ］韵母，如：外头、外面；表称谓时读［ei］韵母，如：外爷外公、外奶奶外婆，分布在整个宁夏南部方言区。蟹摄合口一等並母字"裴"做姓氏时读［i］韵母。隆德温堡方言蟹摄合口一二三四字今读为［ei］［uei］韵母，如西吉硝河：杯蟹合一帮 pʰei¹³｜怪蟹合二见 kuei⁴⁴｜税蟹合三书 ʃuei⁴⁴｜桂蟹合四见 kei⁴⁴。

5. 止摄

止摄开口三等帮组字今读［i］［ei］韵母，如海原郑旗：悲帮 pei¹³²｜美明 mei⁵²｜眉明 mi¹³²；精组字今读［ɿ］韵母，如海原郑旗：紫 tsɿ⁵²｜刺 tsʰɿ⁴⁴｜斯 sɿ¹³²，邪母例外读［i］，如：玺邪 ɕi⁵²｜徙邪 ɕi⁵²，这两字为宁夏南部方言中不常用字，基本按照普通话读法折合；知章庄组字一般读［ʅ］韵母，如海原郑旗：迟知 tsʰʅ¹³²｜纸章 tsʅ⁵²｜师生 sʅ¹³²｜翅书 tsʰʅ⁴⁴，知组大部分字读［ʅ］韵母，如海原郑旗：知知 tʂʅ¹³²｜致知 tʂʅ⁴⁴｜稚澄 tʂʅ⁴⁴；日母字如"儿耳"，宁夏南部方言大部分地区今读［ər］韵母，但彭阳东南部方言如城阳乡、冯庄乡、孟塬乡，今读［ɛ］韵母，泾源方言部分字今读［ʅ］韵母。彭阳东南部方言止开三定母字"地"今读［ʅ］韵母，与知庄章组字的韵母同。

止摄合口三等字今读为 [ei] [uei] 韵母，如海原郑旗：水书 ʂuei⁵² |
蕊日 zⁱuei⁵² | 跪群 kuei⁴⁴ | 委影 vei⁵² | 非非 fei¹³² | 味微 vei⁴⁴；庄组读 [uɛ]
韵母，如海原郑旗：摔生 ʂuɛ⁵² | 揣初 tʂʰuɛ⁴⁴，隆德温堡方言止摄合口三等庄
组字读 [uei] 韵母；止摄合口一三等来母字在今宁夏南部方言老派读为
[uei] 韵母，如海原郑旗：累连~ luei⁴⁴ | 垒 luei⁴⁴ | 类 luei⁴⁴ | 泪 luei⁴⁴，新
派读 [ei] 韵母。隆德温堡方言影喻母部分字今读 [y] 韵母，如：苇 y⁴⁴
| 慰 y⁴⁴ | 猬 y⁵²。

6. 效摄

效摄开口一二等字、开口三等知系字今读 [ɔ] 韵母，如海原郑旗：毛
效开一明 mɔ¹³² | 闹效开二泥 nɔ⁴⁴ | 罩效开二知 tsɔ⁴⁴ | 少效开三书 ʂɔ⁵²。效摄开口二
等见系字、开口三四等字（知庄章组三等字除外）今读 [iɔ] 韵母，如海
原郑旗：巧效开二溪 tɕʰiɔ⁵² | 孝效开二晓 ɕiɔ⁴⁴ | 票效开三滂 pʰiɔ⁴⁴ | 小效开三心 ɕiɔ⁵²
| 骄效开三见 tɕiɔ⁵² | 尿效开四泥 ȵiɔ⁴⁴ | 浇效开四见 tɕiɔ¹³²。

例外字：效开一帮母字"堡"今读 [u] 或 [ɔ] 韵母，读 [u] 韵母
一般用于地名，如：红寺堡、镇北堡；效开二庄母字"抓、爪"今读
[ua] 韵母，效开三精母字"勦"今读 [ɔ] 韵母。

7. 流摄

流摄开口一等帮组字、来母字、开口三等非组字今读 [u] 韵母，如
隆德温堡：某流开一明 mu⁵² | 漏流开一来 lu⁴⁴ | 否流开三非 fu⁵²，混入遇摄；流摄
开口一等（帮组来母除外）、开口三等知系字今读 [əu] 韵母，如隆德温
堡：豆流开一定 təu⁴⁴ | 走流开一精 tsəu⁵² | 狗流开一见 kəu⁵² | 后流开一匣 xəu⁴⁴ | 欧
流开一影 əu⁵² | 丑流开三彻 tʂʰəu⁵² | 瘦流开三生 səu⁴⁴ | 手流开三书 ʂəu⁵² | 揉流开三日
zⁱəu¹³；流摄开口三等泥来母字、精组字、见系字今读 [iəu] 韵母，如隆
德温堡：流来 liəu¹³ | 酒精 tɕiəu⁵² | 九见 tɕiəu⁵² | 休晓 ɕiəu¹³ | 油以 iəu¹³。

例外字：流开一帮组字"剖贸矛茂茂"今读 [ɔ] 韵母，混入效摄；
流开三帮母字"彪"今读 [iɔ] 韵母。流摄部分字混入遇摄。详见本章第
二节"贰 遇流摄的读音"。

8. 咸摄

（1）阳声韵

咸摄开口一二等（见系字除外）字、合口三等非组阳声韵字今读 [æ̃]
韵母，如泾源香水：潭咸开一定 tʰæ̃³⁵ | 南咸开一泥 næ̃³⁵ | 感咸开一见 kæ̃⁵² | 含咸开
一匣 xæ̃³⁵ | 暗咸开一影 ŋæ̃⁴⁴ | 站咸开二知 tsæ̃⁴⁴ | 蘸咸开二庄 tsæ̃⁴⁴ | 凡咸合三奉 fæ̃³⁵；

咸摄开口二等见系阳声韵字、开口三四等阳声韵字今读［iæ̃］韵母，如泾源香水：碱咸开二见 tɕiæ̃⁵²｜陷咸开二匣 ɕiæ̃⁴⁴｜镰咸开三来 liæ̃³⁵｜尖咸开三精 tɕiæ̃³¹｜钳咸开三见 tɕʰiæ̃³⁵｜险咸开三晓 ɕiæ̃⁵²｜炎咸开三影 iæ̃³⁵｜点咸开四端 tɕʰiæ̃⁵²｜念咸开四泥 ȵiæ̃⁴⁴｜谦咸开四溪 tɕʰiæ̃³¹｜嫌咸开四匣 ɕiæ̃³⁵。

宁夏南部方言咸山摄部分开口字今读合口呼或撮口呼，如隆德城关：馅咸开二匣 ɕyæ̃⁴⁴｜掀山开三晓 ɕyæ̃¹³｜癣牛皮— 山开三心 ɕyæ̃⁵²｜联—财：地名，山开三来 luæ̃¹³。据吴媛（2011），陕西关中西府方言如凤翔、岐山、扶风、麟游、千阳、眉县、陇县、宝鸡、太白、凤县方言也存在咸山摄部分开口字今读合口呼或撮口呼的现象。

（2）入声韵

咸摄开口一二等入声韵字（见系字除外）、合口三等非组入声韵字今读［a］韵母，如隆德城关：答咸开一端 ta¹³｜纳咸开一泥 na¹³｜杂咸开一从 tsa¹³｜眨咸开二庄 tsa¹³｜乏咸合三奉 fa¹³；咸摄开口一等见系入声韵字今读［ə］或［uə］韵母，如彭阳城阳：喝晓 xuə²¹³｜盒匣 xuə¹³｜磕溪 kʰuə²¹³、隆德温堡：喝晓 xə¹³｜盒匣 xə¹³｜磕溪 kʰə¹³；咸摄开口二等见系入声韵字今读［ia］韵母，如隆德城关：甲咸开二见 tɕia¹³｜匣咸开二匣 ɕia¹³｜鸭咸开二影 ȵia¹³；咸摄开口三等章组入声韵字今读［ə］韵母，如隆德城关：褶章 tʂə¹³｜摄书 ʂə¹³；咸摄开口三四等入声韵字今读［iə］韵母，如隆德城关：猎咸开三来 liə¹³｜页咸开三以 iə¹³｜跌咸开四端 tiə¹³。

9. 深摄

（1）阳声韵

深摄开口三等知系阳声韵字今读［əŋ］或［ən］韵母，秦陇片、陇中片方言读［əŋ］韵母，关中片方言读［ən］韵母，如泾源香水：沉澄 tʂʰən³⁵｜森生 sən³¹｜深书 ʂən³¹｜任日 ʐən⁴⁴；深摄开口三等帮组、泥来母、精组、见系阳声韵字今读［iŋ］或［in］韵母，秦陇片、陇中片方言读［iŋ］韵母，关中片方言读［in］韵母，如固原三营：品滂 pʰiŋ⁵²｜林来 liŋ¹³｜心心 ɕiŋ¹³²｜今见 tɕiŋ¹³²｜音影 iŋ¹³²。深开三邪母字"寻"普通话今读［yn］韵母，宁夏南部方言白读作［iŋ］韵母，符合宁夏南部方言深摄字的音变规律，文读作［yŋ］韵母受普通话影响。深摄读［ən］韵母主要分布在泾源话中，除泾源外，宁夏南部方言深摄阳声韵字都读［əŋ］韵母。

（2）入声韵

深摄开口三等泥来母、精组、见系入声韵字今读［i］韵母，如泾源<sub>香水</sub>：立<sub>来</sub>li³¹｜习<sub>邪</sub>ɕi³⁵｜急<sub>见</sub>tɕi³⁵｜吸<sub>晓</sub>ɕi³¹；深摄开口三等知系入声韵中，章组字今读［ʅ］韵母，知组澄母字"蛰"今读［ə］韵母，庄组生母字"涩"今读［ei］韵母，日母字"入"今读［u］或［ʅ］韵母。

10. 山摄

（1）阳声韵

山摄开口一二等（见系除外）、三等知系、合口一等帮组影疑母、合口三等非组阳声韵字今读［æ̃］韵母，如同心<sub>张家垣</sub>：炭<sub>山开一透</sub>tʰæ̃⁴⁴｜烂<sub>山开一来</sub>læ̃⁴⁴｜赞<sub>山开一精</sub>tsæ̃⁴⁴｜看<sub>山开一溪</sub>kʰæ̃⁴⁴｜汉<sub>山开一晓</sub>xæ̃⁴⁴｜按<sub>山开一影</sub>næ̃⁴⁴｜盼<sub>山开二滂</sub>pʰæ̃⁴⁴｜绽<sub>山开二澄</sub>tsæ̃⁴⁴｜山<sub>山开二生</sub>sæ̃²¹³｜慢<sub>山开二明</sub>mæ̃⁴⁴｜展<sub>山开三知</sub>tʂæ̃⁵²｜善<sub>山开三禅</sub>ʂæ̃⁴⁴｜半<sub>山合一帮</sub>pæ̃⁴⁴｜满<sub>山合一明</sub>mæ̃⁵²｜碗<sub>山合一影</sub>væ̃⁵²｜晚<sub>山合一疑</sub>væ̃⁵²｜反<sub>山合三非</sub>fæ̃⁵²｜晚<sub>山合三微</sub>væ̃⁵²；山摄开口二等见系、开口三四等、合口四等晓组阳声韵字（知开三除外）今读［iæ̃］韵母，如同心<sub>张家垣</sub>：眼<sub>山开二疑</sub>ŋiæ̃⁵²｜闲<sub>山开二匣</sub>ɕiæ̃¹³｜棉<sub>山开三明</sub>miæ̃¹³｜连<sub>山开三来</sub>liæ̃¹³｜剪<sub>山开三精</sub>tɕiæ̃⁵²｜虔<sub>山开三群</sub>tɕʰiæ̃¹³｜延<sub>山开三以</sub>iæ̃¹³｜面<sub>山开四明</sub>miæ̃⁴⁴｜田<sub>山开四定</sub>tʰiæ̃¹³｜年<sub>山开四泥</sub>ŋiæ̃¹³｜前<sub>山开四从</sub>tɕʰiæ̃¹³｜见<sub>山开四精</sub>tɕiæ̃⁴⁴｜现<sub>山开四匣</sub>ɕiæ̃⁴⁴｜燕<sub>山开四影</sub>iæ̃⁴⁴｜县<sub>山合四匣</sub>ɕiæ̃⁴⁴。山摄合口一二等、三等来母、知系阳声韵字今读［uæ̃］韵母，如同心<sub>张家垣</sub>：短<sub>山合一端</sub>tuæ̃⁵²｜团<sub>山合一定</sub>tʰuæ̃¹³｜氽<sub>山合一清</sub>tsʰuæ̃⁴⁴｜管<sub>山合一见</sub>kuæ̃⁵²｜欢<sub>山合一晓</sub>xuæ̃²¹³｜拴<sub>山合二生</sub>ʂuæ̃²¹³｜惯<sub>山合二见</sub>kuæ̃⁴⁴｜患<sub>山合二匣</sub>xuæ̃⁴⁴｜恋<sub>山合三来</sub>luæ̃⁴⁴｜转<sub>山合三知</sub>tʂuæ̃⁵²｜串<sub>山合三昌</sub>tʂʰuæ̃⁴⁴｜软<sub>山合三日</sub>ʐuæ̃⁵²，山摄开口三等来母字"联"在宁夏南部方言中白读为［lyæ̃］，如"苏联、联合、联财镇<sub>隆德县乡镇</sub>"。山摄合口三等见系、四等阳声韵字今读［yæ̃］韵母，如同心<sub>张家垣</sub>：拳<sub>山合三群</sub>tɕʰyæ̃¹³｜楦<sub>山合三晓</sub>ɕyæ̃²¹³｜院<sub>山合三云</sub>yæ̃⁴⁴｜犬<sub>山合四溪</sub>tɕʰyæ̃⁵²｜玄<sub>山合四匣</sub>ɕyæ̃¹³。

（2）入声韵

山摄开口一二等、合口三等非组入声韵字今读［a］韵母，如固原<sub>开城</sub>：达<sub>山开一定</sub>ta¹³｜辣<sub>山开一来</sub>la¹³｜擦<sub>山开一清</sub>tsʰa¹³²｜八<sub>山开二帮</sub>pa¹³²｜杀<sub>山开二生</sub>sa¹³²｜瞎<sub>山开二晓</sub>xa¹³²｜发<sub>山合三非</sub>fa¹³²｜袜<sub>山合三微</sub>va¹³²；山开一见系字大部分今读［ə］或［uə］韵母，如盐池<sub>麻黄山</sub>：割<sub>见</sub>kuə³¹｜喝<sub>晓</sub>xuə³¹、隆德<sub>温堡</sub>：割<sub>见</sub>kə¹³｜喝<sub>晓</sub>xə¹³。例外字：山开二匣母字"辖"今读［ia］韵母。山摄开口三四等帮组、来母、见系入声字读［iə］韵母，知系字读［ə］

韵母，精组读［yə］。如固原开城：别山开三帮 piə¹³｜列山开三来 liə¹³｜哲山开三知 tʂə¹³｜舌山开三船 ʂə¹³｜热山开三日 zʅə｜杰山开三群 tɕiə¹³｜歇山开三晓 ɕiə¹³²｜薛山开三心 ɕyə¹³²｜憋山开四帮 piə¹³²｜铁山开四透 tʰiə¹³²｜捏山开四泥 ȵiə¹³²｜节山开四精 tɕiə¹³｜结山开四见 tɕiə¹³｜噎山开四影 iə¹³²。山摄合口一等、合口三等知系入声韵字今读［uə］韵母，如固原开城：泼山合一滂 pʰuə¹³²｜脱山合一透 tʰuə¹³²｜撮山合一清 tsuə¹³²｜阔山合一溪 kʰuə¹³²｜活山合一匣 xuə¹³｜说山合三书 ʂuə¹³²，其中帮组入声韵字［ə］、［uə］韵母自由变读。山摄合口二等入声韵字今读［ua］韵母，如固原开城：刷山合二生 ʂua¹³²｜刮山合二见 kua⁵²；山摄合口三四等见系入声韵字今读［yə］韵母，如固原开城：月山合三疑 yə¹³²｜越山合三云 yə¹³²｜决山合三见 tɕyə¹³，其中山合四晓匣母字"血穴"今读［iə］或［yə］韵母。

11. 臻摄

（1）阳声韵

读［əŋ］、［ən］韵母。臻摄开口一等、开口三等知系、合口一等帮组、非组、影母阳声韵字今读［əŋ］韵母（秦陇片、陇中片方言读［əŋ］韵母，关中片方言读为［ən］韵母），如西吉火石寨：吞臻开一透 tʰəŋ¹³｜跟臻开一见 kəŋ¹³｜很臻开一匣 xəŋ⁵²｜恩臻开一影 nəŋ¹³｜阵臻开三澄 tʂəŋ⁴⁴｜身臻开三书 ʂəŋ¹³｜人臻开三日 zʅəŋ¹³｜笨臻合一明 pəŋ⁴⁴｜粉臻合三非 fəŋ⁵²｜温臻合一影 vəŋ¹³。

读［iŋ］、［in］韵母。臻摄开口三等字（知系除外）今读［iŋ］［in］韵母（秦陇片、陇中片方言读［iŋ］韵母，关中片方言读为［in］韵母），如西吉火石寨：民臻开三明 miŋ¹³｜吝臻开三来 liŋ⁴⁴｜秦臻开三从 tɕʰiŋ¹³｜紧臻开三见 tɕiŋ⁵²｜印臻开三影 iŋ⁵²。

读［uŋ］、［un］韵母。臻摄合口一等（来母除外）、合口三等知系、精组阳声韵字今读［uŋ］韵母（关中方言读［un］韵母），如西吉火石寨：顿臻合一端 tuŋ⁴⁴｜村臻合一清 tsʰuŋ¹³｜困臻合一溪 kʰuŋ⁴⁴｜婚臻合一晓 xuŋ¹³｜椿臻合三彻 tʂʰuŋ¹³｜春臻合三昌 tʂʰuŋ¹³｜遵臻合三精 tsuŋ¹³。关中方言臻摄合口一三等心母字读［yn］韵母，如泾源香水：孙臻合一 ɕyn³¹｜笋臻合三 ɕyn⁵²。臻摄合口一等泥母字"嫩"读［uŋ］韵母，彭阳东南部读［yŋ］韵母。

读［yŋ］、［yn］韵母。臻摄合口一等来母、合口三等见系、精组阳声韵字今读［yŋ］韵母（秦陇片、陇中片方言读［yŋ］韵母，关中片方言读为［yn］韵母），如彭阳城阳：论臻合一来 lyŋ⁴⁴｜轮臻合三来 lyŋ¹³｜均臻合三精 tɕyŋ²¹³｜匀臻合三以 yŋ¹³｜训臻合三晓 ɕyŋ⁴⁴｜俊臻合三精 tɕyŋ⁴⁴。

（2）入声韵

读［i］、［ʅ］等韵母。臻摄开口一三等入声韵字今读［i］韵母，开口一等知系入声韵字今读［ʅ］韵母，如西吉硝河：笔臻开三帮 pi¹³ ｜ 栗臻开三来 li¹³ ｜ 七臻开三清 tɕʰi¹³ ｜ 侄臻开三澄 tʂʅ¹³ ｜ 质臻开三章 tʂʅ¹³ ｜ 日臻开三日 zʅ¹³ ｜ 吉臻开三见 tɕi¹³ ｜ 一臻开三影 i¹³。例外字：臻开三生母字"瑟虱"今读［ei］韵母。

读［u］［y］等韵母。臻摄合口一等、三等知系入声韵字今读［u］韵母，如西吉硝河：不臻合一帮 pu¹³ ｜ 突臻合一定 tʰu¹³ ｜ 卒臻合一精 tsu¹³ ｜ 骨臻合一见 ku¹³ ｜ 忽臻合一晓 xu¹³ ｜ 出臻合一昌 tʂʰu¹³。臻摄合口三等入声韵字今读［y］［yə］［uə］韵母，如西吉硝河：律臻合三来 ly¹³ ｜ 橘臻合一见 tɕy¹³ ｜ 戌臻合一心 ɕy¹³ ｜ 屈臻合三溪 tɕʰy¹³ ｜ 掘臻合三群 tɕyə¹³。例外字：臻合三生母入声韵字"蟀率"今读［uɛ］或［uei］韵母。

12. 宕摄

（1）阳声韵

宕摄开口一等、三等知组章组日母、合口三等非组、合口一三等影喻母阳声韵字今读［aŋ］韵母，如同心张家垣：帮宕开一帮 paŋ²¹³ ｜ 唐宕开一定 tʰaŋ¹³ ｜ 浪宕开一来 laŋ⁴⁴ ｜ 桑宕开一心 saŋ²¹³ ｜ 康宕开一溪 kʰaŋ²¹³ ｜ 杭宕开一匣 xaŋ¹³ ｜ 肮宕开一影 aŋ²¹³ ｜ 张宕开三知 tʂaŋ²¹³ ｜ 厂宕开三昌 tʂʰaŋ⁵² ｜ 壤宕开三日 zaŋ⁵² ｜ 方宕合三非 faŋ²¹³ ｜ 汪宕合一影 vaŋ²¹³ ｜ 王宕合三云 vaŋ¹³。宕摄开口三等泥来母、精组、见系阳声韵字今读［iaŋ］韵母，如同心张家垣：亮宕开三来 liaŋ⁴⁴ ｜ 奖宕开三精 tɕiaŋ⁵² ｜ 姜宕开三见 tɕiaŋ²¹³ ｜ 香宕开三晓 ɕiaŋ²¹³ ｜ 羊宕开三以 iaŋ¹³。宕摄开口三等庄组、合口一三等见晓组阳声韵字今读合口呼［uaŋ］韵母，如同心张家垣：床宕开三崇 tʂʰuaŋ¹³ ｜ 光宕合一见 kuaŋ²¹³ ｜ 慌宕合一晓 xuaŋ²¹³ ｜ 狂宕合三群 kʰuaŋ¹³ ｜ 况宕合三晓 kʰuaŋ⁴⁴。

例外字：隆德、西吉硝河方音，宕摄开口三等字"娘"读［ȵia¹³］，韵尾脱落，应该是"娘啊"的合音；宕摄开口一等字"宕甘肃一昌县"读［tʰæ⁴⁴］，只用在地名中。

（2）入声韵

宕摄开口一等入声韵字今读［ə］［u］［ei］［uə］韵母，如西吉火石寨：博宕开一帮 puə¹³ ｜ 摸宕开一明 muə¹³ ｜ 幕宕开一明 mu¹³ ｜ 托宕开一透 tʰuə¹³ ｜ 错宕开一清 tsʰuə¹³ ｜ 各宕开一见 kə¹³ ｜ 鹤宕开一匣 xuə¹³ ｜ 恶宕开一影 nuə¹³。宕摄开口三等知系、合口三等见系入声韵字今读［uə］韵母，如西吉火石寨：着宕开三澄 tʂuə¹³｜勺宕开三禅 ʂuə¹³｜郭宕合一见 kuə¹³｜霍宕合一晓 xuə¹³，宕摄开口三等非知系、合口三等见系入声韵字今读 [yə] 韵母，如西吉火石寨：略宕开三来 lyə¹³｜嚼宕开三从 tɕyə¹³｜脚宕开三见 tɕyə¹³｜药宕开三以 yə¹³｜镢宕合三见 tɕyə¹³。宕摄合口三等入声字"缚"今读 [u] 或 [uə] 韵母。

13. 江摄

（1）阳声韵

江摄开口二等帮组、泥母阳声韵字今读 [aŋ] 韵母，如固原开城：棒並 paŋ⁴⁴｜攘泥 naŋ¹³²｜夯晓 xaŋ¹³²，个别未腭化的见系字今读 [aŋ] 韵母，如"腔巷项"。知庄章组字今读 [uaŋ] 韵母，如固原开城：撞澄 tʂʰuaŋ⁴⁴｜窗初 tʂʰuaŋ¹³²。见系字今读 [iaŋ] 韵母，如：江见 tɕiaŋ¹³²｜降匣 ɕiaŋ¹³。

（2）入声韵

江摄开口二等帮组、知系、影母入声韵字今读 [uə] 韵母，见晓组入声韵字今读 [yə] 韵母，如西吉火石寨：剥帮 puə¹³｜桌知 tʂuə¹³｜捉庄 tʂuə¹³｜握影 vuə¹³｜觉见 tɕyə¹³｜学匣 ɕyə¹³。例外字："雹並"读 [pʰɔ⁴⁴]。

14. 曾摄

（1）阳声韵

曾摄开口一等、三等知系阳声韵字今读 [əŋ] 韵母，如西吉火石寨：朋曾开一帮 pʰəŋ¹³｜等曾开一端 təŋ⁵²｜赠曾开一从 tsəŋ⁴⁴｜肯曾开一溪 kʰəŋ⁵²｜恒曾开一匣 xəŋ¹³｜橙曾开三澄 tʂʰəŋ¹³｜证曾开三章 tʂəŋ⁴⁴｜仍曾开三日 zəŋ¹³。曾摄开口三等非知系字今读 [iŋ] 韵母，如西吉火石寨：冰帮 piŋ¹³｜凌来 liŋ¹³｜凝疑 n̩iŋ¹³｜兴晓 ɕiŋ¹³｜应影 iŋ¹³｜蝇疑 iŋ¹³。曾摄合口一等阳声韵字"弘"今读 [uŋ] 韵母。曾摄开口三等以母"孕"读 [yŋ] 韵母。

（2）入声韵

曾摄开口一等、三等庄组入声韵字今读 [ei] 韵母，如西吉火石寨：北曾开一帮 pei¹³｜特曾开一定 tʰei¹³｜贼曾开一从 tsei¹³｜刻曾开一溪 kʰei¹³｜黑曾开一晓 xei¹³｜啬曾开三生 sei¹³｜测曾开三初 tsʰei¹³。曾摄开口一等帮组、来母、精组、见系入声韵字今读 [i] 韵母，如西吉火石寨：逼帮 pi¹³｜力来 li¹³｜息心 ɕi¹³｜极群 tɕi¹³｜忆影 i¹³；知章组入声字今读 [ʅ] 韵母，如西吉火石寨：直澄t ʂʅ¹³｜食船 ʂʅ¹³。曾摄合口一等入声韵字今读 [uei] 韵母，如西吉火石寨：国见 kuei¹³｜或匣 xuei¹³，合口三等入声韵字"域"今读 [y] 韵母。

15. 梗摄

（1）阳声韵

梗摄开口二等见系、开口三等知系、合口二等晓组阳声韵字今读
［əŋ］韵母，如西吉硝河：彭梗开二並 pʰəŋ¹³｜冷梗开二来 ləŋ⁵²｜撑梗开二彻
tsʰəŋ¹³｜生梗开二生 səŋ¹³｜坑梗开二溪 kʰəŋ¹³｜衡梗开二匣 xəŋ¹³｜橙梗开二澄
tsʰəŋ¹³｜耕梗开二见 kəŋ¹³｜呈梗开三澄 tsʰəŋ¹³｜整梗开三章 tʂəŋ⁵²｜横梗合二匣
xəŋ¹³。梗摄开口二等见系部分字、开口三等（知系除外）、开口四等、合
口三四等见系部分阳声韵字今读［iŋ］韵母，如西吉硝河：硬梗开二疑 ȵiŋ⁴⁴
｜行梗开二匣 ɕiŋ¹³｜幸梗开二匣 ɕiŋ⁴⁴｜樱梗开二影 iŋ¹³｜兵梗开三帮 piŋ¹³｜景梗开三
见 tɕiŋ⁵²｜英梗开三影 iŋ¹³｜瓶梗开四並 pʰiŋ¹³｜定梗开四定 tiŋ⁴⁴｜零梗开四来 liŋ¹³｜
星梗开四心 ɕiŋ¹³｜经梗开四见 tɕiŋ¹³｜形梗开三匣 ɕiŋ¹³｜顷梗合三溪 tɕʰiŋ⁵²｜营梗合三
以 iŋ¹³｜萤梗合四匣 iŋ¹³。梗摄合口二等阳声韵字今读［uŋ］［uaŋ］韵母，
辖字较少，如西吉硝河：宏匣梗合二 xuŋ¹³｜矿见梗合二 kʰuaŋ⁴⁴。梗摄合口三四
等见系部分阳声韵字今读［yŋ］韵母，如西吉硝河：兄梗合三晓 ɕyŋ¹³｜永梗合
三云 yŋ⁵²。例外字：梗开二端母字"打"今读［a］韵母。

（2）入声韵

梗摄开口二等入声韵字今读［ei］韵母，部分字今读［ɛ］韵母，如
彭阳新集：百帮 pei²¹³｜拆彻 tsʰei²¹³｜窄庄 tsei²¹³｜客溪 kʰei²¹³｜麦明 mei²¹³｜
核匣 xɛ¹³。例外字：梗开二见系字"核果子~"今读［u］韵母，"扼"今读
［ə］韵母。梗摄开口三四等非知系入声韵字今读［i］韵母，知系入声字
今读［ʅ］韵母，如彭阳新集：碧梗开三帮 pi²¹³｜逆梗开三疑 ȵi²¹³｜积梗开三精
tɕi²¹³｜益梗开三影 i²¹³｜壁梗开三帮 pi²¹³｜的梗开四端 ti²¹³｜历梗开四来 li²¹³｜寂梗开
四从 tɕi²¹³｜击梗开四见 tɕi²¹³｜石梗开三禅 ʂʅ¹³｜吃梗开四溪 tʂʰʅ²¹³。例外字：梗开
三"射船"今读［ə］韵母，"液腋"今读［iə］韵母。彭阳东南部方言，
梗摄开口四等端组字读［ʅ］韵母，如彭阳城阳：笛 tsʅ¹³｜踢 tsʰʅ²¹³。

梗摄合口字较少，合口二等入声韵字较少，"虢"只有文读为［uə］
韵母，"获"今读［uei］韵母，"划"今读［ua］韵母，合口三等入声韵
字"疫役"今读［i］韵母。

16. 通摄

（1）阳声韵

通摄合口一三等（帮组、晓组除外）阳声韵字今读［uŋ］韵母，如
泾源新民：冻通合一端 tuŋ⁴⁴｜笼通合一来 luŋ³⁵｜送通合一心 suŋ⁴⁴｜孔通合一溪

**表3－3**

## 宁夏南部方言韵母古今对照

| 韵摄 | 古声母 | 帮组 | 端组 | 泥来 | 精组 | 知组 | 庄组 | 章组 | 日母 | 见组 | 晓组 | 疑影喻 | 入声 |
|---|---|---|---|---|---|---|---|---|---|---|---|---|---|
| 果摄 | 开一 | en | ua/e/a | | en | | | | | e/en | e/en | ua/e/en | |
| | 开三 | | | | | | | | | ei | en | | |
| | 合一 | en | | en | | | | | | ei | | | |
| | 合三 | | | | | | | | | eỹ | | | |
| 假摄 | 开二 | a | | a | ei | ei | a | | | ia | ia | ei | |
| | 开三 | | | | | ei | | e | e | | | a | |
| | 合二 | | | | | | | | | ua | ua | | |
| 遇摄 | 合一 | u | | u/y | u/y | | a/ua | u | | u | u | | |
| | 合三 | u | i/ʅ | y | y | | ʅ | u | | y | y | | |
| 蟹摄 | 开一 | ei | | ɛ | | | | | | ɛ/iɛ | ɛ | ɛ | |
| | 开二 | ɛ | | ɛ | | | ɛ | | | i | | | |
| | 开三 | i | | i | i | | ʅ | | | i | i | | |
| | 开四 | i | | i | | | | | | | | | |
| | 合一 | ei | | uei | uei | uei | uei | | uei | uei | uei | a | |
| | 合二 | | | | | | | | | ua/uɛ | uɑ/uɛ | a | |
| | 合三 | ei | | | | | | | | uei | uei | ei/uei | |
| | 合四 | | | | | | | | | | | | |

续表

| 韵摄 | 古声母 | 帮组 | 端组 | 泥来 | 精组 | 知组 | 庄组 | 章组 | 日母 | 见组 | 晓组 | 疑影喻 | 入声 |
|---|---|---|---|---|---|---|---|---|---|---|---|---|---|
| 止摄 | 开三 | i | | i | i | ʅ | ʅ | ʅ | ʅ/ɛ/ɚ | i | i | | |
| | 合三 | ei | | uei | uei | uei | ən | uei | uei | uei | | ei | |
| 效摄 | 开一 | ɔ | | ɔ | ɔ | | | | | ɔ | ɔ | | |
| | 开二 | ɔ | | ɔ | | ɔ | ɔ | | | ɔ | ɔ | | |
| | 开三 | iɔ | | iɔ | iɔ | ɔ | | | | iɔ | iɔ | | |
| | 开四 | | | iɔ | iɔ | | | | | | iɔ | | |
| 流摄 | 开一 | u/əu | əu | u | əu | | | | | əu | ne | | |
| | 开三 | u | | iəu | iəu | | æ̃ | əu | | iəu | iəu | | |
| 咸摄 | 开一 | | | æ̃ | | | æ̃ | | | | æ̃ | | əu/e/a |
| | 开二 | iɐ̃ | | | | | | æ̃ | | | iɐ̃ | | a/ia |
| | 开三 | æ̃ | | iɐ̃ | iɐ̃ | | | | | iɐ̃ | iɐ̃ | | iə/ɵ |
| | 开四 | | | | | | | | | iɐ̃ | iɐ̃ | | iə/ia |
| | 合三 | æ̃ | | | | | | | | | | | a |
| 深摄 | 开三 | iŋ | | | iŋ | | | ɿe | | iŋ | iŋ | | i/ʅ/ʅ/ei/u |

续表

| 韵摄 | 古声母 | 帮组 | 端组 | 泥来 | 精组 | 知组 | 庄组 | 章组 | 日母 | 见组 | 晓组 | 疑影喻 | 入声 |
|---|---|---|---|---|---|---|---|---|---|---|---|---|---|
| 山摄 | 开一 | ẽ | ẽ | ẽ | ẽ | ẽ |  |  |  |  | ẽ |  | eˀ/eˀn |
|  | 开二 | ĩẽ |  |  |  | ẽ | ẽ |  |  | uẽ | iẽ |  | eˀ/n |
|  | 开三 | ĩẽ |  | ĩẽ | ĩẽ | ẽ |  | ẽ | ẽ | uẽ | iẽ | ẽ | en |
|  | 开四 | ĩẽ |  | ĩẽ | ĩẽ |  |  |  |  |  | iẽ | ẽ | en/eˀn |
|  | 合一 | ẽ |  | uẽ | uẽ | ẽ | uẽ |  |  | uẽ | uẽ | ẽ | en |
|  | 合二 | ẽ |  | uẽ | yẽ | uẽ | uẽ |  | uẽ | uẽ | uẽ | ẽ | ua |
|  | 合三 |  |  |  |  |  |  |  |  |  |  |  | eˀ/aˀ |
|  | 合四 |  | ɥe |  |  |  |  | ɥe |  | ɥe | ɥe |  | eˀ |
| 臻摄 | 开一 | iŋ | iŋ | ũ/ĩŋ | ũ | ũ |  |  | ũ | ĩŋ | iŋ | ĩe | ɭ/ɿ |
|  | 开三 | ɥe | iŋ | yŋ | yŋ/ĩẽ |  |  | ĩŋ |  |  | iŋ |  | n |
|  | 合一 | ɥe | iŋ | iŋ |  |  |  |  |  |  |  |  | n/ʎ |
|  | 合三 | aŋ | iŋ | iaŋ | iaŋ |  |  |  |  |  | aŋ |  | e/eˀn |
| 宕摄 | 开一 | aŋ |  | aŋ | aŋ | aŋ |  | aŋ |  | aŋ | aŋ | aŋ | a/ia |
|  | 开三 | ɥe |  | ũ/ĩŋ | ĩŋ |  |  |  |  |  | iŋ | ĩŋ | en/e/a |
|  | 合一 | aŋ |  |  |  |  |  |  |  | uaŋ |  | aŋ |  |
|  | 合三 | aŋ |  |  |  | uaŋ |  |  |  | uaŋ | aŋ | aŋ |  |
| 江摄 | 开二 | aŋ |  |  |  |  |  |  |  | iaŋ/aŋ |  |  |  |

续表

| 韵摄 | 古韵母 | 帮组 | 端组 | 泥米 | 精组 | 知组 | 庄组 | 章组 | 日母 | 见组 | 晓组 | 疑影喻 | 入声 |
|---|---|---|---|---|---|---|---|---|---|---|---|---|---|
| 曾摄 | 开一 | əŋ | | ʅe | | | | | | | | | ei/ɛ/ə |
| | 开三 | iŋ | | iŋ | iŋ | | | | | | iŋ | ʅʅ/ʅŋ | i/ʅ/ei/ʅ、ɛ |
| | 合一 | | | | | | | | | uəŋ | eŋ/uŋ | uŋ/yŋ/iŋ | əŋ/uen/uə/ei |
| | 合三 | | | | | | | | | | | | y |
| 梗摄 | 开二 | ʅe | | ʅe | | ʅe | ʅe | | ʅe | ʅʅ/ʅe | iŋ | | en/ɜ/e/ei |
| | 开三 | iŋ | | | iŋ | | ʅe | | | iŋ | iŋ | iŋ | ʅ/ʅ |
| | 开四 | iŋ | | iŋ | iŋ | | | | | iŋ/ʅe | iŋ | | i |
| | 合二 | | | | | | | | | uaŋ | yŋ | uŋ/yŋ/iŋ | ɜŋ/uaŋ |
| | 合三 | | | | | | | | | iŋ | iŋ/y/yŋ | | i |
| | 合四 | | | | | | | | | | | | |
| 通摄 | 合一 | əŋ | | uŋ | uŋ | | | uŋ | | ʅʅ/ʅŋ | nei | ʅe | n |
| | 合三 | əŋ | | | | | | | | iŋ | uŋ | | u/y |

备注：本表根据《方言调查字表》归纳，个别例外字见下文。

kʰuŋ⁵² | 红通合一匣 xuŋ³⁵ | 隆通合三来 luŋ³⁵ | 嵩通合三心 suŋ³¹ | 虫通合三澄 tʂʰuŋ³⁵ | 崇通合三崇 tʂʰuŋ³⁵ | 终通合三章 tʂuŋ³¹ | 绒通合三日 z̩uŋ³⁵ | 弓通合三见 kuŋ³¹。通摄合口一帮组、影母、三等非组阳声韵字今读 [əŋ] 韵母，如泾源新民：蓬通合一並 pʰəŋ³⁵ | 蒙通合一明 məŋ³⁵ | 风通合三非 fəŋ³¹ | 梦通合三明 məŋ⁴⁴ | 翁通合一影 vəŋ³¹。通摄合口三等见系一部分阳声韵字今读 [yŋ] 韵母，如泾源新民：胸晓 ɕyŋ³¹ | 雄云 ɕyŋ³⁵ | 拥影 yŋ³¹ | 勇以 yŋ⁵²。隆德温堡方言通合三 "诵邪、颂邪、讼邪" 今读 [yŋ] 韵母。

（2）入声韵

通摄合口一三等入声韵字今读 [u] [y] 韵母，如泾源新民：木明 mu³¹ | 突透 tʰu³¹ | 鹿来 lu³¹ | 速心 su³¹ | 谷见 ku³¹ | 屋影 vu³¹ | 育以 y³¹ | 曲溪 tɕʰy³¹ | 欲以 y³¹。例外字：通合一 "沃影"、通合三 "缩生" 今读 [uə] 韵母，通合三 "肉日母" 今读 [əu] [ɻ] 韵母，通合三 "绿来" 今读 [iəu] 韵母。宁夏南部方言通摄合口三等精组入声韵字白读为 [y] 韵母，如：肃 ɕy³¹ | 俗 ɕy³⁵。

17. 韵母古今对照表

宁夏南部方言的韵母古今对照如第101页表3-3。

# 第二节　阴声韵

## 壹　果摄开合口一等字相混

1. 读音类型

果摄开口一等字今读为 [uə] [a] [ə] 韵母，果摄开口三等辖字较少，"茄" 读 [iə] 韵母。果摄合口一等今读 [uə] 韵母，受双唇音影响，帮组字常读为 [ə] 韵母，[uə] [ə] 自由变读。果摄合口三等辖字较少，"瘸靴" 读 [yə] 韵母。果摄字的读音如表3-4（县内方言如有差异的列举两个点以对比，下文同）。例外字：果摄合口一等晓母字 "货" 一般读 [uə] 韵母，如 "货车、载货"，但 "货—郎子：挑箩筐卖东西的人" 读 [u] 韵母，李树俨（2004）认为该读音是随晋商扩散到宁夏地区后产生的语音现象。

从表3-4可知，果摄字在宁夏南部方言的读音相对比较一致，果摄开三、合三基本不混，果摄开口一等和合口一等字存在相混的现象。

表 3－4　　　　　　　　　　　　　　果摄字的读音

| | 开一 | | | 合一 | | | 开三 | 合三 |
|---|---|---|---|---|---|---|---|---|
| | 大 | 饿 | 河 | 波 | 坐 | 课 | 茄 | 靴 |
| 固原开城 | ta⁴⁴ | nuə⁴⁴ | xuə¹³ | pʰuə¹³² | tsuə⁴⁴ | kʰuə⁴⁴ | tɕʰiə¹³ | ɕyə¹³² |
| 固原三营 | ta⁴⁴ | vuə⁴⁴ | xuə¹³ | puə¹³² | tsuə⁴⁴ | kʰuə⁴⁴ | tɕʰiə¹³ | ɕyə¹³² |
| 彭阳城阳 | ta⁴⁴ | vuə⁴⁴ | xuə¹³ | pʰuə²¹³ | tsuə⁴⁴ | kʰuə⁴⁴ | tɕʰiə¹³ | ɕyə²¹³ |
| 彭阳交岔 | ta⁴⁴ | nuə⁴⁴ | xuə¹³ | pʰuə²¹³ | tsuə⁴⁴ | kʰuə⁴⁴ | tɕʰiə¹³ | ɕyə²¹³ |
| 同心张家垣 | ta⁴⁴ | vuə⁴⁴ | xuə¹³ | pə²¹³ | tsuə⁴⁴ | kʰuə⁴⁴ | tɕʰiə¹³ | ɕyə²¹³ |
| 盐池麻黄山 | ta⁴⁴ | nuə⁴⁴ | xuə³⁵ | pʰuə³¹ | tsuə⁴⁴ | kʰuə⁴⁴ | tɕʰiə³⁵ | ɕyə³¹ |
| 海原贾塘 | ta⁴⁴ | vuə⁴⁴ | xuə¹³² | pʰuə¹³² | tsuə⁴⁴ | kʰuə⁴⁴ | tɕʰiə¹³² | ɕyə¹³² |
| 海原郑旗 | ta⁴⁴ | vuə⁴⁴ | xuə¹³² | pʰuə¹³² | tsuə⁴⁴ | kʰuə⁴⁴ | tɕʰiə¹³² | ɕyə¹³² |
| 西吉硝河 | ta⁴⁴ | ŋə⁴⁴—nuə⁴⁴ | xuə¹³ | pə¹³ | tsʰuə⁴⁴ | kʰuə⁴⁴ | tɕʰiə¹³ | ɕyə¹³ |
| 西吉火石寨 | ta⁴⁴ | vuə⁴⁴ | xuə¹³ | puə¹³ | tsuə⁴⁴ | kʰuə⁴⁴ | tɕʰiə¹³ | ɕyə¹³ |
| 隆德温堡 | ta⁴⁴ | ŋə⁴⁴ | xə¹³ | pə¹³ | tsʰuə⁴⁴ | kʰuə⁴⁴ | tɕʰiə¹³ | ɕyə¹³ |
| 隆德观庄 | ta⁴⁴ | ŋə⁴⁴ | xuə¹³ | pʰuə¹³ | tsuə⁴⁴ | kʰuə⁴⁴ | tɕʰiə¹³ | ɕyə¹³ |
| 泾源香水 | tʰuə⁴⁴ | ŋə⁴⁴ | xuə³⁵ | puə³¹ | tsʰuə⁴⁴ | kʰuə⁴⁴ | tɕʰiə³⁵ | ɕyə³¹ |
| 泾源新民 | tʰuə⁴⁴ | ŋə⁴⁴ | xuə³⁵ | puə³¹ | tsʰuə⁴⁴ | kʰuə⁴⁴ | tɕʰiə³⁵ | ɕyə³¹ |

　　宁夏南部方言果摄合口字除"讹"读［ə］韵母外，其他字一律读［uə］韵母。果摄开口字的主要区别在于疑母字的读音，一般来说，如果疑母字读［ŋ］声母的，相对应的韵母一般都读为［ə］，主要分布在陇中片、关中片方言区，如泾源、隆德、西吉中南部；如果疑母字读［n］或［v］声母的，相对应的韵母一般都读［uə］，主要分布秦陇片方言区，如固原、彭阳、海原、同心、盐池。果开一读［a］韵母的只有"大他那"三个字，"他"字最稳定，在宁夏南部方言全部读［a］韵母，比较特殊的是果开一泥母字"那"，读［a］是一个比较晚近出现的读书音，受方言指示代词影响，"那"常读为［ei］或［ɔ］韵母。果开一端母字"多"一般读［uə］韵母，但部分方言读为［ə］韵母，如彭阳新集、西吉硝河。果开一定母字"大"读［uə］韵母主要分布在泾源。果摄合口字一律读［uə］韵母。读［ə］韵母的应该是晚近时期借入的文读层，如："课颗棵科禾和"白读［uə］韵母为其底层读音，读［ə］韵母为文读音，该现象分布在整个宁夏南部方言区。综上所述，果摄开口一三等字在宁夏南部方

言存在相混的情况，主要是果摄开口一等字混入果摄合口一等字，果摄合口一等字文读音混入果摄开口一等字。

2. 地理分布及讨论

以"河<sub>果开一</sub>"为例，宁夏南部方言果摄开口混入合口的读音分布如下图3-2。

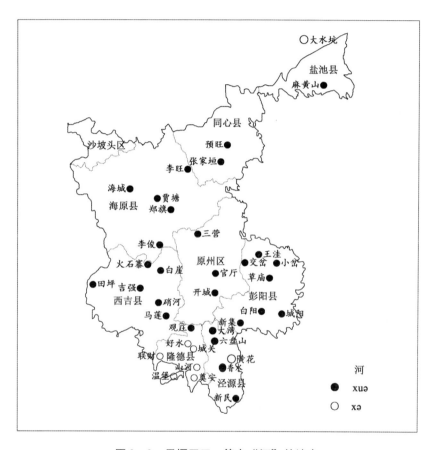

图3-2　果摄开口一等字"河"的读音

从图3-2可以看出，除隆德方言外，宁夏南部方言果摄开口一等大部分字都读为［uə］韵母，果摄开口一等混入开口三等是果摄字演变的主流特征。从语音演变历史来看，歌戈韵相混的现象很早就已经出现。"多数汉语方言果摄一等字读音为中高元音，部分方言有进一步的高化、去圆唇化、前化等音变，从歌戈分混的角度可以分为三个类型，全分、全混和分混型，但涉及的音变主要有增生－u－介音和脱落－u－介音的两个音变，音变的地理分界线在淮河—秦岭一线"（熊燕，2015）。陆招英（2004）利用王仁昫《刊谬补缺切韵》《宋本广韵》《集韵》对照比较切下字系统，"发现有许多字原本属于开口韵歌、哿的字在《集韵》里分别收在合口韵戈、果韵中，但切下字却仍用开口字。开合混置的韵字特别多，不仅有开口韵放入合口韵，而且也有合口韵放入开口韵，但切下字系统不变"。陆招英（2004）对俞敏的《后汉三国梵汉对音谱》、罗常培《唐五代西北方音》及张清常的补充材料中梵汉、汉藏的一些对音材料进行比较，发现"后汉三国歌戈韵母的读音是相同或相近的，《切韵》把它们合为一韵无可非议。而唐五代西北方言，歌韵字与戈韵非唇音字主要元音虽然相同，但后者已比前者多了个［w］合口介音"。"天宝本《唐韵》从歌韵中分出戈韵是有一定的方言语音基础的。就译音材料来看，当时的方言里有合口介音，至《唐韵》才把戈韵独立出来。"从以上论述可以看出歌戈韵主元音相同，随着语音发展演变逐渐出现分化，因此，歌戈韵的分立应该是较晚出现的语音变化，但宁夏南部方言果摄字的演变比较缓慢，仍然处于歌戈韵相混的状态，而歌戈分韵属于晚近的文读层。

王力（2004）认为歌韵在上古是［a］，中古是［ɑ］，近代是［ɔ］，现代北方话是［o］。《切韵》时代，歌戈韵读［ɑ］，《四声等子》《声音唱和图》中歌戈、麻韵字并列。张建军（2009）阐述了歌韵从 a→ɔ→o→uo 的发展过程，认为从宋代西北方音开始出现［a］韵向［o］韵的过渡，11 世纪回鹘文汉字译音中歌戈韵开口一等已经变成［o］了，高本汉（1940）就用［o］韵来记录西安话的歌韵字。从发音原理来看，高元音［o］容易继续高化，其圆唇性质容易在拼读时声韵之间衍生出一个过渡音［u］或者［o］，元音松化后容易读为［uo］，从［uo］到［uə］的演变主要受舌位前后的轻微变化。因此，从宁夏南部方言来看，果摄字读［a］应该是比较存古的读音，后随着语音的演变，逐渐从［a］到［uə］。但陇中片、关中片方言见组字受声母［ŋ］的影响，舌根音发音部位靠后，［u］元音也为后高圆唇元音，不断把［u］介音丢失，故从［uə］→［ə］，同时扩散到了整个见系字。随着文读音的逐步扩散，白读层不断磨损，以彭阳城阳为例，"歌哥"已不同韵，常用字"哥"依然保留［uə］韵，但"歌"已经读为［ə］了。

## 贰 遇流摄的读音

1. 遇摄的读音

遇摄字一般读［u］［y］韵母，如：布<sub>帮</sub>pu｜土<sub>透</sub>tʰu｜聚<sub>从</sub>tɕy｜句<sub>见</sub>tɕy。例外字：遇摄合口一等精组去声字"措错"、遇摄合口三等生母上声字"所"今读［uə］韵母，溪母去声字"去"今读［i］韵母。彭阳方言泥母上声字"女"今读［i］韵母。文读音"做［tsuə］"在宁夏南部方言大多地方读［u］韵母。

2. 遇流摄混读

遇入流：遇摄一般读［u］［y］韵母，但部分遇摄字与流摄字韵母相同，读［əu］［iəu］韵母。但遇摄读为流摄的字不是很多，主要出现在泥母字如"怒努奴"、庄母字如"蛛"。此外，宁夏南部方言牲畜的统称"头牻<sub>牲口</sub>"，"牻"读［kəu］，零星分布于固原<sub>官厅</sub>、西吉<sub>马莲</sub>、彭阳<sub>城阳</sub>、隆德<sub>山河</sub>。

流入遇：流摄一般读［əu］［iəu］韵母，但部分流摄字韵母与遇摄相同，读为［u］韵母。流摄读为遇摄主要集中在帮组、非组、来母以及个别知组字，如：某亩牡母拇谋；浮否妇负富副复；楼篓搂陋漏；轴抽。

遇流摄读音举例如表3-5。

表3-5　　　　　　　　　　　　遇流摄字的读音

| | 遇合一 | 遇合三 | | | 流开一 | | | 流开三 | | |
| --- | --- | --- | --- | --- | --- | --- | --- | --- | --- | --- |
| | 怒 | 蛛 | 缕 | 屡 | 某 | 楼 | 漏 | 否 | 谋 | 帚<sub>章一</sub> |
| 固原<sub>开城</sub> | nəu⁴⁴、nu⁴⁴ | tʂu¹³² | liəu⁵² | luei⁵² | mu⁵² | lu¹³ | lu⁴⁴ | fu⁵² | mu¹³ | tʂʰu |
| 海原<sub>贾塘</sub> | nəu⁴⁴ | tʂəu¹³² | liəu⁵² | luei⁵² | mu⁵² | lu¹³² | lu⁴⁴ | fu⁵² | mu¹³² | tʂʰu¹³² |
| 彭阳<sub>城阳</sub> | nəu⁴⁴ | tʂu²¹³ | liəu⁵² | luei⁵² | mu⁵² | lu¹³ | lu⁴⁴ | fu⁵² | mu¹³ | tʃʰu²¹³ |
| 同心<sub>张家垣</sub> | nəu⁴⁴ | tʂu²¹³ | liəu⁵² | luei⁵² | mu⁵² | lu¹³ | lu⁴⁴ | fu⁵² | mu¹³ | tʂʰu²¹³ |
| 盐池<sub>麻黄山</sub> | nu⁴⁴ | tʃu³¹ | liəu³¹ | luei⁵² | mu⁵² | lu³⁵ | lu⁴⁴ | fu⁵² | mu³⁵ | tʃʰu³¹ |
| 西吉<sub>硝河</sub> | nəu⁴⁴ | tʂəu¹³ | liəu⁵² | luei⁵² | mu⁵² | lu¹³ | lu⁴⁴ | fu⁵² | mu¹³ | tʃʰu¹³ |
| 隆德<sub>温堡</sub> | nəu⁴⁴ | tsəu¹³ | liəu⁵² | luei⁵² | mu⁵² | lu¹³ | lu⁴⁴ | fu⁵² | mu¹³ | tʃʰu¹³ |
| 泾源<sub>香水</sub> | nəu⁴⁴ | tsəu³¹ | liəu⁵² | luei⁵² | mu⁵² | lu³⁵ | lu⁴⁴ | fu⁵² | mu³⁵ | tʃʰu³¹ |

从上表可得，遇流混读分布在整个宁夏南部方言区，流摄读同遇摄的

现象比较一致，宁夏南部方言内部无差异，遇摄读为流摄的情况略有区别，且遇摄混入流摄的字比较少。但流摄混入遇摄的字比较多，在宁夏南部方言的地理分布也比较一致。除宁夏南部中原官话秦陇片、陇中片、关中片外，中原官话河州片、晋语、兰银官话等西北方言均存在该现象。

　3. 地理分布及讨论

　　宁夏南部分方言遇流摄部分字存在合流的情况，流摄读同遇摄的读音分布内部一致。以"怒遇合一"的读音为例，宁夏南部方言遇摄读同流摄的地理分布如图3－3。

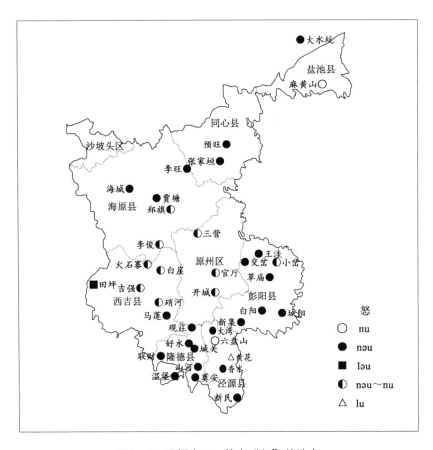

图3－3　遇摄合口一等字"怒"的读音

　　从图3－3可以看出遇摄合口一等字"怒"的读音以〔uə〕为主分布在同心、固原、海原、彭阳、西吉、隆德、泾源县，其中宁夏南部地区的中部为［əu］［u］并存的状态，这部分方言点的遇摄字处于演变中，［u］的读音占主导，［əu］的读音逐渐萎缩。北部盐池<sub>麻黄山</sub>方言遇摄合口一等字读［u］为主。

流遇摄字通押是一种比较古老的用法。刘晓南（1999）认为遇摄和流摄通押"是从《诗经》时代、两汉、魏晋乃至于唐一脉相沿的，但《切韵》音系并不认可，可能在上古它就是一种方音"。乔全生（2008）指出"从语音发展史上看，自初唐起，尤侯部的唇音字'亩、母、妇、浮'等与遇摄既已通押，中唐相押字范围逐渐扩大，到白居易诗、敦煌变文里已经成为一种通行的语音现象"。所以，遇流摄相混的现象古已有之。从宁夏南部方言来看，遇流同韵应该是比较古老的底层成分，且非常稳定地保存了几百上千年，但从新派的读音来看，这种底层不断被文读音挤占，如：楼 ləu ｜ 某 məu ｜ 否 fəu ｜ 怒 nu，遇流摄字的读音已基本读为普通话，读书音占主流，且不断影响老派口音。

## 叁　止摄合口三等"支微入鱼"

1. 读音类型

宁夏南部方言止摄合口三等部分字今读［y］韵母，与遇摄合口三等鱼韵字同韵，即方言中"支微入鱼"的现象，以微韵字为主，支韵字读为［y］韵母的现象暂未发现。宁夏南部方言止摄合口三等部分字今读［y］韵母的字以隆德方言保存最多，如：讳 çy⁴⁴ ｜ 尉<sub>～迟公</sub> y⁴⁴ ｜ 蔚<sub>～蓝</sub> y⁴⁴ ｜ 渭 y⁴⁴ ｜ 猬 y⁵² ｜ 慰<sub>～问</sub> y⁴⁴ ｜ 苇<sub>～子、～席</sub> y⁵²。其中，"苇<sub>～席：芦苇编织的席</sub>"用法最普遍，分布在整个宁夏南部方言。海原县、同心县地处干旱地带，很少芦苇生长，大多数人没见过芦苇，后来在其他地方得知芦苇这种植物，故"芦苇""苇席"一词在大多数方言点按照普通话字音进行方音折合读成［vei］。但是，由于当地人见识见闻不同，海原<sub>贾塘</sub>、同心<sub>预旺</sub>方言大部分人读［vei］，小部分读［y］，本书以该地方言发音人语音为主。宁夏南部山区其他方言点今所存"支微入鱼"的字除"尉<sub>～迟公</sub>"属于姓氏固定下来，"苇<sub>～席：芦苇编织的席</sub>"用法较频繁，其他例字新派较少使用，一般读为文读音，如：讳 xuei⁴⁴ ｜ 蔚<sub>～蓝</sub> vei⁴⁴ ｜ 渭 vei⁴⁴ ｜ 猬 vei⁵² ｜ 慰<sub>～问</sub> vei⁴⁴。"慰<sub>～问</sub>［y⁴⁴］"还分布在彭阳城阳老派方言中，新派已读作［vei⁴⁴］。此外，"穗<sub>麦～</sub>"在关中片方言泾源话中读［çy］，一般写作"麦须"。

### 2. 地理分布及讨论

以"苇~席: 芦苇编织的席"的读音为例，宁夏南部方言"支微入鱼"的现象分布如图 3 - 4。

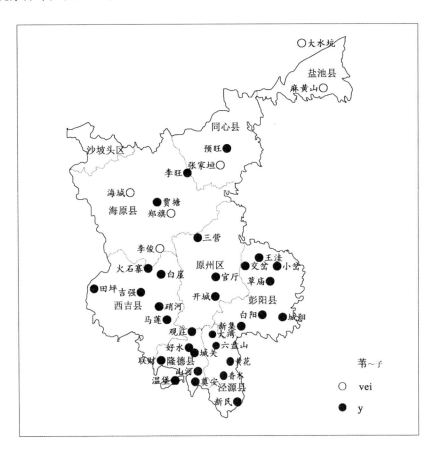

**图 3 - 4　止摄合口三等字"苇~子"的读音**

从图 3 - 4 可以看出，除海原、同心分布不一致外，其他方言点都存在"支微入鱼"的现象，其中盐池麻黄山方言八十岁以上的老人依然把"苇~席: 芦苇编织的席"读［y］，八十岁以下的人读［vei］，如盐池麻黄山方言发音人六十多岁把"苇~席: 芦苇编织的席"读［vei］，其母亲八十多岁把"苇~席: 芦苇编织的席"读［y］。

"支微入鱼"的现象东南方言比较常见，但西北方言也有所分布，其中王军虎（2004）对晋陕甘方言的"支微入鱼"现象及其演变进行了深入

的描写分析，认为唐五代时期西北方音就已经存在此现象。刘勋宁
（2006）认为："这个现象实际是历史上的中原官话曾经存在过的一个语音
层次，曾经影响了很多方言的读音，只是后来在汉语标准语由中原官话向
北方官话转移中逐渐消退了。"吴媛（2011）也报道了陕西关中西府方言
中"支微入鱼"现象的七个字并作了分析。但今"支微入鱼"现象在宁夏
南部方言逐渐消失，只保留了个别字。刘勋宁（2006）认为："'支微入
鱼'曾经横行天下，但看来是要最后败给北方的'支微别鱼'的，因为连
字典里也只是给几个地名留下了不起眼的座位。"从以上文献并结合宁夏
南部方言来看，"支微入鱼"的现象在西北地区汉语方言的演变已趋于萎
缩甚至消亡状态，三十岁以上的年轻人已不太知晓存在于方言底层的白读
音，除个别字外，大多数方言止摄合口三等读同遇摄的字将会在很短的时
间内被文读音所覆盖。

## 肆　［i］［u］的舌尖化

　　宁夏南部方言舌尖化指舌面高元音［i］［u］作韵母时产生强烈的摩
擦，元音擦化并不断高化，［i］读为舌尖前元音［ɿ］，［u］读为舌尖后圆
唇元音［ʮ］，这种变化通常会影响音节的其他成分如声母的变化。高元音
［i］［u］的舌尖化是包括宁夏南部方言在内的西北方言的突出特征。

　　1. ［i］的舌尖化

　　宁夏南部方言舌面高元音［i］在语流中强烈摩擦化的演变趋势是由
［i］擦化到［j］然后高化为舌尖元音［ɿ］。舌面元音［i］高化为舌尖元
音以彭阳、西吉方言最为明显，遇摄合口三等泥母字、蟹摄开口四等端组
字、止摄开口三等、梗摄开口四等端组入声字的"舌尖化"主要表现为韵
母由舌面元音［i］演变为舌尖元音［ɿ］，如：女遇 mɿ ｜弟蟹 tsɿ ｜剃蟹
tsʰɿ ｜地止 tsɿ ｜踢梗 tsʰɿ ｜敌梗 tsɿ，主要分布在彭阳县东部，如彭阳城阳、
孟塬、冯庄、草庙（南）。西吉吉强方言舌面元音［i］高化主要体现在鼻音声母
［m］中，如"米［mɿ］"。

　　宁夏南部地区各地方言演变情况不一致，有些方言［i］韵母在鼻音
前已基本读为舌尖元音［ɿ］，如彭阳、西吉。有些方言正处于舌面元音
［i］向舌尖元音［ɿ］的演变过程中，即从［i］＞［ij］＞［j］＞［ɿ］，
目前宁夏南部方言存在舌面元音［i］发展的这四个阶段，如同心方言主
要读［i］，海原、固原方言主要读［j］，隆德、泾源方言主要读［ij］

[ij]，彭阳、西吉方言主要读 [ʅ]，如果不受其他因素如推普、语言接触等的干扰或影响，宁夏南部方言高元音 [i] 演变的总趋势是朝舌尖前元音 [ʅ] 发展。

除宁夏南部方言外，[i] 的舌尖化现象还广泛存在于青海、甘肃省汉语方言，但相对而言宁夏南部方言舌尖化的发展进程比较缓慢，现结合张建军（2009）、李蓝（2013）资料，列举甘肃、青海部分方言点中存在舌尖化的例字如表 3 – 6。

表 3 – 6　　　　　　　　　西北地区汉语方言元音高化例字的读音

| | 米蟹开四 | 低蟹开四 | 梯蟹开四 | 鼻止开三 | 李止开三 | 七臻开三 | 一臻开三 | 女遇开三 |
|---|---|---|---|---|---|---|---|---|
| 甘肃敦煌 | mʅ | tʅ | tʰʅ | pʅ | li | tɕʰʅ | zʅ | mʅ |
| 甘肃舟曲 | mʅ | tʅ | tʰʅ | pʰʅ | lʅ | tʃʰʮ | ʒʮ | mʅ |
| 甘肃靖远 | mʅ | tʅ | tʰʅ | pʅ | lʅ | tʰʅ | zʅ | nʮ |
| 甘肃宕昌 | mʅ | tɕʅ | tɕʰʅ | pʅ | lʅ | tɕʰʅ | zʅ | ȵy |
| 甘肃红古 | mʅ | tʅ | tʰʅ | pʅ | lʅ | tsʰʅ | zʅ | mʅ |
| 甘肃瓜州 | mʅ | tʅ | tʰʅ | pʅ | nʅ | tsʰʅ | zʅ | ȵy |
| 甘肃临夏 | mij | tij | tʰij | pij | lij | tɕʰij | ij | mij |
| 青海循化 | mij | tij | tʰij | pij | lij | tɕʰij | ij | mij |
| 青海民和 | mj | tj | tʰj | pj | lj | tɕʰj | j | mj |
| 青海乐都 | mʅ | tsʅ | tsʰʅ | pʅ | lʅ | tsʰʅ | zʅ | mʅ |

元音高化是汉语方言语音史一个比较常见的现象，学术界已有很多成熟的论证，如赵日新（2007）针对汉语方言中 [i] > [ʅ] 的音变现象进行了音变分布、类型、性质的讨论，认为：“i > ʅ 音变的实质是蟹止摄开口三四等字主要元音不断高化，这种音变会造成跟 [i] 韵母有关的系列变化”。王为民（2006）认为：“[i] 的舌尖化主要是在经历了摩擦化的过程之后完成的，而有的则是直接舌尖化为 [ʅ]。舌尖化的原因在青海方言中主要是由于‘复元音的单元音化’而出现大量的同音现象，对 [i] 形成挤压，使 [i] 的区别负担过重，为了增加区别度，[i] 只能进一步高化而成为 [ʅ]。当然 [y] 的排斥可能也是 [i] 舌尖化的原因之一”。王为民、乔全生（2011）认为汉语方言新出现的 i > ʅ 是音系层面的变化，该

变化引起了音韵结构的共时调整，特别是声母的擦化，从而引起了不同类型的声母发生变化。乔全生、余跃龙（2009）认为："文水方言百年来在音韵结构上的变动主要是元音的高化"。由以上文献可以看出 i > ʅ 的音变在官话及晋语方言区不断进行着，宁夏南部方言也不例外。如果不受普通话的冲击，舌面元音［i］的舌尖化将不断演变直至发展为舌尖前元音。

2.［u］的舌尖化

（1）［u］>［ʮ］。［u］的舌尖化主要表现在知系字拼合口呼韵母时舌面元音高化往舌尖元音发展，即［u］>［ʮ］。该特征基本分布在宁夏南部方言大部分地区，以南部为主，北部县区如同心、海原、固原依然读作［u］。如表3－7。

表3－7　　　　　　　　　　　元音［u］擦化高化举例

| | 竹知 | 柱澄 | 装庄 | 初初 | 双生 | 主章 | 春昌 | 顺船 | 书书 | 树禅 | 软日 |
|---|---|---|---|---|---|---|---|---|---|---|---|
| 彭阳 | tʃʮ | tʃʮ | tʃʮaŋ | tʃʰʮ | ʃʮaŋ | tʃʮ | tʃʰʮŋ | ʃʮŋ | ʃʮ | ʃʮ | ʒʮæ̃ |
| 盐池 | tʃʮ | tʃʮ | tʃʮaŋ | tʃʰʮ | ʃʮaŋ | tʃʮ | tʃʰʮŋ | ʃʮŋ | ʃʮ | ʃʮ | ʒʮæ̃ |
| 西吉 | tʃʮ | tʃʮ | tʃʮaŋ | tʃʰʮ | ʃʮaŋ | tʃʮ | tʃʰʮŋ | ʃʮŋ | ʃʮ | ʃʮ | ʒʮæ̃ |
| 隆德 | tʃʮ | tʃʮ | tʃʮaŋ | tʃʰʮ | ʃʮaŋ | tʃʮ | tʃʰʮŋ | ʃʮŋ | ʃʮ | ʃʮ | ʒʮæ̃ |
| 泾源 | tʃʮ | tʃʮ | tʃʮaŋ | tʃʰʮ | ʃʮaŋ | tʃʮ | tʃʰʮŋ | ʃʮŋ | ʃʮ | ʃʮ | ʒʮæ̃ |

说明：表中所列为实际音值。

从［u］>［ʮ］的舌尖化主要是高元音［u］不断擦化、高化为［ʮ］，从而引起相应的舌尖后音向舌叶音［tʃ tʃʰ ʃ］发展。

（2）［u］>［ʮ］>［y］。宁夏南部方言中部分方言点遇摄合口一等、通摄合口一三等入声韵字与精组相拼时读为［y］韵母，如：组遇合一 tɕy｜租遇合一 tɕy｜做遇合一 tɕy｜粗遇合一 tɕʰy｜醋遇合一 tɕʰy｜促遇合一 tɕʰy｜塑遇合一 ɕy｜嗉遇合一 ɕy｜诉遇合一 ɕy｜族通合一 tɕy｜肃通合三 ɕy｜宿通合三 ɕy｜俗通合三 ɕy，该现象主要分布在彭阳东南部，以城阳方言为代表，其他乡镇如彭阳冯庄、孟塬、草庙、小岔、隆德温堡等方言中该现象已逐渐消失，只剩下几个字，如隆德温堡：租遇合一 tɕy｜素遇合一 ɕy｜肃通合三 ɕy｜宿通合三 ɕy｜俗通合三 ɕy。遇摄合口一等精组字韵母从［u］前化到［y］，主要分布在彭阳、隆德，但通摄合口一三等入声部分字如"肃宿俗"读

[çy] 却分布在整个宁夏南部方言。如表 3 - 8。

表 3 - 8　　　　　　　　　　　精组合口字的读音

| | 合口一等 | | | | 合口三等 | | |
|---|---|---|---|---|---|---|---|
| | 做 | 醋 | 嗉 | 族 | 肃 | 足 | 俗 |
| 固原<sub>开城</sub> | tsu⁴⁴ | tsʰu⁴⁴ | su⁴⁴ | tsu¹³ | çy¹³² | tsu¹³ | çy¹³ |
| 彭阳<sub>城阳</sub> | tçy⁴⁴ | tçʰy⁴⁴ | çy⁴⁴ | tçy¹³ | çy²¹³ | tçy¹³ | çy¹³ |
| 同心<sub>张家垣</sub> | tsu⁴⁴ | tsʰu⁴⁴ | su⁴⁴ | tsu¹³ | çy²¹³ | tsu¹³ | çy¹³ |
| 盐池<sub>麻黄山</sub> | tsu⁴⁴ | tsʰu⁴⁴ | su⁴⁴ | tsu¹³ | çy³¹ | tçy¹³ | çy¹³ |
| 海原<sub>贾塘</sub> | tsu⁴⁴ | tsʰu⁴⁴ | su⁴⁴ | tsu¹³² | çy¹³² | tsu¹³² | çy¹³² |
| 西吉<sub>硝河</sub> | tsu⁴⁴ | tsʰu⁴⁴ | su⁴⁴ | tsu¹³ | çy¹³ | tsu¹³ | çy¹³ |
| 隆德<sub>温堡</sub> | tsu⁴⁴ | tsʰu⁴⁴ | su⁴⁴ | tsu¹³ | çy¹³ | tsu¹³ | çy¹³ |
| 泾源<sub>新民</sub> | tsu⁴⁴ | tsʰu⁴⁴ | su⁴⁴ | tsu¹³ | çy³¹ | tsu¹³ | çy¹³ |

今宁夏南部方言个别地区，如彭阳<sub>王注、新集、城阳</sub>还依然保留了精组合口字声母读舌尖前音，今合口呼韵母中介音 [u] 尚未"舌尖化"的现象，如"全<sub>山合三</sub>""权<sub>山合三</sub>"读 [tsʰuæ] 或 [tçʰyæ]，读 [tsʰuæ] 是比较底层的特征，如"全<sub>山合三</sub>"一般用在"大家都来全了""人都全着呢"等语句中，其他词汇一般使用文读音 [tçʰyæ]。除宁夏外，甘肃、青海等个别方言点也存在该语音特点，如：甘肃省平凉市崇信县、灵台县、陇南市西和县。芦兰花（2011）湟水流域汉语方言遇摄一等字列举了遇摄几个字的读音，如：

| | 循化 | 民和 | 乐都 | 互助 | 西宁 | 湟源 |
|---|---|---|---|---|---|---|
| 租<sub>遇合一</sub> | tçy | tsu | tsʅ | tsʅ | tsʅ | tsʅ |
| 素<sub>遇合一</sub> | su | su | sʅ | sʅ | sʅ | sʅ |

结合湟水流域汉语方言读音来看，从 [tsu] > [tçy] 中间应该还有一个 [tsʅ] 的过程，即 [tsu] > [tsʅ] > [tçy]。吴波（2017）以江淮官话为例，对元音 [ɿ] [ʅ] [ʮ] 三个舌尖元音进行声学模式分析，从检验率看，元音 [ɿ] 最为稳定，元音 [ʮ] 变异性突出，稳定性差。该实验同样适用于解释宁夏南部方言 [u] > [ʮ] > [y] 的演变，因为元音 [ʮ] 稳定性差，故高元音 [u] 演变为 [ʮ] 后，进一步演变为 [y]。从语音发展演变来看，[u] 演变为 [y] 还有一种可能性，古合口三等字直

到近代依然保留了复合韵头［－iu］，宁夏南部方言部分方言点如彭阳城阳、盐池麻黄山合口三等字发生了［tsiu］＞［tsy］＞［tɕy］的音变过程，即遇摄合口三等精组、通摄合口一三等精组入声韵字与其他摄合口三等字一起出现共时的平行演变，精组合口三等字的韵母今读都演变为［y］开头的撮口呼。即使不是共时的演变，也有可能是山、臻、通摄合口三等字今读撮口呼的变化推链式发展波及了遇摄合口三等字的演变，而个别不常用字和比较特殊的止摄合口三等字未变继续保留合口呼读法。

# 第三节　阳声韵

## 壹　咸山摄的鼻化

### 1. 读音类型

宁夏南部方言古咸、山摄字今读为［æ̃ iæ̃ uæ̃ yæ̃］，即咸山摄字出现了韵尾脱落、主要元音鼻化的现象。如表 3 – 9。

表 3 – 9　　　　　　　　　　　　　　咸山摄的读音

| | 咸摄 | | | 山摄 | | | | |
|---|---|---|---|---|---|---|---|---|
| | 南开一 | 盐开三 | 犯合三 | 山开二 | 年开四 | 短合一 | 惯合二 | 权合三 |
| 固原开城 | næ̃13 | iæ̃13 | fæ̃44 | sæ̃132 | ȵiæ̃13 | tuæ̃52 | kuæ̃44 | tɕhyæ̃13 |
| 海原贾塘 | næ̃132 | iæ̃132 | fæ̃44 | sæ̃132 | ȵiæ̃132 | tuæ̃52 | kuæ̃44 | tɕhyæ̃132 |
| 彭阳城阳 | næ̃13 | iæ̃13 | fæ̃44 | sæ̃213 | ȵiæ̃13 | tuæ̃52 | kuæ̃44 | tɕhyæ̃13 |
| 同心张家垣 | næ̃13 | iæ̃13 | fæ̃44 | sæ̃213 | ȵiæ̃13 | tuæ̃52 | kuæ̃44 | tɕhyæ̃13 |
| 盐池麻黄山 | næ̃35 | iæ̃35 | fæ̃44 | sæ̃31 | ȵiæ̃35 | tuæ̃52 | kuæ̃44 | tɕhyæ̃35 |
| 西吉硝河 | næ̃13 | iæ̃13 | fæ̃44 | sæ̃13 | ȵiæ̃13 | tuæ̃52 | kuæ̃44 | tɕhyæ̃13 |
| 隆德温堡 | næ̃13 | iæ̃13 | fæ̃44 | sæ̃13 | ȵiæ̃13 | tuæ̃52 | kuæ̃44 | tɕhyæ̃13 |
| 泾源香水 | næ̃35 | iæ̃35 | fæ̃44 | sæ̃31 | ȵiæ̃35 | tuæ̃52 | kuæ̃44 | tɕhyæ̃35 |

### 2. 讨论

鼻化是西北方言咸山摄演变的方向，宁夏方言无论北部的兰银官话还是南部的中原官话，咸山摄一律读为［æ̃ iæ̃ uæ̃ yæ̃］。芦兰花（2011）列举了晋语、中原官话汾河片、秦陇片、陇中片、兰银官话进行比较，如：

阳泉、临猗、岐山、湟源 [æ̃ iæ̃ uæ̃ yæ̃]；秦安、乐都 [ã iã uã yã]；兰州、红古 [ɛ̃ iɛ̃ uɛ̃ yɛ̃]。可见咸山摄鼻尾脱落或弱化为主元音的鼻化是西北地区汉语方言分布的共同特征。古咸山摄收 [m] 尾韵，罗常培 (1933) 利用汉藏对音材料认为："咸、深两摄的 –m 收声，在这四种藏音里还都好好地保存着，不过覃、谈、咸、衔、凡已然混成一韵，严、盐、添已然混成一韵，几乎完全看不出《切韵》所以分立九韵的道理来了。"且 " –ṅ 收声在《切韵》的开唇元音 [ɑ]、[a]、[ɐ]、[æ]、[e] 的后面几乎完全消失，而在略圆唇元音 [ɔ]、[o] 或中性元音 [ə] 的后面却还照样地保存着，除去少数的例外，是很有规则的。"罗常培认为鼻收声的消失是在五代已经开始了，王力认为北方方言 [m] 尾韵的消失变化是在 16 世纪晚期。结合现代汉语方言看，咸山摄 [m] 尾韵较容易丢失，今除粤方言阳声韵保存最完整外，汉语方言大都已消失，但每个方言咸山摄 [m] 尾韵消变的方向不同，今宁夏南部方言咸山摄 [m] 尾韵演变的主要途经是 [m] 尾先并入 [n] 尾，受主元音鼻化的影响，[n] 尾逐渐弱化，即咸山摄发生了 am > an >æ̃的演变。

## 贰　深臻摄读同曾梗通摄

### 1. 今读类型

宁夏南部方言中泾源关中片方言深臻摄与曾梗摄不混，读为两套韵母 [ən in un yn]、[əŋ iŋ uŋ yŋ]，如：针深 tʂən≠蒸曾 tʂəŋ｜真臻 tʂən≠征梗 tʂəŋ｜心深 çin≠星梗 çiŋ｜村臻 tsʰun≠葱通 tsʰuŋ｜运臻 yn≠用通 yŋ。除泾源方言外，固原、海原、西吉、隆德、彭阳、同心、盐池等秦陇片、陇中片方言古深、臻摄并入曾、梗、通摄，演变为 [ŋ] 尾韵，读为 [əŋ iŋ uŋ yŋ]，如：针深 = 真臻 = 蒸曾 = 征梗 tʂəŋ｜心深 = 星梗 çiŋ｜参深、人— = 僧曾 səŋ｜盆臻 = 彭梗 pʰəŋ｜村臻 = 葱通 tsʰuŋ｜门臻 = 蒙通 məŋ｜运臻 = 用通 yŋ，如表 3 – 10。其中深摄开口三等字"寻"一般读 [iŋ] 韵母，受读书音影响也读为 [yŋ] 韵母，分布在整个宁夏南部方言区。

表 3 – 10　　　　　　　　　深臻曾梗通摄的读音

| | 心深 | 深深 | 根臻 | 新臻 | 寸臻 | 云臻 | 灯曾 | 硬梗 | 兄梗 | 用通 |
|---|---|---|---|---|---|---|---|---|---|---|
| 固原开城 | çiŋ132 | ʂəŋ132 | kəŋ132 | çiŋ132 | tsʰuŋ44 | yŋ132 | təŋ132 | n̩iŋ44 | çyŋ132 | yŋ44 |

续表

| | 心深 | 深深 | 根臻 | 新臻 | 寸臻 | 云臻 | 灯曾 | 硬梗 | 兄梗 | 用通 |
|---|---|---|---|---|---|---|---|---|---|---|
| 海原贾塘 | çiŋ$^{132}$ | ʂəŋ$^{132}$ | kəŋ$^{132}$ | çiŋ$^{132}$ | tsʰuŋ$^{44}$ | yŋ$^{132}$ | təŋ$^{132}$ | ȵiŋ$^{44}$ | çyŋ$^{132}$ | yŋ$^{44}$ |
| 彭阳城阳 | çiŋ$^{213}$ | ʂəŋ$^{213}$ | kəŋ$^{213}$ | çiŋ$^{213}$ | tsʰuŋ$^{44}$ | yŋ$^{13}$ | təŋ$^{213}$ | ȵiŋ$^{44}$ | çyŋ$^{213}$ | yŋ$^{44}$ |
| 同心张家垣 | çiŋ$^{213}$ | ʂəŋ$^{213}$ | kəŋ$^{213}$ | çiŋ$^{213}$ | tsʰuŋ$^{44}$ | yŋ$^{13}$ | təŋ$^{213}$ | ȵiŋ$^{44}$ | çyŋ$^{213}$ | yŋ$^{44}$ |
| 盐池麻黄山 | çiŋ$^{31}$ | ʂəŋ$^{31}$ | kəŋ$^{31}$ | çiŋ$^{31}$ | tsʰuŋ$^{44}$ | yŋ$^{35}$ | təŋ$^{31}$ | ȵiŋ$^{44}$ | çyŋ$^{31}$ | yŋ$^{44}$ |
| 西吉硝河 | çiŋ$^{13}$ | ʂəŋ$^{13}$ | kəŋ$^{13}$ | çiŋ$^{13}$ | tsʰuŋ$^{44}$ | yŋ$^{13}$ | təŋ$^{13}$ | ȵiŋ$^{44}$ | çyŋ$^{13}$ | yŋ$^{44}$ |
| 隆德温堡 | çiŋ$^{13}$ | ʂəŋ$^{13}$ | kəŋ$^{13}$ | çiŋ$^{13}$ | tsʰuŋ$^{44}$ | yŋ$^{13}$ | təŋ$^{13}$ | ȵiŋ$^{44}$ | çyŋ$^{13}$ | yŋ$^{44}$ |
| 泾源香水 | çin$^{31}$ | ʂən$^{31}$ | kən$^{31}$ | çin$^{31}$ | tsʰun$^{44}$ | yn$^{35}$ | tən$^{31}$ | ȵin$^{44}$ | çyŋ$^{31}$ | yŋ$^{44}$ |

## 2. 地理分布及讨论

宁夏南部方言深臻曾梗通摄合流情况的地理分布如图 3-5。

从图 3-5 地理分布看，陇中片、秦陇片方言深臻、曾梗通摄已经完成合流，关中片方言今深臻摄尚未并入曾梗通摄，但新派方言深臻摄也处于并入曾梗通摄的演变过程中。

曾梗摄合并应该是比较早期的现象，而深臻摄并入曾梗通摄应该是晚近的现象。关于曾梗摄的合并问题，桥本万太郎（1982）认为北方话阳声韵应该是梗摄并入曾摄，如北京话庚耕登韵同音；入声韵应该是曾摄并入梗摄，西安话中曾梗摄入声韵共用 ei 韵母。蒋绍愚（2005）认为："梗摄和曾摄，在唐五代西北方音中尚未合并。曾摄多作 iŋ，梗摄或写作 eŋ，或变作 e。……但两摄的入声却已并混了。"从上述论证可得，西北地区汉语方言曾梗摄的合并在唐五代以后即宋元时期就已经出现了。今宁夏南部方言曾梗摄在继承西北方音的基础上不断发展，从地理分布来看，与同心北部方言（兰银官话银吴片）曾梗摄并入深臻摄，今读为前鼻尾韵 [n]，如：吞臻＝通通 tʰun｜真臻＝蒸曾 tʂən｜新臻＝星梗 çin，关于同心县境内兰银官话深臻曾梗摄的问题，张安生（2006）已交代，目前宁夏方言中只有同心县城方言为曾梗摄并入深臻摄，除此外，曾梗摄的演变都是独立为 [əŋ iŋ uŋ yŋ]，深臻摄的读音向曾梗摄合流。目前，只有宁夏南部方言最南端泾源方言深臻摄与曾梗通摄分立，但也即将发生合并。因此可以认为深臻摄并入曾梗通摄应该是比较晚近发生的语音合流现象。今普通话以北京语音为基本音，北京语音深臻、曾梗摄未合流，随着推广普通话的不断深入及义务教育的普及，今宁夏南部地区儿童口音也在不断被纠正，在某

图 3 - 5　深臻、曾梗通摄的合流情况

种程度上中断了深臻摄向曾梗通摄合流的进程。

### 叁　山臻摄精组来母合口字读撮口呼

1. 读音类型

宁夏南部方言合口一等精组字一般今读合口呼韵母，个别方言点读撮口呼，如彭阳<sub>城阳</sub>、泾源<sub>新民、香水</sub>；合口三等精组字一般今读合口呼或撮口呼韵母。但是部分山臻摄合口一三等精组、来母字读音与一般规律有所不同，如表 3 - 11。

表 3-11　　　　　　　　　　　山臻摄精组来母合口一三等字的读音

| | 精组 | | | | 来母 | | | | |
|---|---|---|---|---|---|---|---|---|---|
| | 山合一 | 山合三 | 臻合一 | 臻合三 | 臻合一 | | 臻合三 | | |
| | 酸 | 旋 | 孙 | 笋 | 仑昆一 | 论议一 | 伦 | 沦 | 轮 |
| 固原开城 | suæ$^{132}$ | çyæ$^{44}$ | suŋ$^{132}$ | suŋ$^{52}$ | lyŋ$^{13}$ | lyŋ$^{44}$ | lyŋ$^{13}$ | lyŋ$^{13}$ | lyŋ$^{13}$ |
| 海原贾塘 | suæ$^{132}$ | çyæ$^{44}$ | suŋ$^{132}$ | suŋ$^{52}$ | lyŋ$^{132}$ | lyŋ$^{44}$ | lyŋ$^{132}$ | lyŋ$^{132}$ | lyŋ$^{132}$ |
| 彭阳城阳 | suæ$^{213}$ | çyæ$^{44}$ | suŋ$^{213}$ | çyŋ$^{52}$ | lyŋ$^{13}$ | lyŋ$^{44}$ | lyŋ$^{13}$ | lyŋ$^{13}$ | lyŋ$^{13}$ |
| 同心张家垣 | suæ$^{213}$ | çyæ$^{44}$ | suŋ$^{213}$ | çyŋ$^{52}$ | lyŋ$^{13}$ | lyŋ$^{44}$ | lyŋ$^{13}$ | lyŋ$^{13}$ | lyŋ$^{13}$ |
| 盐池麻黄山 | suæ$^{31}$ | çyæ$^{44}$ | suŋ$^{31}$ | çyŋ$^{52}$ | lyŋ$^{35}$ | lyŋ$^{44}$ | lyŋ$^{35}$ | lyŋ$^{13}$ | lyŋ$^{35}$ |
| 西吉硝河 | suæ$^{13}$ | çyæ$^{44}$ | suŋ$^{13}$ | çyŋ$^{52}$ | lyŋ$^{13}$ | lyŋ$^{44}$ | lyŋ$^{13}$ | lyŋ$^{13}$ | lyŋ$^{13}$ |
| 隆德温堡 | suæ$^{13}$ | çyæ$^{44}$ | suŋ$^{13}$ | çyŋ$^{52}$ | lyŋ$^{13}$ | lyŋ$^{44}$ | lyŋ$^{13}$ | lyŋ$^{13}$ | lyŋ$^{13}$ |
| 泾源香水 | çyæ$^{31}$ | çyæ$^{44}$ | çyn$^{31}$ | çyŋ$^{52}$ | lyŋ$^{35}$ | lyŋ$^{44}$ | lyŋ$^{35}$ | lyŋ$^{35}$ | lyŋ$^{35}$ |

从表 3-11 可知，臻摄合口一三等来母字在宁夏南部方言中今全部读为撮口呼，泾源关中片方言除臻摄泥来母字外，山摄合口一等心母字与合口三等心母字也合流，今读为撮口呼，如：酸 çyæ$^{31}$｜算 çyæ$^{44}$｜蒜 çyæ$^{44}$｜孙 çyn$^{31}$｜笋 çyn$^{52}$。此外，合口三等心母字"笋"在彭阳城阳、隆德温堡、泾源今读为撮口呼［yŋ］韵母，但在固原、西吉、海原今读为合口呼［uŋ］韵母。

2. 地理分布及讨论

以"轮~子"为例，宁夏南部方言山臻摄来母合口一等读撮口呼的地理分布如图 3-6。

从图 3-6 可以看出，宁夏南部方言合口三等来母字"轮"今读为撮口呼为主，读合口呼是个别方言点现象，且今读合口呼的方言点中"轮~子"较少使用，"轮子""车轮"等词在这些方言说为"轱辘""车轱辘"，如西吉马莲、吉强、固原官厅，所以，"轮~子"读为文读音的合口呼韵母。

山臻摄精组、来母合口字读为撮口呼的现象除宁夏南部方言外，陕西方言也存在，邢向东、黄珊（2009）对关中方言区西安、户县、泾阳、富平、铜川、临潼、渭南、澄城、蒲城、大荔、合阳、韩城、潼关、礼泉、彬县、永寿、岐山、扶风、宝鸡、商县、洛南、城固 20 个方言点的中古精组、来母合口一等字进行了演变分析，从方言材料来看，以上方言点大都存在合口一等字今读撮口呼的情况。据吴媛（2011），陕西关中西府方言

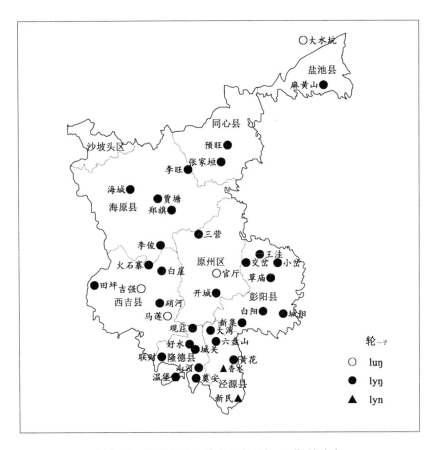

图 3-6　臻摄合口三等来母字"轮~子"的读音

也存在山臻摄精组、来母合口字读为撮口呼的现象，如凤翔、岐山、扶风、麟游、千阳、眉县、陇县、宝鸡、太白、凤县。此外，白涤洲、喻世长《关中方音调查报告》记载了关中地区 20 个方言点来母合口一等字读为合口三等字，其中白水、蒲城、义龙、美原、洛南、华阴、兴平、永寿、旬邑、彬县、长武、哑柏、眉县、岐山、麟游等 15 个方言点声母保留，另外，澄城王庄、朝邑、大荔、合阳、韩城等个方言点声母脱落，等等，说明精组、来母合口一等字混入合口三等字在陕西关中地区、宁夏南部地区方言中普遍存在，但宁夏北部兰银官话银吴片不存在山臻摄精组、来母合口字读为撮口呼的现象。从历史行政区划来看，宁夏南部与甘肃、陕西方言关系密切，方言语音特征形成了连片分布的格局，1958 年后才与

宁夏北部合为同一个省级行政单位。从语音发展来看，宁夏南部方言合口
三等字今读撮口呼大体是符合演变规律的，如臻摄合口三等字：俊精 tɕyŋ
｜迅心 ɕyŋ｜均见 tɕyŋ｜菌群 tɕyŋ｜匀以 yŋ。除山臻摄外，宁夏隆德温堡方
言通摄合口三等字也今读为撮口呼［yŋ］韵母，如：踪精 tɕyŋ｜浓泥 lyŋ
｜龙来 lyŋ｜颂邪 ɕyŋ｜讼邪 ɕyŋ｜诵邪 ɕyŋ。由此可以推论，精组合口三
等字读撮口呼应该是受精组字作声母及合口三等字的介音影响所致。邢向
东、黄珊（2009）认为精组、来母合口一等字韵母介音前腭化是主要元
音、介音、声母互相作用的结果。远藤光晓（2001）认为："老派北京话
里有 lün 这个组合，比如在老舍的发音里，"伦"念 lún，但在现代北京话
里已经变成 lún 了。另外，在早期北方话里"内、累"等字念 nuì、luì，
但后來 - u - 介音脱落，变成 nèi、lèi 了（但 dui、tui 没有变为 dei、
tei）。"从远藤光晓的论述可以看出宁夏南部方言的演变滞后于北京话，也
从侧面反映了宁夏南部方言语音的相对稳定性。今宁夏南部方言合口一等
字混入合口三等字应该与合口一等字的类推作用有关。邢向东、黄珊
（2009）"韵母介音前化的时间顺序受韵母和声母两方面的制约：在韵母方
面，臻摄、山摄字最容易前化；在声母方面，擦音和不送气塞擦音较易前
化。"吴媛（2011）认为是与边音声母有关系，"边音［l］发音时舌尖顶
住上齿龈，气流从舌面两边留出。［y］是舌面前高圆唇元音，［u］是舌
面前后高圆唇元音。边音［l］与［y］搭配更符合语言的经济性原则。因
为［l］除阻后与前元音搭配比后元音搭配更省力。"这种阐述很好地解释
了合口三等来母字读撮口呼的情况，但宁夏南部大部分方言点通摄合口一
三等来母字等字依然读［uŋ］，如"笼聋龙陇"等字，在来母合口三等阳
声韵［uŋ］［yŋ］并存的情况下显得无法从发音的生理机制上进行解释，
因此，最有可能是中古音中合口一三等精组来母字已经出现语音的混同现
象，合口三等字从［uŋ］按照演变规律读为撮口呼［yŋ］，受声旁类推或
同声母合口字演变的扩散效应导致合口一等字与三等字合流为撮口呼。

## 第四节　入声韵

　　宁夏南部方言古入声消失，塞音韵尾［- p、- t、- k］相应地消失，
入声韵字演变为相应的阴声韵。罗常培（2012）认为西北方言塞音韵尾的

消失应该在唐五代时期就已经出现消失的端倪了，今西北地区方言（晋语除外）塞音韵尾［－p、－t、－k］或喉塞尾已完全消失。宁夏南部方言的入声韵演变情况第一节已交代，现根据各方言点的区别，总结宁夏南部方言入声韵的演变例外情况。

## 壹　开口入声韵字今读合口呼和撮口呼

### 1. 读音类型

宁夏南部方言中古见系开口入声韵部分字今读为合口呼和撮口呼，其中彭阳城阳方言咸摄开口三等见组入声韵字今读撮口呼，如：劫见 tɕyə｜怯溪 tɕʰyə。见系开口入声韵部分字今读为合口呼和撮口呼，主要体现在咸、深、山、宕、江、梗摄中，如表3-12（县内方言语音有差异的列两个方言点）。

表3-12　　　　　　　　　　开口入声韵字的读音

| | 见母 | | | 晓母 | 匣母 | | 影母 |
|---|---|---|---|---|---|---|---|
| | 割山开一 | 搁宕开一 | 饺江开二 | 喝咸开一 | 合咸开一 | 核梗开二 | 恶宕开一 |
| 固原开城 | kuə¹³² | kə¹³² | tɕyə⁵² | xə¹³² | xuə¹³ | xu¹³ | nuə¹³² |
| 彭阳城阳 | kuə²¹³ | kuə²¹³ | tɕyə⁵² | xuə²¹³ | xuə¹³ | xu¹³ | vuə²¹³ |
| 彭阳新集 | kə²¹³ | kə²¹³ | tɕyə⁵² | xə²¹³ | xuə¹³ | xu¹³ | ŋə²¹³ |
| 同心张家垣 | kə²¹³ | kə²¹³ | tɕyə⁵² | xə²¹³ | xuə¹³ | xu¹³ | nuə²¹³ |
| 盐池麻黄山 | kuə³¹ | kuə³¹ | tɕiɔ⁵² | xuə³¹ | xuə³⁵ | xu³⁵ | nuə³¹ |
| 海原贾塘 | kə¹³² | kə¹³² | tɕyə⁵² | xuə¹³² | xuə¹³² | xu¹³² | nuə¹³² |
| 海原郑旗 | kuə¹³² | kə¹³² | tɕyə⁵² | xuə¹³² | xuə¹³² | xu¹³² | nuə¹³² |
| 西吉火石寨 | kuə¹³ | kə¹³ | tɕyə⁵² | xə¹³ | xuə¹³ | xu¹³ | nuə¹³ |
| 西吉硝河 | kə¹³ | kə¹³ | tɕyə⁵² | xə¹³ | xuə¹³ | xu¹³ | nuə¹³ |
| 隆德温堡 | kə¹³ | kə¹³ | tɕyə⁵² | xə¹³ | xuə¹³ | xu¹³ | ŋə¹³ |
| 隆德观庄 | kuə¹³ | kə¹³ | tɕyə⁵² | xuə¹³ | xuə¹³ | xu¹³ | ŋə¹³ |
| 泾源香水 | kə³¹ | kə³¹ | tɕyə⁵² | xuə³¹ | xuə³⁵ | xu³⁵ | ŋə³¹ |

### 2. 地理分布

古见系开口入声韵字今读为合口呼以"盒咸开一""割山开一"为例，宁夏南部方言的地理分布如图3-7、3-8。

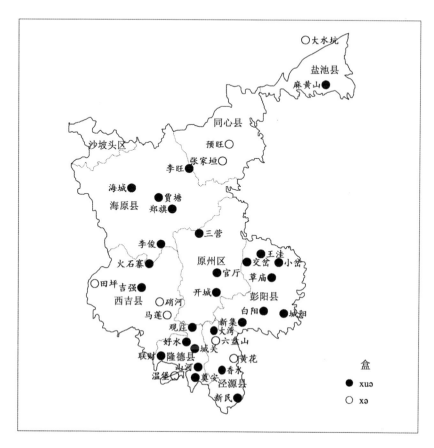

图 3 - 7    "盒咸开一"的读音

从图 3 - 7 来看，"盒咸开一"的读音分布以〔xuə〕为主，〔xə〕的分布较少且分散，只出现在同心县、西吉县、隆德县的个别乡镇，说明宁夏南部方言咸开一入声韵的今读以合口呼为主，且呈不规则分布。

从图 3 - 8 来看，"割山开一"读〔kuə〕主要分布在海原、固原、彭阳，即开口入声韵字今读合口主要分布在宁夏南部方言的中间地带，读开口的出现在南北两端，形成这种分布格局的原因应该是入声韵尾消失后，海原、固原、彭阳、盐池方言并入果摄，与果摄一起发生演变，即发生开口与合口的混读。西吉、隆德、泾源方言大部分地方果摄见组开口字不读合口，因此"割"不读为合口。同心南部方言读〔kə〕应该是后起的层次，早期为〔kuə〕，受北部兰银官话影响而读为开口。

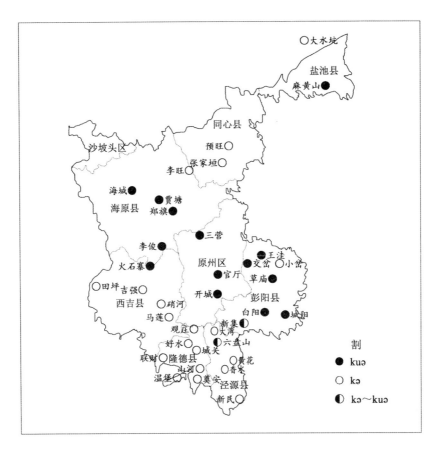

图 3 - 8　"割山开一"的读音

　　结合图 3 -7、图 3 -8 来看，咸山摄开口一等入声字的读音分布并不一致，"盒咸开一"的读音［xuə］比［xə］方言点分布数量更多，除同心、西吉读［xə］外，其他县区都读为［xuə］。但"割山开一"的读音［kuə］和［kə］的方言点分布数量围基本相当，但除同心、西吉读［kə］外，隆德、泾源方言也读为［kə］。出现这两种不同分布的主要原因主要在于这两字的使用频率不一致，"盒子"一词的使用覆盖宁夏南部地区，且使用频率较高，而"割"一般用在"割麦子""割草"等词汇中，而宁夏南部方言在水地收割使用"割麦子"，在旱地收割使用"拔＝麦子"，故在词汇使用中出现语音的差异。

3. 与果摄的关系

宁夏南部方言入声韵尾消失后，原入声韵中部分开口字在演变中今读为合口，尤其是见系入声韵字在入声韵尾消失后，相应的入声韵的演变与果摄开口字的演变类型基本一致，如表3-13。

表3-13　　　　　　　　　　见系开口入声韵字与果摄字的读音

| | 见母 | | 晓母 | | 匣母 | | 影母 | |
|---|---|---|---|---|---|---|---|---|
| | 哥果 | 割山 | 荷果 | 喝咸 | 河果 | 盒咸 | 阿果 | 恶宕 |
| 固原开城 | kə¹³² | kə¹³² | xə¹³ | xə¹³² | xə¹³ | xə¹³ | ə¹³² | nuə¹³² |
| 彭阳城阳 | kuə²¹³ | kuə²¹³ | xuə¹³ | xuə²¹³ | xuə¹³ | xuə¹³ | vuə²¹³ | vuə²¹³ |
| 同心张家垣 | kə²¹³ | kə²¹³ | xə¹³ | xə²¹³ | xə¹³ | xə¹³ | ə²¹³ | nuə²¹³ |
| 盐池麻黄山 | kuə³¹ | kuə³¹ | xuə³¹ | xuə³¹ | xuə³⁵ | xuə³⁵ | nuə³¹ | nuə³¹ |
| 海原贾塘 | kə¹³² | kə¹³² | xuə¹³² | xuə¹³² | xuə¹³² | xuə¹³² | a¹³² | nuə¹³² |
| 西吉火石寨 | kə¹³ | kuə¹³ | xə¹³ | xə¹³ | xuə¹³ | xuə¹³ | a¹³ | nuə¹³ |
| 隆德温堡 | kə¹³ | kə¹³ | xə¹³ | xə¹³ | xə¹³ | xə¹³ | vuə¹³ | ŋə⁴⁴ |
| 泾源香水 | kə³¹ | kə³¹ | xuə³⁵ | xuə³⁵ | xuə³⁵ | xuə³⁵ | ə³¹ | ŋə³¹ |

从发音机制来看，高元音［o］容易继续高化，其圆唇性质容易在拼读时声韵之间衍生出一个过渡音［u］或者［o］元音松化后容易读为［uo］，然后［uo］的主元音发音部位向前发展到［uə］。从演变的时间看，有一种可能是宁夏南部方言入声韵尾先消失，相应的入声韵部分开口字由于与果摄音值相近，故与果摄合流同时发生演变，如表3-20，见系开口入声韵字今读合口韵与果摄开口读为合口的类型基本一致。但是从图3-7、3-8来看宁夏南部方言开口入声韵字今读合口在各地的分布规律不明显，而果摄开口并入合口的演变规律比较一致，此外，今开口入声韵读合口的分布范围并未出现扩散而是不断缩小，所以宁夏南部方言开口入声韵与果摄的相混应该是见系开口入声韵字韵尾脱落后与果摄音值接近，故混入果摄，并与果摄开口字一起发生演变，但各县区人口迁徙、流动或语言接触等因素的影响不同，各县的见系开口入声韵字与果摄字又出现了不同的变化。

## 贰　曾梗摄入声的演变

中古曾梗摄入声韵字的读音在本章第一节"叁 音韵特征"已概括，下文主要针对曾梗摄开口入声韵字进行简要探讨。

1. 读音类型

（1）中古曾梗摄入声韵德、职、麦、陌韵字在今宁夏南部大部分方言中，开口一二等入声韵及曾摄开口三等庄组入声韵字今读为 [ei]，合口一二等入声韵字今读为 [uei]，如：

德韵曾开一：北帮 pei｜墨明 mei｜得端 tei｜德端 tei｜特定 tʰei｜肋来 lei｜则精 tsei｜贼从 tsei｜塞心 sei｜刻溪 kʰei。

德韵曾合一：国见 kuei｜或匣 xuei。

职韵曾开三：侧庄 tsʰei｜测初 tsʰei｜色生 sei｜啬生 sei。

麦韵梗开二：麦明 mei｜脉明 mei｜摘知 tsei｜责庄 tsei｜策初 tsʰei｜革见 kei｜隔见 kei。

陌韵梗开二：百帮 pei｜伯帮 pei｜迫帮 pʰei｜拍滂 pʰei｜白并 pei｜陌明 mei｜拆彻 tsʰei｜泽澄 tsei｜择澄 tsei｜宅澄 tsei｜窄庄 tsei｜格见 kei｜客溪 kʰei｜额疑 nei。

（2）古曾梗摄入声德、陌、麦、职韵部分字在宁夏南部方言个别方言点逢开口读 [ɛ]，逢合口读 [uɛ]，如下表 3 - 14（县内语音有差异的列两个代表点）。

表 3 - 14　　　　　　　　曾梗摄入声韵字的读音

|  | 德韵 | | 职韵 | | 陌韵 | | | 麦韵 | |
|---|---|---|---|---|---|---|---|---|---|
|  | 或 | 塞 | 麦 | 色 | 拆 | 客 | 择 | 摘 | 核 |
| 固原开城 | xuɛ¹³² | sei¹³² | mei¹³² | sei¹³² | tsʰei¹³² | kʰei¹³² | tsei¹³ | tsei¹³² | xei¹³ |
| 彭阳城阳 | xuɛ²¹³ | sei²¹³ | mei²¹³ | sei²¹³ | tsʰei²¹³ | kʰɛ²¹³ | tsɛ¹³ | tsei²¹³ | xɛ¹³ |
| 彭阳新集 | xuɛ²¹³ | sɛ²¹³ | mɛ²¹³ | sɛ²¹³ | tsʰei²¹³ | kʰei²¹³ | tsɛ¹³ | tsɛ²¹³ | xɛ¹³ |
| 同心张家垣 | xuɛ²¹³ | sɛ²¹³ | mei²¹³ | sei²¹³ | tsʰei²¹³ | kʰei²¹³ | tsʰei¹³ | tsei²¹³ | xɛ¹³ |
| 盐池麻黄山 | xuei³¹ | sei³¹ | mei³¹ | sei³¹ | tsʰei³¹ | kʰuə³¹ | tsei³⁵ | tsei³¹ | xuə³⁵ |
| 海原贾塘 | xuei¹³² | sei¹³² | mei¹³² | sei¹³² | tsʰei¹³² | kʰei¹³² | tsei¹³ | tsei¹³² | xei¹³ |
| 海原李俊 | xuɛ¹³² | sei¹³² | mei¹³² | sei¹³² | tsʰɛ¹³² | kʰɛ¹³² | tsei¹³ | tsei¹³² | xei¹³ |

| | 德韵 | | 职韵 | | 陌韵 | | | 麦韵 | |
|---|---|---|---|---|---|---|---|---|---|
| | 或 | 塞 | 麦 | 色 | 拆 | 客 | 择 | 摘 | 核 |
| 西吉火石寨 | xuɛ¹³ | tsei¹³ | mei¹³ | sei¹³ | tsʰɛ¹³ | kʰei¹³ | tsɛ¹³ | tsə¹³ | xɛ¹³ |
| 西吉古强 | xuɛ¹³ | sei¹³ | mei¹³ | sei¹³ | tsʰɛ¹³ | kʰei¹³ | tsɛ¹³ | tsɛ¹³ | xɛ¹³ |
| 隆德温堡 | xuei¹³ | sei¹³ | mei¹³ | sei¹³ | tsʰei¹³ | kʰei¹³ | tsei¹³ | tsei¹³ | xei¹³ |
| 隆德好水 | xuɛ¹³ | sɛ¹³ | mɛ¹³ | sɛ¹³ | tsʰɛ¹³ | kʰɛ¹³ | tsɛ¹³ | tsɛ¹³ | xɛ¹³ |
| 泾源香水 | xuei³¹ | sei³¹ | mei³¹ | sei³¹ | tsʰei³¹ | kʰei³¹ | tsei³⁵ | tsei³¹ | xə³⁵ |
| 泾源新民 | xuei³¹ | sei³¹ | mei³¹ | sei³¹ | tsʰei³¹ | kʰei³¹ | tsei³⁵ | tsei³¹ | xə³⁵ |

## 2. 地理分布与演变

以"色曾开三""客梗开二"的读音为例,宁夏南部方言曾梗摄开口入声韵字的地理分布如图3-9、3-10。

从图3-9、3-10可以看出,曾梗摄入声字以[ei]韵母为主,[ɛ]韵母的分布较少,且分布的规律性不明显。除隆德北片读[ɛ]外,其他县区方言属于零星分布。

李树俨(1990)、张安生(2006)认为宁夏北部曾梗摄入声存在回汉差异,如张安生(2006)"曾、梗摄开口一、二等入声字的韵母不同。汉民话帮组、来母字如'北、墨、白、迫、勒、肋'为[ia]韵;见组字如'隔、客、刻'白读[a]韵,文读[ə]韵;端组、精组、知系字如'得、特、则、拆、摘、色、窄'为[ə]韵。回民话帮组、来母为[æ̃]韵,其他各组白读为[æ]韵,文读为[ə]韵"。李树俨(1990)总结宁夏平罗回族话语音特点认为:"古见组梗摄开口二等入声字'格隔客咳'声母为舌面中轻擦音 c 或 cʰ"。结合宁夏南部方言曾梗摄入声韵字的读音地理分布来看,曾梗摄入声韵字的读音差异属于方言的地域差异,而非民族差异。如图3-9"色曾开三"的读音分布中读[ɛ]韵母的都为汉族聚居乡镇,但读[ei]韵母的方言点中既有回族聚居乡镇也有汉族聚居乡镇。而图3-10"客梗开二"的读音分布中,读[ɛ]韵母分布不仅分布在隆德观庄、好水、联财、彭阳城阳等汉族聚居乡镇,也分布在海原李俊、泾源新民回族聚居乡镇,更进一步证明了曾梗摄入声韵字的读音并不存在回汉语音差异的问题而属于语音的地理分布差异,这种差异可能古已有之。

罗常培(2012)利用注音本《开蒙要训》认为唐五代时期曾梗两摄的

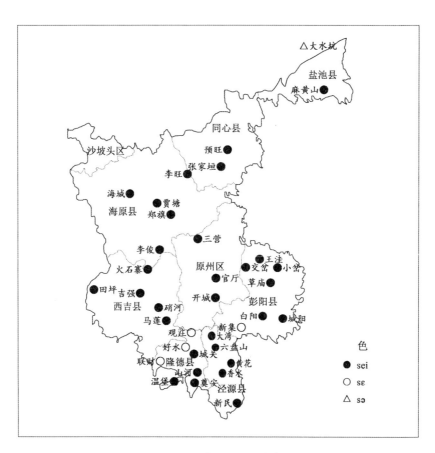

图 3 – 9　 "色曾开三" 的读音

入声在注音里是不能区分的，因为该注音资料中不仅梗摄的入声有三条自相合用的例，而且曾梗摄的入声还有四条互通的用例。从罗文的阐释来看，可以认为曾梗摄开口入声韵字在宁夏南部方言的读音现象是唐五代时期就存在的语音混同现象，今宁夏南部方言部分方言点读音不一致，无规律可循，在地理上也找不到分布规律。王力（1985）认为："陌麦职的开口二等字念 ai，德韵的开口字念 ei，在《中原音韵》里就是这样的。《中原音韵》把前者归入皆来韵（ai, uai），后者归入齐微韵（i, ei, uei）。"如果按照该解释，那么宁夏南部方言大部分地方应该是陌麦职韵归入皆来韵，德韵归入齐微韵。在其后的演变中，宁夏南部方言陌麦职韵又与德韵一起归入齐微韵，即 ［ai uai］ ＞ ［i ei uei］；小部分地方是陌麦职韵变成

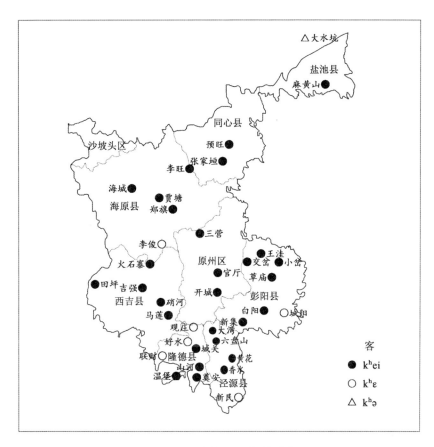

图 3-10　"客梗开二"的读音

皆来韵后再发生音变［ai uai］＞［ε uε］，德韵归入齐微韵［i ei uei］，受方言接触影响，部分陌麦职韵也归入了德韵。但目前来看，宁夏南部大部分方言曾梗摄入声韵字的读音与齐微韵的读音一致。

# 第四章　声调

## 第一节　概述

### 壹　宁夏南部方言声调总体情况

宁夏南部方言单字调的调类主要有两个声调、三个声调、四个声调三种类型。两个声调为：阴平上、阳平去，两调型方言主要分布在海原海城。三个调类为：平声、上声、去声，三调型方言主要分布在海原、西吉、隆德县以及泾源县部分乡镇，其中隆德大庄、奠安例外，处于四调向三调演变过程中，目前尚能区分阴阳平；四个调类为：阴平、阳平、上声、去声，四调型主要分布在泾源、彭阳、盐池、同心以及原属于海原今划归中宁的徐套乡，其中同心、彭阳方言老派区分阴阳平，新派已合并。如图4-1。

从图4-1可以看出，宁夏南部方言调类数目以三调和四调为主，呈东西对立分布。宁夏南部方言三调方言分为两种，一是海原型（平声132、上声52、去声44），平声为升降调；二是西吉型（平声13、上声52、去声44），平声为低升调。四调方言有三种类型：一是固原型（阴平132、阳平13、上声52、去声44）、（阴平213、阳平13、上声52、去声44），两者区别在于阴平的调值；二是泾源型（阴平31、阳平35、上声52、去声44）；三是麻黄山型（阴平31、阳平35、上声52、去声44），去声部分字今读为阳平。盐池麻黄山调值、调类与泾源相同，但由于入声归并不同，故独立为麻黄山型。盐池大水坑方言为兰银官话与中原官话的过渡型方言，故调值和调类既有兰银官话，也有中原官话的特点。宁夏南部方言的调类及调值详情如表4-1。

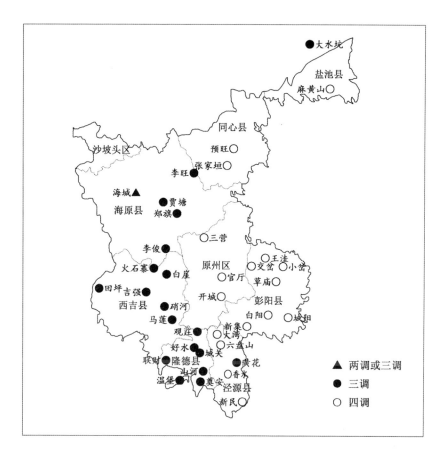

**图 4 - 1　宁夏南部方言声调数量的分布**

表 4 - 1　　　　　　　　　　宁夏南部方言的调类及调值

| 方言点 | 调类及调值 | | | |
|---|---|---|---|---|
| | 调类 | | 调值 | |
| 固原 官厅 | 阴平 132 | 阳平 13 | 上声 52 | 去声 44 |
| 固原 开城 | 阴平 132 | 阳平 13 | 上声 52 | 去声 44 |
| 固原 三营 | 阴平 132 | 阳平 13 | 上声 52 | 去声 44 |
| 同心 张家垣 | 阴平 213 | 阳平 13 | 上声 52 | 去声 44 |
| 同心 预旺 | 阴平 213 | 阳平 13 | 上声 52 | 去声 44 |
| 盐池 麻黄山 | 阴平 31 | 阳平 35 | 上声 52 | 去声 44 |
| 盐池 大水坑 | 阴平 44 | 阳平 13 | 上声 52 | = 阳平 13 |
| 彭阳 小岔 | 阴平 213 | 阳平 13 | 上声 52 | 去声 44 |

| 方言点 | 调类及调值 | | | |
|---|---|---|---|---|
| | 调类 | | 调值 | |
| 彭阳<sub>交岔</sub> | 阴平 132 | 阳平 13 | 上声 52 | 去声 44 |
| 彭阳<sub>新集</sub> | 阴平 213 | 阳平 13 | 上声 52 | 去声 44 |
| 彭阳<sub>城阳</sub> | 阴平 213 | 阳平 13 | 上声 52 | 去声 44 |
| 彭阳<sub>王洼</sub> | 阴平 213 | 阳平 13 | 上声 52 | 去声 44 |
| 彭阳<sub>草庙</sub> | 阴平 213 | 阳平 13 | 上声 52 | 去声 44 |
| 彭阳<sub>白阳</sub> | 阴平 213 | 阳平 13 | 上声 52 | 去声 44 |
| 海原<sub>郑旗</sub> | 平声 132 | | 上声 52 | 去声 44 |
| 海原<sub>海城 1</sub> | 平声 132 | | 上声 52 | 去声 44 |
| 海原<sub>海城 2</sub> | 阴平上 52 | | 阳平去 13 | |
| 海原<sub>李旺</sub> | 平声 132 | | 上声 52 | 去声 44 |
| 海原<sub>李俊</sub> | 平声 132 | | 上声 52 | 去声 44 |
| 海原<sub>贾塘</sub> | 平声 132 | | 上声 52 | 去声 44 |
| 隆德<sub>奠安</sub> | 阴平 132 | 阳平 13 | 上声 52 | 去声 44 |
| 隆德<sub>城关</sub> | 平声 13 | | 上声 52 | 去声 44 |
| 隆德<sub>观庄</sub> | 平声 13 | | 上声 52 | 去声 44 |
| 隆德<sub>大庄</sub> | 阴平 132 | 阳平 13 | 上声 52 | 去声 44 |
| 隆德<sub>联财</sub> | 平声 13 | | 上声 52 | 去声 44 |
| 隆德<sub>好水</sub> | 平声 13 | | 上声 52 | 去声 44 |
| 隆德<sub>温堡</sub> | 平声 13 | | 上声 52 | 去声 44 |
| 隆德<sub>山河</sub> | 平声 13 | | 上声 52 | 去声 44 |
| 西吉<sub>吉强</sub> | 平声 13 | | 上声 52 | 去声 44 |
| 西吉<sub>马莲</sub> | 平声 13 | | 上声 52 | 去声 44 |
| 西吉<sub>火石寨</sub> | 平声 13 | | 上声 52 | 去声 44 |
| 西吉<sub>硝河</sub> | 平声 13 | | 上声 52 | 去声 44 |
| 西吉<sub>红耀</sub> | 平声 13 | | 上声 52 | 去声 44 |
| 西吉<sub>田坪</sub> | 平声 13 | | 上声 52 | 去声 44 |
| 泾源<sub>黄花</sub> | 平声 13 | | 上声 52 | 去声 44 |
| 泾源<sub>香水</sub> | 阴平 31 | 阳平 35 | 上声 52 | 去声 44 |
| 泾源<sub>新民</sub> | 阴平 31 | 阳平 35 | 上声 52 | 去声 44 |
| 泾源<sub>六盘山</sub> | 阴平 31 | 阳平 35 | 上声 52 | 去声 44 |
| 泾源<sub>大湾</sub> | 阴平 31 | 阳平 35 | 上声 52 | 去声 44 |

## 贰 音值特点

宁夏南部方言各地声调在实际读音中有以下特点：

第一，由于宁夏南部方言尤其是秦陇片方言平声的调型调值内部比较不一致，因此选取阴平、阳平字"通、铜"为例，通过 praat 语图进行调型比较得出，陇中片方言平声为一个低升的调型，内部比较一致；秦陇片方言阴平、阳平分别存在三种不同的调型，以阴平为例，存在升降型、低降升型、低降型、高降型；关中片方言阴平为低降，阳平为中升略降的调型。

第二，关中片方言阳平调尾略降，实际音值接近［354］。

第三，泾源黄花方言平声调头略降，实际音值接近［213］。

第四，宁夏南部方言上声调值介于［52－53］间，记为［52］。

第五，去声调值接近［55］，但语流中一般为［44］，调尾略降，实际音值接近［443］。

第六，盐池麻黄山方言阴平调值常读为［44］，与去声同；去声调值长度为［35］，部分字与阳平调值同。

第七，部分不常用字受文读音影响，容易读成普通话声调，如："痛豫"声调为［52］；部分字不按照规律，在宁夏南部方言一律读高降调，如："骄膏刮"声调为［52］。

## 叁 音韵特征

宁夏南部方言声调演变主要有以下规律。

1. 平声的分化

宁夏南部方言平声的分化主要有三种形式：一是以声母的清浊为条件发生分化，即平分阴阳，古清平字今读阴平，古浊平字今读阳平，主要分布在中原官话关中片、秦陇片，以泾源、盐池、彭阳话为主，如泾源$_{香水}$：方$_{非}$ faŋ$^{31}$ ≠ 房$_{奉}$ faŋ$^{35}$｜初$_{初}$ tʂʰu$^{31}$ ≠ 锄$_{崇}$ tʂʰu$^{35}$｜天$_{透}$ tɕʰiæ$^{31}$ ≠ 田$_{定}$ tɕʰiæ$^{35}$｜昏$_{晓}$ xuŋ$^{31}$ ≠ 魂$_{匣}$ xuŋ$^{35}$；二是平声不分阴阳，即古平声不论清浊一律今读为平声，主要集中在中原官话陇中片，以隆德、西吉、海原话为主，如西吉$_{吉强}$：方$_{非}$ ＝ 房$_{奉}$ faŋ$^{13}$｜通$_{透}$ ＝ 铜$_{定}$ xuŋ$^{13}$｜胸$_{晓}$ ＝ 雄$_{以}$ ɕyŋ$^{13}$；三是平声按照清浊分阴阳平后又回头演变为平声，但尚处于演变过程中，故目前存在小部分清平字读阴平，大部分清平字与浊平字合流，主要集中在中原官话秦陇片，以固原话为代表。其中第三种分化形式存在新老派的区别，即老派区分阴阳平，新派（1988 年以后出生）阴平阳平已完成了合并，以同心县南部为例，如同心老派：方非 faŋ²¹³ ≠ 房奉 faŋ¹³ ｜ 初初 tʂʰu²¹³ ≠ 锄崇 tʂʰu¹³ ｜天透 tɕʰiæ²¹³ ≠ 田定 tɕʰiæ¹³ ｜ 昏晓 xuŋ²¹³ ≠ 魂匣 xuŋ¹³，新派：方非 = 房奉 faŋ¹³ ｜ 初初 = 锄崇 tʂʰu¹³ ｜ 天透 = 田定 tɕʰiæ¹³ ｜ 昏晓 = 魂匣 xuŋ¹³。

位于兰银官话与中原官话的过渡地带的盐池麻黄山乡方言受县城方言影响，部分阴平字调值不稳定，常与去声合流，如：东 tuŋ⁴⁴ ｜丝 sɿ⁴⁴ ｜衣 i⁴⁴ ｜交 tɕiɔ⁴⁴ ｜飞 fei⁴⁴。位于为兰银官话与中原官话的过渡型地带的盐池大水坑方言，平声分阴阳，与盐池县城花马池方言阴平调值相同，阳平、去声、入声合流。泾源县黄花乡东面与甘肃庆阳接壤，方言特征与关中片方言有所区别，其中阴平、阳平合流，调类调值与陇中片方言接近，但声韵特征与关中片同，故归为关中片。

2. 上声的分化

古上声的分化比较统一，主要以清浊为条件发生分化，其中清上、次浊上今仍为上声，全浊上归去声，如：坐从 = 座从 tsuə⁴⁴ ｜奉奉 = 缝奉 fəŋ⁴⁴。上声的分化在宁夏南部方言非常一致。

3. 去声的分化

宁夏南部方言古去声今不分阴阳都读去声，如：付非 = 妇奉 = 附奉 fu⁴⁴ ｜到端 = 稻定 = 盗定 tɔ⁴⁴ ｜ 救见 = 舅群 = 旧群 tɕiəu⁴⁴，主要分布在同心、固原、彭阳、海原、西吉、隆德、泾源。但是处于兰银官话与中原官话的过渡地带的盐池县，部分去声与阳平合流，如：柱 tʃu³⁵ ｜撞 tʃʰuaŋ³⁵ ｜罪 tsuei³⁵ ｜坐 tsuə³⁵ ｜病 piŋ³⁵ ｜大 ta³⁵ ｜布 pu³⁵ ｜户 xu³⁵ ｜对 tuei³⁵ ｜寄 tɕi³⁵，其中全浊声母字读为阳平的比例较高。

4. 入声的分化

宁夏南部方言中入声全部舒化，无入声调。古入声的分化主要有三种情况：一是清入、次浊入归阴平，全浊入归阳平，主要分布在泾源、同心老派、彭阳老派、固原老派，如彭阳城阳：八帮 = 巴帮 pa²¹³ ｜失书 = 诗书 ʂɿ²¹³ ｜活匣 = 河匣 xuə¹³ ｜服奉 = 扶奉 fu¹³；二是入声无论清浊一律归入平声，主要分布在西吉、隆德、海原、同心新派、彭阳新派、固原新派，如隆德观庄：八帮 = 拔並 = 巴帮 pa¹³ ｜督端 = 毒定 = 都端 tu¹³ ｜失书 = 实船 = 诗书 ʂɿ¹³；三是全浊入归阳平，清入、次浊入大部分归阳平，小部分入声归阴平，无规律，主要分布在兰银官话与中原官话过渡地带的盐池县，清入、次浊入归阴平如：百帮 pei³¹｜拍滂 pʰei³¹｜六来 liəu³¹｜麦明 mei³¹，归阳平如：谷见 ku³⁵｜搭端 ta³⁵｜节精 tɕiə³⁵｜哭溪 kʰu³⁵｜塔溪 tʰa³⁵｜切清 tɕʰiə³⁵｜叶以 iə³⁵｜月疑 yə³⁵。

### 5. 两调方言

海原县城海城镇方言存在两种调类，其中发音人 1 为三调方言，发音人 2 为两调方言。当地发音人 1 的调类即三调方言为主，主要特征是平声不分阴阳，全浊上归去，入声归平声，今调类为平声［132］、上声［52］、去声［44］。发音人 2 为两调方言，主要特征是阴平和上声合并，阳平和去声合并，入声以归阳平去为主，也有部分读为阴平上的情况，调类调值可记为阴平上［52］阳平去［13］，但是部分去声字依然存在高平调［44］，如：饭 fæ⁴⁴｜字 tsʅ⁴⁴｜副 fu⁴⁴｜刺 tsʰʅ⁴⁴，阴平上调值不太稳定，高降调［52］经常读为低降调［31］的情况，如：开 kʰɛ³¹｜天 tʰiæ³¹｜春 tʂʰuŋ³¹｜痛 tʰuŋ³¹｜六 liəu³¹，说明该方言处于接触演变过程中。

### 6. 例外字

部分字受连读、普通话或其他因素影响，不管哪一个调类在宁夏南部方言都统一读为高降调，与上声调值同，个别字读高平调，与去声调值同。如表 4 - 2。

表 4 - 2　　　　　　　　　　声调演变例外字的读音

| 方言点／例字 | 固原 | 彭阳 | 同心 | 海原 | 西吉 | 隆德 | 泾源 |
|---|---|---|---|---|---|---|---|
| 他你我~ | tʰa⁵² | tʰa⁵² | tʰa⁵² | tʰa⁵² | tʰa⁵² | tʰa⁵² | tʰa⁵² |
| 舒~服 | ʂu⁵² | ʃu⁵² | ʂu⁵² | ʃu⁵² | ʃu⁵² | ʃu⁵² | ʃu⁵² |
| 符~号 | fu⁵² | fu⁵² | fu⁵² | fu⁵² | fu⁵² | fu⁵² | fu⁵² |
| 付~钱 | fu⁵² | fu⁵² | fu⁵² | fu⁵² | fu⁵² | fu⁵² | fu⁵² |
| 态~度 | tʰɛ⁵² | tʰɛ⁵² | tʰɛ⁵² | tʰɛ⁵² | tʰɛ⁵² | tʰɛ⁵² | tʰɛ⁵² |
| 骄~傲 | tɕiɔ⁵² | tɕiɔ⁵² | tɕiɔ⁵² | tɕiɔ⁵² | tɕiɔ⁵² | tɕiɔ⁵² | tɕiɔ⁵² |
| 膏牙~ | kɔ⁵² | kɔ⁵² | kɔ⁵² | kɔ⁵² | kɔ⁵² | kɔ⁵² | kɔ⁵² |
| 糕蛋~ | kɔ⁵² | kɔ⁵² | kɔ⁵² | kɔ⁵² | kɔ⁵² | kɔ⁵² | kɔ⁵² |
| 挑~一个 | tʰiɔ⁵² | tʰiɔ⁵² | tʰiɔ⁵² | tʰiɔ⁵² | tʰiɔ⁵² | tʰiɔ⁵² | tɕʰiɔ⁵² |
| 刮~风 | kua⁵² | kua⁵² | kua⁵² | kua⁵² | kua⁵² | kua⁵² | kua⁵² |
| 倾~斜 | tɕʰiŋ⁵² | tɕʰiŋ⁵² | tɕʰiŋ⁵² | tɕʰiŋ⁵² | tɕʰiŋ⁵² | tɕʰiŋ⁵² | tɕʰiŋ⁵² |
| 某~人 | mu⁴⁴ | mu⁴⁴ | mu⁴⁴ | mu⁴⁴ | mu⁴⁴ | mu⁴⁴ | mu⁴⁴ |

| 方言点<br>例字 | 固原 | 彭阳 | 同心 | 海原 | 西吉 | 隆德 | 泾源 |
|---|---|---|---|---|---|---|---|
| 闸 ~门 | tsa⁴⁴ | tsa⁴⁴ | tsa⁴⁴ | tsa⁴⁴ | tsa⁴⁴ | tsa⁴⁴ | tsa⁴⁴ |
| 刊报~ | kʰæ̃⁵² | kʰæ̃⁵² | kʰæ̃⁵² | kʰæ̃⁵² | kʰæ̃⁵² | kʰæ̃⁵² | kʰæ̃⁵² |
| 铡~刀 | tsa²¹³ | tsa²¹³ | tsa²¹³ | tsa²¹³ | tsa²¹³ | tsa²¹³ | tsa²¹³ |
| 篇一~ | pʰiæ̃⁵² | pʰiæ̃⁵² | pʰiæ̃⁵² | pʰiæ̃⁵² | pʰiæ̃⁵² | pʰiæ̃⁵² | pʰiæ̃⁵² |
| 片一~ | pʰiæ̃⁵² | pʰiæ̃⁵² | pʰiæ̃⁵² | pʰiæ̃⁵² | pʰiæ̃⁵² | pʰiæ̃⁵² | pʰiæ̃⁵² |
| 拼~命 | pʰiŋ⁵² | pʰiŋ⁵² | pʰiŋ⁵² | pʰiŋ⁵² | pʰiŋ⁵² | pʰiŋ⁵² | pʰiŋ⁵² |
| 绢手~ | tɕyæ̃⁵² | tɕyæ̃⁵² | tɕyæ̃⁵² | tɕyæ̃⁵² | tɕyæ̃⁵² | tɕyæ̃⁵² | tɕyæ̃⁵² |
| 捐~款 | tɕyæ̃⁵² | tɕyæ̃⁵² | tɕyæ̃⁵² | tɕyæ̃⁵² | tɕyæ̃⁵² | tɕyæ̃⁵² | tɕyæ̃⁵² |
| 匹一~ | pʰi⁵² | pʰi⁵² | pʰi⁵² | pʰi⁵² | pʰi⁵² | pʰi⁵² | pʰi⁵² |
| 昆~仑 | kʰuŋ⁵² | kʰuŋ⁵² | kʰuŋ⁵² | kʰuŋ⁵² | kʰuŋ⁵² | kʰuŋ⁵² | kʰuŋ⁵² |
| 菌细~ | tɕyŋ⁵² | tɕyŋ⁵² | tɕyŋ⁵² | tɕyŋ⁵² | tɕyŋ⁵² | tɕyŋ⁵² | tɕyŋ⁵² |
| 托~着 | tʰuə⁵² | tʰuə⁵² | tʰuə⁵² | tʰuə⁵² | tʰuə⁵² | tʰuə⁵² | tʰuə⁵² |
| 迫强~ | pʰei⁵² | pʰei⁵² | pʰei⁵² | pʰei⁵² | pʰei⁵² | pʰei⁵² | pʰei⁵² |
| 夯打~ | xaŋ⁵² | xaŋ⁵² | xaŋ⁵² | xaŋ⁵² | xaŋ⁵² | xaŋ⁵² | xaŋ⁵² |
| 扔 | ʐəŋ⁵² | ʐəŋ⁵² | ʐəŋ⁵² | ʐəŋ⁵² | ʐəŋ⁵² | ʐəŋ⁵² | ʐəŋ⁵² |
| 劈~开 | pʰi⁵² | pʰi⁵² | pʰi⁵² | pʰi⁵² | pʰi⁵² | pʰi⁵² | pʰi⁵² |
| 停~一下 | tʰiŋ⁴⁴ | tʰiŋ⁴⁴ | tʰiŋ⁴⁴ | tʰiŋ⁴⁴ | tʰiŋ⁴⁴ | tʰiŋ⁴⁴ | tʰiŋ⁴⁴ |
| 拥 | yŋ⁵² | yŋ⁵² | yŋ⁵² | yŋ⁵² | yŋ⁵² | yŋ⁵² | yŋ⁵² |

## 7. 调类古今演变

宁夏南部方言入声舒化，三调型方言入声舒化后归入平声，四调型方言入声舒化后清入、次浊入声归阴平、全浊入声归阳平。全浊上声一律归入去声。宁夏南部方言声调数量及古今演变如表4-3。

表4-3　　　　　　宁夏南部方言声调数量及古今演变

| 声调及<br>变化<br>方言点 | 调类<br>数目 | 平声 | | 上声 | | | 去声 | | 入声 | | |
|---|---|---|---|---|---|---|---|---|---|---|---|
| | | 清 | 浊 | 清 | 次浊 | 全浊 | 清 | 浊 | 清 | 次浊 | 全浊 |
| 固原官厅 | 4 | 阴平 | 阳平 | 上声 | | =去声 | 去声 | | =阴平 | | =阳平 |
| 固原开城 | 4 | 阴平 | 阳平 | 上声 | | =去声 | 去声 | | =阴平 | | =阳平 |
| 固原三营 | 4 | 阴平 | 阳平 | 上声 | | =去声 | 去声 | | =阴平 | | =阳平 |

| 声调及变化 / 方言点 | 调类数目 | 平声 | | 上声 | | | 去声 | | 入声 | | |
|---|---|---|---|---|---|---|---|---|---|---|---|
| | | 清 | 浊 | 清 | 次浊 | 全浊 | 清 | 浊 | 清 | 次浊 | 全浊 |
| 同心张家垣 | 4 | 阴平 | 阳平 | 上声 | | =去声 | 去声 | | =阴平 | | =阳平 |
| 同心预旺 | 4 | 阴平 | 阳平 | 上声 | | =去声 | 去声 | | =阴平 | | =阳平 |
| 盐池麻黄山 | 4 | 阴平 | 阳平 | 上声 | | =去声 | 去声 | | =阴平 | | =阳平 |
| 盐池大水坑 | 3 | 阴平 | 阳平 | 上声 | | =去声 | =阳平 | | =阴平 | | =阳平 |
| 彭阳小岔 | 4 | 阴平 | 阳平 | 上声 | | =去声 | 去声 | | =阴平 | | =阳平 |
| 彭阳交岔 | 4 | 阴平 | 阳平 | 上声 | | =去声 | 去声 | | =阴平 | | =阳平 |
| 彭阳新集 | 4 | 阴平 | 阳平 | 上声 | | =去声 | 去声 | | =阴平 | | =阳平 |
| 彭阳城阳 | 4 | 阴平 | 阳平 | 上声 | | =去声 | 去声 | | =阴平 | | =阳平 |
| 彭阳王洼 | 4 | 阴平 | 阳平 | 上声 | | =去声 | 去声 | | =阴平 | | =阳平 |
| 彭阳草庙 | 4 | 阴平 | 阳平 | 上声 | | =去声 | 去声 | | =阴平 | | =阳平 |
| 彭阳白阳 | 4 | 阴平 | 阳平 | 上声 | | =去声 | 去声 | | =阴平 | | =阳平 |
| 海原郑旗 | 3 | 平声 | =平声 | 上声 | | =去声 | 去声 | | =平声 | | =平声 |
| 海原海城 | 3 | 平声 | =平声 | 上声 | | =去声 | 去声 | | =平声 | | =平声 |
| 海原李旺 | 3 | 平声 | =平声 | 上声 | | =去声 | 去声 | | =平声 | | =平声 |
| 海原李俊 | 3 | 平声 | =平声 | 上声 | | =去声 | 去声 | | =平声 | | =平声 |
| 海原贾塘 | 3 | 平声 | =平声 | 上声 | | =去声 | 去声 | | =平声 | | =平声 |
| 隆德奠安 | 3 | 平声 | =平声 | 上声 | | =去声 | 去声 | | =平声 | | =平声 |
| 隆德城关 | 3 | 平声 | =平声 | 上声 | | =去声 | 去声 | | =平声 | | =平声 |
| 隆德观庄 | 3 | 平声 | =平声 | 上声 | | =去声 | 去声 | | =平声 | | =平声 |
| 隆德大庄 | 4 | 阴平 | 阳平 | 上声 | | =去声 | 去声 | | =阴平 | | =阳平 |
| 隆德联财 | 3 | 平声 | =平声 | 上声 | | =去声 | 去声 | | =平声 | | =平声 |
| 隆德好水 | 3 | 平声 | =平声 | 上声 | | =去声 | 去声 | | =平声 | | =平声 |
| 隆德温堡 | 3 | 平声 | =平声 | 上声 | | =去声 | 去声 | | =平声 | | =平声 |
| 隆德山河 | 3 | 平声 | =平声 | 上声 | | =去声 | 去声 | | =平声 | | =平声 |
| 西吉吉强 | 3 | 平声 | =平声 | 上声 | | =去声 | 去声 | | =平声 | | =平声 |
| 西吉马莲 | 3 | 平声 | =平声 | 上声 | | =去声 | 去声 | | =平声 | | =平声 |
| 西吉火石寨 | 3 | 平声 | =平声 | 上声 | | =去声 | 去声 | | =平声 | | =平声 |
| 西吉硝河 | 3 | 平声 | =平声 | 上声 | | =去声 | 去声 | | =平声 | | =平声 |

续表

| 声调及变化 / 方言点 | 调类数目 | 平声 | | 上声 | | | 去声 | | 入声 | | |
|---|---|---|---|---|---|---|---|---|---|---|---|
| | | 清 | 浊 | 清 | 次浊 | 全浊 | 清 | 浊 | 清 | 次浊 | 全浊 |
| 西吉<sub>红耀</sub> | 3 | 平声 | ＝平声 | 上声 | | ＝去声 | 去声 | | ＝平声 | | ＝平声 |
| 西吉<sub>田坪</sub> | 3 | 平声 | ＝平声 | 上声 | | ＝去声 | 去声 | | ＝平声 | | ＝平声 |
| 泾源<sub>黄花</sub> | 3 | 平声 | ＝平声 | 上声 | | ＝去声 | 去声 | | ＝平声 | | ＝平声 |
| 泾源<sub>香水</sub> | 4 | 阴平 | 阳平 | 上声 | | ＝去声 | 去声 | | ＝阴平 | | ＝阳平 |
| 泾源<sub>新民</sub> | 4 | 阴平 | 阳平 | 上声 | | ＝去声 | 去声 | | ＝阴平 | | ＝阳平 |
| 泾源<sub>六盘山</sub> | 4 | 阴平 | 阳平 | 上声 | | ＝去声 | 去声 | | ＝阴平 | | ＝阳平 |

# 第二节　调类的演变

## 壹　阴阳平的合并

### 1. 今读类型

宁夏南部方言陇中片方言已完成阴阳平调类的合并，如西吉、隆德。秦陇片方言处于阴阳平调类合并中，老派方言为四调方言（阴平、阳平、上声、去声），新派方言为三调方言（平声、上声、去声）。关于平声不分阴阳是创新还是存古的问题，学术界进行了众多讨论（参看 Hsieh1973，潘悟云 1982，王士元 1987，丁邦新 1989，刘俐李 1989，何大安 1994，沈明 1999，张世方 2000，曹志耘、邵朝阳 2001，陈英 2001，张燕来 2003，王福堂 2005，王莉宁 2016，项梦冰 2018 等）。但目前就宁夏南部方言的演变情况来看，古平声今读既有清浊分调，又存在清浊不分调的现象，即共时层面上既有平声不分化、平声分化为阴阳平、平声分化成阴阳平后又合并为平声三种类型，可以看出宁夏南部方言平声不分阴阳不是存古的结果，而是古平声在发展中以清浊为条件出现分调，分化为阴平和阳平两种调类，然后又进一步出现回头演变，阴阳平调类开始合并，逐渐归入平声。所以阴阳平的合并不仅从共时的单字调调层面可以看出宁夏南部方言平声的演变先以清浊分调后阴阳平又出现回头演变，而且从阴阳平已经合并的海原、西吉、隆德方言连读调中也可以看出平声曾区分阴阳平的情况，如表 4 - 4。

表4-4　　　　　　　　　　　陇中片方言的连读变调

| 变调 方言点 | 平声+平声 132+132 | 平声+上声 132+52 | 平声+去声 132+44 |
|---|---|---|---|
| 海原<sub>贾塘</sub> | 13+31<br>飞机 fei$^{13}$tɕi$^{31}$<br>眉毛 mi$^{13}$mɔ$^{31}$<br><br>13+13<br>开车 kʰɛ$^{13}$tʂʰə$^{13}$<br>农民 luŋ$^{13}$miŋ$^{13}$<br><br>31+13<br>清明 tɕʰiŋ$^{31}$miŋ$^{13}$<br>今年 tɕiŋ$^{31}$n̩iæ$^{13}$ | 31+52<br>工厂 kuŋ$^{31}$tʂʰaŋ$^{52}$<br>乡长 ɕiaŋ$^{31}$tʂaŋ$^{52}$<br><br>13+52<br>门口 məŋ$^{13}$kʰəu$^{52}$<br>牛奶 n̩iəu$^{13}$nɛ$^{52}$ | 31+44<br>书记 ʃu$^{31}$tɕi$^{44}$<br>车票 tʂʰə$^{31}$pʰiɔ$^{44}$<br><br>13+44<br>棉裤 miæ$^{13}$kʰu$^{44}$<br>羊圈 iaŋ$^{13}$tɕyæ$^{44}$ |
| 西吉<sub>硝河</sub> | 13+31<br>春天 tʃʰuŋ$^{13}$tɕʰiæ$^{31}$<br>调羹 tɕʰiɔ$^{13}$kəŋ$^{31}$<br><br>13+13<br>额头 ŋə$^{13}$tʰəu$^{13}$<br>丢人 tɕiəu$^{13}$z̩əŋ$^{13}$<br><br>31+13<br>热头 z̩ə$^{31}$tʰəu$^{13}$<br>风匣 fəŋ$^{31}$ɕia$^{13}$ | 31+52<br>牲口 səŋ$^{31}$kʰəu$^{52}$<br>花卷 xua$^{31}$tɕyæ$^{52}$<br><br>13+52<br>门槛 məŋ$^{13}$kʰæ$^{52}$<br>黄米 xuaŋ$^{13}$mi$^{52}$ | 31+44<br>铺盖 pʰu$^{31}$kɛ$^{44}$<br>春上 tʃʰuŋ$^{31}$ʂaŋ$^{44}$<br><br>13+44<br>填炕 tɕʰiæ$^{13}$kʰaŋ$^{44}$<br>洋芋 iaŋ$^{13}$y$^{44}$ |
| 隆德<sub>城关</sub> | 13+31<br>东北 tuŋ$^{13}$pei$^{31}$<br>飞机 fei$^{13}$tɕi$^{31}$<br><br>13+13<br>开车 kʰɛ$^{13}$tʂʰə$^{13}$<br>农民 luŋ$^{13}$miŋ$^{13}$<br><br>31+13<br>工人 kuŋ$^{31}$z̩əŋ$^{13}$<br>消毒 ɕiɔ$^{31}$tʰu$^{13}$ | 31+52<br>工厂 kuŋ$^{31}$tʂʰaŋ$^{52}$<br>乡长 ɕiaŋ$^{31}$tʂaŋ$^{52}$<br><br>13+52<br>门口 məŋ$^{13}$kʰəu$^{52}$<br>长短 tʂʰaŋ$^{13}$tuæ$^{52}$ | 31+44<br>书记 ʃu$^{31}$tɕi$^{44}$<br>开会 kʰɛ$^{31}$xuei$^{44}$<br><br>13+44<br>羊圈 iaŋ$^{13}$tɕyæ$^{44}$<br>还账 xuæ$^{13}$tʂaŋ$^{44}$<br><br>13+31<br>徒弟 tʰu$^{13}$tʰi$^{31}$<br>杂碎 tsa$^{13}$suei$^{31}$ |

从表 4 - 4 可以得知，陇中片方言虽然平声不分阴阳，但在连读调中，清平字作前字时的变调类型与浊平字作前字与上声、去声连读时的变调调值不同，平声与平声连读时存在个别清平、浊平前字连读调调值相同的情况，但从总体规律来看，一般清平字作前字时连读调为 [31]，浊平字作前字时连读调为 [13]，从中可以看出陇中片方言曾以清浊分调，后出现了调类的合并，但调类合并后在该方言的连读调中依然可以看出曾经分化的痕迹。

2. 讨论

曹志耘（1998）认为声调演变的原因直接影响到演变过程和演变结果，"从汉语方言中已经发生和正在发生的声调演变情况来看，导致声调产生演变的原因有两大类。一类是自身语言系统特别是语音系统内部的原因，例如音系的简化，声母清浊对立的消失，入声韵塞音尾的丢失，调值之间的相近度，连读音变的影响，词语的多音节化，等等。另一类是自身语言系统外部的原因，例如强势方言、普通话或其他语言的影响。"其中第一类为"自变型"，第二类为"他变型"，学术界一般认为西北方言调类的减少是受阿尔泰语系的影响，即"他变型"。下文以两种变化类型谈谈宁夏南部方言阴阳平合并的相关问题。

（1）他变型

从宁夏南部方言来看，受阿尔泰语系接触影响有可能是调类演变过程中的早期影响因素，主要有以下两种因素的影响：一是战争，从宁夏南部地区的历史沿革可以看出该地区经常发生战争或者屯兵戍边等军事活动，特别是北宋时期，宁夏南部地区成为北宋政府与西夏对峙的前沿阵地；二是贸易，西夏建都前宁夏曾为丝绸之路的北线，丝绸之路东起长安，途经固原（古萧关），进入甘肃。所以不管战争还是贸易，语言接触在所难免。张建军（2009）认为西北地区少数民族与汉族杂居对汉语（中原官话河州片）产生了一定的影响，尤其是阿尔泰语言靠语流中的轻重音区别意义而非汉语的声调别义。但从宁夏来看，随着西夏的灭亡，宁夏南部地区的归属虽几经更迭，但就语言方言来看，基本处于汉语方言内部的语言接触，如今我国局势稳定，西北地区无战争带来的语言接触问题，且西北地区经济发展相对滞后、交通不通畅、自然资源旅游资源等有限，经济贸易并不发达，与说阿尔泰语系（如蒙古语、维吾尔语、哈萨克语等）的人接触并不频繁，所以受阿尔泰语系的影响因素并不能导致宁夏南部方言调类的合并。因此，如果从接触理论来看，唯一有可能影响声调演变的是其他无声调语言。无声调的语言不断冲击西北汉语方言，语言接触带来声调的合并与减少在所难免，且外语借词在汉语日常生活词汇中所占的比例极低，借词等都不足以影响到宁夏南部方言调类的合并，且西北地区各地调类的合并类型并不一致，宁夏北部兰银官话银吴片为阳平与上声的合并，宁夏南部中原官话秦陇片、陇中片为阴平与阳平的合并，从这个角度看，其他语言并不是宁夏南部方言调类合并的关键因素。

（2）自变型

从宁夏南部方言调类的合并共时分布来看，语言自身内部因素引起的变化是调类合并的最主要因素，这种演变即曹志耘（1998）所说的"自变型"，他认为声调演变原因导致的过程和结果会很不一样，"由内部原因导致的演变过程往往是渐变的，由外部原因导致的演变过程则往往是突变的。内部原因所导致的演变结果具有很强的系统性，而外部原因所导致的演变结果系统性差，往往演变得不彻底，造成很多异读（一字多调）现象"。该观点从语言事实出发论据充分，该结论揭示了汉语方言调类的演变主要途径。结合该论述，就目前宁夏南部方言调类的合并来看，调类的演变发展历时较长，阴阳平调类的合并应该是成系统地出现了一个渐变的过程。张安生（2008）从 1977—2008 年跨三十年的记录来看秦陇片处于三调方言的合并过程中。且当下宁夏南部方言中秦陇片方言调类仍处于演变中，总体而言老派为四调方言，新派为三调型方言。阴阳平调类的合并是成系统，即不仅包括古清平还包括古清入、次浊入同时合并为阳平调。基于以上两方面表现，排除宁夏南部方言阴阳平调类的合并或调类的减少是受阿尔泰语系或者闪含语系的接触影响。综上所述，今宁夏南部方言调类合并是语言自身发展演变的一种常见现象。

曹志耘（1998）认为："调值越相近的调类越容易合并，或者说，调类合并的唯一依据就是调值的相近度。"以同心<sub>张家垣</sub>、彭阳<sub>城阳</sub>方言为例，阴平调值［213］，阳平调值［13］，主要区别在于阴平调首略降，实际接近［113］，听感上区别度不大，但老派发音人可以区分，新派已经不能区分；固原<sub>官厅、三营、开城</sub>方言，阴平调值［132］，阳平调值［13］，主要区别在于阴平调尾略降，实际接近［13］，听感上区别度不大；曹强（2006）将海原<sub>海城</sub>方言阴平记为［223］，音系说明阴平调值介于［223－224］之间，阳平记为［24］，阴阳平已基本接近，今海原<sub>海城</sub>方言阴阳平不分。陇中片、秦陇片方言阴平和阳平字调型、调值非常接近，这就为调类的合并提供了很好的条件。随着调类的简化语言自身结构会进行相应的补偿，如在双音节化的基础上不断扩展为三音节，主要形式是词汇结构的子尾、儿尾、小称、重叠等形式不断扩大。

《中国语言地图集》在对宁夏南部方言进行划分时，以平声分阴阳将固原市方言（泾源县除外）划分为陇中片、秦陇片，"从 1977—2008 跨三十年不同时段的调查记录来看，秦陇片固海、盐池两小片的单字调都处于三声调化的演变过程中，这给宁夏秦陇片与陇中片的划界带来了一定困难"（张安生，2008）。今同心县张家垣、预旺老派方言区分阴阳平，如：方非 faŋ²¹³ ≠ 房奉 faŋ¹³ ｜天透 tʰian²¹³ ≠ 田定 tʰian¹³；新派方言阴阳平合并，如：方非 = 房奉 faŋ¹³ ｜天透 = 田定 tʰian¹³。就阴阳平的合并来看，陇中片方言阴阳平已基本完成了调类的合并，如：通透 = 铜定 tʰuŋ¹³ ｜方非 = 房奉 faŋ¹³ ｜天透 = 甜定 tʰiæ̃¹³ ｜胸晓 = 雄以 ɕyŋ¹³。从语言接触的角度进行分析，弱势方言容易向强势方言靠拢，固原县（今为原州区）自 1953 年起，一直处于宁夏南部区域的政治、经济、文化中心，周边方言（彭阳话、海原话、西吉话、隆德话）向其靠拢，但今以固原话为代表的秦陇片方言却朝着陇中片方言阴阳平调类合并的方向发展，这并不符合强势语言的接触发展规律，却更进一步证明了平声不分阴阳是回头演变的结果，即秦陇片方言阴阳调类的合并属于语言的自变式演变。

张建军（2009）认为曹志耘（1998）提出的"调值越相近的调类越容易合并，或者说，调类合并的唯一依据就是调值的相近度"这个规律并不适合河州方言的实际情况，张文认为河州方言声调简化的主要原因是少数民族语言主要是阿尔泰语系和汉藏语系的藏语等语言相互影响造成的。但是，文中又认为："东乡语的词重音一般在词末位置，但是由于汉语借词的出现，原本固有的重音位置也发生了变化。如 baʹwa '阿訇' 和ʹbawa '曾祖父'，baoʹdzɯ '包子' 和ʹbaódzɯ '豹子'，重音位置不同，意义也不同。很明显这是汉语声调影响的结果。"所以，语言接触说也许可以解释一部分问题，但是在阐述中往往会出现其他问题，也容易出现互相矛盾的现象。西北大部分地区汉语方言比少数民族语言更为强势，尤其是陕西、宁夏地区，甘肃、青海地区今汉语方言也比较强势，过去在语言接触中，往往汉语对少数民族语言的影响更直接，而少数民族语言对汉语的影响逐渐式微。朱晓农、衣莉（2015）认为调类数的减少有其自身的演化路径，动因主要来自语音学或音法—词法结构等内部因素，外部因素的接触只是起到推动或延迟作用。李蓝（2018）认为："以往讨论现代汉语方言声调的演变方向时，甘肃汉语的两调及三调方言，或被认为代表了汉语声调从多到少、最终可能消亡这一演变方向；或被认为由于受了无声调的甘南藏语或阿尔泰语言的影响而声调趋简甚至可能消失。如果只看单字调，这些结论都有事实依据和合理的逻辑基础，但如果再看连读调里面声调的实际读音，这些结论又很难立足：在连读调中，甘肃汉语方言的声调不是变少了，而是变多了。"该论述结合甘肃红古方言展开，语言事实充分，论证有理有据。从语言自身来说，调类的减少势必会在连调或其他形式如儿化、子尾、重叠等形式上进行补偿以维持语言发展的平衡状态，所以，西北地区中原官话平声不分阴阳所形成的调类合并现象不能简单地归纳为语言接触影响，更应该从音节、连调、重叠、儿化、轻声等语音特征中寻找语言自身演变的依据。今中原官话秦陇片方言正处于调类合并的演变过程中，但从演变趋势来看调类演变结果也将是三调方言。

3. 平声的分化与合并

汉语方言声调的简化是调类演变的趋势，今汉语三调方言一直备受学界关注。张世方（2000）根据全国 184 个方言点将三调方言分为八种类型，其中与宁夏相关的主要是银川型和滦县型，银川型表现为阳平与上声合并，滦县型表现为阴平和阳平合并。今宁夏自治区 80% 以上的方言点为三调方言，宁夏北部兰银官话银吴片的三调方言归为银川型，中古四声今分化为清平、阳平上、去声三个调类，阳平与上声合并；宁夏南部中原官话陇中片和秦陇片部分的三调方言可归入滦县型，中古四声今分为平声、上声、去声三个调类，阴平和阳平合并。本书主要谈宁夏南部方言三调方言现象，其中以平声的分化和合并为主。

关于平声的演变，从《汉语方言地图集》（语音卷 002 图）可以得出，按照平声今调的读法主要有四种分类方法：一分法为古平声今读平声，只存在一个调类；二分法为平声按照清浊等条件今读为两种调类；三分法为平声依据清浊等条件今读为三种调类；四分法为平声依据清浊等条件今读为四种调类。如果从清浊分调来看，主要有两大类，一是古平声今读平声；二是平声以清浊为条件进行分化。项梦冰（2018）根据《汉语方言地图集》930 个方言点进行统计，认为有清浊分调的共有 902 个方言点，占 97%，是汉语方言的主流；无清浊分调的共有 28 个方言点，占 3%，主要集中在晋语和中原官话，兰银官话、冀鲁官话、江淮官话也有分布。据张世方（2000）对全国184个方言点的统计，中原官话三调方言中滦县型有75个，约占41%，主要分布在西北的甘肃、青海、新疆。王莉宁（2016）根据汉语方言地图集930个点的材料归纳无清浊分调的方言点28个，并分析了出现该现象的两种途径：一是古平声先分阴阳后合并，二是古平声不分阴阳的保留，"'今平声无清浊分调'在北方官话、晋语区，尤其是在西北地区形成了连片分布，但它在东南方言区里却呈散点状分布，这种分布特征有利于我们认识官话方言今平声不分阴阳的性质。结合《汉语方言地图集》（语音卷001图）'调类的数目'来看，西北地区'今平声不分阴阳的现象'处于两调、三调方言的连片分布区之内，这显示了今平声不分阴阳的现象与调类合并的速度有一定相关性，由此也可以证明，这些方言平声不分阴阳的现象应该是先分后合的结果"。从以上文献资料可以看出，平声按照清浊分调是主流，分布在全国97%左右的方言区，今宁夏南部方言关中片、秦陇片为清浊分调。平声不以清浊分调主要分布在西北地区，今宁夏南部方言陇中片方言即是如此。除宁夏南部方言外，平声不分阴阳现象还广泛分布，主要分布在长江以北的西北地区，如从河北滦县、张家口，山西太原、平遥，内蒙古呼和浩特、临河，宁夏隆德、西吉，甘肃天水、临洮，新疆等地主要读成平、上、去三个声调，其中晋语与西北地区汉语方言关系密切。西北地区中原官话除关中片、汾河片方言外，陇中片、河州片皆存在平声不分阴阳现象，如：陇中南（中原官话陇中片）有较普遍的三声调方言，共10个方言点：天水秦州、秦安、清水、张家川、庄浪、静宁、定西安定、通渭、渭源、临洮，调值也很统一，平声［13］、上声［53］（渭源［52］）、去声［44］（朱富林2014）；青海湟水河流域的民和、乐都、循化、大通（大部分地区）属于陇中片，是不分阴阳平的方言（芦兰花2011）；河州方言如和政、广河、民和、临夏市、临夏县、积石山、循化、同仁、贵德、乐都一般是三个声调，分布是平声、上声、去声（张建军2009）。可以认为三调方言以西北地区为主，逐渐向东扩散。所以调类的合并是西北地区汉语方言演变的趋势。

## 贰　入声的演变

宁夏南部方言全浊入声归阳平，陇中片归平声，但位于兰银官话与中原官话过渡地带的盐池方言古入声的归派内部不一致。张安生（2008）认为宁夏方言"盐池县东部的苏步井、王乐井、柳杨堡、城关镇、城郊、青山、大水坑、红井子、后洼、麻黄山10乡镇以及同心下马关镇方言古入声的今分派不同于两官话,语音兼有相邻两官话的特点,属于混合型方言,本书独立为盐池小片"。盐池方言入声的归并主要分为两种类型,一类是不分清浊都归入阳平,主要分布在盐池县境内的兰银官话区,入声先派入去声后,去声与阳平进一步合并为阳平去,如盐池花马池、大水坑镇。第二类是全浊入声归阳平,清入、次浊入大部分归阳平,小部分归阴平,主要分布在盐池县大水坑镇以南地区。兰银官话以盐池花马池为代表,中原官话以盐池麻黄山为代表,盐池方言入声与平声的今读情况如表4-5。

表4-5　　　　　　　　　　　　**盐池方言声调例字的读音比较**

| | 清平 | | 浊平 | | 去声 | 清入 | | 次浊入 | | 全浊入 | |
|---|---|---|---|---|---|---|---|---|---|---|---|
| | 东 | 天 | 门 | 皮 | 去 | 谷 | 拍 | 六 | 叶 | 白 | 盒 |
| 盐池花马池 | tuŋ$^{44}$ | tʰiæ$^{44}$ | məŋ$^{13}$ | pʰi$^{13}$ | kʰə$^{13}$ | ku$^{13}$ | pʰia$^{13}$ | lu$^{13}$ | iə$^{13}$ | pia$^{13}$ | xə$^{13}$ |
| 盐池麻黄山 | tuŋ$^{31}$ | tʰiæ$^{31}$ | məŋ$^{35}$ | pʰi$^{35}$ | tɕʰi$^{44}$ | ku$^{35}$ | pʰei$^{31}$ | liəu$^{31}$ | iə$^{35}$ | pei$^{35}$ | xuə$^{35}$ |

从表4-6可得,盐池花马池方言入声不论清浊一律归入阳平去,盐池麻黄山方言全浊入归阳平,清入、次浊入既有归阴平也有归阳平,从表中可以看出入声以归阳平为主。张安生(2008)认为盐池方言内部东南部和西北部单字调不同,东南部为四调方言:阴平、阳平、上声、去声,古入声字不论清浊绝大多数派入阳平;西北部为三调方言阴平、阳平去、上声,古入声字派入阳平去。今盐池花马池原为盐池城关,后行政区划调整(详见绪论第一节"贰 历史沿革")后更名为盐池花马池,从上述文献资料可以看出盐池方言处于阳平和去声合并的演变过程中,今已完成阳平去的调类合并,故盐池花马池方言入声归并阳平去可以认为:古入声消失,不论清浊一律派入去声,该演变过程应该与兰银官话银吴片其他地区入声演变时间大体相同,但在发展演变中,盐池方言受其他因素影响,阳平与去声调值不断接近出现调类合并,并入了去声,与兰银官话银吴片如银川、吴忠方言阳平与上声合并或中原官话秦陇片如固原、彭阳方言阳平与阴平合并都不一致。盐池花马池方言入声演变如下所示:

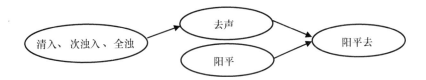

　　盐池_麻黄山_东部毗邻陕西定边，南部与甘肃环县接壤，该乡位于陕甘宁三省交界处，方言既受盐池县城方言辐射影响又受毗邻的陕西定边、甘肃环县方言的影响，所以入声在演变中出现了比较混乱的情况。从盐池_麻黄山_方言单字调来看，为四调方言：阴平［31］、阳平［35］、上声［52］、去声［44］，平分阴阳，全浊入归阳平，与大部分官话方言的归并方向比较一致。其中清入、次浊入小部分常用字归阴平，如：六 liəu³¹ ｜ 麦 mei³¹ ｜ 百 pei³¹ ｜ 拍 pʰei³¹ ｜ 切 tɕʰiə³¹ ｜ 国 kuei³¹，可能是晚近受中原官话影响。但大部分清入、次浊入归阳平与兰银官话、中原官话的归并都不一致，而出现了与西南官话入声归并一致的特点。如果排除移民、屯兵等因素影响，盐池_麻黄山_方言清入、次浊入的演变可能出现过全浊入归阳平，清入、次浊入先归阴平，受盐池县城方言（兰银官话）的影响，大多数阴平字读为阳平，少部分仍读为阴平，如下图所示。

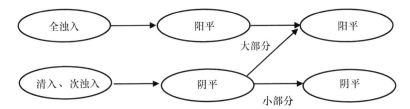

　　以上分析是从方言自身演变出发，可以看出无论是盐池_麻黄山_还是盐池_花马池_方言入声的演变都与兰银官话银吴片或中原官话秦陇片、陇中片、关中片的入声演变不同，从方言自身演变来说盐池_花马池_方言从调值相近导致调类的合并尚且能够解释。兰银官话银吴片方言一般为阳平与上声合并，归为阳平上，所以盐池_花马池_方言阳平与去声的合并并非兰银官话银吴片方言调类合并的方向，且盐池_麻黄山_方言清入、次浊入归入阴平后是否受盐池县城方言的影响导致清入次浊入读为阳平目前得不到合理的解释，或许从盐池历史沿革可见端倪。盐池县城原叫花马池城，据白永刚（2011），孙生玉认为："花马池"地名来源于传说因池中发现花马，使"盐池顿丰"而得名，或是明代以盐换马之"换马"谐音而得名。花马池一名从明初一

直袭用到中国民国，1913 年花马池分州从灵州析出，更名为盐池县。在明朝时期，花马池地区是鞑靼进攻明廷的要道，也是明军必守的重要地区，因其地形险要，正统二年修筑花马池城，立花马池营，其后花马池逐步由营升为守御千户所，再由所升为宁夏后卫，乃至花马池防秋道衙、三边总督府的治地，明代卫、所之下环列诸多屯兵屯田的堡寨。宣德七年（1432年），明政府任命史昭为征西将军，镇守宁夏。史昭筑花马池城后在花马池立哨马营，始设"东路花马池参将"。据《万历朔方新志》载，东路花马池营有旗军 988 名，家丁 1488 名，备御军 657 名，加上安定堡、铁柱泉等总计旗军 3028 名。《嘉靖宁夏新志》载："宁夏后卫，军伍，原议设旗军五千二百名，今实有见在一千八百一十四名。"从以上史料看出，盐池在历史上尤其是明史中的军事地位，因此为了战备需要进行屯兵屯田务必从各地抽调兵马，其中是否有西南官话区兵力或家丁等驻军，目前尚不可知，但盐池方言应该是曾受过其他方言接触的影响，今受兰银官话银吴片的影响较大。

## 叁　两调方言

### 1. 今读类型

海原<sub>海城</sub>方言存在两种不同的调类：三个单字调、两个单字调，以三调方言为主。三调方言主要特征是平声不分阴阳，全浊上归去，入声归平声，今调类为平声［132］、上声［52］、去声［44］。两调方言主要特征是阴平和上声合流，阳平和去声合流，全浊上归去，入声归阳平去为主，如：百 pei¹³｜哭 kʰu¹³｜塔 tʰa¹³｜麦 mei¹³｜月 yə¹³｜毒 tu¹³｜白 pei¹³，部分读为阴平上，如：叶 iə⁵²｜切 tɕʰiə⁵²｜拉 la⁵²｜国 kuei⁵²。两调型方言的调类调值及例字如下。

阴平上［52］：东该灯风通初清飞；鬼九讨草买老五有。

阳平去［13］：门龙牛油铜皮糖红；动罪近后；半四快寸路硬地树；百节哭拍麦月毒白。

海原<sub>海城</sub>总体为两调型方言，但由于处于语言接触变化中，所以部分调类调值的读音并不稳定，如部分去声字读中平调［44］，与三调方言一样，如：饭 fæ⁴⁴｜字 tsɹ⁴⁴｜撞 tʂʰuaŋ⁴⁴｜刺 tsʰɹ⁴⁴；阴平上部分字读为低降调［31］的情况，如：开 kʰɛ³¹｜天 tʰiæ³¹｜春 tʂʰuŋ³¹｜痛 tʰuŋ³¹｜六 liəu³¹；或部分阴平字与去声字同音读为高平调，如：东 = 冻 tuŋ⁴⁴｜欣 = 姓 ɕiŋ⁴⁴；

部分入声字读音也不稳定，如：谷 ku$^{52}$—ku$^{13}$｜国 kuei$^{52}$—kuə$^{13}$。

2. 讨论

西北地区两调方言的现象备受学术界关注，如雒鹏（1999），张文轩、邓文靖（2010），舍秀存（2013），冉启斌、田弘瑶佳、祁褒然（2013），莫超、朱富林（2014），朱晓农、衣莉（2015），李蓝（2018）等，以上文献分别报道了青海西宁、甘肃红古等西北地区的两调方言现象，其中朱晓农、衣莉（2015）首次报道了宁夏海原出现了类似青海西宁方言合并为两调的现象，并找了两个发音人进行调查，第一个发音人为三调方言，其中阳平与去声合并，今调类为阴平［42］、上声［52］、去声［23］；第二个发音人阳平与去声合并，阴平和上声也合并，今调类为阴平［52］、去声［33］。朱晓农、衣莉（2015）认为是阳平与去声先合流，阴平与上声后合流。海原海城三调方言和两调方言的平声和入声呈现出不同的合并方向。一是平声的调类演变问题，三调型方言为平声以清浊为条件分为阴阳平，然后阴平、阳平出现回头演变为平声，两调型方言平声以清浊为条件分为阴平和阳平，阴平与上声发生合流，阳平与去声发生合流。二是入声的归并问题，三调型方言入声消失后不论清浊一律派入平声；两调方言入声无论清浊派入阳平去，不管阳平和去声以前是否分调，但是入声这类演变方式与海原方言都不同，却与盐池花马池（县城）方言入声的归并方式一致。不管平声还是入声的归并方向，同一个城镇方言出现两种不同的合并方向，从语音的演变机制来说似乎不太能解释得通。

陇中片方言平声不分阴阳可以从连读调中找到平声曾经分化的痕迹，故以清平、浊平、上声、去声作前字，考察海原海城两调方言的调类合并模式。如表4-6。

与阴平、阳平合流不同，表4-6连读调模式并不容易看出调类的分化或合并的痕迹，阴平上作前字时出现了［31］［44］［52］三种变调值，其中［52］为原调值，变调值［31］只出现在古清平作前字时。阳平去作前字时变调值为［31］［44］［13］，其中［13］为原调值，变调值［31］只出现在古浊平作前字时，变调值［44］只出现在古去声作前字时。因此，海原海城两调方言两字组连读调中不容易看出调类合并的方向，与三调方言的两字组连调模式差异也较大。

表4-6　　　　　　　　　　　海原海城两调方言的连调模式

| 连调模式 | 例词 | | | 前字 | |
|---|---|---|---|---|---|
| | | | | 调值 | 连调值 |
| 清平 + 清平 | 冬天 tuŋ$^{52}$tʰiæ$^{31}$ | 公鸡 kuŋ$^{44}$tɕi$^{31}$<br>东风 tuŋ$^{44}$fəŋ$^{44}$ | | | **52、44** |
| 清平 + 浊平 | 灰尘 xuei$^{44}$tʂʰəŋ$^{31}$ | 新房 ɕiŋ$^{52}$faŋ$^{13}$ | 开门 kʰɛ$^{31}$məŋ$^{13}$ | | **52、44、13** |
| 清平 + 上声 | 山水 sæ$^{31}$ʂuei$^{52}$ | 开水 kʰɛ$^{44}$ʂuei$^{31}$<br>工厂 kuŋ$^{44}$tʂʰaŋ$^{52}$ | | | 44、31 |
| 清平 + 去声 | 铺盖 pʰu$^{44}$kɛ$^{31}$ | 秋后 tɕʰiəu$^{52}$xəu$^{13}$ | 填炕 tʰiæ$^{31}$kʰaŋ$^{44}$ | 52 | **52、44、31** |
| 清平 + 清入 | 钢笔 kaŋ$^{52}$pi$^{13}$ | 工作 kuŋ$^{44}$tsuə$^{31}$ | | | **52、44** |
| 清平 + 次浊入 | 生日 səŋ$^{44}$zʅ$^{31}$ | 蜂蜜 fəŋ$^{52}$mi$^{31}$<br>开业 kʰɛ$^{52}$ȵiə$^{13}$ | 收入 ʂəu$^{13}$zu$^{31}$ | | **52、44、13** |
| 清平 + 全浊入 | 生活 səŋ$^{52}$xuə$^{31}$<br>消毒 ɕiɔ$^{52}$tu$^{13}$ | | | | **52** |
| 上声 + 清平 | 手巾 ʂəu$^{44}$tɕiŋ$^{31}$ | 母鸡 mu$^{52}$tɕi$^{31}$<br>打针 ta$^{52}$tʂəŋ$^{52}$ | | | **52、44** |
| 上声 + 浊平 | 吼雷 xəu$^{52}$luei$^{13}$<br>暖鞋 nuæ$^{52}$xɛ$^{31}$ | 顶棚 tiŋ$^{44}$pʰəŋ$^{31}$<br>挡羊 taŋ$^{44}$iaŋ$^{13}$ | | | **52、44** |
| 上声 + 上声 | 滚水 kuŋ$^{52}$ʂuei$^{31}$<br>左手 tsuə$^{52}$ʂəu$^{52}$ | 老鼠 lɔ$^{31}$tʂʰu$^{52}$ | | | **52、31** |
| 上声 + 去声 | 扁担 piæ$^{52}$tæ$^{31}$<br>跑肚 pʰɔ$^{52}$tu$^{13}$<br>小气 ɕiɔ$^{52}$tɕʰi$^{44}$ | | | 52 | **52** |
| 上声 + 清入 | 扁食 piæ$^{52}$ʂʅ$^{31}$<br>粉笔 fəŋ$^{52}$pi$^{13}$ | | | | **52** |
| 上声 + 次浊入 | 五月 vu$^{52}$yə$^{31}$<br>好药 xɔ$^{52}$yə$^{13}$ | | | | **52** |
| 上声 + 全浊入 | 死活 sʅ$^{52}$xuə$^{13}$<br>小学 ɕiɔ$^{52}$ɕyə$^{31}$ | | | | **52** |

续表

| 连调模式 | 例词 | | | 前字 | |
|---|---|---|---|---|---|
| | | | | 调值 | 连调值 |
| 浊平 + 清平 | 铡刀 tsa⁴⁴tɔ³¹ | 镰刀 liæ³¹tɔ⁵² | 农村 nuŋ¹³tsʰuŋ³¹ | 13 | **13**、**44**、**31** |
| 浊平 + 浊平 | 绵羊 miæ³¹iaŋ⁵²<br>姨娘 i³¹n̠iaŋ⁴⁴<br>年时 n̠iæ³¹sʐ¹³ | 长虫 tʂʰaŋ¹³tʂʰuŋ³¹<br>农民 nuŋ¹³miŋ¹³ | | | **13**、**31** |
| 浊平 + 上声 | 尘土 tʂʰən¹³tʰu⁵² | 柴火 tʂʰɛ³¹xuə⁵² | | | **13**、**31** |
| 浊平 + 去声 | 洋芋 iaŋ³¹y⁴⁴ | | | | **31** |
| 浊平 + 清入 | 毛笔 mɔ¹³pi³¹<br>牛角 n̠iəu¹³kə¹³ | 颜色 iæ³¹sei⁵² | | | **13**、**31** |
| 浊平 + 次浊入 | 农业 nuŋ¹³n̠iə³¹<br>棉袄 miæ¹³va¹³ | 茶叶 tsʰa³¹iə⁵² | | | **13**、**31** |
| 浊平 + 全浊入 | 同学 tʰuŋ¹³çyə¹³ | | | | **13** |
| 去声 + 清平 | 外甥 vɛ¹³səŋ³¹<br>认真 zʐən¹³tʂən⁵² | 唱歌 tʂʰaŋ⁴⁴kə¹³ | | | **13**、**44** |
| 去声 + 浊平 | 犍牛 tçiæ⁴⁴n̠iəu³¹<br>放牛 faŋ⁴⁴n̠iəu¹³ | 妇人 fu¹³zʐən³¹<br>面条 miæ¹³tʰiɔ¹³ | | | **13**、**44** |
| 去声 + 上声 | 右手 iəu¹³ʂəu³¹<br>大雨 ta¹³y⁵² | 信纸 çiŋ⁴⁴tsʐ⁵² | | | **13**、**44** |
| 去声 + 去声 | 大豆 ta¹³təu³¹<br>种菜 tʂuŋ¹³tsʰɛ⁴⁴<br>灶具 tsɔ¹³tçy¹³ | 下蛋 çia⁴⁴tæ³¹<br>骂仗 ma⁴⁴tʂaŋ¹³ | | | **13**、**44** |
| 去声 + 清入 | 办法 pæ¹³fa³¹<br>犯法 fæ¹³fa¹³ | | | | **13** |
| 去声 + 次浊入 | 树叶 ʂu¹³iə⁵²<br>四月 sʐ¹³yə³¹ | 瘦肉 səu⁴⁴zʐəu⁴⁴ | | | **13**、**44** |
| 去声 + 全浊入 | 汉族 xæ¹³tsu³¹<br>放学 faŋ¹³çyə¹³ | | | | **13** |

说明："连调值"列加粗的是变调调值。

　　1920 年海原县境内发生了 8.5 级大地震，全县遭到毁灭性破坏，人口伤亡惨重，据《民国固原县志》记载海原县死亡人数达 7.3 万余人。人口的锐减导致民国后期海原大片土地空旷，周边省区市的大量民众迁徙而来，《固原县志》记载，民国时"甘肃静宁、庄浪、会宁、天水、秦安等地农民来县垦殖，从而形成本县汉族种性复杂的特点"。《海原县志》记载，民国初年，由于军阀混战，大量陕、甘、宁、青人口迁入海原县。1941 年前后，秦安等地的许多汉民迁至关庄一带，使县境南部的人口密度略有增加。1933 年，宁夏省政府号召百姓承领开垦，先后颁布《宁夏垦荒规程》《土地使用新方案》《修正宁夏省荒地承垦暂行办法》《宁夏省借贷农本暂行办法》《承垦条例》等法规，并以宁夏省主席马鸿逵的名义发布"招垦荒地，奖励生产，复兴农村"的布告，发动了大规模的农垦运动，极大地调动了垦荒者积极性，也吸引了大批的外省移民进入宁夏，主要以周边省份无地少地农民和躲避战乱的难民以及中原地区水旱灾民为主（刘天明、王晓华、张哲，2008）。至 1941 年，全县人口密度由 1933 年的每平方公里 7.6 人增为 9.8 人。从这些县志的相关记载可以看出海原县境内人口来源的多样性以及海原方言的繁杂性，从史实来看，移民应该是造成海原方言不同语音面貌的主要原因。今海原县境内两调方言的使用者应该是在移民前就已经完成了方言调类的合并，迁徙到海原后，受其他方言影响出现了一些演变，即上述例外字的产生，如去声读中平调［44］等情况。从朱晓农、衣莉（2015）和舍秀存（2013）所记录的调类合并方向来看，海原海城方言调类的合并方向与青海西宁、大通一致，因此并不排除部分海原海城方言使用者祖上来自青海地区，并将该方言带入海原县。

# 第三节 连读调

## 壹 两字组连读调

1. 代表点的连读调情况

（1）固原方言连读调

以固原官厅方言为代表，归纳固原方言阴平、阳平、上声、去声两字组连读调如表 4-7。

表 4 – 7　　　　　　　　　　　固原官厅方言两字组连调模式

| 前字 ＼ 后字 | 阴平 132 | 阳平 13 | 上声 52 | 去声 44 |
|---|---|---|---|---|
| 阴平 132 | 132　132<br>13　　31<br>————<br>132　132<br>13　　13 | 132　13<br>31<br>————<br>132　13<br>13　31 | 132　52<br>31 | 132　44<br>31<br>————<br>132　44<br>31　13 |
| 阳平 13 | 13　132<br>　　31 | 13　13<br>————<br>13　13<br>　　31 | 13　52 | 13　44<br>————<br>13　44<br>　　31 |
| 上声 52 | 52　132<br>　　31<br>————<br>52　132<br>　　13 | 52　13<br>————<br>52　13<br>　　31 | 52　52<br>————<br>52　52<br>　　31<br>————<br>52　52<br>　　31 | 52　44<br>————<br>52　44<br>　　31 |
| 去声 44 | 44　132<br>　　13<br>————<br>44　132<br>　　31 | 44　13<br>————<br>44　13<br>　　31 | 44　52<br>————<br>44　52<br>　　31 | 44　44<br>　　31 |

说明：一般为前字变调，后字调值［31］为轻声。

固原方言连读调例词列举如下：

阴平 + 阴平　飞机 fei$^{132-13}$ tɕi$^{132-31}$　　　春天 tʂʰuŋ$^{132-13}$ tʰian$^{132-31}$　　番瓜 fæ$^{132-13}$ kua$^{132-31}$

　　　　　　开车 kʰɛ$^{132-13}$ tʂʰə$^{132-13}$

阴平 + 阳平　灰尘 xuei$^{132-31}$ tʂʰəŋ$^{13}$　　　抽匣 tʂʰəu$^{132-31}$ ɕia$^{13}$　　　锅头 kuə$^{132-31}$ tʰəu$^{13}$

　　　　　　苍蝇 tsʰaŋ$^{132-13}$ iŋ$^{132-31}$

阴平 + 上声　　烟筒 ian$^{132-31}$t$^h$uŋ$^{52}$　　　　山水 san$^{132-31}$ʂuei$^{52}$　　　　乡长 ɕiaŋ$^{132-31}$tʂaŋ$^{52}$

阴平 + 去声　　月亮 yə$^{132-31}$liaŋ$^{44}$　　　　开会 k$^h$ɛ$^{132-31}$xuei$^{44}$　　　　书记 ʂu$^{132-31}$tɕi$^{44}$

　　　　　　　褡裢 ta$^{132-31}$lian$^{44-13}$

阳平 + 阴平　　白灰 pei$^{13}$xuei$^{132-31}$　　　　毛笔 mɔ$^{13}$pi$^{132-31}$　　　　农村 nuŋ$^{13}$ts$^h$uŋ$^{132-31}$

　　　　　　　爬山 p$^h$a$^{13}$sæ$^{132-13}$

阳平 + 阳平　　茅房 mɔ$^{13}$faŋ$^{13}$　　　　扬场 iaŋ$^{13}$tʂ$^h$aŋ$^{13}$　　　　农民 luŋ$^{13}$miŋ$^{13}$

　　　　　　　盘缠 p$^h$an$^{13}$tʂ$^h$an$^{13-31}$　　　男人 nan$^{13}$zəŋ$^{13-31}$　　　槌头 tʂ$^h$uei$^{13}$t$^h$əu$^{13-31}$

阳平 + 上声　　凉水 liaŋ$^{13}$ʂuei$^{52}$　　　　洋碱 iaŋ$^{13}$tɕian$^{52}$　　　　门槛 məŋ$^{13}$k$^h$an$^{52}$

阳平 + 去声　　羊圈 iaŋ$^{13}$tɕyan$^{44}$　　　　杂碎 tsa$^{13}$suei$^{44}$　　　　还帐 xuæ$^{13}$tʂaŋ$^{44}$

　　　　　　　徒弟 t$^h$u$^{13}$t$^h$i$^{44-31}$　　　棉裤 miæ$^{13}$ku$^{44-31}$

上声 + 阴平　　解锥 kɛ$^{52}$tʂuei$^{132-31}$　　　晚夕 van$^{52}$ɕi$^{132-31}$　　　　米汤 mi$^{52}$t$^h$aŋ$^{132-31}$

　　　　　　　指甲 tsʅ$^{52}$tɕia$^{132-13}$　　　打针 ta$^{52}$tʂəŋ$^{132-13}$

上声 + 阳平　　响雷 ɕiaŋ$^{52}$luei$^{13}$　　　倒霉 tɔ$^{52}$mei$^{13}$　　　　锁门 suə$^{52}$məŋ$^{13}$

　　　　　　　土尘 t$^h$u$^{52}$tʂ$^h$əŋ$^{13-31}$　　　顶棚 tiŋ$^{52}$p$^h$əŋ$^{13-31}$　　　口粮 k$^h$əu$^{52}$liaŋ$^{13-31}$

上声 + 上声　　晌午 ʂaŋ$^{52-31}$vu$^{52}$　　　水果 ʂuei$^{52-31}$kuə$^{52}$　　　老板 lɔ$^{52-31}$pæ$^{52}$

　　　　　　　井水 tɕiŋ$^{52}$ʂuei$^{52}$　　　打水 ta$^{52}$ʂuei$^{52}$

上声 + 去声　　写字 ɕiə$^{52}$tsʅ$^{44}$　　　板凳 pæ$^{52}$təŋ$^{44}$　　　　水窖 ʂuei$^{52}$tɕiɔ$^{44}$

　　　　　　　把式 pa$^{52}$ʂʅ$^{44-31}$　　　早上 tsɔ$^{52}$ʂaŋ$^{44-31}$　　　扁担 piæ$^{52}$tæ$^{44-31}$

去声 + 阴平　　冻冰 tuŋ$^{44}$piŋ$^{132-13}$　　　唱歌 tʂ$^h$aŋ$^{44}$kə$^{132-13}$　　　被窝 pei$^{44}$vuə$^{132-31}$

　　　　　　　菜刀 ts$^h$ɛ$^{44}$tɔ$^{132-31}$　　　下雪 ɕia$^{44}$ɕyə$^{132-31}$

去声 + 阳平　　地摇 ti$^{44}$iɔ$^{13}$　　　面条 miæ$^{44h}$t$^h$iɔ$^{13}$　　　大门 ta$^{44}$məŋ$^{13}$

　　　　　　　太阳 t$^h$ɛ$^{44}$iaŋ$^{13-31}$　　　涝池 lɔ$^{44}$tʂ$^h$ʅ$^{13-31}$　　　算盘 suæ$^{44}$p$^h$æ$^{13-31}$

去声 + 上声　　户口 xu$^{44}$k$^h$əu$^{52-31}$　　　外母 vɛ$^{44}$mu$^{52-31}$

　　　　　　　大雨 ta$^{44}$y$^{52}$　　　信纸 ɕiŋ$^{44}$tsʅ$^{52}$　　　送礼 suŋ$^{44}$li$^{52}$

去声 + 去声　　大季 ta$^{44}$tɕi$^{44-31}$　　　外父 vɛ$^{44}$fu$^{44-31}$　　　孝顺 ɕiɔ$^{44}$ʂuŋ$^{44-31}$

　　　　　　　种菜 tʂuŋ$^{44}$ts$^h$ɛ$^{44}$　　　路费 lu$^{44}$fei$^{44}$　　　灶具 tsɔ$^{44}$tɕy$^{44}$

（2）海原方言连读调

　　以海原郑旗方言为例，根据海原方言单字调平声、上声、去声归纳该方言两字组连读调如表4-8。

表 4 - 8　　　　　　　　　海原郑旗方言两字组连调模式

| 后字　　　　　　前字 | 平声 132 | 上声 52 | 去声 44 |
|---|---|---|---|
| 平声 132 | 132　132<br>13　31<br>—————<br>132　132<br>13<br>—————<br>132　132<br>31　13 | 132　52<br>31<br>—————<br>132　52<br>13 | 132　44<br>31<br>—————<br>132　44<br>13　44 |
| 上声 52 | 52　132<br>—————<br>52　132<br>31<br>—————<br>52　132<br>13 | 52　52 | 52　44<br>　　31 |
| 去声 44 | 44　132<br>　　31<br>—————<br>44　132<br>13 | 44　52<br>—————<br>44　52<br>31 | 44　44<br>—————<br>44　44<br>31 |

说明：一般为前字变调，后字调值［31］为轻声。

连读调例词列举如下：

平声 + 平声　飞机 fei$^{132-13}$tɕi$^{132-31}$　　　东风 tuŋ$^{132-13}$fəŋ$^{132-31}$　　　开车 kʰɛ$^{132-13}$tʂʰə$^{132-13}$

　　　　　　农村 nuŋ$^{132-13}$tsʰuŋ$^{132-31}$　　良心 liaŋ$^{132-13}$ɕiŋ$^{132-31}$　　爬山 pʰa$^{132-13}$san$^{132-13}$

　　　　　　清明 tɕʰiŋ$^{132-31}$miŋ$^{132-13}$　　开门 kʰɛ$^{132-31}$məŋ$^{132-13}$　　今年 tɕiŋ$^{132-31}$n̠ian$^{132-13}$

　　　　　　眉毛 mi$^{132-13}$mɔ$^{132-31}$　　　农民 nuŋ$^{132-13}$miŋ$^{132-13}$　　扬场 iaŋ$^{132-13}$tʂʰaŋ$^{132-13}$

平声 + 上声　工厂 kuŋ$^{132-31}$tsʰaŋ$^{52}$　　身体 ʂəŋ$^{132-31}$tʰi$^{52}$　　　乡长 ɕiaŋ$^{132-31}$tʂaŋ$^{52}$

　　　　　　门口 məŋ$^{132-13}$kʰəu$^{52}$　　长短 tsʰaŋ$^{132-13}$tuan$^{52}$　　牛奶 n̠iəu$^{132-13}$nɛ$^{52}$

| | | | |
|---|---|---|---|
| 平声 + 去声 | 书记 ʂu$^{132-31}$tɕi$^{44}$ | 车票 tʂʰə$^{132-31}$pʰiɔ$^{44}$ | 开会 kʰɛ$^{132-31}$xuei$^{44}$ |
| | 棉裤 mian$^{132-13}$kʰu$^{31}$ | 徒弟 tʰu$^{132-13}$tʰi$^{31}$ | 羊圈 iaŋ$^{132-13}$tɕyan$^{44}$ |
| 上声 + 平声 | 火车 xuə$^{52}$tʂʰə$^{132-31}$ | 眼睛 ȵian$^{52}$tɕiŋ$^{132-31}$ | 老师 lɔ$^{52}$sʅ$^{132-31}$ |
| | 口粮 kʰəu$^{52}$liaŋ$^{132}$ | 倒霉 tɔ$^{52}$mei$^{132}$ | 锁门 suə$^{52}$məŋ$^{132}$ |
| | 粉笔 fəŋ$^{52}$pi$^{31}$ | 五月 vu$^{52}$yə$^{31}$ | 小学 ɕiɔ$^{52}$ɕyə$^{132}$ |
| 上声 + 上声 | 水果 ʂuei$^{52}$kuə$^{52}$ | 老板 lɔ$^{52}$pan$^{52}$ | 打水 ta$^{52}$ʂuei$^{52}$ |
| 上声 + 去声 | 韭菜 tɕiəu$^{52}$tsʰɛ$^{44}$ | 板凳 pan$^{52}$təŋ$^{31}$ | 写字 ɕiɔ$^{52}$tsʅ$^{44}$ |
| 去声 + 平声 | 背心 pei$^{44}$ɕiŋ$^{132-31}$ | 地方 ti$^{44}$faŋ$^{132-31}$ | 认真 zəŋ$^{44}$tʂəŋ$^{132-31}$ |
| | 算盘 suan$^{44}$pʰan$^{13}$ | 面条 mian$^{44}$tʰiɔ$^{13}$ | 大门 ta$^{44}$məŋ$^{13}$ |
| | 政策 tʂəŋ$^{44}$tsʰei$^{132-31}$ | 树叶 ʂu$^{44}$iə$^{132-31}$ | 放学 faŋ$^{44}$ɕyə$^{132}$ |
| 去声 + 上声 | 大雨 ta$^{44}$y$^{52}$ | 送礼 suŋ$^{44}$li$^{52}$ | 户口 xu$^{44}$kʰəu$^{31}$ |
| 去声 + 去声 | 路费 lu$^{44}$fei$^{44}$ | 种菜 tʂuŋ$^{44}$tsʰɛ$^{44}$ | 孝顺 ɕiɔ$^{44}$ʂuŋ$^{31}$ |

（3）彭阳方言连读调

以彭阳城阳方言为代表，根据彭阳方言单字调阴平、阳平、上声、去声归纳两字组连读调如表4-9。

表4-9　　　　　　　　彭阳城阳方言两字组连调模式

| 前字＼后字 | 阴平213 | 阳平13 | 上声52 | 去声44 |
|---|---|---|---|---|
| 阴平213 | 213　213<br>13　31 | 213　13<br>31 | 213　52<br>31 | 213　44<br>31 |
| 阳平13 | 13　213<br>31 | 13　13<br>————<br>13　13<br>31 | 13　52<br>————<br>13　52<br>31 | 13　44<br>————<br>13　44<br>31 |
| 上声52 | 52　213<br>31 | 52　13 | 52　52<br>————<br>52　52<br>31 | 52　44<br>————<br>52　44<br>31 |

| 前字 ＼ 后字 | 阴平 213 | 阳平 13 | 上声 52 | 去声 44 |
|---|---|---|---|---|
| 去声 44 | 44　213<br>　　31<br>———<br> | 44　13<br>———<br>44　13<br>　　31 | 44　52<br>———<br>44　52<br>　　31 | 44　44<br>———<br>44　44<br>　　31 |

说明：一般为前字变调，后字调值〔31〕为轻声。

现将连读调例词列举如下：

| | | | |
|---|---|---|---|
| 阴平+阴平 | 飞机 fei$^{213-13}$tɕi$^{213-31}$ | 春天 tsʰuŋ$^{213-13}$tʰian$^{213-31}$ | 开车 kʰɛ$^{213-13}$tʂʰə$^{213-31}$ |
| 阴平+阳平 | 灰尘 xuei$^{213-31}$tʂʰən$^{13}$ | 抽匣 tʂʰəu$^{213-31}$ɕia$^{13}$ | 锅头 kuə$^{213-31}$tʰəu$^{13}$ |
| 阴平+上声 | 烟筒 ian$^{213-31}$tʰuŋ$^{52}$ | 山水 san$^{213-31}$ʂuei$^{52}$ | 乡长 ɕiaŋ$^{213-31}$tʂaŋ$^{52}$ |
| 阴平+去声 | 月亮 yə$^{213-31}$liaŋ$^{44}$ | 车票 tʂʰə$^{213-31}$pʰiɔ$^{44}$ | 开会 kʰɛ$^{213-31}$xuei$^{44}$ |
| 阳平+阴平 | 白灰 pei$^{13}$xuei$^{213-31}$ | 毛笔 mɔ$^{13}$pi$^{213-31}$ | 农村 nuŋ$^{13}$tsʰuŋ$^{213-31}$ |
| 阳平+阳平 | 茅房 mɔ$^{13}$faŋ$^{13}$<br>眉毛 mi$^{13}$mɔ$^{13-31}$ | 农民 nuŋ$^{13}$miŋ$^{13}$<br>同学 tʰuŋ$^{13}$ɕyə$^{13-31}$ | 扬场 iaŋ$^{13}$tʂʰaŋ$^{13}$<br>皮实 pʰi$^{13}$ʂʅ$^{13-31}$ |
| 阳平+上声 | 凉水 liaŋ$^{13}$ʂuei$^{52}$<br>眼睛 ȵian$^{52}$tɕiŋ$^{213-31}$ | 洋碱 iaŋ$^{13}$tɕian$^{52}$ | 门口 məŋ$^{13}$kʰəu$^{52}$ |
| 阳平+去声 | 还账 xuæ$^{13}$tʂaŋ$^{44}$<br>徒弟 tʰu$^{13}$tʰi$^{44-31}$ | 杂碎 tsa$^{13}$suei$^{44}$ | 羊圈 iaŋ$^{13}$tɕyan$^{44}$ |
| 上声+阴平 | 解锥 kɛ$^{52}$tʂuei$^{213-31}$ | 晚夕 van$^{52}$ɕi$^{213-31}$ | 火车 xuɔ$^{52}$tʂʰə$^{213-31}$ |
| 上声+阳平 | 响雷 ɕiaŋ$^{52}$luei$^{13}$ | 土尘 tʰu$^{52}$tʂʰən$^{13}$ | 锁门 suə$^{52}$məŋ$^{13}$ |
| 上声+上声 | 井水 tɕiŋ$^{52}$ʂuei$^{52}$<br>晌午 ʂaŋ$^{52-31}$vu$^{52}$ | 打水 ta$^{52}$ʂuei$^{52}$<br>水果 ʂuei$^{52-31}$kuə$^{52}$ | 老板 lɔ$^{52-31}$pæ$^{52}$ |
| 上声+去声 | 把式 pa$^{52}$ʂʅ$^{44-31}$<br>写字 ɕiə$^{52}$tsʅ$^{44}$ | 早上 tsɔ$^{52}$ʂaŋ$^{44-31}$ | 韭菜 tɕiəu$^{52}$tsʰɛ$^{44-31}$ |
| 去声+阴平 | 菜刀 tsʰɛ$^{44}$tɔ$^{213-31}$ | 下雪 ɕia$^{44}$ɕyə$^{213-31}$ | 背心 pei$^{44}$ɕiŋ$^{213-31}$ |
| 去声+阳平 | 大门 ta$^{44}$məŋ$^{13}$<br>涝池 lɔ$^{44}$tʂʅ$^{13-31}$ | 地摇 ti$^{44}$iɔ$^{13}$<br>算盘 suæ$^{44}$pʰæ$^{13-31}$ | 面条 miæ$^{44}$tʰiɔ$^{13}$ |
| 去声+上声 | 大雨 ta$^{44}$y$^{52}$ | 送礼 suŋ$^{44}$li$^{52}$ | 信纸 ɕiŋ$^{44}$tsʅ$^{52}$ |

　　　　　户口 xu⁴⁴kʰəu⁵²⁻³¹

去声＋去声　种菜 tʂuŋ⁴⁴tsʰɛ⁴⁴　　　　路费 lu⁴⁴fei⁴⁴　　　　孝顺 çiɔ⁴⁴ʂuŋ⁴⁴
　　　　　外父 vɛ⁴⁴fu⁴⁴⁻³¹

（4）同心方言连读调

　　以同心<sub>张家垣</sub>方言为代表，根据同心<sub>南部</sub>方言单字声调阴平、阳平、上声、去声归纳两字组连读调如表4-10。

表4-10　　　　　　　　同心张家垣方言两字组连调模式

| 前字 ＼ 后字 | 阴平213 | 阳平13 | 上声52 | 去声44 |
|---|---|---|---|---|
| 阴平213 | 213 213<br>13 31<br>———<br>213 213<br>13 13 | 213 13<br>31<br>213 13<br>13 31 | 213 52<br>31 | 213 44<br>31<br>——— |
| 阳平13 | 13 213<br>31 | 13 13<br>31 | 13 52<br>———<br>13 52<br>31 | 13 44<br>31<br>13 44<br>31 |
| 上声52 | 52 213<br>31<br>———<br>52 213<br>13 | 52 13<br>31 | 52 52 | 52 44<br>31 |
| 去声44 | 44 213<br>13<br>———<br>44 213<br>31 | 44 13<br>31 | 44 52<br>31 | 44 44<br>31<br>44 44<br>52 |

说明：一般为前字变调，后字调值［31］为轻声。

连读调例词列举如下：

| | | | |
|---|---|---|---|
| 阴平 + 阴平 | 飞机 fei²¹³⁻¹³ tɕi²¹³⁻³¹ | 香椿 ɕiaŋ²¹³⁻¹³ tʂʰuŋ²¹³⁻³¹ | 声音 ʂəŋ²¹³⁻¹³ iŋ²¹³⁻³¹ |
| | 当官 taŋ²¹³⁻¹³ kuan²¹³⁻¹³ | 收入 ʂəu²¹³⁻¹³ z̩u²¹³⁻¹³ | 开业 kʰɛ²¹³⁻¹³ ie²¹³⁻¹³ |
| 阴平 + 阳平 | 今年 tɕiŋ²¹³⁻³¹ n̠ian¹³ | 耕田 kəŋ²¹³⁻³¹ tʰian¹³ | 帮忙 paŋ²¹³⁻³¹ maŋ¹³ |
| 阴平 + 上声 | 山水 ʂan²¹³⁻³¹ ʂuei⁵² | 乡长 ɕiaŋ²¹³⁻³¹ tʂaŋ⁵² | 孙女 suŋ²¹³⁻³¹ n̠y⁵² |
| 阴平 + 去声 | 书记 ʂu²¹³⁻³¹ tɕi⁴⁴ | 车票 tʂʰə³¹ pʰiɔ⁴⁴ | 青菜 tɕʰiŋ³¹ tsʰɛ⁴⁴ |
| 阳平 + 阴平 | 农村 nuŋ¹³ tsʰuŋ²¹³⁻¹³ | 良心 liaŋ¹³ ɕiŋ²¹³⁻¹³ | 南方 nan¹³ faŋ²¹³⁻¹³ |
| 阳平 + 阳平 | 皮鞋 pʰi¹³ xɛ¹³ | 羊毛 iaŋ¹³ mɔ¹³ | 银行 iŋ¹³ xaŋ¹³ |
| | 围裙 vei¹³ tɕʰyŋ¹³⁻³¹ | 眉毛 mi¹³ mɔ¹³⁻³¹ | 牙疼 ia¹³ tʰəŋ¹³⁻³¹ |
| 阳平 + 上声 | 门口 məŋ¹³ kʰəu⁵² | 长短 tʂaŋ¹³ tuan⁵² | 牛奶 n̠iəu¹³ nɛ⁵² |
| | 朋友 pʰəŋ¹³ iəu⁵²⁻³¹ | 牙齿 ia¹³ tsʰʅ⁵²⁻³¹ | |
| 阳平 + 去声 | 城市 tʂʰəŋ¹³ sʅ⁴⁴ | 咸菜 ɕian¹³ tsʰɛ⁴⁴ | 排队 pʰɛ¹³ tuei⁴⁴ |
| | 棉裤 mian¹³ kʰu³¹ | 徒弟 tʰu¹³ ti³¹ | |
| 上声 + 阴平 | 火车 xuɔ⁵² tʂʰə³¹ | 点心 tian⁵² ɕiŋ³¹ | 喜欢 ɕi⁵² xuan³¹ |
| | 打针 ta⁵² tʂəŋ¹³ | 享福 ɕiaŋ⁵² fu¹³ | |
| 上声 + 阳平 | 水池 ʂuei⁵² tʂʰʅ¹³ | 锁门 suɔ⁵² məŋ¹³ | 检查 tɕian⁵² tʂʰa¹³ |
| | 伙食 xuɔ⁵² ʂʅ³¹ | 老实 lɔ⁵² ʂʅ³¹ | 小学 ɕiɔ⁵² ɕye³¹ |
| 上声 + 上声 | 厂长 tʂʰaŋ⁵² tʂaŋ⁵² | 举手 tɕy⁵² ʂəu⁵² | 好歹 xɔ⁵² tɛ⁵² |
| | 手表 ʂəu⁵²⁻³¹ piɔ⁵² | 水果 ʂuei⁵²⁻³¹ kuɔ⁵² | 管理 kuan⁵²⁻³¹ li⁵² |
| 上声 + 去声 | 海带 xɛ⁵² tɛ⁴⁴ | 水库 ʂuei⁵² kʰu⁴⁴ | 比赛 pi⁵² sɛ⁴⁴ |
| | 韭菜 tɕiəu⁵² tsʰɛ⁴⁴⁻³¹ | 板凳 pan⁵² təŋ⁴⁴⁻³¹ | 古代 ku⁵² tɛ⁴⁴⁻³¹ |
| 去声 + 阴平 | 坐车 tsuɔ⁴⁴ tʂʰə²¹³⁻³¹ | 唱歌 tʂʰaŋ⁴⁴ kə²¹³⁻³¹ | 半天 pan⁴⁴ tʰian²¹³⁻³¹ |
| | 树叶 ʂu⁴⁴ ie¹³ | 犯法 fan⁴⁴ fa¹³ | |
| 去声 + 阳平 | 酱油 tɕiaŋ⁴⁴ iəu¹³ | 半年 pan⁴⁴ n̠ian¹³ | 化肥 xua⁴⁴ fei¹³ |
| | 算盘 suan⁴⁴ pʰan¹³⁻³¹ | 练习 lian⁴⁴ ɕi¹³⁻³¹ | 汉族 xan⁴⁴ tsu¹³⁻³¹ |
| 去声 + 上声 | 报纸 pɔ⁴⁴ tsʅ⁵² | 政府 tʂəŋ⁴⁴ fu⁵² | 信纸 ɕiŋ⁴⁴ tsʅ⁵² |
| | 户口 xu⁴⁴ kʰəu⁵²⁻³¹ | | |
| 去声 + 去声 | 变化 pian⁴⁴ xua⁴⁴ | 种菜 tʂuŋ⁴⁴ tsʰɛ⁴⁴ | 世界 ʂʅ⁴⁴ tɕie⁴⁴ |
| | 孝顺 ɕiɔ⁴⁴ ʂuŋ⁴⁴⁻³¹ | | |
| | 创造 tʂʰuaŋ⁴⁴⁻⁵² tsɔ⁴⁴ | 会计 kʰuɛ⁴⁴⁻⁵² tɕi⁴⁴ | |

## （5）盐池方言连读调

以盐池﹏麻黄山﹏方言为代表，根据盐池﹏南部﹏方言单字声调阴平、阳平、上声、去声归纳两字组连读调如下表4–11。

表4–11　　　　　　　　盐池麻黄山方言两字组连调模式

| 前字 \ 后字 | 阴平31 | 阳平35 | 上声52 | 去声44 |
|---|---|---|---|---|
| 阴平31 | 31 31<br>44 44<br>———<br>31 31<br>44<br>———<br>31 31<br>44 35 | 31 35<br>44 31<br>———<br>31 35<br>44<br>———<br>31 35<br>35 31 | 31 52<br>44 | 31 44<br>44<br>———<br>31 44<br>44 31<br>———<br>31 44<br>44 35 |
| 阳平35 | 35 31<br>———<br>35 31<br>　　44<br>———<br>35 31<br>　　35 | 35 35<br>———<br>35 35<br>　　31 | 35 52<br>———<br>35 52<br>44 31<br>———<br>35 52<br>　　31 | 35 44<br>———<br>35 44<br>31 |
| 上声52 | 52 31<br>———<br>52 31<br>35 | 52 35<br>———<br>52 35<br>　　31 | 52 52 | 52 44<br>———<br>52 44<br>　　31<br>———<br>52 44<br>　　35 |
| 去声44 | 44 31<br>———<br>44 31<br>　　44 | 44 35<br>———<br>44 35<br>　　31<br>———<br>44 35<br>35 31 | 44 52<br>———<br>44 52<br>　　31 | 44 44<br>———<br>44 44<br>　　31<br>———<br>44 44<br>31 |

说明：一般为前字变调，后字调值［31］为轻声。

连读调例词列举如下：

| | | | |
|---|---|---|---|
| 阴平 + 阴平 | 飞机 fei³¹⁻⁴⁴tɕi³¹⁻⁴⁴ | 开车 kʰɛ³¹⁻⁴⁴tʂʰə³¹⁻⁴⁴ | 当官 taŋ³¹⁻⁴⁴kuæ³¹⁻⁴⁴ |
| | 钢笔 kaŋ³¹⁻⁴⁴pi³¹⁻³⁵ | | |
| | 生日 səŋ³¹⁻⁴⁴zʅ³¹ | 东风 tuŋ³¹⁻⁴⁴fəŋ³¹ | 天黑 tʰiæ³¹⁻⁴⁴xei³¹ |
| 阴平 + 阳平 | 今年 tɕiŋ⁴⁴ȵian³⁵⁻³¹ | 生活 səŋ³¹⁻⁴⁴xuə³⁵⁻³¹ | 清明 tɕʰiŋ³¹⁻⁴⁴miŋ³⁵⁻³¹ |
| | 开门 kʰɛ³¹⁻⁴⁴məŋ³⁵ | | |
| | 新房 ɕiŋ³¹⁻³⁵faŋ³⁵⁻³¹ | | |
| 阴平 + 上声 | 工厂 kuŋ³¹⁻⁴⁴tʂʰaŋ⁵² | 乡长 ɕiaŋ³¹⁻⁴⁴tʂaŋ⁵² | 浇水 tɕiɔ³¹⁻⁴⁴ʂuei⁵² |
| | 山水 sæ³¹⁻⁴⁴ʃuei⁵²⁻³¹ | | |
| 阴平 + 去声 | 开店 kʰɛ³¹⁻⁴⁴tiæ⁴⁴ | 车票 tʂʰə³¹⁻⁴⁴pʰiɔ⁴⁴ | 开会 kʰɛ³¹⁻⁴⁴xuei⁴⁴ |
| | 书记 tʂu³¹⁻⁴⁴tɕi⁴⁴⁻³¹ | 煨炕 vei³¹⁻⁴⁴kʰaŋ⁴⁴⁻³¹ | |
| | 月亮 yə³¹liaŋ⁴⁴⁻³⁵ | | |
| | 烧炕 ʂɔ³¹⁻⁴⁴kʰaŋ⁴⁴⁻³⁵ | | |
| 阳平 + 阴平 | 农村 nuŋ³⁵tsʰuŋ³¹⁻⁴⁴ | 棉袜 miæ³⁵va³¹⁻⁴⁴ | |
| | 棉花 mian³⁵xua³¹ | 颜色 iæ³⁵sei³¹ | 头发 tʰəu³⁵fa³¹ |
| | 牛角 niəu³⁵kə³¹⁻³⁵ | 流血 liəu³⁵ɕiə³¹⁻³⁵ | |
| 阳平 + 阳平 | 扬场 iaŋ³⁵tʂʰaŋ³⁵ | 农民 nuŋ³⁵miŋ³⁵ | 同学 tʰuŋ³⁵ɕyə³⁵ |
| | 眉毛 mi³⁵mɔ³⁵⁻³¹ | 围裙 vei³⁵tɕʰyŋ³⁵⁻³¹ | 槌头 tʃʰuei³⁵tʰəu³⁵⁻³¹ |
| 阳平 + 上声 | 门口 məŋ³⁵kʰəu⁵² | 牛奶 ȵiəu³⁵nɛ⁵² | 长短 tʂʰaŋ³⁵tuan⁵² |
| | 红薯 xuŋ³⁵ʃu⁵²⁻³¹ | | |
| 阳平 + 去声 | 徒弟 tʰu³⁵⁻³¹ti⁴⁴ | 还账 xuan³⁵⁻³¹tʂaŋ⁴⁴ | 羊圈 iaŋ³⁵⁻³¹tɕyan⁴⁴ |
| | 横竖 xəŋ³⁵ʃu⁴⁴ | | |
| 上声 + 阴平 | 眼睛 ȵian⁵²tɕiŋ³¹ | 打针 ta⁵²tʂəŋ³¹ | 火车 xuə⁵²tʂʰə³¹ |
| | 傍肩 paŋ⁵²⁻³⁵tɕiæ³¹ | | |
| 上声 + 阳平 | 倒霉 tɔ⁵²mei³⁵ | 检查 tɕian⁵²tʂʰa³⁵ | 锁门 suə⁵²məŋ³⁵ |
| | 口粮 kʰəu⁵²liaŋ³⁵⁻³¹ | 顶棚 tiŋ⁵²pʰəŋ³⁵⁻³¹ | 满足 mæ⁵²tsu³⁵⁻³¹ |
| 上声 + 上声 | 老板 lɔ⁵²pan⁵² | 水果 ʂuei⁵²kuə⁵² | 井水 tɕiŋ⁵²ʂuei⁵² |
| 上声 + 去声 | 写字 ɕiə⁵²tsʅ⁴⁴ | 拣菜 tɕiæ⁵²tsʰɛ⁴⁴ | 扫兴 sɔ⁵²ɕiŋ⁴⁴ |
| | 韭菜 tɕiəu⁵²tsʰɛ⁴⁴⁻³¹ | 板凳 pan⁵²təŋ⁴⁴⁻³¹ | 手艺 ʂəu⁵²i⁴⁴⁻³¹ |
| | 水窖 ʃuei⁵²tɕiɔ⁴⁴⁻³⁵ | | |
| 去声 + 阴平 | 地方 ti⁴⁴faŋ³¹ | 背心 pei⁴⁴ɕiŋ³¹ | 办法 pæ⁴⁴fa³¹ |

| | | |
|---|---|---|
| | 唱歌 tʂʰaŋ⁴⁴kə³¹⁻⁴⁴ | 认真 z̩əŋ⁴⁴tʂəŋ³¹⁻⁴⁴ | |

去声 + 阳平　拜年 pɛ⁴⁴n̡iæ³⁵　　　面条 mian⁴⁴tʰiɔ³⁵　　　放学 faŋ⁴⁴çyə³⁵

　　　　　　汉族 xan⁴⁴tsu³⁵⁻³¹　　算盘 suæ⁴⁴pʰæ³⁵⁻³¹　　大门 ta⁴⁴məŋ³⁵⁻³¹

　　　　　　盖头 kɛ⁴⁴⁻³⁵tʰəu³⁵⁻³¹

去声 + 上声　大雨 ta⁴⁴y⁵²　　　　送礼 suŋ⁴⁴li⁵²　　　　信纸 çiŋ⁴⁴tsʅ⁵²

　　　　　　户口 xu⁴⁴kʰəu⁵²⁻³¹

去声 + 去声　路费 lu⁴⁴fei⁴⁴　　　种菜 tʂuŋ⁴⁴tsʰɛ⁴⁴　　　孝顺 çiɔ⁴⁴ʃuŋ⁴⁴

　　　　　　会计 kʰuɛ⁴⁴tçi⁴⁴⁻³¹　涝坝 lɔ⁴⁴pa⁴⁴⁻³¹　　　故事 ku⁴⁴sʅ⁴⁴⁻³¹

　　　　　　下蛋 çia⁴⁴⁻³¹tæ⁴⁴

（6）西吉方言连读调

以西吉<sub></sub>吉强方言为例，根据西吉方言单字调平声、上声、去声归纳两字组连调如表 4 - 12。

表 4 - 12　　　　　　　　　西吉吉强方言两字组连调模式

| 前字 ＼ 后字 | 平声 132 | 上声 52 | 去声 44 |
|---|---|---|---|
| 平声 132 | 132　132<br>13　31<br>――――――<br>132　132<br>13<br>――――――<br>132　132<br>31　13 | 132　52<br>31<br>――――――<br>132　52<br>13 | 132　44<br>31<br>――――――<br>132　44<br>13　44 |
| 上声 52 | 52　132<br>　　31<br>――――――<br>52　132<br>　　13 | 52　52<br>――――――<br>52　52<br>　　31 | 52　44<br>　　31 |

续表

| 前字 ＼ 后字 | 平声 132 | 上声 52 | 去声 44 |
|---|---|---|---|
| 去声 44 | 44　132<br>31<br>——<br>44　132<br>13 | 44　52<br>31 | 44　44<br>31 |

说明：一般为前字变调，后字调值［31］为轻声。

连读调例词列举如下：

平声 + 平声　额头 ə¹³²⁻¹³tʰəu¹³²　　丢人 tɕiəu¹³²⁻¹³ʐəŋ¹³²　　农民 nuŋ¹³²⁻¹³miŋ¹³²

春天 tʂʰuŋ¹³²⁻¹³tɕʰian³¹　　冬天 tuŋ¹³²⁻¹³tɕʰian³¹　　调羹 tɕʰiɔ¹³²⁻¹³kəŋ³¹

热头 ʐə¹³²⁻³¹tʰəu¹³　　风匣 fəŋ¹³²⁻³¹ɕia¹³　　帮忙 paŋ¹³²⁻³¹maŋ¹³

平声 + 上声　牲口 səŋ¹³²⁻³¹kʰəu⁵²　　花卷 xua¹³²⁻³¹tɕyan⁵²　　浇水 tɕiɔ¹³²⁻³¹ʂuei⁵²

门槛 məŋ¹³²⁻¹³kʰan³¹　　长短 tʂʰaŋ¹³²⁻¹³tuæ̃⁵²　　黄米 xuaŋ¹³²⁻¹³mi³¹

平声 + 去声　填炕 tʰian¹³²⁻¹³kʰaŋ⁴⁴　　洋芋 iaŋ¹³²⁻¹³y⁴⁴　　麻利 ma¹³²⁻¹³li⁴⁴

月亮 ye¹³²⁻³¹liaŋ⁴⁴　　春上 tʂʰuŋ¹³²⁻³¹ʂaŋ⁴⁴　　铺盖 pʰu¹³²⁻³¹kɛ⁴⁴

上声 + 平声　响雷 ɕiaŋ⁵²luei¹³²　　母驴 mu⁵²ly¹³²　　锁门 suə⁵²məŋ¹³²

乳牛 ʐu⁵²n̠iəu¹³²⁻¹³　　母羊 mu⁵²iaŋ¹³²⁻¹³　　脖牛 pʰɔ⁵²n̠iəu¹³²⁻¹³

顶棚 tɕiŋ⁵²pʰəŋ¹³²⁻³¹　　扁担 pian⁵²tan¹³²⁻³¹　　母鸡 mu⁵²tɕi¹³²⁻³¹

上声 + 上声　水果 ʂuei⁵²⁻³¹kuə⁵²　　老碗 lɔ⁵²⁻¹³van⁴⁴⁻⁵²　　水桶 ʂuei⁵²⁻³¹tʰuŋ⁵²

井水 tɕiŋ⁵²ʂuei⁵²　　打水 ta⁵²ʂuei⁵²

上声 + 去声　水窖 ʂuei⁵²tɕiɔ⁴⁴　　眼泪 n̠ian⁵²luei⁴⁴　　写字 ɕie⁵²tsʅ⁴⁴

唢呐 suɔ⁵²la⁴⁴⁻³¹　　手绢 ʂəu⁵²tɕyan⁴⁴⁻³¹　　韭菜 tɕiəu⁵²tsʰɛ⁴⁴⁻³¹

去声 + 平声　叫驴 tɕiɔ⁴⁴ly¹³²　　放牛 faŋ⁴⁴n̠iəu¹³²　　外行 vɛ⁴⁴xaŋ¹³²

背心 pei⁴⁴ɕiŋ¹³²⁻³¹　　夏天 ɕia⁴⁴tɕʰian¹³²⁻³¹　　地方 tɕi⁴⁴faŋ¹³²⁻³¹

去声 + 上声　右手 iəu⁴⁴ʂəu⁵²　　大雨 ta⁴⁴y⁵²　　送礼 suŋ⁴⁴li⁵²

户口 xu⁴⁴kʰəu⁵²⁻³¹　　骒马 kʰuə⁴⁴ma⁵²⁻³¹

去声 + 去声　庙会 miɔ⁴⁴xuei⁴⁴　　下蛋 ɕia⁴⁴tan⁴⁴　　骂仗 ma⁴⁴tʂaŋ⁴⁴

孝顺 ɕiɔ⁴⁴ʂuŋ⁴⁴⁻³¹　　涝坝 lɔ⁴⁴pa⁴⁴⁻³¹

（7）隆德方言连读调

以隆德观庄方言为例，根据隆德方言单字调平声、上声、去声归纳两字组连调如表 4 - 13。

表 4 - 13　　　　　　　　隆德观庄方言两字组连调模式

| 前字＼后字 | 平声 132 | 上声 52 | 去声 44 |
|---|---|---|---|
| 平声 132 | 132　132<br>13　31<br>————<br>132　132<br>13<br>————<br>132　132<br>31　13 | 132　52<br>31<br>————<br>132　52<br>13 | 132　44<br>31<br>————<br>132　44<br>31　52 |
| 上声 52 | 52　132<br>　　31<br>————<br>52　132<br>　　13 | 52　52<br>31 | 52　44<br>　　31 |
| 去声 44 | 44　132<br>　　31<br>————<br>44　132<br>　　13 | 44　52<br>31 | 44　44<br>　　31 |

说明：一般为前字变调，后字调值［31］为轻声。

连读调例词列举如下：

平声 + 平声　　飞机 fei$^{132-13}$tçi$^{132-31}$　　开车 k$^h$ɛ$^{132-13}$tʂ$^h$ə$^{132-13}$　　东北 tuŋ$^{132-13}$pei$^{132-31}$

　　　　　　　清明 tç$^h$iŋ$^{132-31}$miŋ$^{132-13}$　　工人 kuŋ$^{132-31}$ẓəŋ$^{132-13}$　　消毒 çiɔ$^{132-31}$t$^h$u$^{132-13}$

　　　　　　　农村 nuŋ$^{132-13}$tʂ$^h$uŋ$^{132-31}$　　爬山 pa$^{132-13}$san$^{132-13}$　　头发 t$^h$əu$^{132-13}$fa$^{132-31}$

　　　　　　　农民 nuŋ$^{132-13}$miŋ$^{132-13}$　　扬场 iaŋ$^{132-13}$tʂ$^h$aŋ$^{132-13}$　　同学 t$^h$uŋ$^{132-13}$çyə$^{132-13}$

平声 + 上声　　工厂 kuŋ$^{132-31}$tʂ$^h$aŋ$^{52}$　　身体 ʂəŋ$^{132-31}$t$^h$i$^{52}$　　乡长 çiaŋ$^{132-31}$tʂaŋ$^{52}$

　　　　　　　门口 məŋ$^{132-13}$k$^h$əu$^{52}$　　长短 tʂ$^h$aŋ$^{132-13}$tuan$^{52}$　　骑马 tç$^h$i$^{132-13}$ma$^{52}$

| | | | |
|---|---|---|---|
| 平声 + 去声 | 书记 ʂu¹³²⁻³¹tɕi⁴⁴ | 车票 tʂʰə¹³²⁻³¹pʰiɔ⁴⁴ | 开会 kʰɛ¹³²⁻³¹xuei⁴⁴ |
| | 徒弟 tʰu¹³²⁻¹³tʰi⁴⁴⁻³¹ | 羊圈 iaŋ¹³²⁻¹³tɕyan⁴⁴ | 还账 xuan¹³²⁻¹³tʂaŋ⁴⁴ |
| 上声 + 平声 | 火车 xuə⁵²tʂʰə¹³²⁻³¹ | 眼睛 ɳian⁵²tɕiŋ¹³²⁻³¹ | 打针 ta⁵²tʂəŋ¹³²⁻¹³ |
| | 口粮 kʰəu⁵²liaŋ¹³²⁻¹³ | 检查 tɕian⁵²tsʰa¹³²⁻¹³ | 锁门 suə⁵²məŋ¹³²⁻¹³ |
| | 粉笔 fəŋ⁵²pi¹³²⁻³¹ | 五月 vu⁵²yə¹³²⁻³¹ | 老实 lɔ⁵²ʂʅ¹³²⁻¹³ |
| 上声 + 上声 | 井水 tɕiŋ⁵²ʂuei⁵² | 水果 ʂuei⁵²kuə⁵² | 老板 lɔ³¹pan⁵² |
| 上声 + 去声 | 韭菜 tɕiəu⁵²tsʰɛ⁴⁴⁻³¹ | 板凳 pan⁵²təŋ⁴⁴⁻³¹ | 写字 ɕiə⁵²tsʅ⁴⁴ |
| 去声 + 平声 | 背心 pei⁴⁴ɕiŋ¹³²⁻³¹ | 地方 ti⁴⁴faŋ¹³²⁻³¹ | 唱歌 tʂʰaŋ⁴⁴kə¹³²⁻¹³ |
| | 面条 mian⁴⁴tʰiɔ¹³²⁻¹³ | 大门 ta⁴⁴məŋ¹³²⁻¹³ | 拜年 pɛ⁴⁴ɳian¹³²⁻¹³ |
| | 利息 li⁴⁴ɕi¹³²⁻³¹ | 树叶 ʂu⁴⁴iə¹³²⁻³¹ | 放学 faŋ⁴⁴ɕyə¹³²⁻¹³ |
| 去声 + 上声 | 信纸 ɕiŋ⁴⁴tsʅ⁵² | 大雨 ta⁴⁴y⁵² | 户口 xu⁴⁴kʰəu⁵²⁻³¹ |
| 去声 + 去声 | 种菜 tʂuŋ⁴⁴tsʰɛ⁴⁴ | 会计 kʰuɛ⁵²tɕi⁴⁴ | 孝顺 ɕiɔ⁴⁴ʂuŋ⁴⁴⁻³¹ |

（8）泾源方言连读调

以泾源香水方言为例，根据泾源方言单字调阴平、阳平、上声、去声归纳两字组连读调如表 4 - 14。

表 4 - 14　　　　　　　泾源香水方言两字组连调模式

| 前字 ＼ 后字 | 阴平 31 | 阳平 35 | 上声 52 | 去声 44 |
|---|---|---|---|---|
| 阴平 31 | 31　31<br>———<br>31　31<br>35 | 31　35<br>———<br>31　35<br>21 | 31　52<br>———<br>31　52<br>21 | 31　44<br>———<br>31　44<br>21 |
| 阳平 35 | 35　31<br>31 | 35　35<br>31　21<br>———<br>35　35<br>31　52<br>———<br>35　35<br>31 | 35　52 | 35　44<br>21<br>35　44<br>52 |

续表

| 前字＼后字 | 阴平 31 | 阳平 35 | 上声 52 | 去声 44 |
|---|---|---|---|---|
| 上声 52 | 52　31 | 52　35<br>44　21<br>———<br>52　35<br>21<br>———<br>52　35<br>44 | 52　52<br>21<br>———<br>52　52<br>31 | 52　44<br>21 |
| 去声 44 | 44　31 | 44　35<br>31 | 44　52<br>31<br>———<br>44　52<br>35 | 44　44 |

说明：一般为前字变调，后字调值 ［21］ 为轻声。

阴平作前字，无论后字来自哪个调类，都不变调，个别借词例外，变为 ［35］；阳平作前字，后字为阴平、去声时不变调，后字为阳平时变为 ［31］，后字为上声时部分变为 ［31］；上声在阴平、去声前不变调，在阳平前变为 ［44］，上声前变为 ［31］；去声作前字，无论后字是哪个调类，均不变调。

连读调例词列举如下：

阴平＋阴平　沙滩 sa³⁵tʰæ³¹　　香菇 ɕiaŋ³⁵ku³¹　　蜂蜜 fəŋ³¹mi²¹　　生疮 səŋ³¹tʃʰuaŋ²¹

阴平＋阳平　工人 kuŋ³¹zəŋ³⁵　　消毒 ɕiɔ³¹tu³⁵　　灰尘 xuei³¹tʂʰən²¹　　锅头 kuə³¹tʰəu²¹

阴平＋上声　身体 şən³¹tɕʰi⁵²　　乡长 ɕiaŋ³¹tʂaŋ⁵²　　烟筒 iæ³¹tʰuŋ²¹

阴平＋去声　车站 tʂə³¹tsæ⁴⁴　　开会 kʰɛ³¹xuei⁴⁴　　秋上 tɕʰiəu³¹şaŋ²¹　　木匠 mu³¹tɕiaŋ²¹

阳平＋阴平　棉花 miæ³¹xua³¹　　黄瓜 xuaŋ³¹kua³¹　　滑坡 xua³⁵pʰuə³¹　　洋灰 iaŋ³⁵xuei²¹

阳平＋阳平　头疼 tʰəu³⁵tʰəŋ³⁵　　农民 nuŋ³⁵min³⁵　　围裙 vei³⁵tɕʰyn⁵²　　扬场 iaŋ³⁵tʂaŋ⁵²

阳平＋上声　门槛 mən³¹kʰæ⁵²　　凉水 liaŋ³¹ʃuei⁵²　　牛奶 ȵiəu³⁵nɛ⁵²　　洋火 iaŋ³¹xuə²¹

阳平＋去声　羊圈 iaŋ³⁵tɕyæ⁴⁴　　还账 xua³⁵tʂaŋ⁴⁴　　棉裤 miæ³¹kʰu³¹　　徒弟 tʰu³¹tɕi⁵²

上声 + 阴平　老师 lɔ⁵²sʐ̩³¹　　　眼睛 n̠iæ⁵²tɕiŋ³¹　　下雪 ɕia⁴⁴ɕyə²¹　　老妈 lɔ⁵²ma³⁵

上声 + 阳平　嘴唇 tsuei⁵²ʂun³⁵　　锁门 suə⁵²mən³⁵　　上房 ʂaŋ⁴⁴faŋ³⁵　　顶棚 tiŋ⁴⁴pʰəŋ²¹

上声 + 上声　水桶 ʂuei³¹tʰuŋ⁵²　　火铲 xuə³¹tʂʰæ⁵²　　滚水 kun⁵²ʃuei⁵²　　老碗 lɔ³¹væ²¹

上声 + 去声　场院 tʂʰaŋ⁴⁴yæ²¹　　柳树 liəu⁴⁴ʃu²¹　　板凳 pæ⁵²tʰəŋ²¹　　写字 ɕia⁵²tsʰʐ̩⁴⁴

去声 + 阴平　冻冰 tuŋ⁴⁴piŋ³¹　　下霜 ɕia⁴⁴ʃuaŋ³¹　　唱歌 tʂʰaŋ⁵²kə⁵²

去声 + 阳平　骡骡 kʰuə⁴⁴luə³⁵　　蒜苗 ɕyæ⁴⁴miɔ³⁵　　箸笼 tʃu⁴⁴luŋ²¹

去声 + 上声　大雨 ta⁴⁴y⁵²　　　信纸 ɕin⁴⁴tsʐ̩⁵²　　户口 xu⁴⁴kʰəu²¹　　颔水 xæ⁴⁴ʃuei²¹

去声 + 去声　上粪 ʂaŋ⁴⁴fən⁴⁴　　种菜 tʂuŋ⁴⁴tsʰɛ⁴⁴　　涝坝 lɔ⁴⁴pa²¹　　大豆 ta⁴⁴təu²¹

### 2. 连读调变调模式

宁夏南部方言两字组连调与构词结构无关，故根据上文方言点连调模式汇总非重叠式两字组连读调模式如下。

#### （1）平声作前字

第一，阴平作前字，主要表现在四调方言连读变调中，分布在秦陇片、关中片，其中秦陇片盐池方言由于单字调与其他方言点不同，调值调类与泾源方言相同，故与关中片方言连读调并列，如表 4 - 15。

表 4 - 15　　　　　　　　　阴平作前字的连调模式（一）

|  | 阴平 + 阴平 | 阴平 + 阳平 | 阴平 + 上声 | 阴平 + 去声 |
|---|---|---|---|---|
|  | 132 + 132 | 132 + 13 | 132 + 52 | 132 + 44 |
| 固原官厅 | 13 + 31<br>飞机 fei¹³tɕi³¹<br>13 + 13<br>开车 kʰɛ¹³tʂʰə¹³ | 31 + 13<br>抽匣 tʂʰəu³¹ɕia¹³ | 31 + 52<br>乡长 ɕiaŋ³¹tʂaŋ⁵² | 31 + 44<br>月亮 yə³¹liaŋ⁴⁴ |
| 彭阳城阳 | 13 + 31<br>当官 taŋ¹³kuæ³¹ | 31 + 13<br>今年 tɕiŋ³¹n̠iæ¹³ | 31 + 52<br>身体 ʂəŋ³¹tʰi⁵² | 31 + 44<br>书记 ʃu³¹tɕi⁴⁴ |
| 同心张家垣 | 13 + 31<br>香椿 ɕiaŋ¹³tʂʰuŋ³¹<br>13 + 13<br>开业 kʰɛ¹³n̠iə¹³ | 31 + 13<br>帮忙 paŋ³¹maŋ¹³ | 31 + 52<br>孙女 suŋ³¹n̠y⁵² | 31 + 44<br>青菜 tɕʰiŋ³¹tsʰɛ⁴⁴ |

表4-15　　　　　　　　　　　阴平作前字的连调模式（二）

| | 阴平 + 阴平 | 阴平 + 阳平 | 阴平 + 上声 | 阴平 + 去声 |
|---|---|---|---|---|
| | 31 + 31 | 31 + 35 | 31 + 52 | 31 + 44 |
| 盐池麻黄山 | 44 + 44<br>飞机 fei⁴⁴tɕi⁴⁴<br>44 + 31<br>生日 sən⁴⁴zʅ³¹ | 44 + 35<br>开门 kʰɛ⁴⁴məŋ³⁵<br>44 + 31<br>今年 tɕiŋ⁴⁴niæ³¹ | 44 + 52<br>浇水 tɕiɔ⁴⁴ʃuei⁵² | 44 + 44<br>开会 kʰɛ⁴⁴xuei⁴⁴<br>44 + 31<br>书记 ʃu⁴⁴tɕi³¹ |
| 泾源香水 | 35 + 31<br>香菇 ɕiaŋ³⁵ku³¹ | 31 + 35<br>消毒 ɕiɔ³¹tʰu³⁵<br>52 + 31<br>清明 tɕʰiŋ⁵²miŋ³¹ | 31 + 31<br>身体 ʂən³¹tɕʰi³¹<br>31 + 52<br>工厂 kuŋ³¹tʂʰaŋ⁵² | 31 + 44<br>车站 tʂʰə³¹tʂæ⁴⁴ |

从表4-15可得，固原官厅、彭阳城阳、同心张家垣方言阴平作前字时，主要有［13］、［31］两种变调，其中阴平与阴平连读时，前字由［132］变［13］，阴平与阳平、上声、去声连读时前字变［31］。盐池麻黄山方言阴平作前字时，变调一律读为［44］，与宁夏南部方言其他所有的方言连调模式都不同，但变读后的［44］调恰恰与兰银官话银吴片的阴平调值同，处于方言过渡地带的盐池县，受兰银官话银吴片方言的影响，调值的演变从词汇连读变调出现了演变，但至于这种变调是早期的遗留还是晚近的接触影响，目前尚不可知。除阴平变调调值为［44］外，盐池麻黄山方言入声派入阴平的字在连调中却未出现相应的变化，如：麦草 mei³¹tsʰɔ⁵² ｜北面子 pei³⁵miæ³¹tsʅ³¹ ｜谷子 ku³⁵tsʅ³⁵ ｜辣子 la³¹tsʅ⁴⁴。泾源香水方言阴平作前字时，与阴平连读时前字由［31］变［35］，与阳平连读时一般不变调，个别词变读为［52］，但为数不多。阴平调值由［31］变［35］，大概是受阴平调调型为降升的凹调有关，单字调以低降为主，在阴平与阴平字相拼时，连读调以上升为主。王洪君（2008）认为邻接交替式变调中"降调在降调前面异化为升调，升调在升调前异化为降调，高调在高调前异化为低调，低调在低调前异化为高调等等是很常见的。而这些常见的变化都无法以自主音段声调学特征为单位的模式说明，它们是一种以调型、调域为单位的交替。"所以泾源香水方言阴平作前字时，与同为降调的阴平字连读，异化为声调系统中已有的单字调同形的连调［35］，应该归结为音节的调型、调域调整的结果。

第二，阳平作前字，主要表现在平分阴阳的四调方言中，主要分布在固原、彭阳、同心、盐池、泾源，即中原官话秦陇片、关中片方言区，其中秦陇片盐池方言由于单字调与关中片泾源方言调值调类相同，故与关中片方言连读调并列，如表4－16。

表4－16　　　　　　　　　　　阳平作前字的连调模式（一）

| | 阳平＋阴平 | 阳平＋阳平 | 阳平＋上声 | 阳平＋去声 |
|---|---|---|---|---|
| | 13＋132 | 13＋13 | 13＋52 | 13＋44 |
| 固原官厅 | 13＋31<br>白灰 pei¹³ xuei³¹ | 13＋13<br>扬场 iaŋ¹³ tʂʰaŋ¹³ | 13＋52<br>洋碱 iaŋ¹³ tɕiæ⁵² | 13＋31<br>徒弟 tʰu¹³ tʰi³¹ |
| | 13＋13<br>爬山 pʰa¹³ sæ¹³ | 13＋31<br>盘缠 tʂʰæ¹³ tʂʰæ³¹ | | 13＋44<br>羊圈 iaŋ¹³ tɕyæ⁴⁴ |
| 彭阳城阳 | 13＋31<br>白灰 pei¹³ xuei³¹ | 13＋13<br>茅房 mɔ¹³ faŋ¹³ | 13＋52<br>凉水 liaŋ¹³ ʃuei⁵² | 13＋31<br>徒弟 tʰu¹³ tʰi³¹ |
| | | 13＋31<br>眉毛 mi¹³ mɔ³¹ | | 13＋44<br>羊圈 iaŋ¹³ tɕyæ⁴⁴ |
| 同心张家垣 | 13＋31<br>南方 næ¹³ faŋ³¹ | 13＋31<br>牙疼 ia¹³ tʰəŋ³¹ | 13＋52<br>牛奶 ȵiəu¹³ nɛ⁵² | 13＋31<br>棉裤 miæ¹³ kʰu³¹ |
| | | 13＋13<br>银行 iŋ¹³ xaŋ¹³ | 13＋31<br>牙齿 ia¹³ tʂʰʅ³¹ | 13＋44<br>咸菜 çiæ¹³ tsʰɛ⁴⁴ |

表4－16　　　　　　　　　　　阳平作前字的连调模式（二）

| | 阳平＋阴平 | 阳平＋阳平 | 阳平＋上声 | 阳平＋去声 |
|---|---|---|---|---|
| | 35＋31 | 35＋35 | 35＋52 | 35＋44 |
| 盐池麻黄山 | 35＋31<br>棉花 miæ³⁵ xua³¹ | 35＋35<br>扬场 iaŋ³⁵ tʂʰaŋ³⁵ | 35＋52<br>门口 məŋ³⁵ kʰəu⁵² | 35＋44<br>徒弟 tʰu³⁵ ti⁴⁴ |
| | 35＋44<br>农村 nuŋ³⁵ tsʰuŋ⁴⁴ | 35＋31<br>眉毛 mi³⁵ mɔ³¹ | | 52＋44<br>还账 xuæ⁵² tʂaŋ⁴⁴ |
| | 35＋35<br>牛角 ȵiəu³⁵ kɔ³⁵ | | | |

续表

|  | 阳平 + 阴平 | 阳平 + 阳平 | 阳平 + 上声 | 阳平 + 去声 |
|---|---|---|---|---|
|  | 35 + 31 | 35 + 35 | 35 + 52 | 35 + 44 |
| 泾源香水 | 35 + 31<br>农村 nuŋ³⁵tsʰuŋ³¹<br>31 + 52<br>棉花 miǽ³¹xua⁵² | 35 + 35<br>头疼 tʰəu³⁵tʰəŋ³⁵<br>31 + 52<br>扬场 iaŋ³¹tʂʰaŋ⁵² | 35 + 52<br>牛奶 ȵiəu³⁵nɛ⁵² | 35 + 44<br>羊圈 iaŋ³⁵tɕyǽ⁴⁴<br>31 + 31<br>棉裤 miǽ³¹kʰu³¹ |

从上表可得，固原官厅、彭阳城阳、同心张家垣方言阳平作前字时都不变调。盐池麻黄山方言阳平作前字基本不变调，但与去声连读时，部分阳平调连调值出现高降的变调，调值为［52］，如：还账 xuǽ⁵²tʂaŋ⁴⁴，该连读调与兰银官话银吴片阳平调值一致，目前发现的例词不多。泾源香水方言阳平作前字时一般不变调，部分连读调由［35］变［31］，与阳平调调型为升降的凸调有关，在单字调中以上升调为主，在连读调中以降调为主。结合王洪君（2008）关于邻接交替式变调的观点，泾源香水方言阳平作前字时，与阴平字连读，异化为声调系统中已有的单字调同形的连调［31］，也是音节的调型、调域调整的结果。

第三，平声作前字，主要体现在平声不分阴阳的陇中片以及阴阳平调类已经合并的秦陇片方言中，主要分布在隆德、西吉、海原三县方言中，今根据各方言点的连调模式归纳平声作前字时出现的连读变调情况，如表4 - 17。

从表4 - 17可得，海原郑旗、西吉吉强、隆德观庄方言连读调中平声作前字时有［13］、［31］两种连调调值，清平字作前字时连调调值与浊平字作前字时连调调值不同，表4 - 17中例词按照平分阴阳的模式进行归纳，其中阴平（今平声）与阳平、上声、去声连读时，前字变［31］，阳平（今平声）与阳平、上声、去声连读时，前字变［13］，可见平声在陇中片方言的连读调中可以区分阴阳平，也可以看出阴平、阳平调类合并的痕迹。结合上文秦陇片方言阴平作前字时连读调变［31］，阳平作前字时连读调变［13］。秦陇片、陇中片平声的连调模式基本相同，今秦陇片方言单字调不断减少，处于阴阳平调类合并的过程中，陇中片方言单字调已经完成合并，但从连调模式中可以区分阴阳平。

表 4 – 17　　　　　　　　　　　平声作前字的连调模式

| | 平声 + 平声 | 平声 + 上声 | 平声 + 去声 |
|---|---|---|---|
| | 132 + 132 | 132 + 52 | 132 + 44 |
| 海原<sub>郑旗</sub> | 13 + 31<br>飞机 fei¹³ tɕi³¹<br>眉毛 mi¹³ mɔ³¹<br><br>13 + 13<br>开车 kʰɛ¹³ tʂʰə¹³<br>农民 luŋ¹³ miŋ¹³<br><br>31 + 13<br>清明 tɕʰiŋ³¹ miŋ¹³<br>今年 tɕiŋ³¹ n̠iæ¹³ | 31 + 52<br>工厂 kuŋ³¹ tʂʰaŋ⁵²<br>乡长 ɕiaŋ³¹ tʂaŋ⁵²<br><br><br><br>13 + 52<br>门口 məŋ¹³ kʰəu⁵²<br>牛奶 n̠iəu¹³ nɛ⁵² | 31 + 44<br>书记 ʃu³¹ tɕi⁴⁴<br>车票 tʂʰɿ³¹ pʰiɔ⁴⁴<br><br><br><br>13 + 44<br>棉裤 miæ¹³ kʰu⁴⁴<br>羊圈 iaŋ¹³ tɕyæ⁴⁴ |
| 西吉<sub>吉强</sub> | 13 + 31<br>春天 tʃʰuŋ¹³ tɕʰiæ³¹<br>调羹 tɕʰiɔ¹³ kəŋ³¹<br><br>13 + 13<br>额头 ŋə¹³ tʰəu¹³<br>丢人 tɕiəu¹³ z̠əŋ¹³<br><br>31 + 13<br>热头 z̠ə³¹ tʰəu¹³<br>风匣 fəŋ³¹ ɕia¹³ | 31 + 52<br>牲口 səŋ³¹ kʰəu⁵²<br>花卷 xua³¹ tɕyæ⁵²<br><br><br><br>13 + 52<br>门槛 məŋ¹³ kʰæ⁵²<br>黄米 xuaŋ¹³ mi⁵² | 31 + 44<br>铺盖 pʰu³¹ kɛ⁴⁴<br>春上 tʃʰuŋ³¹ ʂaŋ⁴⁴<br><br><br><br>13 + 44<br>填炕 tɕʰiæ¹³ kʰaŋ⁴⁴<br>洋芋 iaŋ¹³ y⁴⁴ |
| 隆德<sub>观庄</sub> | 13 + 31<br>东北 tuŋ¹³ pei³¹<br>飞机 fei¹³ tɕi³¹<br><br>13 + 13<br>开车 kʰɛ¹³ tʂə¹³<br>农民 luŋ¹³ miŋ¹³<br><br>31 + 13<br>工人 kuŋ³¹ z̠əŋ¹³<br>消毒 ɕiɔ³¹ tʰu¹³ | 31 + 52<br>工厂 kuŋ³¹ tʂʰaŋ⁵²<br>乡长 ɕiaŋ³¹ tʂaŋ⁵²<br><br><br><br>13 + 52<br>门口 məŋ¹³ kʰəu⁵²<br>长短 tʂʰaŋ¹³ tuæ⁵² | 31 + 44<br>书记 ʃu³¹ tɕi⁴⁴<br>开会 kʰɛ³¹ xuei⁴⁴<br><br>13 + 44<br>羊圈 iaŋ¹³ tɕyæ⁴⁴<br>还账 xuæ¹³ tʂaŋ⁴⁴<br><br>13 + 31<br>徒弟 tʰu¹³ tʰi³¹<br>杂碎 tsa¹³ suei³¹ |

（2）上声作前字

宁夏南部方言上声作前字比较稳定，现根据各方言点两字组连读调模式归纳上声作前字时的连调模式，如表4-18。

表4-18　　　　　　　　　　上声作前字的连调模式（一）

| | 上声+阴平 52+132 | 上声+阳平 52+13 | 上声+上声 52+52 | 上声+去声 52+44 |
|---|---|---|---|---|
| 固原官厅 | 52+31<br>解锥 kɛ⁵²tʂuei³¹<br>52+13<br>打针 ta⁵²tʂən¹³ | 52+13<br>响雷 ɕiaŋ⁵²luei¹³<br>52+31<br>顶棚 tiŋ⁵²pʰən³¹ | 52+52<br>井水 tɕiŋ⁵²ʂuei⁵²<br>52+31<br>晌午 ʂaŋ⁵²vu³¹ | 52+44<br>写字 ɕiə⁵²tsʅ⁴⁴<br>52+31<br>把式 pa⁵²ʂʅ³¹ |
| 彭阳城阳 | 52+31<br>晚夕 væ⁵²ɕi³¹ | 52+13<br>口粮 kʰəu⁵²liaŋ¹³ | 52+52<br>井水 tɕiŋ⁵²ʃuei⁵²<br>31+52<br>水果 ʃuei³¹kuə⁵² | 52+44<br>写字 ɕiə⁵²tsʅ⁴⁴<br>52+31<br>早上 tsɔ⁵²ʂaŋ³¹ |
| 同心张家垣 | 52+31<br>火车 xuə⁵²tʂʰə³¹<br>52+13<br>打针 ta⁵²tʂən¹³ | 52+31<br>小学 ɕiɔ⁵²ɕyə³¹<br>52+13<br>检查 tɕiæ⁵²tsʰa¹³<br>44+13<br>享福 ɕiaŋ⁴⁴fu¹³ | 52+52<br>举手 tɕy⁵²ʂəu⁵²<br>31+52<br>手表 ʂəu³¹piɔ⁵² | 52+44<br>海带 xɛ³⁴tɛ⁴⁴<br>52+31<br>板凳 pæ⁵²təŋ³¹ |

表4-18　　　　　　　　　　上声作前字的连调模式（二）

| | 上声+阴平 52+31 | 上声+阳平 52+35 | 上声+上声 52+52 | 上声+去声 52+44 |
|---|---|---|---|---|
| 盐池麻黄山 | 52+31<br>眼睛 ȵiæ⁵²tɕiŋ³¹ | 52+35<br>锁门 suə⁵²mən³⁵<br>52+31<br>口粮 kʰəu⁵²liaŋ³¹ | 52+52<br>水果 ʃuei⁵²kuə⁵² | 52+44<br>写字 ɕiə⁵²tsʅ⁴⁴<br>52+31<br>韭菜 tɕiəu⁵²tsʰɛ³¹ |
| 泾源香水 | 52+31<br>眼睛 ȵiæ⁵²tɕiŋ³¹ | 52+35<br>倒霉 tɔ⁵²mei³⁵<br>52+31<br>口粮 kʰəu⁵²liaŋ³¹ | 52+52<br>井水 tɕiŋ⁵²ʃuei⁵²<br>31+52<br>水果 ʃuei³¹kuə⁵² | 52+44<br>写字 ɕiə⁵²tsʰʅ⁴⁴<br>52+31<br>韭菜 tɕiəu⁵²tsʰɛ³¹ |

表4-18　　　　　　　　　　　**上声作前字的连调模式（三）**

| | 上声＋平声 | 上声＋上声 | 上声＋去声 |
|---|---|---|---|
| | 52＋132 | 52＋52 | 52＋44 |
| 海原郑旗 | 52＋31<br>火车 xuə⁵²tʂʰə³¹<br>老师 lɔ⁵²sʅ³¹<br><br>52＋13<br>口粮 kʰəu⁵²liaŋ¹³<br>粉笔 fəŋ⁵²pi¹³ | 52＋52<br>水果 ʃuei⁵²kuə⁵²<br>打水 ta⁵²ʃuei⁵² | 52＋44<br>韭菜 tɕiəu⁵²tsʰɛ⁴⁴<br>写字 ɕiə⁵²tsʅ⁴⁴<br><br>52＋31<br>板凳 pæ⁵²təŋ³¹<br>手艺 ʂəu⁵²i³¹ |
| 西吉吉强 | 52＋31<br>顶棚 tɕiŋ⁵²pʰəŋ³¹<br>扁担 piæ⁵²tæ³¹<br><br>52＋13<br>响雷 ɕiaŋ⁵²luei¹³<br>母羊 mu⁵²iaŋ¹³ | 31＋52<br>老板 lɔ³¹pæ⁵²<br>水桶 ʃuei³¹tʰuŋ⁵²<br><br>52＋52<br>井水 tɕiŋ⁵²ʃuei⁵²<br>打水 ta⁵²ʃuei⁵² | 52＋44<br>水窖 ʃuei⁵²tɕiɔ⁴⁴<br>写字 ɕiə⁵²tsʅ⁴⁴<br><br>52＋31<br>韭菜 tɕiəu⁵²tsʰɛ³¹<br>唢呐 suɔ⁵²la³¹ |
| 隆德观庄 | 52＋31<br>火车 xuə⁵²tʂʰə³¹<br>眼睛 ȵiæ⁵²tɕiŋ³¹<br><br>52＋13<br>口粮 kʰəu⁵²liaŋ¹³<br>锁门 suɔ⁵²məŋ¹³ | 31＋52<br>老板 lɔ³¹pæ⁵²<br>水果 ʃuei³¹kuə⁵²<br><br>52＋52<br>井水 tɕiŋ⁵²ʃuei⁵²<br>打水 ta⁵²ʃuei⁵² | 52＋44<br>写字 ɕiə⁵²tsʅ⁴⁴<br>种菜 tʂuŋ⁵²tsʰɛ⁴⁴<br><br>52＋31<br>韭菜 tɕiəu⁵²tsʰɛ³¹<br>板凳 pæ⁵²təŋ³¹ |

从上表可得，宁夏南部方言连读调中，上声作前字非常稳定，无论哪个方言片基本不变调，但上声与上声连读时，前字变低降［31］。海原郑旗、西吉吉强、隆德观庄方言上声与平声连读时，后字平声在连调中按照阴阳平分化为两种连调，阴平为［31］，阳平为［13］，从这可以看出平声不仅作前字时有分化的痕迹，作后字时也能够看出阴阳平的区别，也更进一步证明了陇中片方言中平声曾以清浊为条件进行分调，后由于调值调型的接近出现了调类的合并现象，这种调类的合并却在连读调中保留了曾经分化的痕迹。

（3）去声作前字

宁夏南部方言两字组连读调中去声作前字时变化不大，现根据各方言点两字组连读调模式归纳去声作前字时的连调模式，如表4-19。

表4-19　　　　　　　　　　去声作前字的连调模式（一）

| | 去声 + 阴平 | 去声 + 阳平 | 去声 + 上声 | 去声 + 去声 |
|---|---|---|---|---|
| | 44 + 132 | 44 + 13 | 44 + 52 | 44 + 44 |
| 固原<sub>官厅</sub> | 44 + 31<br>菜刀 tsʰɛ⁴⁴tɔ³¹ | 44 + 31<br>涝池 lɔ⁴⁴tʂʅ³¹ | 44 + 52<br>大雨 ta⁴⁴y⁵² | 44 + 31<br>大季 ta⁴⁴tɕi³¹ |
| | 44 + 13<br>冻冰 tuŋ⁴⁴piŋ¹³ | 44 + 13<br>地摇 ti⁴⁴iɔ¹³ | 44 + 31<br>外母 vei⁴⁴mu³¹ | 44 + 44<br>种菜 tʂuŋ⁴⁴tsʰɛ⁴⁴ |
| 彭阳<sub>城阳</sub> | 44 + 31<br>地方 ti⁴⁴faŋ³¹ | 44 + 31<br>算盘 suæ⁴⁴pʰæ³¹ | 44 + 52<br>大雨 ta⁴⁴y⁵² | 44 + 44<br>路费 lu⁴⁴fei⁴⁴ |
| | | 44 + 13<br>面条 miæ⁴⁴tʰiɔ¹³ | 44 + 31<br>户口 xu⁴⁴kʰəu³¹ | 44 + 31<br>外父 vɛ⁴⁴fu³¹ |
| 同心<sub>张家垣</sub> | 44 + 31<br>坐车 tsuə⁴⁴tʂʰə³¹ | 44 + 31<br>汉族 xæ⁴⁴tsu³¹ | 44 + 52<br>报纸 pɔ⁴⁴tʂʅ⁵² | 44 + 44<br>种菜 tʂuŋ⁴⁴tsʰɛ⁴⁴ |
| | 44 + 13<br>唱歌 tʂʰaŋ⁴⁴kə¹³ | 44 + 13<br>酱油 tɕiaŋ⁴⁴iəu¹³ | 44 + 31<br>户口 xu⁴⁴kʰəu³¹ | 44 + 31<br>孝顺 ɕiɔ⁴⁴ʂuŋ³¹ |

表4-19　　　　　　　　　　去声作前字的连调模式（二）

| | 去声 + 阴平 | 去声 + 阳平 | 去声 + 上声 | 去声 + 去声 |
|---|---|---|---|---|
| | 44 + 31 | 44 + 35 | 44 + 52 | 44 + 44 |
| 盐池<sub>麻黄山</sub> | 44 + 44<br>唱歌 tʂʰaŋ⁴⁴kə⁴⁴ | 44 + 35<br>面条 miæ⁴⁴tʰiɔ³⁵ | 44 + 52<br>大雨 ta⁴⁴y⁵² | 44 + 44<br>路费 lu⁴⁴fei⁴⁴ |
| | 44 + 31<br>地方 ti⁴⁴faŋ³¹ | 44 + 31<br>大门 ta⁴⁴məŋ³¹ | 44 + 31<br>户口 xu⁴⁴kʰəu³¹ | 44 + 31<br>会计 kʰuɛ⁴⁴tɕi³¹ |
| | 44 + 35<br>树叶 ʃu⁴⁴iə³⁵ | | | |
| 泾源<sub>香水</sub> | 44 + 31<br>背心 pei⁴⁴ɕin³¹ | 44 + 35<br>大门 ta⁴⁴məŋ³⁵ | 44 + 52<br>信纸 ɕiŋ⁴⁴tʂʅ⁵² | 44 + 44<br>路费 lu⁴⁴fei⁴⁴ |
| | 44 + 52<br>唱歌 tʂʰaŋ⁴⁴kə⁵² | 44 + 31<br>算盘 ɕyæ⁴⁴pʰæ³¹ | 44 + 31<br>户口 xu⁴⁴kʰəu³¹ | 44 + 31<br>孝顺 ɕiɔ⁴⁴ʃuŋ³¹ |

表4-19　　　　　　　　　**去声作前字的连调模式（三）**

| | 去声 + 平声 | 去声 + 上声 | 上声 + 去声 |
|---|---|---|---|
| | 44 + 132 | 44 + 52 | 44 + 44 |
| 海原郑旗 | 44 + 13<br>算盘 suæ⁴⁴ pʰæ¹³<br>放学 faŋ⁴⁴ ɕyə¹³ | 44 + 52<br>大雨 ta⁴⁴ y⁵²<br>送礼 suŋ⁴⁴ li⁵² | 44 + 44<br>路费 lu⁴⁴ fei⁴⁴<br>种菜 tʂuŋ⁴⁴ tsʰɛ⁴⁴ |
| | 44 + 31<br>背心 pei⁴⁴ ɕiŋ³¹<br>认真 zʮəŋ⁴⁴ tʂəŋ³¹ | 44 + 31<br>户口 xu⁴⁴ kʰəu³¹ | 44 + 31<br>孝顺 ɕiɔ⁴⁴ ʂuŋ³¹ |
| 西吉吉强 | 44 + 31<br>地方 tɕi⁴⁴ faŋ³¹<br>夏天 ɕia⁴⁴ tɕʰiæ³¹ | 44 + 52<br>右手 iəu⁴⁴ ʂəu⁵²<br>送礼 suŋ⁴⁴ li⁵² | 44 + 44<br>庙会 miɔ⁴⁴ xuei⁴⁴<br>下蛋 ɕia⁴⁴ tæ⁴⁴ |
| | 44 + 13<br>叫驴 tɕiɔ⁴⁴ ly¹³<br>放牛 faŋ⁴⁴ n̠iəu¹³ | 44 + 31<br>户口 xu⁴⁴ kʰəu³¹ | 44 + 31<br>孝顺 ɕiɔ⁴⁴ ʃuŋ³¹ |
| 隆德观庄 | 44 + 31<br>背心 pei⁴⁴ ɕiŋ³¹<br>树叶 ʃu⁴⁴ iə³¹ | 44 + 52<br>信纸 ɕiŋ⁴⁴ tʂʮ⁵²<br>大雨 ta⁴⁴ y⁵² | 44 + 44<br>种菜 tʃuŋ⁴⁴ tsʰɛ⁴⁴ |
| | 44 + 13<br>面条 miæ⁴⁴ tʰiɔ¹³<br>放学 faŋ⁴⁴ ɕyə¹³ | 44 + 31<br>户口 xu⁴⁴ kʰəu³¹ | 44 + 31<br>孝顺 ɕiɔ⁴⁴ ʃuŋ³¹ |

从上表可得，宁夏南部方言连读调中，去声作前字非常稳定，无论哪个方言片基本不变调。连读调后字一般不变调，部分变为轻声。三调方言中，去声与平声连读，后字平声按照清浊分化为两种连调，清平字作前字时连调值为［31］，浊平字作前字时连调值为［13］，从中可以看出平声曾以清浊为条件分化的痕迹，上文已述。

3. 单字调调值与连读调调值的关系

（1）单字调与连读调的调值对应

根据各代表点的连读变调类型，宁夏南部方言连读主要为前字变调，现将宁夏南部方言单字调、连读调（前字）两个系统的具体调值对照如表4-20。

表 4 – 20　　　　　　宁夏南部方言单字调与连读调（前字）调值对照

| 方言点 | 单字调调值 | 连读调（前字）调值 |
|---|---|---|
| 固原官厅、固原开城、固原三营 | 132 | **13、31** |
| | 13 | 13 |
| | 52 | 52、**31** |
| | 44 | 44 |
| 同心张家垣、同心预旺、彭阳小岔、彭阳交岔、彭阳新集、彭阳城阳、彭阳白阳 | 213 | **13、31** |
| | 13 | 13 |
| | 52 | 52、**31** |
| | 44 | 44、**52** |
| 彭阳王洼、彭阳草庙 | 213 | **13、31** |
| | 13 | 13 |
| | 52 | 52 |
| | 44 | 44 |
| 盐池麻黄山 | 31 | **44** |
| | 35 | 35、**31** |
| | 52 | 52 |
| | 44 | 44 |
| 盐池大水坑 | 44 | 44 |
| | 13 | 13、**31** |
| | 52 | 52 |
| 海原海城、海原李旺、海原贾塘 | 132 | **13、31** |
| | | **13** |
| | 52 | 52、**31** |
| | 44 | 44 |
| 海原郑旗、海原李俊 | 132 | 13、**31** |
| | | 13 |
| | 52 | 52 |
| | 44 | 44 |
| 隆德奠安、隆德观庄、隆德好水、隆德温堡、隆德山河、西吉吉强、西吉马莲、西吉火石寨、西吉硝河、西吉田坪、泾源黄花 | 13 | 13、**31** |
| | | 13 |
| | 52 | 52、**31** |
| | 44 | 44 |

| 方言点 | 单字调调值 | 连读调（前字）调值 |
|---|---|---|
| 隆德<sub>城关</sub>、隆德<sub>大庄</sub>、隆德<sub>联财</sub> | 13 | 13、**31** |
| | | 13 |
| | 52 | 52 |
| | 44 | 44 |
| 泾源<sub>香水</sub>、泾源<sub>新民</sub>、泾源<sub>六盘山</sub> | 31 | **35**、31 |
| | 35 | **35**、31 |
| | 52 | 52、**31** |
| | 44 | 44 |

说明："连读调（前字）调值"列加粗的是变调调值。

　　从表4-20可得，除平声外，连读调中上声、去声作前字具有相当的稳定性。宁夏南部方言除关中片外，陇中片平声不分阴阳，该现象属于古平声以清浊为条件先分阴阳，后逐渐出现调类合并，上文已述。

　　从连调模式可以看出平声在阴平、阳平前连调并不相同，阴平作前字的连调式变为［31］，阳平作前字的连调式变为［13］，即使作为后字，阴平和阳平的变化也不相同，阴平后字、阳平后字变调的整齐对应关系也证明平声曾以清浊为条件进行分调，后出现调类的回头演变。秦陇片属于阴阳平调类合并的演变中，目前老派方言分阴阳，新派方言大部分不分阴阳，但新派方言连读变调模式与老派方言相同。曹志耘（2002）认为表层调根据底层调类的条件有不同的连调行为，实际上是一种"调类复原"现象，即已经合流的底层调在连调中恢复了调类的区别。张燕来（2003）认为："前字变调的条件不是共时系统的语音环境，而是历时语音条件。这个历时条件主要是指一个方言中的底层调类，在时间层次上不一定是中古，可以是近代甚至更晚。"王洪君（2008）从音系学出发总结了语素的深层形式和表层形式，历时的早期调类属于语言的深层形式，共时的单字调属于表层形式，深层形式不仅反映了音系的共时格局，还可以联系一个音系的现状和历史。

　　"现在的深层形式往往是历史上某个时期的表层形式，现在的构词音变规则往往是历史曾发生过的音变规则。"（王洪君，2008）因此深层形式可以解释、说明表层形式的语音表现，而且深层形式往往比表层形式变化慢，更能反映方言之间的关系。宁夏南部方言的连调模式恰恰就体现了这种深层形式在共时层面上的语音变化和交替，并且共时层面出现的"调类复原"现象进一步证实了历史曾出现过平分阴阳的音变规则。

（2）［13］［31］调出现的原因

宁夏南部方言除盐池、泾源方言外，其他县区方言平声（含阴平、阳平）作前字时连读调调值都出现了［13］的变调，这种变调模式的产生与调类的合并中是阴平并入阳平或是阳平并入阴平的关联度不大，而与调值及演变规律等因素相关。一是与单字调的调值相关，当前字为曲折调［132］或［213］时，单字调的调首或调尾略升或略降的成分容易丢失。二是受平声清浊分调影响，秦陇片方言平分阴阳，陇中片方言连读调平声也分阴阳，这些方言在阴平作前字时一般可以分化为［13］［31］两种连读调，阳平作前字时一般只有［13］调，与本调同即不变调。所以宁夏南部方言阴平作前字时发生变调，阳平作前字时一般不变调，至于这种变调模式是否会影响调类的合并方向尚不得知，从目前的连调调值来看，宁夏南部方言属于阴平并入阳平的调类合流模式。

［31］调在盐池、泾源方言中为阴平调值。在固原、同心、海原、彭阳、西吉、隆德方言中为连调的调值，即阴平（古清平字）作前字，后字为阳平、上声、去声时，阴平或平声调值由［132］、［213］、［13］整齐地演变为连调［31］。但后字为轻声时也容易读为不短不低的［31］调。所以［31］调存在的形式有三种：单字调、轻声、阴平变调。

## 贰　轻声

轻声是一种特殊的音变现象，指在一定的条件下读得又短又轻的调子，没有固定的调值。宁夏南部方言中的轻声丰富，部分轻声具有辨义功能，如：地道地下的通道 $ti^{44}tɔ^{44}$ ｜地道实在、有名产地出产的 $ti^{44}tɔ^{31}$。部分方言轻声容易出现变韵或韵尾脱落的问题，但宁夏南部方言较少出现变韵或韵尾脱落的现象，以指示代词为例，如：这个 $tʂʅ^{13}kə^{31}$ ｜这里 $tʂʅ^{13}ni^{31}$，"这"的韵母由［ə］变读为［ʅ］是受连读促读影响出现的变韵，并非轻声引起。宁夏南部方言轻声与词汇、语法密切相关，一般来说子尾、儿尾、的尾、了尾等后附性成分、重叠式以及部分口语词后字读为轻声，这个轻声的调值不轻不短，为低降调，具有词汇、语法意义，可归结为语法层面的轻声。口语词读轻声前文已有例举，下文主要讨论重叠式、词缀式的轻声问题。

### 1. 今读类型

### (1) 重叠式两字组

宁夏南部方言重叠式两字组连读调一般为后字变调读为轻声，但固原、彭阳、同心、海原、西吉、隆德方言中阴平与阴平重叠时，前字变调，后字不读轻声，该连调模式与非重叠式两字组变调一样。如表4-21。

表4-21　　　　　　**两字组重叠式连调模式（一）**

| | 阴平+阴平 | 阳平+阳平 | 上声+上声 | 去声+去声 |
|---|---|---|---|---|
| 固原官厅 | 31+13<br>珠珠 tʂu³¹tʂu¹³<br>刀刀 tɔ³¹tɔ¹³ | 13+31<br>馍馍 muə¹³muə³¹<br>娃娃 va¹³va³¹ | 52+31<br>眼眼 ȵian⁵²ȵian³¹<br>颗颗 kʰuə⁵²kʰuə³¹ | 44+31<br>棍棍 kuŋ⁴⁴kuŋ³¹<br>巷巷 xaŋ⁴⁴xaŋ³¹ |
| 彭阳城阳 | 31+13<br>珠珠 tʂu³¹tʂu¹³<br>刀刀 tɔ³¹tɔ¹³ | 13+31<br>馍馍 muə¹³muə³¹<br>娃娃 va¹³va³¹ | 52+31<br>眼眼 ȵian⁵²ȵian³¹<br>颗颗 kʰuə⁵²kʰuə³¹ | 44+31<br>棍棍 kuŋ⁴⁴kuŋ³¹<br>巷巷 xaŋ⁴⁴xaŋ³¹ |
| 同心张家垣 | 31+13<br>珠珠 tʂu³¹tʂu¹³<br>刀刀 tɔ³¹tɔ¹³ | 13+31<br>馍馍 muə¹³muə³¹<br>娃娃 va¹³va³¹ | 52+31<br>眼眼 ȵian⁵²ȵian³¹<br>颗颗 kʰuə⁵²kʰuə³¹ | 44+31<br>棍棍 kuŋ⁴⁴kuŋ³¹<br>巷巷 xaŋ⁴⁴xaŋ³¹ |

表4-21　　　　　　**两字组重叠式连调模式（二）**

| | 平声+平声 | | 上声+上声 | 去声+去声 |
|---|---|---|---|---|
| | 阴平+阴平 | 阳平+阳平 | | |
| 海原郑旗 | 31+44<br>珠珠 tʃu³¹tʃu⁴⁴<br>刀刀 tɔ³¹tɔ⁴⁴ | 13+31<br>馍馍 muə¹³muə³¹<br>娃娃 va¹³va³¹ | 52+31<br>眼眼 ȵian⁵²ȵian³¹<br>颗颗 kʰuə⁵²kʰuə³¹ | 44+31<br>巷巷 xaŋ⁴⁴xaŋ³¹<br>棍棍 kuŋ⁴⁴kuŋ³¹ |
| 西吉吉强 | 31+13<br>珠珠 tʂu³¹tʂu¹³<br>刀刀 tɔ³¹tɔ¹³ | 13+31<br>馍馍 muə¹³muə³¹<br>娃娃 va¹³va³¹ | 52+31<br>眼眼 ȵian⁵²ȵian³¹<br>颗颗 kʰuə⁵²kʰuə³¹ | 44+31<br>巷巷 xaŋ⁴⁴xaŋ³¹<br>棍棍 kuŋ⁴⁴kuŋ³¹ |
| 隆德观庄 | 31+13<br>珠珠 tʃu³¹tʃu¹³<br>刀刀 tɔ³¹tɔ¹³ | 13+31<br>馍馍 muə¹³muə³¹<br>娃娃 va¹³va³¹ | 52+31<br>眼眼 ȵian⁵²ȵian³¹<br>颗颗 kʰuə⁵²kʰuə³¹ | 44+31<br>巷巷 xaŋ⁴⁴xaŋ³¹<br>棍棍 kuŋ⁴⁴kuŋ³¹ |

表 4 – 21　　　　　　　　　两字组重叠式连调模式（三）

|  | 阴平 + 阴平 | 阳平 + 阳平 | 上声 + 上声 | 去声 + 去声 |
|---|---|---|---|---|
| 盐池麻黄山 | 44 + 31<br>珠珠 tʃu⁴⁴tʃu³¹<br>刀刀 tɔ⁴⁴tɔ³¹ | 35 + 31<br>馍馍 muə³⁵muə³¹<br>娃娃 va³⁵va³¹ | 52 + 31<br>眼眼 n̦ian⁵²n̦ian³¹<br>颗颗 kʰuə⁵²kʰuə³¹ | 35 + 31<br>棍棍 kuŋ³⁵kuŋ³¹<br>巷巷 xaŋ³⁵xaŋ³¹ |
| 泾源香水 | 52 + 31<br>珠珠 tʃu⁵²tʃu²¹<br>刀刀 tɔ⁵²tɔ²¹ | 35 + 52<br>盆盆 pʰəŋ³⁵pʰəŋ⁵²<br>虫虫 tʃʰuŋ³¹tʃʰuŋ⁵² | 52 + 31<br>眼眼 n̦ian⁵²n̦ian²¹<br>颗颗 kʰuə⁵²kʰuə²¹ | 44 + 31<br>棍棍 kuŋ⁴⁴kuŋ²¹<br>蛋蛋 tæ⁴⁴tæ²¹ |

　　从表 4 – 21 可以看出，除盐池麻黄山、泾源香水、海原郑旗方言外，宁夏南部方言重叠式变调比较一致。盐池麻黄山、泾源香水方言阴平、上声、去声两字组重叠式后字读轻声，盐池麻黄山方言阳平重叠式两字组后字也读轻声，但泾源香水方言阳平重叠式后字不读轻声而是读高降调〔52〕。平声不分阴阳的陇中片方言如西吉吉强、隆德观庄、海原郑旗平声重叠式两字组连调可以看出清平、浊平作前字时不同的分化模式，这种分化模式与秦陇片方言重叠式变调模式相同，即阴平重叠式后字不是常见的又短又轻的调子而是读为〔13〕或〔44〕，阳平重叠式后字读轻声〔31〕，其中海原郑旗方言阴平重叠式前字由低升调〔13〕变为低降调〔31〕，后字由单字调〔13〕变为连调〔44〕，与去声调值同；盐池麻黄山方言阴平重叠式前字由低调〔31〕变为高平调〔44〕，与去声调值同，去声重叠式前字由高平〔44〕变为中升调〔35〕，与阳平调值同；泾源香水方言阴平重叠式前字由单字调〔31〕变为连调〔52〕，与上声调值同。除泾源香水方言重叠式后字轻声较短较轻为〔21〕外，宁夏南部方言其他方言重叠式后字轻声一律为〔31〕。

　　从重叠式轻声变调及两字组重叠式变调都可以看出宁夏南部方言中陇中片方言的平声曾以声母的清浊为条件分调，虽然今调类已经合并，但是从连调中依然可以看出平分阴阳的分化模式，除了重叠式，其他形式的轻声也可以看出，如子尾、的尾、了尾、儿尾等形式的轻声。

　　（2）子尾、的尾、了尾

　　今根据宁夏南部方言"子尾、的尾、了尾"等形式的两字组轻声变调列举如表 4 – 22。

表4 – 22 两字组轻声的变调模式

| | 阴平 + 轻声 | | 阳平 + 轻声 | 上声 + 轻声 | 去声 + 轻声 |
|---|---|---|---|---|---|
| 固原三营 | 31 + 44<br>刀子 tɔ³¹tsɿ⁴⁴<br>窄的 tsə³¹ti⁴⁴<br>高了 kɔ³¹liɔ⁴⁴ | | 13 + 31<br>绳子 ʂəŋ¹³tsɿ³¹<br>长的 tʂʰaŋ¹³ti³¹<br>红了 xuŋ¹³liɔ³¹ | 52 + 31<br>李子 li⁵²tsɿ³¹<br>小的 ɕiɔ⁵²ti³¹<br>走了 tsəu⁵²liɔ³¹ | 44 + 31<br>盖子 kɛ⁴⁴tsɿ³¹<br>大的 ta⁴⁴ti³¹<br>见了 tɕian⁴⁴liɔ³¹ |
| 彭阳王洼 | 31 + 13<br>刀子 tɔ³¹tsɿ¹³<br>窄的 tsə³¹ti¹³<br>高了 kɔ³¹liɔ¹³ | | 13 + 31<br>绳子 ʂəŋ¹³tsɿ³¹<br>长的 tʂʰaŋ¹³ti³¹<br>红了 xuŋ¹³liɔ³¹ | 52 + 31<br>李子 li⁵²tsɿ³¹<br>小的 ɕiɔ⁵²ti³¹<br>走了 tsəu⁵²liɔ³¹ | 44 + 31<br>盖子 kɛ⁴⁴tsɿ³¹<br>大的 ta⁴⁴ti³¹<br>见了 tɕian⁴⁴liɔ³¹ |
| 同心张家垣 | 31 + 44<br>刀子 tɔ³¹tsɿ⁴⁴<br>窄的 tsə³¹ti⁴⁴<br>高了 kɔ³¹liɔ⁴⁴ | | 13 + 31<br>绳子 ʂəŋ¹³tsɿ³¹<br>长的 tʂʰaŋ¹³ti³¹<br>红了 xuŋ¹³liɔ³¹ | 52 + 31<br>李子 li⁵²tsɿ³¹<br>小的 ɕiɔ⁵²ti³¹<br>走了 tsəu⁵²liɔ³¹ | 44 + 31<br>盖子 kɛ⁴⁴tsɿ³¹<br>大的 ta⁴⁴ti³¹<br>见了 tɕian⁴⁴liɔ³¹ |
| 海原郑旗 | 31 + 44<br>刀子 tɔ³¹tsɿ⁴⁴<br>窄的 tsə³¹ti⁴⁴<br>高了 kɔ³¹liɔ⁴⁴ | | 13 + 31<br>绳子 ʂəŋ¹³tsɿ³¹<br>长的 tʂʰaŋ¹³ti³¹<br>红了 xuŋ¹³liɔ³¹ | 52 + 31<br>李子 li⁵²tsɿ³¹<br>小的 ɕiɔ⁵²ti³¹<br>走了 tsəu⁵²liɔ³¹ | 44 + 31<br>盖子 kɛ⁴⁴tsɿ³¹<br>大的 ta⁴⁴ti³¹<br>见了 tɕian⁴⁴liɔ³¹ |
| 西吉吉强 | 31 + 13<br>刀子 tɔ³¹tsɿ¹³<br>窄的 tsə³¹ti¹³<br>高了 kɔ³¹liɔ¹³ | | 13 + 31<br>绳子 ʂəŋ¹³tsɿ³¹<br>长的 tʂʰaŋ¹³ti³¹<br>红了 xuŋ¹³liɔ³¹ | 52 + 31<br>李子 li⁵²tsɿ³¹<br>小的 ɕiɔ⁵²ti³¹<br>走了 tsəu⁵²liɔ³¹ | 44 + 31<br>盖子 kɛ⁴⁴tsɿ³¹<br>大的 ta⁴⁴ti³¹<br>见了 tɕian⁴⁴liɔ³¹ |
| 隆德好水 | 31 + 13<br>刀子 tɔ³¹tsɿ¹³<br>窄的 tsə³¹ti¹³<br>高了 kɔ³¹liɔ¹³ | | 13 + 31<br>绳子 ʂəŋ¹³tsɿ³¹<br>长的 tʂʰaŋ¹³ti³¹<br>红了 xuŋ¹³liɔ³¹ | 52 + 31<br>李子 li⁵²tsɿ³¹<br>小的 ɕiɔ⁵²ti³¹<br>走了 tsəu⁵²liɔ³¹ | 44 + 31<br>盖子 kɛ⁴⁴tsɿ³¹<br>大的 ta⁴⁴ti³¹<br>见了 tɕian⁴⁴liɔ³¹ |
| 盐池麻黄山 | 44 + 31<br>刀子 tɔ⁴⁴tsɿ³¹<br>窄的 tsei⁴⁴ti³¹<br>高了 kɔ⁴⁴liɔ³¹ | 31 + 44<br>桌子 tʂuə³¹tsɿ⁴⁴<br>夹子 tɕia³¹tsɿ⁴⁴<br>瞎了 xa³¹liə⁴⁴ | 31 + 44<br>绳子 ʂəŋ³¹tsɿ⁴⁴<br>长的 tʂʰaŋ³¹ti⁴⁴<br>红了 xuŋ³¹liɔ⁴⁴ | 52 + 31<br>李子 li⁵²tsɿ³¹<br>小的 ɕiɔ⁵²ti³¹<br>走了 tsəu⁵²liɔ³¹ | 44 + 31<br>盖子 kɛ³⁵tsɿ³¹<br>大的 ta³⁵ti³¹<br>见了 tɕian³⁵liɔ³¹ |
| 泾源香水 | 52 + 21<br>刀子 tɔ⁵²tə²¹<br>窄的 tsei⁵²tɕi²¹<br>高了 kɔ⁵²liə²¹ | | 31 + 53<br>绳子 ʂəŋ³¹tə⁵³<br>长的 tʂʰaŋ³¹tɕi²¹<br>红了 xuŋ³¹liə⁵³ | 52 + 21<br>李子 li⁵²tə²¹<br>小的 ɕiɔ⁵²tɕi²¹<br>走了 tsəu⁵²liə²¹ | 44 + 21<br>盖子 kɛ⁴⁴tə²¹<br>大的 ta⁴⁴tɕi²¹<br>见了 tɕian⁴⁴liə²¹ |

从上表可得，除泾源方言外，宁夏南部方言轻声一般读为［31］，该调值与盐池、泾源方言单字调同，与固原、海原、西吉、隆德、同心等方言连调调值同，表现出"轻声不轻"的特征。此外，盐池麻黄山、泾源香水方言中阳平加子尾、的尾、了尾时读为一个高降调［53］或高平调［44］，同心张家垣、海原郑旗方言阴平加子尾、的尾、了尾时后字为高平调［44］，这种语法性轻声后字读为高降调或高平调大都受连读前字的影响。邢向东、马梦玲（2019）将西北方言双音节或多音节的词语中不能从单字调的连读音变中推导出来的调子称为"词调"，且这种词调属于词汇或语法层面。这种定义可以为宁夏南部方言语法性轻声后字读高降调或高平调提供一个比较合理的解释。

除表4－22出现的情况外，宁夏南部方言表小称时有丰富的子尾重叠式，以固原开城方言为例，子尾重叠式变调主要有以下形式。

阴平＋阴平＋子：珠珠子 tʂu³¹tʂu⁴⁴tsʅ³¹ ｜ 刀刀子 tɔ³¹tɔ⁴⁴tsʅ³¹ ｜ 勺勺子 ʂuə³¹ʂuə⁴⁴tsʅ³¹。

阳平＋阳平＋子：虫虫子 tʂʰuŋ¹³tʂʰuŋ³¹tsʅ³¹ ｜ 盆盆子 pʰəŋ¹³pʰəŋ³¹tsʅ³¹ ｜ 叶叶子 iə¹³iə³¹tsʅ³¹

上声＋上声＋子：袄袄子 nɔ³¹nɔ⁴⁴tsʅ³¹ ｜ 颗颗子 kʰuə³¹kʰuə⁴⁴tsʅ³¹

去声＋去声＋子：巷巷子 xaŋ³¹xaŋ⁴⁴tsʅ³¹ ｜ 衩衩子 tsʰa³¹tsʰa⁴⁴tsʅ³¹

子尾重叠式变调一般与重叠式变调规律相同，中字一般与重叠式变调相同，但重叠式的子尾在语流中比较短比较轻，符合北京话中轻声"读得又短又轻的调子"的定义。

2. 关于轻声的讨论

关于轻声的问题学术界意见众多，一般认为："轻声"属于一种特殊音变，指在一定条件下读得又轻又短的调子。（黄伯荣、廖旭东，2017）"两字词的后字读轻声时，失去原有的声调，字音的音高随前面重读字的声调而变化"（林茂灿、颜景助，1980）。李蓝（2018）认为轻声和变调可以从不同角度来区别："一、既然使用了'轻声'这个语音学名词，其语音听感就必须'轻而短'，这是轻声的语音条件。二、轻声词语负载的声调不能出现在单字调中，或者说，轻声调不能与单字调相同，这是轻声的音系区隔条件。此外，还可以再补充一条：语法功能词在语流中不得与其他词语共用连读变调组。"由于"轻声"的性质早期建立在北京话的基础上，所以针对汉语方言存在"不轻不短的轻声"（曹志耘，1998）、"音系学上的轻声"（李倩，2008）、"特殊的轻声"（王福堂，1999）等等调类现象，学术界提出"零调"（潘悟云，1988）、"连调乙"（李倩，2001）、"虚调"（曹志耘，2002）、"聚合性连调"（李小凡，2002）、"虚化调"（张燕来，2003）、"调位中和"（邢向东，2004）、"中和调"（吴媛，2011）等等概念以解决"轻声不轻"的问题，但都没有在学术界得到广泛的认可和进一步推广，今大多数文章仍采用"轻声"的概念描写这些不轻不短的轻声。邢向东、马梦玲（2019）结合西北方言单字调、连读调提出"词调"的概念，所谓词调"指西北方言中双音节以上的词语中那些不能从单字调的连读音变推导出来的调子。"认为单字调、连读调属于语音层面，词调属于词汇、语法层面，词调具有五个特点：有限性，模式化，声调高/低与音节的长/短、轻/重相协调，首音节统摄，层次早于单字调和连读调。从宁夏南部方言来说，"词调"的概念有利于解决词汇、语法中的变调问题，特别是词尾附着有语法意义的调值不轻不短的轻声问题，如"子""儿""的""了"尾词等形式的双音节、三音节或四音节词，可以归纳为语法意义的轻声，故本书依旧沿用"轻声"的概念。

# 第五章 内部异同及与周边方言比较

## 第一节 总体特征及分区

### 壹 各片异同

1. 异同点

李荣（1985）将官话方言分为西南官话、北方官话、北京官话、中原官话、兰银官话、胶辽官话、江淮官话，全浊入声归阳平是除江淮官话以外的其他官话区的共同特征，其中中原官话的特性是古清入、次浊入归阴平，与其他六区分开。

（1）宁夏南部方言语音内部比较

宁夏南部方言与官话方言总体特征一致，如入声派入平上去、全浊入声归阳平、全浊上声归去声、全浊声母清化、重唇分化出轻唇音等等。从宁夏南部方言内部来说，语音特点总体相对一致，差异因方言片区而有所不同，具体如表5-1（"＋"表示存在该特征，"－"表示不存在该特征）。

表5-1                      宁夏南部方言内部差异对比

| | 语音特点 | 秦陇片 | 陇中片 | 关中片 |
|---|---|---|---|---|
| 声母 | 古全浊声母清化 | ＋ | ＋ | ＋ |
| | 古全浊声母塞音塞擦音仄声字今读送气 | ＋ | ＋ | ＋ |
| | 轻唇与重唇不混 | ＋ | ＋ | ＋ |
| | 非敷奉合流为 [f]，微母读 [v] | ＋ | ＋ | ＋ |
| | 帮组"波—浪、杯—子"读次清声母 | ＋ | ＋ | ＋ |
| | 端组洪音字读 [t tʰ] | ＋ | ＋ | ＋ |

续表

| | 语音特点 | 秦陇片 | 陇中片 | 关中片 |
|---|---|---|---|---|
| 声母 | 端精见细音字合流 | – | –① | + |
| | 古泥来母相混 | + | + | + |
| | 泥母部分字读［m］ | + | + | + |
| | 不分尖团 | + | –② | + |
| | 知庄章母合口呼字读［tʃ tʃʰ ʃ］ | –③ | + | + |
| | 知庄组开二、章组止开三与精组字合流 | + | + | + |
| | 止开三日母字的读音 | Ø | Ø | Ø、z |
| | 见组三四等大部分字腭化 | + | + | + |
| | 影母开口一等字的读音 | n | n、ŋ | ŋ |
| | 疑母开口一等字的读音 | n、v | v、n、ŋ | ŋ |
| | 影疑母开口三等与泥母字合流为［n̠］ | + | + | + |
| | 疑影喻母合口字与微母合流为［v］ | + | + | + |
| 韵母 | 入声韵尾脱落 | + | + | + |
| | 曾梗摄入声韵读［ei］类 | + | + | + |
| | 果摄开合一等字相混 | + | + | + |
| | 遇流摄相混 | + | + | + |
| | 蟹摄来母合口一三等字读为［uei］ | + | + | + |
| | 止摄开口三等日母字读卷舌音 | +④ | + | + |
| | 止摄合口三等字存在"支微入鱼"现象 | + | + | + |
| | 高元音［i］［u］的舌尖化 | + | + | + |
| | 咸山摄主元音鼻化 | + | + | + |
| | 深臻摄并入曾梗通摄 | + | + | – |
| | 山臻摄合口泥来心母字读撮口呼 | + | + | + |
| 声调 | 入声舒化 | + | + | + |
| | 全浊入声归阳平 | + | + | + |
| | 清入、次浊入归阴平 | + | – | + |

① 西吉县部分乡镇方言除外。
② 隆德县部分乡镇分尖团，西吉县方言不分尖团。
③ 盐池、彭阳县方言除外。
④ 彭阳城阳方言除外。

| | 语音特点 | 秦陇片 | 陇中片 | 关中片 |
|---|---|---|---|---|
| 声调 | 全浊上声归去声 | + | + | + |
| | 平声分阴阳 | + | − | + |

说明：两调方言详见第四章第二节"叁　两调方言"，本表声调部分未列入讨论。

　　从上表5–1可得，宁夏南部方言语音特点无论声母、韵母还是声调都比较一致，这些特征与其他地区的中原官话秦陇片、陇中片、关中片特征基本相同（详见本章第三节），语音特征差异较小，说明宁夏南部方言内部的一致性较高。声调的差异主要体现在阴阳平是否合流，韵母差异主要在于深臻摄是否与曾梗摄合流，声母差异主要体现在端组、止开三日母字、影疑母的读音方面，如表5–2。

表5–2　　　　　　　　　　**宁夏南部方言声母内部差异对比**

| 语音特点 | 秦陇片 | 陇中片 | 关中片 |
|---|---|---|---|
| 端组细音字读音 | [t tʰ]（彭阳东南部读 [ts tsʰ]） | [t tʰ]（部分乡镇读 [tɕ tɕʰ]） | [tɕ tɕʰ] |
| 端组拼 [u] 韵母的读音 | [t tʰ]（彭阳东南部读 [tɕ tɕʰ]） | [t tʰ] | [t tʰ] |
| 精见组细音字分尖团 | − | +（部分乡镇分尖团） | − |
| 日母字"儿"的读音 | [ø] | [ø] | [ø]、[z] |
| 疑母开口一等字的读音 | [n]、[v] | [v]、[ŋ]、[n] | [ŋ] |
| 影母开口一等字的读音 | [n] | [n]、[ŋ] | [ŋ] |

（2）总体特征分布

　　地理语言学关注语言项目在地理空间中的分布，并结合地理、移民、接触等因素对该特征的语言地理分布进行解释。根据前文所述语音特征，结合前文第二三四章所述内容，以疑母开口一等字"饿""熬"读 [n] [v] 或 [ŋ] 声母、影母开口一等字"暗"读 [n] 或 [ŋ] 声母、晓组二等字"杏"读 [x] 或 [ɕ] 声母、端组细音字读"天" [tʰ] 或 [tɕʰ] 声母、全浊声母字"局"读 [tɕ] 或 [tɕʰ] 声母、知系合口三等字读 [tʂ] 或 [tʃ] 组声母、泥母字"暖"读 [n] 或 [l] 声母等区别性特征字的读音为例，绘制宁夏南部方言声母区别性特征的同言线丛如图5–1、

5－2、5－3。

第一，声母同言线。图 5－1 中，①疑母开口一等字"饿"的同言线以东读［n］声母，同言线以西读［ŋ］声母；②疑母开口一等字"饿"的同言线以北读［n］［v］声母，同言线以南读［ŋ］声母；③影母开口一等字"暗"的同言线以北读［n］声母，同言线以南读［ŋ］声母；④晓组二等字"杏"的同言线以北读［x］声母，同言线以南读［ç］声母；⑤端组细音字读"天"的同言线圈内读［tɕʰ］声母，圈外读［tʰ］声母；⑥全浊声母字"局"的同言线以北读［tɕ］声母，同言线以南读［tɕʰ］声母；⑦知系合口三等字"主"的同言线以北读［tʂ］组声母，同言线以南读［tʃ］组声母；⑧泥母字"南暖"同言线以北读［n］声母，同言线以南读［l］声母。

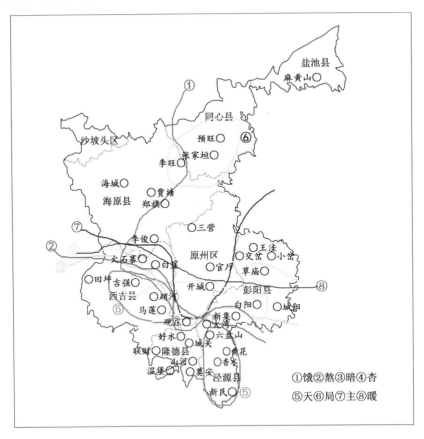

图 5－1　宁夏南部方言声母特征同言线丛

　　第二，韵母同言线。韵母以深臻曾梗摄的合流与否、果摄开口一等字是否混入合口一等例字"河"的韵母读［ə］或［uə］韵母、曾梗摄入声字"客色"［ei］或［ε］韵母等作为韵母区别性特征绘制韵母的同言线如图5-2。

图5-2　韵母同言线

　　图5-2中，同言线①圈内为深臻摄与曾梗通摄分立，圈外为深臻摄与曾梗通摄合流；同言线②以北以东地区果摄开口一等字"河"读［uə］韵母，同言线西南地区读［ə］韵母；同言线③圈内曾梗摄入声韵字"客色"读［ε］韵母，圈外读［ei］韵母。

　　第三，声调同言线。声调以平分阴阳为特征绘制同言线如图5-3。

　　图5-3中，海原海城方言以平声今不分阴阳的三调方言为主。图中同

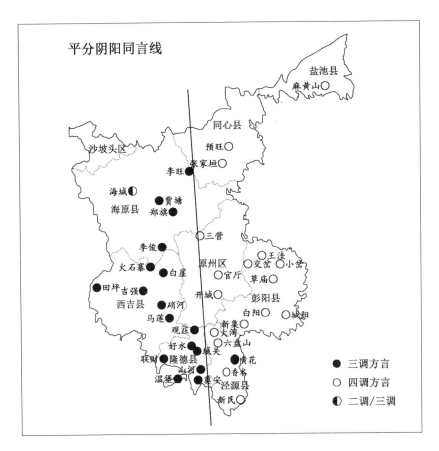

**图 5 - 3　平分阴阳同言线**

言线以东为平声分阴阳，同言线以西为平声不分阴阳。但秦陇片同心、固原、彭阳方言阴平、阳平处于调类合并过程中，盐池麻黄山方言处于去声并入阳平的调类合并过程中，泾源方言四个调类相对稳定。

　　从图 5 - 1、5 - 2、5 - 3 可得，宁夏南部方言语音特征交叉分布，从语音特点来看，每一个字都有它独特的同言线，但这些不同的同言线无法汇成一个相对集中的同言线丛，即无论声母、韵母、声调都缺乏相对一致的同言线束。从声调同言线来看，宁夏南部方言可以根据平分阴阳的情况按照东西纵向划分为两种方言片区，但同心、固原、彭阳方言也可能在几十年后完成阴阳平调类的合并，如果今秦陇片方言也完成了调类的合并，这种声调的同言线只有泾源县为四调方言，如此，声调与韵母的同言线大体重合，宁夏南部方言可以分为关中片和陇中片，陇中片内部再划分小片。但是目前秦陇片方言尽管阴阳平调值非常接近，但仍可以区别阴阳平调类的差异，且阴平连调调值与阳平连调调值也显示出差异，故无法以声调为依据进行方言划片。

2. 各片区别性特征

根据图5－1、图5－2、图5－3，综合前文所述，现将宁夏南部方言三小片（秦陇片、陇中片、关中片）方言的区别性特征进行归纳。

（1）秦陇片方言

第一，声调数目有四调、三调、两调三种类型。四个声调的类型主要分布在同心南部、盐池南部、固原、彭阳县，分别是阴平、阳平、上声、去声。其中古平声今根据声母的清浊分为阴平和阳平两个调类；清上、次浊上归上声，全浊上声归去声；去声今不分清浊全部读去声；古入声消失，入声舒化后古清入、次浊入声归阴平，全浊入声归阳平。四调型方言内部调型调值也不一致，主要差别在于平声，分为三种类型：一是固原型，阴平132、阳平13、上声52、去声44，分布在固原；二是盐池型，阴平31、阳平35、上声52、去声44，分布在盐池南部；三是彭阳型，阴平213、阳平13、上声52、去声44，分布在彭阳、同心南部。三个声调的类型主要分布在海原、西吉、隆德，分别是平声、上声、去声，其中古平声今读平声，古清上、次浊上归上声，全浊上声归去声；去声今不分清浊全部读去声；古入声消失，入声舒化后派入平声。调值为：平声132、上声52、去声44。两调方言只出现在海原海城部分自然村，调类分别为阴平上、阳平去，其中古平声今根据清浊分调为阴平和阳平，阴平与上声合并，阳平与去声合并，全浊上声归去声，入声以归阳平上为主，部分归阴平上，调值为：阴平上52、阳平去13。

第二，端组不与精见组合流，无论拼洪音还是细音一律读为［t tʰ］声母。其中彭阳东南部地区，如彭阳城阳、孟塬、冯庄方言端组拼蟹摄开口四等齐韵、止摄开口三等脂韵字时读为［ts tsʰ］声母，如：低端tsʅ²¹³｜地定tsʅ⁴⁴。

第三，影疑母开口一二等字读［n］声母，果摄开口字个别读［v］声母，如：我疑vuə⁵²｜饿疑vuə⁴⁴。

第四，泥来母除个别字如"内农"外，一般不相混。其中，彭阳南部如彭阳新集方言泥来母逢洪音相混，逢细音不混，如：脑泥lɔ⁵²｜南泥læ̃¹³｜

年泥 ȵiæ̃¹³ ｜ 泥泥 ȵi¹³。

第五，不分尖团。精见组细音字（止摄除外）今一律读为［tɕ tɕʰ ɕ］声母，如固原三营：秋清 = 丘溪 tɕʰiəu¹³² ｜ 节明 = 结见 tɕiə¹³ ｜ 修心 = 休晓 ɕiəu¹³²。

第六，深臻摄并入曾梗通摄，读为［ən iŋ uŋ yŋ］，如彭阳白阳：针深 = 真臻 = 蒸曾 = 征梗 tʂən²¹³ ｜ 心深 = 星梗 ɕiŋ²¹³ ｜ 村臻 = 葱通 tsʰuŋ²¹³ ｜ 运臻 = 用通 yŋ⁴⁴。

（2）陇中片

第一，有三个声调，分别是平声、上声、去声。古平声今不分阴阳，清上、次浊上今读上声，全浊上声归去声，去声今不分清浊全部读去声，古入声舒化后一律归平声。调值比较统一，平声 13、上声 52、去声 44，分布在西吉、隆德县。

第二，端组洪音字今读［t tʰ］声母，端组细音字在陇中片存在有两类读音：回族聚居区端组细音字与精见组合流为［tɕ tɕʰ］声母，如西吉吉强：颠端 = 笺精 = 肩见 tɕiæ̃¹³ ｜ 天透 = 千清 = 牵溪 tɕʰiæ̃¹³ ｜ 田定 = 前从 = 虔群 tɕʰiæ̃¹³；汉族聚居区端组细音字读［t tʰ］声母。这种分布差异与早期人口来源有关。

第三，影疑母开口一二等字读［ŋ］［Ø］声母，如西吉硝河：饿疑 ŋə⁴⁴ ｜ 安影 ŋæ̃³¹ ｜ 藕疑 əu⁵²。

第四，泥母逢细音时与来母不混，如隆德城关：年泥 ȵiæ̃¹³ ≠ 连来 ȵiæ̃¹³，逢洪音时泥母混入来母，如隆德城关：南泥 = 蓝来 læ̃¹³ ｜ 脑泥 = 老来 lɔ⁵² ｜ 脓泥 = 隆来 luŋ¹³。

第五，个别方言点如隆德温堡分尖团，但一般为老派区分尖团音，新派不区分，如：

老派　精精 tsiŋ ≠ 经见 tɕiŋ¹³　秋清 tsʰiəu ≠ 丘溪 tɕʰiəu¹³　齐从 tsʰi ≠ 旗群 tɕʰi¹³

新派　精精 = 经见 tɕiŋ¹³　　　秋清 = 丘溪 tɕʰiəu¹³　　　齐从 = 旗群 tɕʰi¹³

第六，深臻摄并入曾梗通摄，读为［ən iŋ uŋ yŋ］，如隆德好水：针深 = 真臻 = 蒸曾 = 征梗 tʂən¹³ ｜ 心深 = 星梗 ɕiŋ¹³ ｜ 村臻 = 葱通 tsʰuŋ¹³ ｜ 运臻 = 用通 yŋ⁴⁴。

（3）关中片

第一，有四个声调，分别是阴平、阳平、上声、去声。其中古平声今根据声母的清浊分为阴平和阳平两个调类；清上、次浊上归上声，全浊上声归去声；去声今不分清浊全部读去声；古入声消失，入声舒化后古清入、次浊入声归阴平，全浊入声归阳平。调值为阴平 31、阳平 35、上声 52、去声 44。分布在泾源县。

第二，端组细音与精见合流为［tɕ tɕʰ］声母，如泾源_香水_：颠_端_＝笺_精_＝肩_见_ tɕiæ³¹｜天_透_＝千_清_＝牵_溪_ tɕʰiæ⁴⁴｜田_定_＝前_从_＝虔_群_ tɕʰiæ³⁵。

第三，影疑母开口一二等字读［ŋ］声母，如泾源_香水_：饿_疑_ ŋə⁴⁴｜安_影_ ŋæ³¹。

第四，泥来母除个别字（如"内嫩农"）外，一般不相混，如泾源_香水_：脑_泥_ nɔ⁵²｜南_泥_ næ¹³｜年_泥_ ȵiæ¹³｜泥_泥_ ȵi¹³。

第五，不分尖团，精见组细音字（止摄除外）今一律读为［tɕ tɕʰ ɕ］声母，如泾源_香水_：秋_清_＝丘_溪_ tɕʰiəu³¹｜节_明_＝结_见_ tɕiə³⁵｜修_心_＝休_晓_ ɕiəu³¹。

第六，深臻摄与曾梗通摄分立，存在［ən in un yn］与［əŋ iŋ uŋ yŋ］两组韵母，如泾源_香水_：针_深_ tʂən≠蒸_曾_ tʂəŋ³¹｜真_臻_ tʂən≠征_梗_ tʂəŋ³¹｜心_深_ ɕin≠星_梗_ ɕiŋ³¹｜村_臻_ tsʰun≠葱_通_ tsʰuŋ³¹｜运_臻_ yn≠用_通_ yŋ⁴⁴。

## 贰　关于方言分区的讨论

方言分区不是方言研究的终极目标，"中国迄今为止实际上还没有出现过方言地理学意义上的全局性的分区工作，有的只是方言分类、准方言分区、建模性的方言分区和局部性的方言分区，因此汉语的方言分区工作亟需补课"（项梦冰，2012）。通过方言分区可以比较直观地了解我国不同语言方言在地理上的总体分布差异、特征，能够更好地解释该类地理分布的缘由，也可以为其他学科如人类学、民族学、历史学等提供参考依据。游汝杰（2004）认为语言现象本身在空间地理分布上的异同是对方言进行划分的根本依据。今《中国语言地图集》（第二版）对宁夏南部方言进行分片时采取以声调为主（秦陇片、关中片为四调方言，陇中片为三调方言）、声韵为辅的方式进行方言分片，比较符合宁夏南部方言的特点。

### 1. 宁夏方言的分区

根据李荣（1985）、《中国语言地图集·汉语方言卷》（第二版）宁夏方言为北方方言区，境内主要有两种官话：兰银官话和中原官话，以宁夏同心、盐池、海原为过渡地带，北部为兰银官话银吴片，俗称"川区话"，南部为中原官话秦陇片、陇中片、关中片，俗称"山区话"，具体分布如

图 1 - 2，绪论已述。宁夏境内的兰银官话和中原官话语音的既有共性也有差异，总体来说共性比较大，差异比较小。声母方面，如重唇音中分化出轻唇音，非敷奉合流为 [f] 声母；微母读 [v] 声母；见系二等字部分未腭化。韵母方面，如有 [ər] 韵母和儿化韵。声调方面，如入声舒化，全浊入声归阳平，全浊上归去。等等。

兰银官话银吴片与宁夏南部中原官话最大的区别在于声调，一是入声的归并，兰银官话银吴片清入、次浊入归入去声，宁夏南部方言清入、次浊入归入阴平（或平声）；二是阳平和上声的关系，兰银官话银吴片阳平和上声合流为阳平上，宁夏南部方言阳平和上声不合流。除声调差异外，还有几个重要的区别性特征词或字：一是曾梗摄入声的白读，兰银官话银吴片读为 [ia] 韵母，宁夏南部方言读为 [ei] 韵母；二是"虹彩虹"，兰银官话银吴片读为 [kaŋ¹³]，宁夏南部中原官话读为 [tɕiaŋ⁴⁴]；三是"尿名词"，兰银官话银吴片读为 [suei⁴⁴]，宁夏南部中原官话读为 [n̠iɔ⁴⁴]；四是山摄开口二等晓母字"瞎"，兰银官话银吴片读为 [ɕia¹³]，宁夏南部中原官话读为 [xa⁴⁴]，等等，归纳列举如表 5 - 3。

表 5 - 3　　　宁夏南部方言与兰银官话银吴片区别性特征对比

| 区别性特征 | 兰银官话银吴片 | 宁夏南部方言 |
|---|---|---|
| 清入、次浊入的归并方向 | 去声 | 平声/阴平 |
| 阳平与上声合并 | + | - |
| 三调方言 | 是 | 部分是 |
| 去声调值 | [13] | [44] |
| 全浊塞音、塞擦音仄声送气 | - | + |
| 泥来母相混 | - | + |
| 知庄组开二、章组止开三的声母 | [tʂ] | [ts] |
| 影疑母开口一二等字的声母 | [Ø] | [n] / [ŋ] |
| 曾梗摄入声的读音 | [ia] | [ei] |
| 六 | [lu] | [liəu] |
| 虹彩虹 | [kaŋ⁴⁴] | [tɕiaŋ⁴⁴] |
| 尿名词 | [suei⁴⁴] | [n̠iɔ⁴⁴] |
| 瞎 | [ɕia⁴⁴] | [xa⁴⁴] |
| 刮一风 | [kua⁴⁴] | [kua⁵²] |

续表

| 区别性特征 | 兰银官话银吴片 | 宁夏南部方言 |
|---|---|---|
| "坐"义 | [tsuə⁴⁴] | [tɕiəu⁴⁴] |
| 祈使句语气词 | [ʂa⁵³] | [sa⁵²] |
| 将然体语气词 | [lə] | [tɕʰia] |

### 2. 宁夏南部方言的分区

宁夏南部方言内部差异与《中国语言地图集》（第二版）分布基本一致。但是位于方言过渡地带的区域其方言归属略有不同，如海原、盐池位于兰银官话与中原官话交界处。根据上述区别，将海原、盐池方言的方言分区问题概述如下。

（1）海原方言分区

海原县原属固原市，后因行政区划调整归入中卫市，但其方言未发生较大变化，基本与固原市境内方言一致，故不存在官话分区问题，但存在中原官话内部分片问题。《中国语言地图集·汉语方言卷》（第一版）B4官话之四（兰银官话和中原官话）将海原县方言划入中原官话陇中片，《中国语言地图集·汉语方言卷》（第二版）官话之六中原官话 B 将海原县方言归入中原官话秦陇片。根据《中国语言地图集·汉语方言卷》（第二版）图后文字解释，"平声不分阴阳，只有三个单字调。这一点可与关中片、秦陇片分开，与河州片相同"（邢向东，2012）。今海原海城方言已演变为三调方言或两调方言，其中三调方言平声不分阴阳，两调方言平分阴阳，但海原海城以三调方言为主。所以，三调方言的调类归并与陇中片方言相同，两调方言平分阴阳与秦陇片方言相同，但调类归并方向不一致，其他特征如影疑母的今读、泥来母分混等与秦陇片方言比较接近，故本书将其归入中原官话秦陇片。此外，中卫市沙坡头区兴仁镇、蒿川乡原属于海原县，后因行政区划调整划入沙坡头区，但其方言与海原方言相同，故一起并入中原官话秦陇片。

（2）盐池方言分区

盐池县位于兰银官话和中原官话过渡地带，"盐池县东部的苏步井、王乐井、柳杨堡、城关镇、城郊、青山、大水坑、红井子、后洼、麻黄山10乡镇以及同心下马关镇方言古入声的今分派不同于两官话，语音兼有相邻两官话的特点，属于混合型方言，本书独立为盐池小片"（张安生，

2008）。根据《中国语言地图集》（第二版），盐池县城关镇方言归入中原官话秦陇片。据张安生1987年调查盐池东南部及县城老派方言，存在阴平［44］、阳平［13］、上声［53］、去声［35］四个单字调，西北部及县城新派方言存在阴平［44］、阳平去［13］、上声［53］三个声调（张安生，2008）。2003年，盐池县行政区划调整，撤并城关镇、城郊乡、柳杨堡乡和城西滩吊庄，成立花马池镇。笔者于2017年进行盐池县城关镇（今为花马池镇）和麻黄山乡方言调查显示，盐池县城关镇方言为三调方言，分别为阴平［44］、阳平去［13］、上声［52］，其中阳平、去声、入声合并，如：绳＝剩 ʂəŋ¹³ | 成＝秤 tʂʰəŋ¹³ | 炉＝路 lu¹³ | 毒＝肚 tu¹³，目前尚不清楚是阳平并入去声，还是去声并入阳平，但该方言白读系统与中原官话秦陇片、陇中片、关中片都不一致，但与兰银官话银吴片一致，如：麦 mia¹³ | 白 pia¹³ | 拍 pʰia¹³ | 百 pia¹³ | 北 pia¹³ | 六 lu¹³。从方言声调的演变来看，由于阳平和去声都是一个低升或中升的调型，调型相近，故该方言阳平、去声、入声合并有这样一种可能：中古入声先派入去声，后去声并入阳平。根据盐池县城花马池镇的方言入声归入去声的特点以及其白读系统与兰银官话银吴片同，故本书认为该方言归入兰银官话银吴片比较合适。

　　盐池县北低南高，北部平原，东南部存在与陕西、甘肃相连的山脉。方言大致以山脉为界，西北部为兰银官话，东南部为中原官话。大水坑镇东部、麻黄山乡东部毗邻陕西定边，南部与甘肃环县接壤，方言相近，以麻黄山乡曾家畔村方言为例，该村处于陕甘宁三省交界处，该地方言存在阴平［31］、阳平［35］、上声［52］、去声［44］四个声调，其中古全浊入归阳平，清入、次浊入小部分字归阴平，如：国 kuei³¹ | 北 pei³¹ | 色 sei³¹ | 八 pa³¹ | 六 liəu³¹ | 麦 mei³¹，大部分字归入阳平，如：谷 ku³⁵ | 搭 ta³⁵ | 节 tɕiə³⁵ | 急 tɕi³⁵ | 哭 kʰu³⁵ | 塔 tʰa³⁵ | 刻 kʰə³⁵ | 叶 ie³⁵ | 月 ye³⁵。盐池县麻黄山乡为陕甘宁交界地带，其方言中古入声归阳平，与兰银官话、中原官话入声的归并都不一致，但入声字的读音以及词汇既有中原官话又有兰银官话特征，如"黑"兰银官话白读为［xɯ］，中原官话白读为［xei］，麻黄山乡方言读为［xɯ］；"北"兰银官话白读为［pia］，中原官话白读为［pei］，麻黄山乡方言读为［pei］。经调查显示，除声调外，麻黄山乡方言声母、韵母多数特征与中原官话秦陇片比较接近，如：部分清入、次浊入归入阴平而非归入去声；上声为高降调52、去声为一个高平调

44，与中原官话一致；虹 tɕiaŋ｜北 pei｜白 pei｜色 sei｜瞎 xa｜尿 niɔ｜六 liəu 等字的读音与中原官话白读系统同等，故本书将其归入中原官话秦陇片。

# 第二节 与周边方言语音的比较

《中国语言地图集》将中原官话细分为郑曹片、洛徐片、蔡鲁片、信蚌片、汾河片、秦陇片、陇中片、关中片、南疆片等，其中宁夏南部地区方言为中原官话秦陇片、陇中片、关中片。本书基于方言调查，总结归纳了宁夏南部方言各地语音特点。《中国语言地图集》（第一版）将海原方言归入陇中片，《中国语言地图集》（第二版）将海原方言归入秦陇片，从海原方言语音特点来看，本书认为归入秦陇片比较合适，前文已述。宁夏南部方言为中原官话区，与全国各地的中原官话既有共性也有差异，从地理上看，宁夏南部山区西面、南面、东面都与甘肃省接壤，东北与陕西毗邻；从方言看，周边方言主要有陇中片、秦陇片方言，与陕西境内的关中片方言相隔不远，且关中片方言区泾源人清末从陕西渭南等地搬迁而来。今宁夏南部方言语音特点与周边方言既有共性也有差异性。现根据《汉语方音字汇》（北京大学中国语言文学系语言学教研室编，2003）、《秦晋两省沿河方言比较研究》（邢向东、王临惠、张维佳、李小平，2012）、《中原官话音韵研究》（段亚广，2012）、《甘肃环县方言同音字汇》（谭治琪、赵红，2013）、《秦安方言语音研究》（吴银霞，2013）、《甘肃秦安（吴川村）方言声母的特点》（李蓝，2019）将宁夏南部方言与周边方言进行对比研究，分析宁夏南部方言秦陇片、陇中片、关中片与周边中原官话的语音差异。

## 壹 共性

1. 声母

（1）古全浊声母清化

宁夏南部方言古全浊声母清化，今一般逢平声送气、仄声不送气，但今逢塞音、塞擦音时，部分仄声字也读为送气音。周边中原官话也存在全浊塞音、塞擦音仄声读为送气音的情况，如表 5 - 4。

表 5-4　　　　　　　　　　宁夏南部及周边方言全浊声母的读音

| | | | 爬並 | 头定 | 墙从 | 茶澄 | 锄崇 | 穷群 | 祠邪 | 城禅 |
|---|---|---|---|---|---|---|---|---|---|---|
| 平声 | 秦陇片 | 宁夏固原 | $p^ha^{13}$ | $t^h\partial u^{13}$ | $t\textctc^hiaŋ^{13}$ | $ts^ha^{13}$ | $t\textctretroflexs^hu^{13}$ | $t\textctc^hy\partialŋ^{13}$ | $ts^hʅ^{13}$ | $t\textctretroflexs^h\partialŋ^{13}$ |
| | | 甘肃环县 | $p^ha^{24}$ | $t^h\partial u^{24}$ | $t\textctc^hiaŋ^{24}$ | $ts^ha^{24}$ | $t\textctretroflexs^hu^{24}$ | $t\textctc^hy\partialŋ^{24}$ | $ts^hʅ^{24}$ | $t\textctretroflexs^h\partialŋ^{24}$ |
| | 陇中片 | 宁夏隆德 | $p^ha^{13}$ | $t^h\partial u^{13}$ | $t\textctc^hiaŋ^{13}$ | $ts^ha^{13}$ | $t\textctretroflexs^hu^{13}$ | $t\textctc^hy\partialŋ^{13}$ | $ts^hʅ^{13}$ | $t\textctretroflexs^h\partialŋ^{13}$ |
| | | 甘肃秦安 | $p^ha^{24}$ | $t^h\partial u^{24}$ | $ts^hiaŋ^{24}$ | $ts^ha^{24}$ | $t\textctretroflexs^hʅ^{24}$ | $t\textctc^hy\partialŋ^{24}$ | $ts^hʅ^{24}$ | $t\textctretroflexs^h\partialŋ^{24}$ |
| | 关中片 | 宁夏泾源 | $p^ha^{35}$ | $t^h\partial u^{35}$ | $t\textctc^hiaŋ^{35}$ | $ts^ha^{35}$ | $t\textctretroflexs^hu^{35}$ | $t\textctc^hy\partialŋ^{35}$ | $ts^hʅ^{35}$ | $t\textctretroflexs^h\partialŋ^{35}$ |
| | | 陕西渭南 | $p^ha^{24}$ | $t^hou^{24}$ | $ts^hiaŋ^{24}$ | $ts^ha^{24}$ | $ts^hou^{24}$ | $t\textctc^hyŋ^{24}$ | $ts^hʅ^{24}$ | $t\textctretroflexs^heŋ^{24}$ |
| | | 陕西西安 | $p^ha^{24}$ | $t^hou^{24}$ | $ts^hiaŋ^{24}$ | $ts^ha^{24}$ | $pf^hu^{24}$ | $t\textctc^hyoŋ^{24}$ | $ts^hʅ^{24}$ | $t\textctretroflexs^h\partialŋ^{24}$ |

| | | | 辫並 | 病並 | 稻定 | 坐从 | 赵澄 | 局群 | 铡崇 |
|---|---|---|---|---|---|---|---|---|---|
| 仄声 | 秦陇片 | 宁夏固原 | $piæ^{44}$ | $p^hiŋ^{44}$ | $tɔ^{44}$ | $tsu\partial^{44}$ | $t\textctretroflexsɔ^{44}$ | $t\textctc^hy^{13}$ | $tsa^{13}$ |
| | | 甘肃环县 | $piæ^{33}$ | $pi\partialŋ^{33}$ | $t^hɔ^{33}$ | $tsuɤ^{33}$ | $t\textctretroflexsɔ^{33}$ | $t\textctc^hy^{24}$ | $tsa^{24}$ |
| | 陇中片 | 宁夏隆德 | $p^hiæ^{44}$ | $p^hiŋ^{44}$ | $t^hɔ^{44}$ | $ts^hu\partial^{44}$ | $t\textctretroflexs^hɔ^{44}$ | $t\textctc^hy^{13}$ | $ts^ha^{13}$ |
| | | 甘肃秦安 | $pia^{h44}$ | $p^hiŋ^{44}$ | $t^hɔ^{44}$ | $ts^huɤ^{44}$ | $t\textctretroflexs^hɔ^{44}$ | $t\textctc^hy^{24}$ | $ts^ha^{24}$ |
| | 关中片 | 宁夏泾源 | $p^hiæ^{44}$ | $p^hiŋ^{44}$ | $tɔ^{44}$ | $ts^hu\partial^{44}$ | $t\textctretroflexsɔ^{44}$ | $t\textctc^hy^{35}$ | $ts^ha^{35}$ |
| | | 陕西渭南 | $p^hiæ^{44}$ | $p^hiŋ^{44}$ | $t^hau^{52}$ | $ts^hʯo^{44}$ | $ts^hau^{52}$ | $t\textctc^hy^{24}$ | $ts^ha^{24}$ |
| | | 陕西西安 | $piæ^{55}$ | $piŋ^{55}$ | $t^hau^{53}$ | $tsuo^{55}$ | $t\textctretroflexsau^{55}$ | $t\textctcy^{24}$ | $tsa^{24}$ |

（2）轻唇与重唇不混

宁夏南部方言重唇音帮滂並明母中分化出非敷奉微母，非敷奉母今合并为 [f] 声母，微母今读为 [v]，与周边方言一样，如表 5-5。

表 5-5　　　　　　　　　　宁夏南部及周边方言帮组非组字的读音

| | | 布帮 | 配滂 | 抱並 | 马明 | 风非 | 访敷 | 房奉 | 忘微 |
|---|---|---|---|---|---|---|---|---|---|
| 秦陇片 | 宁夏固原 | $pu^{44}$ | $p^hei^{44}$ | $pɔ^{44}$ | $ma^{52}$ | $f\partialŋ^{132}$ | $faŋ^{52}$ | $faŋ^{13}$ | $vaŋ^{44}$ |
| | 甘肃环县 | $pu^{33}$ | $p^hei^{33}$ | $pɔ^{33}$ | $ma^{55}$ | $f\partialŋ^{31}$ | $faŋ^{55}$ | $faŋ^{24}$ | $vaŋ^{33}$ |
| 陇中片 | 宁夏隆德 | $pu^{44}$ | $p^hei^{44}$ | $pɔ^{44}$ | $ma^{52}$ | $f\partialŋ^{13}$ | $faŋ^{52}$ | $faŋ^{13}$ | $vaŋ^{44}$ |
| | 甘肃秦安 | $pu^{44}$ | $p^hei^{44}$ | $pɔ^{44}$ | $ma^{53}$ | $f\partialŋ^{213}$ | $fɑ^{h53}$ | $fɑ^{h213}$ | $uɑ^{h44}$ |
| 关中片 | 宁夏泾源 | $pu^{44}$ | $p^hei^{44}$ | $pɔ^{44}$ | $ma^{52}$ | $f\partialŋ^{31}$ | $faŋ^{52}$ | $faŋ^{35}$ | $vaŋ^{44}$ |
| | 陕西渭南 | $pu^{44}$ | $p^hei^{44}$ | $pɔ^{44}$ | $m^{h53}$ | $f\partialŋ^{21}$ | $faŋ^{53}$ | $faŋ^{24}$ | $vaŋ^{44}$ |
| | 陕西西安 | $pu^{55}$ | $p^hei^{55}$ | $pau^{55}$ | $ma^{53}$ | $f\partialŋ^{21}$ | $faŋ^{53}$ | $faŋ^{24}$ | $vaŋ^{55}$ |

（3）泥来母相混

宁夏南部方言泥来母逢细音不混，逢洪音相混，一般为泥母混入来母，与周边方言一样，如表 5－6。

表 5－6　　　　　　宁夏南部及周边方言泥来母字的读音

|  |  | 年<sub>泥</sub> | 连<sub>来</sub> | 脑<sub>泥</sub> | 老<sub>来</sub> | 南<sub>泥</sub> | 蓝<sub>来</sub> | 农<sub>泥</sub> | 龙<sub>来</sub> |
|---|---|---|---|---|---|---|---|---|---|
| 秦陇片 | 宁夏固原 | ȵiæ$^{13}$ | liæ$^{13}$ | nɔ$^{52}$ | lɔ$^{52}$ | næ$^{13}$ | læ$^{13}$ | luŋ$^{13}$ | luŋ$^{13}$ |
| | 甘肃环县 | ȵiæ$^{24}$ | liæ$^{24}$ | nɔ$^{55}$ | lɔ$^{55}$ | næ$^{24}$ | læ$^{24}$ | luŋ$^{24}$ | luŋ$^{24}$ |
| 陇中片 | 宁夏隆德 | ȵiæ$^{13}$ | liæ$^{13}$ | nɔ$^{52}$ | lɔ$^{52}$ | næ$^{13}$ | læ$^{13}$ | luŋ$^{13}$ | luŋ$^{13}$ |
| | 甘肃秦安 | ȵiæ$^{213}$ | liæ$^{213}$ | lɔ$^{53}$ | lɔ$^{53}$ | læ$^{213}$ | læ$^{213}$ | luəŋ$^{213}$ | luəŋ$^{213}$ |
| 关中片 | 宁夏泾源 | ȵiæ$^{35}$ | liæ$^{35}$ | nɔ$^{52}$ | lɔ$^{52}$ | næ$^{35}$ | læ$^{35}$ | luŋ$^{35}$ | luŋ$^{35}$ |
| | 陕西渭南 | niæ$^{24}$ | liæ$^{24}$ | nɔ$^{53}$ | lɔ$^{53}$ | næ$^{24}$ | læ$^{24}$ | luŋ$^{24}$ | luŋ$^{24}$ |
| | 陕西西安 | ȵiæ$^{24}$ | liæ$^{24}$ | nau$^{53}$ | lau$^{53}$ | næ$^{24}$ | læ$^{24}$ | luoŋ$^{24}$ | luoŋ$^{24}$ |

（4）知庄章开口字的分化

宁夏南部方言知庄章组开口字的分化与周边方言一致，开口二等知庄组、止摄开口三等章组字读 [ts tsʰ s]，其他读声母 [tʂ tʂʰ ʂ] 或 [tʃ tʃʰ ʃ]（两者音位互补，前字拼开口呼，后者拼合口呼），如表 5－7。

表 5－7　　　　　　宁夏南部及周边方言知庄章组字的读音

|  |  | 茶<sub>知二</sub> | 张<sub>知三</sub> | 沙<sub>庄二</sub> | 床<sub>庄三</sub> | 书<sub>章三</sub> | 枝<sub>章三</sub> |
|---|---|---|---|---|---|---|---|
| 秦陇片 | 宁夏固原 | tsʰa$^{13}$ | tʂaŋ$^{132}$ | sa$^{132}$ | tʂʰuaŋ$^{13}$ | ʂu$^{132}$ | tʂɿ$^{132}$ |
| | 甘肃环县 | tsʰa$^{24}$ | tʂaŋ$^{31}$ | sa$^{31}$ | tʂʰuaŋ$^{24}$ | ʂu$^{31}$ | tʂɿ$^{31}$ |
| 陇中片 | 宁夏隆德 | tsʰa$^{13}$ | tʂaŋ$^{13}$ | sa$^{13}$ | tʃʰuaŋ$^{13}$ | ʃu$^{13}$ | tʂɿ$^{13}$ |
| | 甘肃秦安 | tsʰɑ$^{24}$ | tʂɑŋ$^{24}$ | sɑ$^{24}$ | tʂʰuɑŋ$^{24}$ | ʂʮ$^{24}$ | tʂɿ$^{24}$ |
| 关中片 | 宁夏泾源 | tsʰa$^{35}$ | tʂaŋ$^{31}$ | sa$^{31}$ | tʃʰuaŋ$^{35}$ | ʃu$^{31}$ | tʂɿ$^{31}$ |
| | 陕西渭南 | tsʰa$^{24}$ | tʂaŋ$^{31}$ | sa$^{31}$ | tsʰɤaŋ$^{24}$ | sʯ$^{31}$ | tsɿ$^{31}$ |
| | 陕西西安 | tsʰa$^{24}$ | tʂaŋ$^{21}$ | sa$^{21}$ | pfʰaŋ$^{24}$ | fu$^{21}$ | tʂɿ$^{21}$ |

2. 韵母

（1）果摄开合一等相混

宁夏南部方言果摄开口一等部分字混入果摄合口一等，与周边方言同。其中，甘肃秦安方言果摄合口混入开口，如表 5－8。

表5-8　　　　　宁夏南部及周边方言果摄开合一等字的读音

| | | 多果开一 | 左果开一 | 歌果开一 | 波果合一 | 骡果合一 | 颗果合一 |
|---|---|---|---|---|---|---|---|
| 秦陇片 | 宁夏固原 | tuə¹³² | tsuə⁵² | kə¹³² | pʰuə¹³² | luə¹³ | kʰuə⁵² |
| | 甘肃环县 | tuɣ³¹ | tsuɣ⁵⁵ | kuɣ³¹ | pɣ³¹ | luɣ²⁴ | kʰuɣ⁵⁵ |
| 陇中片 | 宁夏隆德 | tuə¹³ | tsuə⁵² | kə¹³ | pʰuə¹³ | luə¹³ | kʰuə⁵² |
| | 甘肃秦安 | tɣ²¹³ | tsɣ²¹³ | kɣ²¹³ | pʰɣ²¹³ | lɣ²¹³ | kʰɣ⁵³ |
| 关中片 | 宁夏泾源 | tuə³¹ | tsuə⁵² | kə³¹ | pʰuə³¹ | luə³⁵ | kʰuə⁵² |
| | 陕西渭南 | tuɣ²⁴ | tsuɣ⁴⁴ | kɣ²¹ | pɣ²¹ | luɣ²⁴ | kuɣ²¹ |
| | 陕西西安 | tuo²¹ | tsuo⁵⁵ | kɣ²¹ | pʰo²¹ | luo²⁴ | kʰuo⁵⁵ |

（2）遇流摄相混

宁夏南部方言遇流摄部分字相混，与周边方言一致。流摄读如遇摄的现象比较一致，遇摄读为流摄的数量不一致，如表5-9。

表5-9　　　　　宁夏南部及周边方言遇流摄字的读音

| | | 努遇摄 | 蛛遇摄 | 缕遇摄 | 亩流摄 | 否流摄 | 谋流摄 |
|---|---|---|---|---|---|---|---|
| 秦陇片 | 宁夏固原 | nu⁵² | tʂu¹³² | liəu⁵² | mu⁵² | fu⁵² | mu¹³ |
| | 甘肃环县 | nəu⁵⁵ | tʃu³¹ | ly³³ | mu⁵⁵ | fu⁵⁵ | mu²⁴ |
| 陇中片 | 宁夏隆德 | nəu⁵² | tsəu¹³ | liəu⁵² | mu⁵² | fu⁵² | mu¹³ |
| | 甘肃秦安 | lu⁵³ | tʃu²¹³ | ny⁵³ | mu⁵³ | fu⁵³ | mu²¹³ |
| 关中片 | 宁夏泾源 | nəu⁵² | tsəu³¹ | liəu⁵² | mu⁵² | fu⁵² | mu³⁵ |
| | 陕西渭南 | nou⁵³ | tsʅ²¹ | ly⁵³ | mu⁵³ | fu⁵³ | mu²⁴ |
| | 陕西西安 | nou⁵³ | pfu²¹ | ly⁵³ | mu⁵³ | fu⁵³ | mu²⁴ |

（3）支微入鱼

宁夏南部方言止摄合口三等支、脂、微三个韵部分字的今读与遇摄合口三等鱼、虞韵相同，部分方言点蟹摄合口一三等字也合流。宁夏南部方言与周边方言"支微入鱼"的字数各点数量不一，列举如表5-10。

（4）影疑母合口字的读音

宁夏南部方言与周边方言影疑母合口字的今读类型基本一致，区别在于各点摩擦程度不一故合口呼零声母的音值处理略有不同（有的为零声母[u]，有的处理为唇齿浊擦音[v]），但演变规律一致，如表5-11。

表 5 – 10 宁夏南部及周边方言止遇摄字的读音

| | | 苇止合三 | 慰止合三 | 渭止合三 | 蔚止合三 | 尉止合三 | 纬止合三 | 鱼遇合三 |
|---|---|---|---|---|---|---|---|---|
| 秦陇片 | 宁夏固原 | y⁵² | vei⁴⁴ | vei⁴⁴ | vei⁴⁴ | y⁴⁴ | vei⁵² | y¹³ |
| | 甘肃环县 | y⁵⁵ | y³³ | vei³³ | vei³³ | vei³³ | y⁵⁵ | y²⁴ |
| 陇中片 | 宁夏隆德 | y⁵² | y⁴⁴ | y⁴⁴ | y⁴⁴ | y⁴⁴ | y⁴⁴ | y¹³ |
| | 甘肃秦安 | vei²¹³ | vei⁴⁴ | vei⁴⁴ | vei⁴⁴ | y⁴⁴ | vei²¹³ | y²¹³ |
| 关中片 | 宁夏泾源 | y⁵² | vei⁴⁴ | vei⁴⁴ | vei⁴⁴ | y⁴⁴ | vei⁵² | y³⁵ |
| | 陕西渭南 | uei⁵³ | uei⁴⁴ | uei⁴⁴ | uei⁴⁴ | y⁴⁴ | uei⁵³ | y²⁴ |
| | 陕西西安 | y⁵³ | y⁴⁴ | uei⁴⁴ | uei⁴⁴ | y⁴⁴ | uei⁵³ | y²⁴ |

表 5 – 11 宁夏南部及周边方言影疑母合口字的读音

| | | 瓦疑 | 五疑 | 鱼疑 | 元疑 | 窝影 | 蛙影 | 碗影 | 温影 |
|---|---|---|---|---|---|---|---|---|---|
| 秦陇片 | 宁夏固原 | va⁵² | vu⁵² | y¹³ | yæ̃¹³ | vuə¹³² | va¹³² | væ̃⁵² | vəŋ¹³² |
| | 甘肃环县 | va⁵⁵ | vu⁵⁵ | y²⁴ | yæ̃²⁴ | vɤ³¹ | va³¹ | væ̃⁵⁵ | vəŋ³¹ |
| 陇中片 | 宁夏隆德 | va⁵² | vu⁵² | y¹³ | yæ̃¹³ | vuə¹³ | va¹³ | væ̃⁵² | vəŋ¹³ |
| | 甘肃秦安 | ua⁵³ | vu⁵² | y²¹³ | yæ̃²¹³ | uɤ²¹³ | ua²¹³ | uæ̃⁵³ | uəŋ²¹³ |
| 关中片 | 宁夏泾源 | va⁵² | vu⁵² | y³⁵ | yæ̃³⁵ | vuə³¹ | va³¹ | væ̃⁵² | vəŋ³¹ |
| | 陕西渭南 | uʰ⁵³ | u⁵³ | y²⁴ | yæ̃²⁴ | uɤ²¹ | uʰ²¹ | uæ̃⁵³ | ueʰ²¹ |
| | 陕西西安 | ua⁵³ | u⁵³ | y²⁴ | yaʰ²⁴ | uo²¹ | ua²¹ | uaʰ⁵³ | ueʰ²¹ |

（5）曾梗摄入声的读音

宁夏南部方言与周边方言曾梗摄德韵、陌韵、麦韵开口字今读为 [ei] 韵母，其中甘肃秦安方言德韵开口字读 [ɛ] 韵母为主，具体读音如表 5 – 12。

表 5 – 12 宁夏南部及周边方言曾梗摄入声字的读音（德韵）

| | | 北德 | 墨德 | 得德 | 肋德 | 则德 | 刻德 | 黑德 | 色德 |
|---|---|---|---|---|---|---|---|---|---|
| 秦陇片 | 宁夏固原 | pei¹³² | mei¹³² | tei¹³² | lei¹³² | tsei¹³² | kʰei¹³² | xei¹³² | sei¹³² |
| | 甘肃环县 | pei³¹ | mei²⁴ | tei³¹ | lei³¹ | tsei³¹ | kʰei³¹ | xei³¹ | sei³¹ |
| 陇中片 | 宁夏隆德 | pei¹³ | mei¹³ | tei¹³ | lei¹³ | tsei¹³ | kʰei¹³ | xei¹³ | sei¹³ |
| | 甘肃秦安 | pei²¹³ | mei²¹³ | tɛ²¹³ | lɛ²¹³ | tʃɛ²¹³ | kʰɛ²¹³ | xɛ²¹³ | ʃɛ²¹³ |

续表

| | | 北德 | 墨德 | 得德 | 肋德 | 则德 | 刻德 | 黑德 | 色德 |
|---|---|---|---|---|---|---|---|---|---|
| 关中片 | 宁夏泾源 | pei³¹ | mei³¹ | tei³¹ | lei³¹ | tsei³¹ | kʰei³¹ | xei³¹ | sei³¹ |
| | 陕西渭南 | pei²¹ | mei²¹ | tei²¹ | lei²¹ | tsei²¹ | kʰei²¹ | xei²¹ | sei²¹ |
| | 陕西西安 | pei²¹ | mei²¹ | tei²¹ | lei²¹ | tsei²¹ | kʰei²¹ | xei²¹ | sei²¹ |

表5-12　　　　　宁夏南部及周边方言曾梗摄入声字的读音（陌韵）

| | | 百陌 | 伯陌 | 白陌 | 拆陌 | 择陌 | 窄陌 | 格陌 | 客陌 |
|---|---|---|---|---|---|---|---|---|---|
| 秦陇片 | 宁夏固原 | pei¹³² | pei¹³ | pei¹³ | tsʰei¹³² | tsei¹³ | tsei¹³² | kei¹³ | kʰei¹³² |
| | 甘肃环县 | pei³¹ | pei³¹ | pei²⁴ | tsʰei³¹ | tsei²⁴ | tsei³¹ | kei³¹ | kʰei³¹ |
| 陇中片 | 宁夏隆德 | pei¹³ | pei¹³ | pei¹³ | tsʰei¹³ | tsei¹³ | tsei¹³ | kei¹³ | kʰei¹³ |
| | 甘肃秦安 | pei²¹³ | pei²¹³ | pei²¹³ | tsʰei²¹³ | tsei²¹³ | tsei²¹³ | kei²¹³ | kʰei²¹³ |
| 关中片 | 宁夏泾源 | pei³¹ | pei³⁵ | pei³⁵ | tsʰei³¹ | tsei³⁵ | tsei³¹ | kei³⁵ | kʰei³¹ |
| | 陕西渭南 | pei²¹ | pei²¹ | pei²⁴ | tsʰei²¹ | tsei²¹ | tsei²¹ | kei²¹ | kʰei²¹ |
| | 陕西西安 | pei²¹ | pei²¹ | pei²⁴ | tsʰei²¹ | tsei²¹ | tsei²¹ | kei²¹ | kʰei²¹ |

表5-12　　　　　宁夏南部及周边方言曾梗摄入声韵字的读音（麦韵）

| | | 掰麦 | 麦麦 | 摘麦 | 责麦 | 策麦 | 革麦 | 隔麦 | 核麦 |
|---|---|---|---|---|---|---|---|---|---|
| 秦陇片 | 宁夏固原 | pei¹³² | mei¹³² | tsei¹³² | tsei¹³ | tsʰei¹³² | kei¹³² | kei¹³² | xɛ¹³ |
| | 甘肃环县 | pei³¹ | mei³¹ | tsei³¹ | tsei²⁴ | tsʰei³¹ | kei³¹ | kei³¹ | xɛ²⁴ |
| 陇中片 | 宁夏隆德 | pei¹³ | mei¹³ | tsei¹³ | tsei¹³ | tsʰei¹³ | kei¹³ | kei¹³ | xɛ¹³ |
| | 甘肃秦安 | pei²¹³ | mei²¹³ | tsei²¹³ | tsei²¹³ | tsʰei²¹³ | kei²¹³ | kei²¹³ | xei²¹³ |
| 关中片 | 宁夏泾源 | pei³¹ | mei³¹ | tsei³¹ | tsei³⁵ | tsʰei³¹ | kei³¹ | kei³¹ | xɛ³⁵ |
| | 陕西渭南 | pei²¹ | mei²¹ | tsei²¹ | tsei²¹ | tsʰei²¹ | kei²¹ | kei²¹ | xæe²¹ |
| | 陕西西安 | pei²¹ | mei²¹ | tsei²¹ | tsei²¹ | tsʰei²¹ | kei²¹ | kei²¹ | xɛ²¹ |

3. 声调

（1）全浊上归去

与其他地区的官话一样，宁夏南部方言古清上、次浊上今仍为上声，全浊上声归去声，与周边方言一致，如表5-13。

表 5 – 13　　　　　　宁夏南部及周边方言全浊上声字的读音

| | | 部並 | 杜定 | 坐从 | 赵澄 | 柿崇 | 盾船 | 巨群 |
|---|---|---|---|---|---|---|---|---|
| 秦陇片 | 宁夏固原 | pʰu⁴⁴ | tʰu⁴⁴ | tsuə⁴⁴ | tʂɔ⁴⁴ | sɿ⁴⁴ | tuŋ⁴⁴ | tɕy⁴⁴ |
| | 甘肃环县 | pu³³ | tu³³ | tsuɤ³³ | tʂɔ³³ | sɿ³³ | tuəŋ³³ | tɕy³³ |
| 陇中片 | 宁夏隆德 | pʰu⁴⁴ | tʰu⁴⁴ | tsʰuə⁴⁴ | tʂʰɔ⁴⁴ | sɿ⁴⁴ | tuŋ⁴⁴ | tɕy⁴⁴ |
| | 甘肃秦安 | pʰu⁴⁴ | tʰu⁴⁴ | tsuɤ⁴⁴ | tʂʰɔ⁴⁴ | ʃɿ⁴⁴ | tuəŋ⁴⁴ | tɕy⁴⁴ |
| 关中片 | 宁夏泾源 | pʰu⁴⁴ | tu⁴⁴ | tsʰuə⁴⁴ | tʂɔ⁴⁴ | sɿ⁴⁴ | tuŋ⁴⁴ | tɕy⁴⁴ |
| | 陕西渭南 | pʰu⁴⁴ | tou⁴⁴ | tsʰuɤ⁴⁴ | tʂʰɔ⁴⁴ | sɿ⁴⁴ | tuŋ⁴⁴ | tɕy⁴⁴ |
| | 陕西西安 | pu⁵⁵ | tu⁵⁵ | tsuo⁵⁵ | tʂau⁵⁵ | sɿ⁵⁵ | tueʰ⁵⁵ | tɕy⁵⁵ |

## （2）入声舒化

宁夏南部方言入声舒化，其中全浊入声归阳平，清入、次浊入大多归阴平，陇中片方言平声不分阴阳，入声归平声。与周边方言入声演变一致。如表 5 – 14。

表 5 – 14　　　　　　宁夏南部及周边方言入声字的读音

| | | 清入 | | | | 次浊入 | | 全浊入 | |
|---|---|---|---|---|---|---|---|---|---|
| | | 百帮 | 节精 | 哭溪 | 切清 | 六来 | 麦明 | 毒定 | 白並 |
| 秦陇片 | 宁夏固原 | pei¹³² | tɕiə¹³² | kʰu¹³² | tɕʰiə¹³² | liəu¹³² | mei¹³² | tu¹³ | pei¹³ |
| | 甘肃环县 | pei³¹ | tɕie³¹ | kʰu³¹ | tɕʰie³¹ | liəu³¹ | mei³¹ | tu²⁴ | pei²⁴ |
| 陇中片 | 宁夏隆德 | pei¹³ | tɕiə¹³ | kʰu¹³ | tɕʰiə¹³ | liəu¹³ | mei¹³ | tu¹³ | pei¹³ |
| | 甘肃秦安 | pei²¹³ | tsie²¹³ | kʰu²¹³ | tsʰie²¹³ | liou²¹³ | mei²¹³ | tʰu²¹³ | pɛ²¹³ |
| 关中片 | 宁夏泾源 | pei³¹ | tɕiə³¹ | kʰu³¹ | tɕʰiə³¹ | liəu³¹ | mei³¹ | tu³⁵ | pei³⁵ |
| | 陕西渭南 | pei²¹ | tɕiʰ²¹ | kʰu²¹ | tɕʰiʰ²¹ | liou²¹ | mei²¹ | tʰou²⁴ | pʰei²⁴ |
| | 陕西西安 | pei²¹ | tɕie²¹ | kʰu²¹ | tɕʰie²¹ | liou²¹ | mei²¹ | tu²⁴ | pei²⁴ |

# 贰　差异

## 1. 声母

### （1）端精见合流

中原官话部分方言点端组细音字与精见组字合流，宁夏南部关中片泾源方言合流为 [tɕ tɕʰ ɕ] 声母；秦陇片彭阳方言端精组细音字合流为 [ts tsʰ s] 声母，与秦安方言同；陇中片西吉部分乡镇方言端精见合流，与移民有关，前文已述。宁夏南部与周边方言端精见合流，如下表5－15。

表5－15　　　　　　　　宁夏南部及周边方言端精见组字的读音

| | | 端组 | | 精组 | | 见组 | |
|---|---|---|---|---|---|---|---|
| | | 天<sub>透母</sub> | 低<sub>端母</sub> | 千<sub>清母</sub> | 挤<sub>精母</sub> | 牵<sub>溪母</sub> | 鸡<sub>见母</sub> |
| 秦陇片 | 宁夏固原 | tʰiæ¹³² | ti¹³² | tɕʰiæ¹³² | tɕi⁵² | tɕʰiæ¹³² | tɕi¹³² |
| | 甘肃环县 | tʰiæ³¹ | ti³¹ | tɕʰiæ³¹ | tɕi⁵⁵ | tɕʰiæ³¹ | tɕi³¹ |
| 陇中片 | 宁夏隆德 | tʰiæ¹³ | ti¹³ | tɕʰiæ¹³ | tɕi⁵² | tɕʰiæ¹³ | tɕi¹³ |
| | 甘肃秦安 | tsʰiæ²¹³ | tsʅ²¹³ | tsʰiæ²¹³ | tsʅ⁵³ | tɕʰiæ²¹³ | tɕi²¹³ |
| 关中片 | 宁夏泾源 | tɕʰiæ³¹ | tɕi³¹ | tɕʰiæ³¹ | tɕi⁵² | tɕʰiæ³¹ | tɕi³¹ |
| | 陕西渭南 | tɕʰiæ²¹ | tɕi²¹ | tɕʰiæ²¹ | tɕi⁵³ | tɕʰiæ²¹ | tɕi²¹ |
| | 陕西西安 | tʰiæ²¹ | ti²¹ | tɕʰiæ²¹ | tɕi⁵³ | tɕʰiæ²¹ | tɕi²¹ |

（2）分尖团

宁夏南部方言中原官话大部分方言点精见组细音字今一般读［tɕ tɕʰ ɕ］声母，但部分方言点精组细音字读［ts tsʰ s］声母，见组细音字读［tɕ tɕʰ ɕ］声母，如陇中片隆德<sub>温堡</sub>老派方言。周边方言也存在分尖团的语音现象，如甘肃秦安。但大多数方言今不分尖团。如表5－16。

表5－16　　　　　　　宁夏南部及周边方言精见组细音字的读音

| | | 节<sub>精母</sub> | 结<sub>见母</sub> | 精<sub>精母</sub> | 经<sub>见母</sub> | 齐<sub>精母</sub> | 旗<sub>见母</sub> | 修<sub>心母</sub> | 休<sub>晓母</sub> |
|---|---|---|---|---|---|---|---|---|---|
| 秦陇片 | 宁夏固原 | tɕiə¹³ | tɕiə¹³ | tɕiŋ¹³² | tɕiŋ¹³² | tɕʰi¹³ | tɕʰi¹³ | ɕiəu¹³² | ɕiəu¹³² |
| | 甘肃环县 | tɕiɤ³¹ | tɕiɤ³¹ | tɕiəŋ³¹ | tɕiəŋ³¹ | tɕʰi²⁴ | tɕʰi²⁴ | ɕiəu³¹ | ɕiəu³¹ |
| 陇中片 | 宁夏隆德 | tsiə¹³ | tɕiə¹³ | tsiŋ¹³ | tɕiŋ¹³ | tsʰi¹³ | tɕʰi¹³ | ɕiəu¹³ | ɕiəu¹³ |
| | 甘肃秦安 | tsie²¹³ | tɕie²¹³ | tsiən²¹³ | tɕiən²¹³ | tsʰʅ²¹³ | tɕʰi²¹³ | siou²¹³ | ɕiou²¹³ |
| 关中片 | 宁夏泾源 | tɕiə³⁵ | tɕiə³⁵ | tɕiŋ³¹ | tɕiŋ³¹ | tɕʰi³⁵ | tɕʰi³⁵ | ɕiəu³¹ | ɕiəu³¹ |
| | 陕西渭南 | tɕiʰ²⁴ | tɕiʰ²⁴ | tɕiŋ²¹ | tɕiŋ²¹ | tɕʰi²⁴ | tɕʰi²⁴ | ɕiou²¹ | ɕiou²¹ |
| | 陕西西安 | tɕie²⁴ | tɕie²⁴ | tɕiŋ²¹ | tɕiŋ²¹ | tɕʰi²⁴ | tɕʰi²⁴ | ɕiou²¹ | ɕiou²¹ |

（3）知系合口字的分化

宁夏南部方言知系合口字读舌尖后音［tʂ tʂʰ ʂ ʐ］或舌叶音［tʃ tʃʰ ʃ ʒ］。周边方言知系拼合口呼字时读成唇齿音［pf pfʰ f v］，主要分布在陕西关中地区，如西安、周至、合阳等地。陕西渭南知系合口字读［ts tsʰ s z]，如表 5 – 17。

表 5 – 17　　　　　　　　　宁夏南部及周边方言知系字的读音

| | | 桌 | 猪 | 竹 | 双 | 数名 | 庄 | 帅 | 书 |
|---|---|---|---|---|---|---|---|---|---|
| 秦陇片 | 宁夏固原 | tʂuə¹³² | tʂu¹³² | tʂu¹³ | ʂuan¹³² | ʂu⁴⁴ | tʂuan¹³² | ʂuɛ⁴⁴ | ʂu¹³² |
| | 甘肃环县 | tʂuɤ³¹ | tʂu³¹ | tʂu³¹ | ʂuaŋ³¹ | ʂu³³ | tʂuan³¹ | ʂuɛ³³ | ʂu³¹ |
| 陇中片 | 宁夏隆德 | tʃuə¹³ | tʃu¹³ | tʃu¹³ | ʃuan¹³ | ʃu⁴⁴ | tʃuan¹³ | ʃuei⁴⁴ | ʃu¹³ |
| | 甘肃秦安 | tʃuɤ²¹³ | tʃu²¹³ | tʃu²¹³ | ʃuɑʰ²¹³ | ʃu⁴⁴ | tʃɑʰ²¹³ | ʃuɛ⁴⁴ | ʃu²¹³ |
| 关中片 | 宁夏泾源 | tʃuə³¹ | tʃu³¹ | tʃu³⁵ | ʃuan³¹ | ʃu⁴⁴ | tʃuan³¹ | ʃuɛ⁴⁴ | ʃu³¹ |
| | 陕西渭南 | tsʉɤ²¹ | tsʅ²¹ | tsou²¹ | sʉan²¹ | sou⁴⁴ | tsʉan²¹ | sʉæ̃ e⁴⁴ | sʅ²¹ |
| | 陕西西安 | pfo²¹ | pfu²¹ | pfu²¹ | faɤ²¹ | fu⁵⁵ | pfʰaɤ²¹ | fɛ⁵⁵ | fu²¹ |

表 5 – 17　　　　　　宁夏南部及周边方言知系字的读音（续表）

| | | 树 | 吹 | 水 | 春 | 出 | 熟 | 软 | 入 |
|---|---|---|---|---|---|---|---|---|---|
| 秦陇片 | 宁夏固原 | ʂu⁴⁴ | tʂʰuei¹³² | ʂuei⁵² | tʂʰuŋ¹³² | tʂʰu¹³² | ʂu¹³ | ʐuæ⁵² | ʐu¹³² |
| | 甘肃环县 | ʂu³³ | tʂʰuei³¹ | ʂuei⁵⁵ | tʂʰuəŋ³¹ | tʂʰu³¹ | ʂu²⁴ | ʐuæ⁵⁵ | ʐu³¹ |
| 陇中片 | 宁夏隆德 | ʃu⁴⁴ | tʃʰuei¹³ | ʃuei⁵² | tʃʰuŋ¹³ | tʃʰu¹³ | ʃu¹³ | ʒuæ⁵² | ʒu¹³ |
| | 甘肃秦安 | ʃu⁴⁴ | tʃʰuei²¹³ | ʃuei⁵³ | tʃʰuəŋ²¹³ | tʃʰu²¹³ | ʃu²¹³ | ʒuæ⁵³ | ʒu²¹³ |
| 关中片 | 宁夏泾源 | ʃu⁴⁴ | tʃʰuei³¹ | ʃuei⁵² | tʃʰuŋ³¹ | tʃʰu³¹ | ʃu³⁵ | ʒuæ⁵² | ʒu³¹ |
| | 陕西渭南 | sʅ⁴⁴ | tsʰʉei²¹ | sʉei⁵³ | tsʰʉeʰ²¹ | tsʅ²¹ | sou²⁴ | zuæ⁵³ | zʅ²¹ |
| | 陕西西安 | fu⁵⁵ | pfʰei²¹ | fei⁵³ | pfʰẽ²¹ | pfu²¹ | fu²⁴ | vã⁵³ | vu²¹ |

（4）影疑母开口字的读音

宁夏南部方言影疑母开口一二等字在今秦陇片方言一般读为 [n]、
[ȵ]、[ø] 声母（[n]、[ȵ] 音位互补，前者拼开合呼，后者拼齐撮呼），
陇中片、关中片方言一般读为 [ŋ]、[ȵ]、[ø] 声母，与宁夏南部地区的
周边方言今读基本一致。影疑母开口一等字在宁夏南部及周边方言中一般
读 [n] 或 [ŋ] 声母，甘肃秦安方言比较例外，今读为 [k]、[ø] 声母，
如表 5 – 18。

表5-18　宁夏南部及周边方言影疑母开口字的读音

| 片 | 方言点 | 鹅疑一 | 我疑一 | 熬疑一 | 藕疑一 | 爱影一 | 妖影一 | 暗影一 | 恩影一 | 牙疑二 | 咬疑二 | 眼疑二 |
|---|---|---|---|---|---|---|---|---|---|---|---|---|
| 秦陇片 | 宁夏固原 | nuə¹³ | vuə⁵² | nɔ¹³ | əu⁵² | nɛ⁴⁴ | nɔ⁵² | næ̃⁴⁴ | nəŋ¹³² | ȵia¹³ | ȵiɔ⁵² | ȵiæ̃⁵² |
| 秦陇片 | 甘肃环县 | nuɤ²⁴ | ŋuɤ⁵⁵ | nɔ²⁴ | əu⁵⁵ | nɛ³³ | nɔ⁵⁵ | næ̃³³ | nəŋ³¹ | ia²⁴ | ȵiɔ⁵⁵ | ȵiæ⁵⁵ |
| 陇中片 | 宁夏隆德 | nuə¹³ | vuə⁵² | nɔ¹³ | əu⁵² | nɛ⁴⁴ | nɔ⁵² | næ̃⁴⁴ | nəŋ¹³ | ȵia¹³ | ȵiɔ⁵² | ȵiæ⁵² |
| 陇中片 | 甘肃秦安 | kɤ²¹³ | kɤ⁵³ | kɔ²¹³ | kou⁵³ | kɛ⁴⁴ | kɔ⁵³ | kæ̃⁴⁴ | kəŋ²¹³ | ȵia²¹³ | ȵiɔ²¹³ | ȵiæ⁵³ |
| 关中片 | 宁夏泾源 | ŋɤ³⁵ | ŋɤ⁵² | ŋɔ³⁵ | ŋɔ⁵² | ŋɛ⁴⁴ | ŋɔ⁵² | ŋæ̃⁴⁴ | ŋəŋ³¹ | ȵia³⁵ | niɔ⁵² | ȵiæ⁵² |
| 关中片 | 陕西渭南 | ŋɤ²⁴ | ŋɤ⁵³ | ŋɔ²⁴ | ŋou⁵³ | ŋæ̃ e⁴⁴ | ŋɔ⁵³ | ŋæ̃⁴⁴ | ŋɤ̃²¹ | mi²⁴ | niɔ⁵³ | niæ̃⁵³ |
| 关中片 | 陕西西安 | ŋɤ²⁴ | ŋɤ⁵³ | ŋɔ²⁴ | ŋou⁵³ | ŋɛ⁵⁵ | ŋɔɔ⁵⁰ | ŋã⁵⁵ | ŋɤ̃²¹ | nia²⁴ | niɔ⁵³ | ȵiã⁵³ |

| 片 | 方言点 | 硬疑二 | 哑影二 | 挨影二 | 嬰影三 | 鸭影二 | 疑疑三 | 牛疑三 | 研疑三 | 椅影三 | 腰影三 | 烟影四 |
|---|---|---|---|---|---|---|---|---|---|---|---|---|
| 秦陇片 | 宁夏固原 | ȵiŋ⁴⁴ | ȵia⁵² | nɛ¹³² | iŋ¹³² | ia¹³² | i¹³ | ȵiou¹³ | iæ̃¹³ | i⁵² | iɔ¹³² | iæ̃¹³² |
| 秦陇片 | 甘肃环县 | ȵiəŋ³³ | ia⁵⁵ | nɛ³¹ | iəŋ³¹ | ia³¹ | i²⁴ | ȵiou²⁴ | ȵiæ̃²⁴ | i⁵⁵ | iɔ³¹ | iæ̃³¹ |
| 陇中片 | 宁夏隆德 | ȵiŋ⁴⁴ | ȵia⁵² | nɛ¹³ | iŋ¹³ | ia¹³ | ȵi¹³ | ȵiou¹³ | iæ̃¹³ | i⁵² | iɔ¹³² | iæ̃¹³² |
| 陇中片 | 甘肃秦安 | ȵiən⁴⁴ | ȵia⁵³ | kɛ²¹³ | iŋ²¹³ | ia²¹³ | i²¹³ | ȵiou²¹³ | iæ̃²¹³ | i⁵³ | iɔ²¹³ | iæ̃²¹³ |
| 关中片 | 宁夏泾源 | ȵiŋ⁴⁴ | ȵia⁵² | nɛ³¹ | iŋ³¹ | ia³¹ | ȵi³⁵ | ȵiou³⁵ | iæ̃³⁵ | i⁵² | iɔ³¹ | iæ̃³¹ |
| 关中片 | 陕西渭南 | miŋ⁴⁴ | mi⁵³ | ŋæ̃ e²¹ | iŋ²¹ | mi²¹ | mi²⁴ | niou²⁴ | iæ̃²⁴ | mi⁵³ | iɔ²¹ | iæ̃²¹ |
| 关中片 | 陕西西安 | ȵiəŋ⁵⁵ | nia⁵³ | ŋɛ²¹ | iŋ²¹ | ia²¹ | mi²⁴ | niou²⁴ | ia²⁴ | i⁵³ | iɔ²¹ | ia²¹ |

2. 韵母

宁夏南部方言与周边方言阳声韵字大多为鼻化韵或鼻尾韵，其中咸山摄鼻化，深臻摄与曾梗通摄的今读各地不一致，有些方言深臻与曾梗摄不混，如宁夏泾源；有些方言合并为后鼻尾韵，如宁夏固原、隆德、甘肃环县等；有些方言合并为鼻化韵，如陕西西安。各地读音如表5-19。

表5-19　　　　　　宁夏南部及周边方言阳声韵字的读音

| | | 三咸 | 脸咸 | 官山 | 远山 | 沉深 | 林深 | 春臻 | 军臻 |
|---|---|---|---|---|---|---|---|---|---|
| 秦陇片 | 宁夏固原 | sæ¹³² | ȵiæ⁵² | kuæ¹³² | yæ⁵² | tʂʰəŋ¹³ | liŋ¹³² | tʂʰuŋ¹³² | tɕyŋ¹³² |
| | 甘肃环县 | sæ³¹ | liæ⁵⁵ | kuæ³¹ | yæ⁵⁵ | tʂʰəŋ²⁴ | liəŋ²⁴ | tʂʰuəŋ³¹ | tɕyəŋ³¹ |
| 陇中片 | 宁夏隆德 | sæ¹³ | liæ⁵² | kuæ¹³ | yæ⁵² | tʂʰəŋ¹³ | liŋ¹³ | tʃʰuŋ¹³ | tɕyŋ¹³ |
| | 甘肃秦安 | sæ²¹³ | ȵiæ⁵³ | kuæ²¹³ | yæ⁵³ | tʂʰəŋ²¹³ | liəŋ²¹³ | tʃʰuəŋ²¹³ | tɕyəŋ²¹³ |
| 关中片 | 宁夏泾源 | sæ³¹ | liæ⁵² | kuæ³¹ | yæ⁵² | tʂʰəŋ³⁵ | lin³⁵ | tʃʰun³¹ | tɕyn³¹ |
| | 陕西渭南 | sæ²¹ | liæ⁵³ | kuæ²¹ | yæ⁵³ | tʂʰẽ²⁴ | liẽ²⁴ | tshᵤẽ²¹ | tɕyẽ²¹ |
| | 陕西西安 | sã²¹ | liã⁵³ | kuã²¹ | yã⁵³ | tʂʰẽ²⁴ | liẽ²⁴ | pfʰẽ²¹ | tɕyẽ²¹ |

表5-19　　　　宁夏南部及周边方言阳声韵字的读音（续表）

| | | 心深摄 | 根臻摄 | 朋曾摄 | 星梗摄 | 穷通摄 |
|---|---|---|---|---|---|---|
| 秦陇片 | 宁夏固原 | ɕiŋ¹³² | kəŋ¹³² | pʰəŋ¹³ | ɕiŋ¹³² | tɕʰyŋ¹³ |
| | 甘肃环县 | ɕiəŋ³¹ | kəŋ³¹ | pʰəŋ²⁴ | ɕiəŋ³¹ | tɕʰyəŋ²⁴ |
| 陇中片 | 宁夏隆德 | ɕiŋ¹³ | kəŋ¹³ | pʰəŋ¹³ | ɕiŋ¹³ | tɕʰyŋ¹³ |
| | 甘肃秦安 | siəŋ²¹³ | kəŋ²¹³ | pʰəŋ²¹³ | siəŋ²¹³ | tɕʰyn²¹³ |
| 关中片 | 宁夏泾源 | ɕin³¹ | kəŋ³¹ | pʰəŋ³⁵ | ɕiŋ³¹ | tɕʰyŋ³⁵ |
| | 陕西渭南 | ɕiẽ²¹ | kẽ²¹ | pʰəŋ²¹ | ɕiŋ²¹ | tɕʰyŋ²⁴ |
| | 陕西西安 | ɕiẽ²¹ | kẽ²¹ | pʰəŋ²⁴ | ɕiŋ²¹ | tɕʰyaŋ²⁴ |

表5-19　　　宁夏南部及周边方言阳声韵字的读音（续表）

| | | 上宕 | 养宕 | 窗江 | 江江 | 灯曾 | 井梗 | 兄梗 | 中通 |
|---|---|---|---|---|---|---|---|---|---|
| 秦陇片 | 宁夏固原 | ʂaŋ⁴⁴ | iaŋ⁵² | tʂʰuaŋ¹³² | tɕiaŋ¹³² | təŋ¹³² | tɕiŋ⁵² | çyŋ¹³² | tʂuŋ¹³² |
| | 甘肃环县 | ʂaŋ³³ | iaŋ⁵⁵ | tʂʰuaŋ³¹ | tɕiaŋ³¹ | təŋ³¹ | tɕiəŋ⁵⁵ | çyəŋ³¹ | tʂuəŋ³¹ |

|  |  | 上宕 | 养宕 | 窗江 | 江江 | 灯曾 | 井梗 | 兄梗 | 中通 |
|---|---|---|---|---|---|---|---|---|---|
| 陇中片 | 宁夏隆德 | ʂaŋ⁴⁴ | iaŋ⁵² | tʃʰuaŋ¹³ | tɕiaŋ¹³ | təŋ¹³ | tɕiŋ⁵² | ɕyŋ¹³ | tʃuŋ¹³ |
|  | 甘肃秦安 | saŋ⁴⁴ | iaŋ²¹³ | tʂʰuaŋ²¹³ | tɕiʰa²¹³ | təŋ²¹³ | tsiəŋ²¹³ | ɕyəŋ²¹³ | tʂuəŋ²¹³ |
| 关中片 | 宁夏泾源 | ʂaŋ⁴⁴ | iaŋ⁵² | tʃʰuaŋ³¹ | tɕiaŋ³¹ | təŋ³¹ | tɕiŋ⁵² | ɕyŋ³¹ | tʃuŋ³¹ |
|  | 陕西渭南 | çaŋ⁴⁴ | iaŋ⁵³ | tsʰyaŋ²¹ | tɕiaŋ²¹ | təŋ²¹ | tɕiŋ⁵³ | ɕyŋ²¹ | tsyŋ²¹ |
|  | 陕西西安 | ʂãɣ⁴⁴ | iãɣ⁵³ | pfʰãɣ²¹ | tɕiãɣ²¹ | təŋ²¹ | tɕiaŋ⁵³ | ɕyoŋ²¹ | pfəŋ²¹ |

### 3. 声调

#### （1）调类

宁夏南部方言与周边方言调类基本一致，声调数量大多为三调或四调型方言，但受阴阳平合并等因素影响，各地调类数目有所差异，且部分方言点存在四调方言向三调方言演变的趋势，如表 5 - 20。

表 5 - 20　　　　　　　　　　**宁夏南部及周边方言的调类**

|  |  | 调类数目 | 调类 | 备注 |
|---|---|---|---|---|
| 秦陇片 | 宁夏固原 | 四调方言 | 阴平、阳平、上声、去声 | 阴阳平处于合并中 |
|  | 甘肃环县 | 四调方言 | 阴平、阳平、上声、去声 |  |
| 陇中片 | 宁夏隆德 | 三调方言 | 平声、上声、去声 |  |
|  | 甘肃秦安 | 三调方言 | 平声、上声、去声 |  |
| 关中片 | 宁夏泾源 | 四调方言 | 阴平、阳平、上声、去声 |  |
|  | 陕西渭南 | 四调方言 | 阴平、阳平、上声、去声 |  |
|  | 陕西西安 | 四调方言 | 阴平、阳平、上声、去声 |  |

除表中已列的点，宁夏南部的海原海城方言还存在两调方言现象，但演变类型及入声归并方向与三调、四调方言不一致，两调方言为阴平上、阳平去，其中古平声根据清浊分阴阳平，全浊上归去，阴平与上声合并，阳平与去声合并。这种合并方向并非是三调或四调方言调类减少而出现的演变结果，但除调类差异外，声韵特点与周边方言同。

#### （2）调值

宁夏南部方言及周边方言调类区别主要在于平声是否分阴阳，根据现有文献的调类调值总结归纳各点的差异如表 5 - 21。

表5-21 宁夏南部及周边方言的调类和调值

| | | 调类数目 | 调值 | | | |
|---|---|---|---|---|---|---|
| 秦陇片 | 宁夏固原 | 四调方言 | 阴平132 | 阳平13 | 上声52 | 去声44 |
| | 甘肃环县 | 四调方言 | 阴平31 | 阳平24 | 上声55 | 去声33 |
| 陇中片 | 宁夏隆德 | 三调方言 | 平声13 | 上声52 | 去声44 | |
| | 甘肃秦安 | 三调方言 | 平声213 | 上声53 | 去声44 | |
| 关中片 | 宁夏泾源 | 四调方言 | 阴平31 | 阳平35 | 上声52 | 去声44 |
| | 陕西渭南 | 四调方言 | 阴平21 | 阳平24 | 上声53 | 去声44 |
| | 陕西西安 | 四调方言 | 阴平21 | 阳平24 | 上声53 | 去声44 |

从表5-21可以看出，宁夏南部及周边方言上声、去声调值比较一致，上声为高降调，去声为高平调，其中甘肃环县上声为高平调。平分阴阳的方言中，阳平调比较一致，为低升或中升调，阴平调差异较大，大多数方言为低降调，部分方言为先升后降的凸调型。平声不分阴阳的方言中，平声的差异大多表现在调首略降。

4. 小结

根据上述共性和差异的对比，现将宁夏南部与周边方言的比较进行相应的总结，如表5-22。

表5-22 宁夏南部及周边方言的差异对比

| | 语音特点 | 秦陇片 | | 陇中片 | | 关中片 | | |
|---|---|---|---|---|---|---|---|---|
| | | 固原 | 环县 | 隆德 | 秦安 | 泾源 | 渭南 | 西安 |
| 声母 | 古全浊声母清化 | + | + | + | + | + | + | + |
| | 全浊仄声部分字今读送气音 | + | + | + | + | + | + | + |
| | 轻唇与重唇不混 | + | + | + | + | + | + | + |
| | 非敷奉合流，微母读 [v] | + | + | + | + | + | + | + |
| | 端组洪音字读 [t tʰ] | + | + | + | + | + | + | + |
| | 端精见细音字合流 | − | − | − | − | + | + | − |
| | 古泥来母相混 | + | + | + | + | + | + | + |
| | 分尖团 | − | − | + | + | + | + | + |
| | 知庄章母合口呼字读 [tʃ] 组 | − | − | + | + | + | − | − |
| | 见组三四等大部分字腭化 | + | + | + | + | + | + | + |

续表

| | 语音特点 | 秦陇片 | | 陇中片 | | 关中片 | | |
|---|---|---|---|---|---|---|---|---|
| | | 固原 | 环县 | 隆德 | 秦安 | 泾源 | 渭南 | 西安 |
| 声母 | 影疑母开口三等字的声母 | [n] | [n] | [n] | [k] | [ŋ] | [ŋ] | [ŋ] |
| | 影疑母开三读 [n̠] 声母 | − | − | + | − | + | + | + |
| 韵母 | 入声韵尾脱落 | + | + | + | + | + | + | + |
| | 曾梗摄入声韵读 [ei uei] | + | + | + | + | + | + | + |
| | 果摄开合一等字相混 | + | + | + | + | + | + | + |
| | 遇流摄相混 | + | + | + | + | + | + | + |
| | 止开三日母字读卷舌音 | + | + | + | + | + | + | + |
| | 止摄合口三等 "支微入鱼" | + | + | + | + | + | + | + |
| | 咸山摄主元音鼻化 | + | + | + | + | + | + | + |
| | 深臻摄并入曾梗通摄 | + | + | − | − | − | − | − |
| 声调 | 入声舒化 | + | + | + | + | + | + | + |
| | 全浊入声归阳平（含平声） | + | + | + | + | + | + | + |
| | 清入次浊入归阴平（含平声） | + | − | + | + | + | + | + |
| | 全浊上声归去声 | + | + | + | + | + | + | + |
| | 平声分阴阳 | + | + | − | − | + | + | + |

# 第六章 余论

## 第一节 移民方言语音变化

### 壹 吊庄移民和生态移民

因为水资源的缺乏，宁夏西海固地区（西吉、海原、固原县）曾以贫瘠甲天下，与甘肃河西地区、定西地区称作"三西"地区，该地区生态环境恶劣，人民生活困苦。1982 年，国家以"三西地区"作为全国区域性扶贫开发实验点，每年对其进行扶贫式开发，计划在 10 年（1982—1992）内改变贫困落后的面貌。国家实施"三西"农业建设以来，特别是 1994 年实施国家"八七"扶贫攻坚计划和宁夏"双百"扶贫攻坚计划以来，宁夏开展了有计划、有组织、较大规模的移民扶贫开发。1995 年，国务院正式批准重大扶贫项目——宁夏扶贫扬黄灌溉工程启动，工程用 6 年时间，投资 33 亿元，通过新建电力扬水灌溉工程，开发 200 万亩荒地，以吊庄移民方式，从根本上解决宁夏南部山区（包括固原市原州区、西吉县、彭阳县、隆德县、海原县、泾源县、同心县、盐池县等县区）100 万人口贫困问题，简称"1236"工程。宁夏吴忠市红寺堡移民开发区作为宁夏扶贫扬黄灌溉工程的主战场，是全国最大的生态扶贫移民集中区。在这长达三十多年的政府扶贫移民搬迁中在宁夏北部川区出现了众多吊庄移民、生态移民村。

1. 吊庄移民

"吊庄"一词来自方言，"庄"即"庄子"，村子、村庄义。"吊庄"一词原始含义即"一家人走出去一两个劳动力，到外地开荒种植，就地挖窑洞搭窝棚，再建一个简陋而仅供暂栖的家，这样一户人家扯在两处，一个庄子吊两个地方"（李宁，2003）。在宁夏南部山区，"吊庄"曾是一种传统的简单粗放而又特殊的流动式农业生产手段，故在宁夏扶贫移民开发中借用了"吊庄"一词。1983 年宁夏回族自治区在"三西"地区农业建设领导小组第二次扩大会议上汇报自治区关于"三西"建设规划时，提出计划采取自愿"拉吊庄"的办法，把西海固山区一部分人口搬迁到河套灌区。"三西"地区农业建设领导小组在会后向国务院作专题报告中，即采纳了这一带有地区性的专用名词。"吊庄移民"主要指整体搬迁、异地安置移民，吊庄移民类型主要分为三种：一是就近灌区进行县内移民吊庄安置，如同心县河西、河东灌区、海原县兴隆、高崖、李旺灌区、原州区七营灌区、盐池县惠安堡、中卫碱碱湖等移民吊庄基地；二是从宁夏南部搬迁至宁夏北部原有县乡镇的县外插户吊庄移民，如中卫南山台子、中宁县长山头、原陶乐县五堆子、三棵柳、青铜峡市甘城子、灵武市白土岗子、狼皮子梁等；三是从宁夏南部搬迁至宁夏北部新建集中安置的县外吊庄移民点，如银川市永宁县闽宁镇（1996 年福建与宁夏对口帮扶建立了"闽宁合作村"，后与原玉泉营吊庄合并为闽宁镇）、贺兰县南梁台子、西夏区兴泾镇（原芦草洼吊庄）、镇北堡镇华西村（江苏省华西村与宁夏合作共建的"宁夏华西村"）、金凤区良田镇（原芦草洼吊庄划出的兴源乡）、兴庆区月牙湖乡（原陶乐县月牙湖吊庄）、石嘴山市平罗县隆湖经济开发区（原潮湖吊庄）、中卫市中宁县大战场镇（原大战场乡、马家梁合并为镇）、吴忠市红寺堡移民开发区、利通区扁担沟镇、同心县石坡子、五坡子吊庄等地。集中安置方式保持着原有的生活习惯、社会心理、民族传统等，对移民心理适应有一定的稳定作用。

　　本书主要研究县外吊庄移民方言。

　　2. 生态移民

　　"生态移民"一词被正式采纳大约在 2000 年，"为保护珍稀动物而把'神农架自然保护区'内的居民前往外部，把内蒙古自治区阿拉善盟草原的牧民移往外部等事件被报道后，'生态移民'这个词才渐渐被世人接受。"（新吉乐图，2005）该词出现后，研究者逐渐认为吊庄移民不仅是为了扶贫移民开发，也是为了保护宁夏南部山区脆弱的生态环境，故也将吊庄移民认为生态移民。"生态移民是因为生态环境的恶化或为了改善和保护生态环境所发生的迁移活动，以及由此活动而产生的迁移人口。在这个定义中包括了元音和目的两个方面的含义。不论是原因和目的，主要与生态环境直接相关的迁移活动都可称之为生态移民。"（包智民，2006）且国务院进行"三西"建设的指导思想就是"兴河西、河套产粮之利,济定西、西海固之贫;逐步发展林草、变生态环境的恶性循环为良性循环……"故宁夏生态吊庄移民兼具扶贫开发、环境保护于一体。

本书合并定义为生态吊庄移民。

据固原市人民政府网 2015 年数据显示:1983—2010 年,固原市通过扶贫移民、生态移民等方式共搬迁 57.16 万人,户口转出本市的约占 59.5%,其中生态移民 15054 户 69841 人。县外移民 11327 户 52256 人,县内移民 3627 户 17585 人。按照《宁夏"十二五"中南部地区生态移民规划》确定的任务,固原市"十二五"期间实施生态移民 53464 户 232475 人,其中:县内安置 19240 户 83154 人,县外安置 34224 户 149321 人。2013 年县外搬迁移民 9323 户 4.4 万人,完成当年任务的 117%。县内搬迁安置移民 8063 户 3.5 万人。

宁夏主要移民安置点如图 6-1 宁夏移民搬迁路线及移民点分布图。

3. 语言与移民问题

语言是文化的载体,方言作为语言的地域变体,更直观地体现了民族文化、心理等变迁。操中原官话的宁夏南部山区群众移民到宁夏北部川区兰银官话区,形成了大小不一的中原官话方言岛。方言接触及移民语言文化心理势必导致语言的变迁。"只要任何一方发现维持和建立民族界线予己有利,哪怕轻微的口音甚至细小的举止都有可能被用作族群标志。"(马启成、白振声,1995)"语言作为文化象征符号的关键部分,它表达和影响着族群的思维,同时它也和图腾禁忌、咒语、神话、姓名等融为一体,形成族群文化中最富可塑性的底层。"(纳日碧力戈,2000)宁夏南部山区吊庄移民作为弱势的一方,即使户口改为迁入地户籍,但南部方言口音使得移民群众与迁入地居民之间的族群认同形成了一个不可小觑的障碍。"随着使用不同语言的群体之间的相互接触与交流,他们各自的观念与文化也必然通过这些交流而对彼此发生影响。一个社会对于其他社会、其他群体语言文字的吸收情况,可以帮助我们了解不同族群、不同文化之间的交流态势与融合程度,这是族群关系研究中的一个重要方面。"(马戎,2004)要了解吊庄移民的族群融入、文化心理认同,语言是一个最佳切入口。

宁夏移民主流方言与迁出地方言基本一致,主要分为中原官话秦陇片、陇中片、关中片。根据移民来源,选取规模较大的移民点,归纳如表 6-1 和图 6-1。

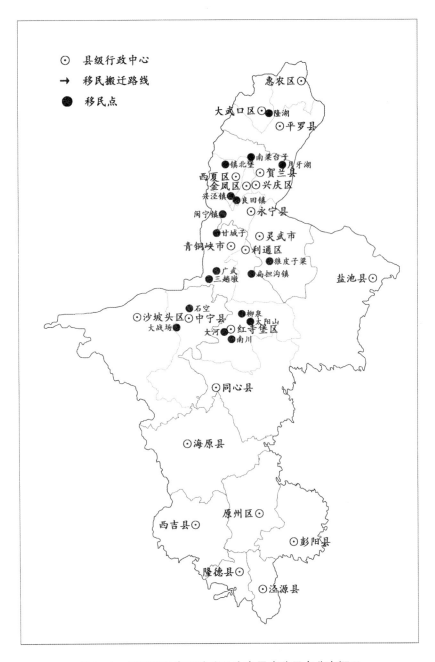

图 6-1　宁夏移民搬迁路线及生态吊庄移民点分布概况

表6-1 宁夏生态吊庄移民方言概况

| 生态吊庄移民点 | 迁出地 | 方言 |
|---|---|---|
| 银川市西夏区兴泾镇 | 泾源县 | 中原官话关中片 |
| 银川市金凤区良田镇 | 泾源县 | 中原官话关中片 |
| 银川市西夏区镇北堡镇 | 西吉县、同心县、海原县 | 中原官话陇中片、秦陇片 |
| 银川市永宁县闽宁镇 | 隆德县、西吉县 | 中原官话陇中片 |
| 银川市兴庆区月牙湖乡 | 海原县、彭阳县 | 中原官话陇中片、秦陇片 |
| 银川市贺兰县南梁台子 | 彭阳县、西吉县 | 中原官话秦陇片、陇中片 |
| 银川市贺兰县南梁农场 | 海原县 | 中原官话陇中片 |
| 灵武市狼皮子梁 | 盐池县 | 中原官话、兰银官话 |
| 中卫市中宁县大战场镇 | 原州区、彭阳县、同心县 | 中原官话秦陇片 |
| 中卫市中宁县长山头 | 彭阳县 | 中原官话秦陇片 |
| 中卫市沙坡头区南山台子 | 西吉县 | 中原官话陇中片 |
| 吴忠市红寺堡区 | 原州区、彭阳县、海原县、西吉县、隆德县、泾源县、同心县 | 中原官话陇中片、秦陇片、关中片 |
| 石嘴山市平罗县隆湖经济开发区 | 隆德县 | 中原官话陇中片 |

## 贰 红寺堡移民方言变化概况

以宁夏回族自治区扶贫移民主战场——红寺堡为例，探讨宁夏生态吊庄移民方言接触变化情况及移民的文化适应、心理调适、族群认同等。

1. 红寺堡移民及方言变迁概况

红寺堡开发区地处宁夏回族自治区中部，隶属宁夏吴忠市，北临吴忠市利通区和青铜峡市、灵武市，南至同心县，东至盐池县，西北接中宁县，全区总面积1999.12平方公里，是宁夏一个重要的移民搬迁区。1995年，宁夏扶贫扬黄灌溉工程启动，此前数十年间，红寺堡为军事用地，后改为"红寺堡开发区"。红寺堡移民主要来自海原、西吉、原州区、隆德、彭阳、泾源、同心、中宁、盐池等县区。2009年10月，宁夏吴忠市红寺堡区政府成立，区政府驻红寺堡镇，行政区域含红寺堡镇、太阳山镇、大河乡、南川乡。截止2014年辖2镇3乡69个行政村，常住人口165016人，其中回族人口总数为100269人，占比为60.76%。（吴忠市红寺堡区统计局，2014）宁夏吴忠市红寺堡移民开发区作为宁夏扶贫扬黄灌溉工程的主战场，是全国最大的生态扶贫移民集中区。红寺堡移民安置情况如下

表6－2①。

<table>
<tr><td rowspan="3">乡镇<br>名称</td><td colspan="2">到2006年底完成移民</td><td colspan="5">到2007年底完成移民</td><td colspan="2" rowspan="2">累计安置移民</td></tr>
<tr><td rowspan="2">户数</td><td rowspan="2">人数</td><td colspan="2">补迁移民</td><td>新增</td><td colspan="2">小计</td></tr>
<tr><td>户数</td><td>人数</td><td>人口</td><td>户数</td><td>人数</td><td>户数</td><td>人数</td></tr>
</table>

表6－2　　　　　　　红寺堡灌区1998—2007年移民安置情况汇总

| 乡镇名称 | 到2006年底完成移民 | | 到2007年底完成移民 | | | | | 累计安置移民 | |
|---|---|---|---|---|---|---|---|---|---|
| | 户数 | 人数 | 补迁移民 | | 新增人口 | 小计 | | 户数 | 人数 |
| | | | 户数 | 人数 | | 户数 | 人数 | | |
| 红寺堡 | 9157 | 41483 | 613 | 3088 | 4138 | 613 | 7226 | 9770 | 48709 |
| 大河 | 4049 | 19922 | 403 | 1885 | 750 | 403 | 2635 | 4797 | 24149 |
| 南川 | 8882 | 45577 | 966 | 3511 | 706 | 966 | 4217 | 9848 | 49794 |
| 太阳山 | 7573 | 37540 | 538 | 2174 | 1147 | 538 | 3321 | 9107 | 45843 |
| 石炭沟 | 1334 | 6204 | | | | | | 1334 | 6204 |
| 种养殖业 | 3175 | 12700 | | | | 1280 | 6821 | 4455 | 19521 |
| 2008年安置移民 | | | | | | | | 2007 | 9133 |
| 小计 | 34170 | 163426 | 2520 | 10658 | 6741 | 3800 | 24220 | 41318 | 203353 |

　　宁夏生态吊庄移民方言以中原官话为主，内部分为秦陇片、陇中片、关中片。政府移民搬迁时尽量按照原乡镇、村、组进行集中安置，如：银川市金凤区良田镇、西夏区兴泾镇以说中原官话关中片方言的泾源移民为主；银川市西夏区镇北堡镇（原名华西村）以说中原官话陇中片的西吉及说中原官话秦陇片的同心南部移民为主；银川市兴庆区月牙湖乡以说中原官话陇中片的海原移民及说中原官话秦陇片的彭阳移民为主；银川市永宁县闽宁镇以中原官话陇中片的西吉、隆德移民为主；中卫市中宁县大战场镇以说中原官话秦陇片的彭阳移民为主，等等。此外，也有不同方言片区的移民聚居的情况，如红寺堡区聚集了海原、泾源、固原、隆德、同心等地移民，故方言较为多样。但是今98%的生态吊庄移民点处于兰银官话区包围中，故方言存在不同程度的接触及演变，主要表现为强势的兰银官话影响及权威的普通话强势覆盖。

　　移民搬迁和异地安置中，面临着移民的社会适应性和社会融合，语言接触首当其要。红寺堡原隶属同心县，老百姓多说同心话。随着移民搬迁

---

① 该表为宁夏吴忠市红寺堡区政府移民办公室2016年提供。

工程的展开，行政区划相应地进行了变更，现为吴忠市红寺堡区。移民搬迁后的方言大概可分为兰银官话、中原官话两种。同心县方言以兰银官话银吴片为主，该方言特点是古次浊声母字和入声清声母字今归去声，去声一般为低升调；同心南部与所搬迁的宁夏境内固原、海原、彭阳、隆德、西吉、泾源以及东部盐池人民所使用的语言为中原官话，张安生（2008）将该区域的方言细分为固海、泾源、西隆三小片，与《中国语言地图集》（第二版）的秦陇片、关中片、陇中片相对应。高葆泰在对宁夏方言进行分区时认为，固原方言属中原官话，其特点是次浊声母字和古入声清声母字今归平声，去声为高平调，且根据固原方言内部语音的差异，将固原方言分为三片：一为固海片，固海片方言大概分布于固原县、海原县、彭阳县一带，以固原市行政驻地原州区即固原话为代表，这一方言片区特点是存在阴平、阳平、上声、去声四声调，且古入声全浊声母字今为阳平；二为泾源片，该方言分布于泾源县一带，以泾源县城话为代表，特点也是存在阴平、阳平、上声、去声四声调，且古入声全浊声母字今读阳平；三为西隆片，该方言分布于西吉、隆德一带，以西吉县城话为代表，特点是只存在平声、上声、去声三声调，且平声不分阴阳，古入声母字不论清浊一律读为平声。（高葆泰，1989）今红寺堡区内两种官话方言并存，因此宁夏南部地区百姓搬迁到红寺堡后，从中原官话区到兰银官话区这一语言适应与语言融合是移民搬迁的一个关键环节。总体看来，八县移民的方言各有特色，故红寺堡区方言呈大杂烩的特点，不同方言间的沟通交流往往存在一定程度程度的语言障碍，所以移民搬迁到新环境首先面临的是语言接触所带来的言语交际问题。不过，比起三峡移民在不同方言间的接触，宁夏的生态移民语言适应要迅速得多，因为不管中原官话还是兰银官话，都属于北方方言系统，只是语言内部存在些许差异，但使用原方言可进行简单交流。

在红寺堡二十来年的发展变化中，为了更好地促进沟通交流，八县移民必须使自己说的方言能被其他人听懂，也努力去听懂其他县区方言，当地人认为："到了哪里就跟了哪里的风俗"，语音是最能直观感受的语言变化，如：声调的差异、说话语气的变化。在原西海固地区，由于山高路远，人们平常交流时语气重、音偏高。到了红寺堡后，地处平原，又相对比较集中居住，说话无须高声叫喊，发音人认为现在的说话语气比搬迁前轻，声音比较小。但更重要的是，为便于不同地区人口的沟通，南部方言各片区区别词、字音渐渐隐藏。这样就使原来在宁夏南部地区使用的方言在逐渐的融合变化中词汇和语音发生一些细微的变化。语音朝着普通话过渡是移民方言演变的主要趋势。迁出地方言字音中较有地方特色的白读音呈逐渐消亡的趋势，而叠置的文读音占据了绝对优势。因此，南部方言白读将在不断的语言接触中出现竞争、演变，或合并，或消亡。但不可否认的是，随着语言接触的深入和语言变异的逐步发生，红寺堡境内的中原官话和兰银官话势必会出现强势方言和弱势方言的对立融合，从地域来看，兰银官话占主导，中原官话不断向其靠拢，且由于心理作用，人们更乐于接受普通话和兰银官话，所以随着时间的推移，中原官话将渐渐出现语言词汇萎缩、消亡，如：摸黑锅锅子（天黑）、早起（上午）、灶火（厨房）、庄子（村子）、灰圈（厕所）等必将渐渐消亡，转用兰银官话的词汇也将慢慢淡出原方言，取而代之的是普通话词汇，如总干渠、扬黄工程等。此外，尽管搬迁到红寺堡二十多年，很多语言词汇依然保留在老年人的口语中，年轻人却已经不常说了，如泾源方言：水［fei⁵²］｜曹第一人称复数［tsʰɔ³⁵］｜傲哈蹲下、坐下［tɕiəu⁴⁴ xa³¹］等，经过近三十年的交流融合，红寺堡方言总体体现为以下几点：一是语音变迁，如调类的合并、语音不断向普通话靠近，独有的方言语音特色消失，说话语气由快转慢等。二是词汇的转换，为了使其他方言区的人能听懂自己的方言，各方言区百姓会把一些生涩、不易理解的词汇用其他通俗易懂都能接受的词汇代替。如固原原州区搬迁来的移民将"龙儿子"（茈葱种子）转换为"龙种子""火盖子"改说"雪里红""蚰蜒蚂儿"改说为"蚂蚁""长虫"改说为"蛇""对羔子"改说为"双胞胎""哼吼"改说为"猫头鹰""岁目（数）"改为"年龄""赶羊时"改说为"上午9点左右"等等。再如西吉县搬迁的移民将原西吉方言"醋［ŋæ¹³］水""滚水"改为"开水""夜里个"转用"昨天"等等。三是心理认同的区别，同一方言区的人在平时交流时还是会使用原地区的方言，在和其他方言区的人交流时，却有意把晦涩难懂的词汇难度降低使用常用词汇或普通话，这些言语交际都体现了移民对迁入地的融合。

2. 红寺堡关中方言语音变化

由于移民方言变迁涉及多个方言片，以下以泾源话变迁为代表，探讨宁夏南部山区移民方言语音变化。宁夏红寺堡区大河乡开元村红河组村民以宁夏南部泾源县移民为主，根据《中国语言地图集》（第二版）泾源方

言为中原官话关中片，其语音特点为中古清入、次浊入声字今归阴平，全
浊入声字归阳平，为四声调方言等。据记载和当地百姓世代相传，祖上为
陕西渭南人。同治元年至同治十二年（1862—1873 年），陕西、甘肃（今
含宁夏、青海西宁和海东）发生事变，清政府派左宗棠镇压。清政府为避
免再发生暴乱，将众多陕甘群众分散迁移至西北各地。同治十年（1871
年）迁徙当地土著汉民，安插陕甘群众 9480 余名回民于泾源县境内，置
化平直隶厅，属平庆泾固化道。故宁夏泾源县回族所操方言基本为陕西关
中话，与原宁夏南部山区其他市县方言稍有差异。"'儿、耳'等字在（渭
南）四个方言小区也有差别，龙背、渭北、城关都读作［ər］，老派读法
为［z̩］，两原地区（东原、西原）读作［æe］，老派读法为［ɛ̃］。"（韩
瑜，2011）再根据渭南几个区县的语音比较，基本可推断宁夏泾源县移民
基本来自陕西渭南龙背、渭北、城关这一带，确切来源可根据家谱、方志
等文献考证。

　　泾源县内口音有多种，今又经政府扶贫开发和生态吊庄移民至宁夏北
部红寺堡区，语言接触更为频繁。根据《关中方音调查报告》《中亚回族
陕西话研究》《陕西渭南方言研究》记载与宁夏泾源关中话、宁夏生态吊
庄移民区关中话进行历时和共时比较发现，宁夏红寺堡关中方言历经一个
多世纪的变迁，语言面貌基本与原陕西关中方言相近。宁夏红寺堡地区关
中方言语音方面出现了如知庄章组声母的分化、唇齿音声母的双唇化演
变、声调合并趋势初见端倪等，语法除词法外目前所见尚无明显变化。作
为宁夏最大的移民聚居地，红寺堡方言在今后的发展中必将完成强势语言
对弱势语言的或替代或同化，而关中方言在红寺堡的零散分布（如下表
6–3）和多语言接触终将影响它自成体系的发展，或被兰银官话同化，或
被普通话替代，或与中原官话其他片区融合出一种新的"红寺堡话"。不
论哪一种发展，关中方言在红寺堡区以及整个宁夏生态吊庄移民点的分布
及发展演变将在语言学上具有重要的研究价值。

表6–3　　　　　　　红寺堡区安置宁夏泾源县移民点汇总

| 迁入乡镇 | 移民村 | 支渠名称 | 迁出县 | 户数 | 人数 |
|---|---|---|---|---|---|
| 太阳山镇 | 甜水河 | 红三干23支 | 泾源 | 477 | 2301 |
| | 中泉 | 红三干29—30支 | 泾源 | 387 | 1784 |
| 柳泉乡 | 买河 | 红四干7、8支 | 泾源 | 136 | 662 |

续表

| 迁入乡镇 | 移民村 | 支渠名称 | 迁出县 | 户数 | 人数 |
|---|---|---|---|---|---|
| 红寺堡镇 | 富康 | 新一支干17—19支 | 泾源 | 228 | 1638 |
| | 玉池 | 新一支干11—14支 | 泾源 | 622 | 3169 |
| 新庄集乡 | 新源 | 新三支干1—2支 | 泾源 | 440 | 2141 |
| | 南源 | 新四支干低口9支 | 泾源 | 432 | 2017 |
| | 洪沟滩 | 高口2、3支 | 泾源 | 265 | 1557 |
| 大河乡 | 红河村 | 红三干13支 | 泾源 | 190 | 1062 |

## 叁　语言态度对方言文化的影响

### 1. 移民语言态度

"在双语和多语（包括双方言和多方言）的社会中，由于社会或民族认同、情感、目的和动机、行为倾向等因素的影响，人们会对一种语言或文字的社会价值形成一定的认识或作出一定的评价，这种认识和评价通常被称为语言态度。"（王远新，2002）语言是交际"工具"，为了便于沟通，移民很大程度上"被迫"放弃迁出地原方言，但是同为北方官话区，并非搬迁到新的移民点后语言无法交流，且吊庄移民以集中安置为主，插花移民安置为辅，使用中原官话区的移民仍然聚居在一起。李生信（2018）认为："移民杂居难以形成迁出地本原方言社区，自然而然地要向迁入地方言靠拢，于是便形成了'双言'并存现象。散居移民人口分散、数量少，又不具有各种社会优势，就会不得不放弃迁出地本原方言。"这是移民方言演变的一个因素。语言态度是社会语言学研究的一个重要内容，指个人对某种语言或方言的价值评价和行为倾向，是影响语言使用与传承非常重要的潜在因素（游汝杰、邹嘉彦，2009）。迁入地即移民安置点一般为荒滩戈壁或荒无人烟的地方重新建设，当地居民90%以上是南部地区移民，如银川市西夏区华西村（今为镇北堡镇）、闽宁镇以及吴忠市红寺堡区等，这些移民完全在一个相对独立的语言社区，纵然镶嵌在兰银官话区内，但并不影响众多宁夏中原官话方言岛的形成。故语言态度是引起方言演变和代际语言传承转移的最重要因素。地域语言是个体身份认同的重要标志，说宁夏中原官话不利于沟通只是很小的一个因素，更重要的是语言使用者的心理使然。第一，调查发现，80%以上的移民认为自己的方言"土"，这一细微的语言心理引起语言态度的变化。第二，宁夏南部地区相对比较贫困落后，故经济的落后带来的语言文化的不自信冲击了宁夏中原官话生存的土壤。第三，移民从宁夏相对较落后的南部搬迁到相对较发达的北部地区，摆脱贫穷落后的过去，新一代移民地域认同、身份认同、心理认同的需要，以及义务教育的普及、推广普通话的加强、城镇化的推进、对外交流的增强等因素，促使普通话逐渐成为主流语言。刘晨红（2015）对吴忠市红寺堡区回族中学生移民语言情况调查后发现"语言态度方面，调查对象对普通话的理智评价较高，行为倾向也最为积极，对来源地方言的情感评价较高。"周永军（2018）对红寺堡移民方言进行问卷调查并经多元线性模型分析显示，"年龄、文化程度、迁入时间与普通话水平为极显著相关（P<0.000），收入为显著相关（P<0.019），且对移民普通水平影响显著，回归系数（$R^2$）分别达到92.4%、65.5%、58.9%和27.9%。"

　　语言态度包括情感和理性两个维度，情感方面的语言态度往往与说话人或听话人成长的语言环境、文化传统相联系，理性方面的语言态度主要是说话人或听话人对特定语言的实用价值和社会地位的评价（陈松岑1999）。因此，宁夏生态吊庄移民对原方言的放弃既有被迫放弃也有主动放弃，但主动放弃是关键因素。说话人认为自己的方言土、落后，而且使用普通话便于沟通也不存在以上的语言心理。另外，听话人也认为宁夏南部地区移民经济落后、方言不好听等等，这些评价促使语言出现转换。转换的速度与移民时间的长短、距离中心城市的远近息息相关，即移民时间越长，转换得越快；离中心城市越近，转换得越快。如银川市西夏区兴泾镇移民二代已基本使用普通话。

　　语言是文化的载体，方言作为语言的地域变体，更直观地体现了民族文化、心理等变迁。操中原官话的宁夏南部群众移民到北部兰银官话区，方言接触及移民语言文化心理势必导致语言的变迁。"只要任何一方发现维持和建立民族界线已有利，哪怕轻微的口音甚至细小的举止都有可能被用作族群标志。"（马启成、白振声，1995）宁夏南部山区吊庄移民作为弱势的一方，即使户口改为迁入地户籍，但南部方言口音使得移民群众与迁入地居民之间的族群认同形成了一个不可小觑的障碍。"随着使用不同语言的群体之间的相互接触与交流，他们各自的观念与文化也必然通过这些交流而对彼此发生影响。一个社会对于其他社会、其他群体语言文字的吸收情况，可以帮助我们了解不同族群、不同文化之间的交流态势与融合程度，这是族群关系研究中的一个重要方面。"（马戎，2004）要了解吊庄移民的族群融入、文化心理认同，语言是一个最佳切入口，因为"语言作为文化象征符号的关键部分，它表达和影响着族群的思维，同时它也和图腾禁忌、咒语、神话、姓名等融为一体，形成族群文化中最富可塑性的底层。"（纳日碧力戈，2000）故本书以宁夏生态吊庄移民方言为研究对象，探讨语言态度、语言环境对移民的文化适应、心理调适以及族群认同的影响。

2. 方言文化传承危机

自 1983 年"三西地区"移民搬迁以来，宁夏回族自治区政府进行了三十多年移民的搬迁工作，累计搬迁移民一百多万。据 2017 年宁夏统计年鉴粗略统计，仍居住在宁夏南部中原官话区的人口约 163 万。随着移民方言代际转换的进行，宁夏生态吊庄移民方言将很快陷入濒危状态。故宁夏中原官话秦陇片、陇中片、关中片方言实际使用者只有 160 万左右，其中关中片方言使用者不到十万。"从语言的变化消亡这个角度来看，目前在汉语方言中主要存在两种类型：突变型和渐变型。突变型，是指弱势方言在强势方言的强大冲击之下，最终彻底放弃弱势方言，改用强势方言。突变型变化消亡往往需要经过几代人才能完成，中间一般还要经过一个弱势方言与强势方言并存并用的双方言的过渡阶段。"（曹志耘 2001）如今在移民搬迁时间二十年以上的宁夏生态吊庄移民区，移民一代使用弱势的迁出地方言；移民二代使用弱势的迁出地方言和强势的普通话，其中在宁夏南部地区长大的移民二代仍以弱势的中原官话为主，在吊庄出生长大的移民二代以强势的普通话为主，移民三代基本用普通话。因此，随着移民一代的离去，宁夏中原官话在生态吊庄移民地区将趋于濒危，方言所承载的文化也将逐渐消亡，且在语言态度主导下，方言消亡趋势将不可逆转。数十年后，宁夏生态吊庄移民点方言将被普通话覆盖。

# 第二节    总结与展望

## 壹    总结

本书分声母、韵母、声调、差异等章节对宁夏南部方言的语音进行了相关描写，对一些特殊的语音特点进行了地理分布的描述和相关解释。下面对本书的研究进行归纳和总结。

1. 声母

（1）声母的数目

宁夏南部方言声母的数目主要有五种类型：24 个、25 个、28 个、29 个、30 个，主要表现在舌根鼻音［ŋ］、舌尖前浊擦音［z］以及舌叶音［tʃ tʃʰ ʃ ʒ］，其中声母数量为 24 个、29 个的方言点数量最多，24 个声母主要分布同心、固原、海原，29 个声母主要分布在西吉、隆德、盐池。

（2）全浊声母字的今读

宁夏南部方言古全浊声母字今逢塞音、塞擦音一般平声读为送气音、仄声读为不送气音，与其他官话方言"平送仄不送"一致，但是部分古全浊声母字今逢塞音、塞擦音不仅平声读送气音，仄声也读送气音，字音分布上以并母字保存最多，地理分布上以泾源、隆德分布最多且呈从南到北递减。

（3）端精见组字的今读

宁夏南部方言端组字一般读［t tʰ］声母，精组字一般读［ts tsʰ］、［tɕ tɕʰ］声母，见组字一般读［k kʰ］、［tɕ tɕʰ］声母，大部分方言点的今读基本与北京音一致，如固原、同心、盐池、海原、隆德。但是端组细音字的读音有所差异，主要表现为：泾源、西吉部分乡镇方言端组与精见组字在细音前合流为［tɕ tɕʰ］，彭阳东南部方言端组拼细音主要是齐韵、脂韵字（周边方言的［i］韵母）时读为［ts tsʰ］声母，精组拼遇摄合口一等、通摄合口入声韵字（周边方言的［u］韵母）时读为［tɕ tɕʰ］声母。

（4）泥来母字的今读

宁夏南部方言泥来母字一般细音不混读［n̠ʲ］声母，逢洪音相混，为泥母混入来母，以陇中片方言相混最严重，泥母洪音不仅合口字混入来母，开口字也混入来母。关中片、秦陇片方言泥母字主要表现为个别合口字混入来母。个别泥母字今读［m］声母。

（5）知系字的今读

宁夏南部方言知庄章组字的读音比较一致，［tʂ tʂʰ ʂ z］与［tʃ tʃʰ ʃ ʒ］音位互补，今按照［tʂ tʂʰ ʂ z］进行归纳：知组开口二等（江摄除外）、庄组开口字（江摄除外）、章组止摄开口三等今读［ts］组，其他全读［tʂ］组。日母字除止摄开口三等字的读音外也比较一致，止开三日母字今宁夏南部方言有三种读音类型：［ər］、［ɛ］、［zʅ］，读［ɛ］分布在彭阳东南部，读［zʅ］分布在泾源，其他全读［ər］。

（6）见系字的今读

宁夏南部方言古见组二等字今读为［tɕ］组声母，但部分字未彻底腭化，如中古蟹摄、江摄开口二等见母个别字今读为［k］组声母。

宁夏南部方言古影疑母字在开口一二等前主要读［ŋ］［n］［v］［ø］声母，在开口三四等前主要读［ȵ］［ø］声母，在合口一二等前主要读［v］声母，在合口三四等前主要读零声母［v］［ø］，按照今读开齐合撮四呼可概括为：今逢开口呼韵母读［ŋ］或［n］声母，逢齐齿呼韵母读［ȵ］和［ø］声母，逢合口呼韵母读［v］和［ø］声母。宁夏南部方言三片方言影疑母字的主要区别在于开口一二等字的读音：秦陇片方言读［n］声母，陇中片、关中片读［ŋ］声母。

2. 韵母

（1）韵母的数目

宁夏南部方言声母的数目主要有两种类型：32 个、36 个，主要区别在于深臻摄是否并入曾梗通摄，其中秦陇片、陇中片方言深臻摄与曾梗通摄合流读为［əŋ iŋ uŋ yŋ］，关中片方言未合流，分为两套韵母：［ən in un yn］和［əŋ iŋ uŋ yŋ］。

（2）果摄开合口一等字的今读

果摄开合口一等字在宁夏南部方言中存在混读的现象，主要表现为果摄开口一等混入合口一等读为［uə］韵母，秦陇片方言果摄开口一等端系、见系字都存在混入合口一等的现象，陇中片、关中片方言果摄开口一等见系除个别字外，一般不混入合口一等。果摄合口一等字宁夏南部方言今读［uə］韵母，西吉、同心、隆德等地方言帮组字受唇音影响也读为［ə］韵母，此外受普通话影响果摄合口一等见系字也混入开口一等。

（3）遇流摄的今读

宁夏南部方言遇流摄部分字相混，即部分遇摄字与流摄字韵母相同，读［əu］［iəu］韵母，如"怒努奴蛛"；部分流摄字韵母与遇摄相同，读为［u］韵母，如"某否楼轴"。流摄读为遇摄的字比较统一，遇摄读为流摄的字各地情况不一。

（4）支微入鱼

宁夏南部方言止摄合口三等字与遇摄合口三等鱼韵字同韵，今读［y］韵母，即存在"支微入鱼"的现象，宁夏南部方言微韵字读［y］比较多，其中隆德方言保存较多，其他方言点除个别字如"苇~子""尉~迟"外，支微入鱼的字非常少见。

（5）深臻摄读同曾梗通摄

宁夏南部方言除泾源外基本"前后鼻尾韵不分"即，深臻摄与曾梗通摄合流，其中秦陇片、陇中片方言深臻摄与曾梗通摄合流读为［əŋ iŋ uŋ yŋ］，关中片方言未合流，深臻摄读为［ən in un yn］，曾梗通摄读为［əŋ iŋ uŋ yŋ］。

（6）山臻摄合口精组来母字的今读

宁夏南部方言山臻摄精组来母合口部分字今读为撮口呼，如：笋 ɕyŋ｜论 lyŋ，其中臻摄合口一三等来母字在宁夏南部方言中全部读为撮口呼，关中片方言除臻摄泥来母字外，山摄合口一等心母字也读为撮口呼，如：酸 ɕyæ̃｜蒜 ɕyæ̃。

（7）见系开口入声韵字的今读

宁夏南部方言入声韵尾消失后，原入声韵中部分开口字在演变中今读为合口，尤其是见系入声韵字在入声韵尾消失后，相应的入声韵的演变与果摄开口字的演变类型基本一致，如：盒 xuə｜割 kuə。

3. 声调

（1）声调的数目

宁夏南部方言单字调的调类数目主要有两种类型：2个、3个、4个。两个调类主要为：阴平上、阳平去，主要分布在海原，如海原海城；三个调类为：平声、上声、去声，分布在西吉、隆德县；四个调类为：阴平、阳平、上声、去声，分布在泾源、彭阳、盐池、同心，其中同心、彭阳方言老派区分阴阳平，新派已合并。

（2）平声的演变

宁夏南部方言调类的数目差异主要在于阴阳平调类的区别，关中片方言平分阴阳，陇中片方言平声不分阴阳，秦陇片方言平分阴阳但又处于合并的演变中。今从各地单字调的演变和阴阳平作前字的连读变调（含两字组连调、重叠、轻声）差异可以看出陇中片方言平声曾以清浊为条件分调，后出现调类的合并。

（3）两调方言

两调方言主要分布在海原，以县城海原海城方言为代表，主要特征是平分阴阳，全浊上归去，阴平与上声合流，阳平与去声合流，但有部分例外字的读音。

### 4. 差异

宁夏南部方言内部的差异前文已述，大的区别主要体现在调类的数目、端组字的读音、泥来母的相混、影疑母字的读音、深臻摄的读音。但是

西北地区回汉方言的差异备受学术界关注，从儿化、轻声、鼻尾韵三方面进行语音的对比分析，认为宁夏南部地区回汉方言语音的差异主要在于地域之间的方言差异，而不是民族之间的差异。

通过与周边方言的比较，宁夏南部方言与周边方言的共性较明显，内部的差异也属于方言内各片的差异。所以总体语音面貌比较一致。

## 贰　研究展望

宁夏南部方言研究取得了一定的成果，对我们初步认识宁夏南部方言面貌起到了重要作用。有些著作对后学的研究有重要的参考价值，有些虽是简单的描述但却对本书的研究提供了重要参考。在这些研究的基础上，宁夏南部方言在以下几个方面还有进一步研究的价值。

一是补充单点研究材料。宁夏南部方言研究单点方言研究材料存在大量的空白，上述已论及，除海原县、隆德县方言存在方言材料外，彭阳、泾源、西吉县方言研究材料非常缺乏，无法全面了解宁夏南部的方言概况，故对单点方言的全面、准确描写既能填补宁夏方言研究的空白，又能对宁夏方言的整体面貌提供材料支撑。

二是加快方言志丛书的出版。方言是文化的载体，方言志是地方志的重要组成部分，方言志能够为后人了解、研究当代方言提供重要的参考。宁夏方言志只有各地级市有编撰出版，县一级的方言志丛书暂无。宁夏南部地区的方言丰富多彩，特别是行政区划的不断调整变更，编辑方言志可以记录、保存方言的实体状况，因此宁夏南部各区县分别出版方言志书非常有必要、有价值。

三是加强区域性综合研究。宁夏南部方言的研究成果较少，已有文献主要是对方言某一特征如知庄章组的分合、全浊声母今读、零声母的演变等角度进行分析，目前缺乏对宁夏南部山区整片方言乃至宁夏自治区方言整体面貌的系统梳理和研究。

四是创新研究方法。传统研究大多采用田野调查法，辅之以共时描写

和历时对比，研究方法比较单一，词汇、语法研究方法比较局限，缺乏新思路和新方法。因此，宁夏方言研究可充分运用实验语音学、语言类型学、地理语言学等方法，不断拓宽思路，深入挖掘语言的文化内涵，探讨语言演变的规律。2015 年，中国语言资源保护工程启动，宁夏有六个语言资源保护工程调查点（银川、固原、同心、西吉、泾源、中卫）和一个中国语言文化典藏点（同心）立项，其中固原、西吉、泾源为宁夏南部方言区。语言资源保护工程利用音像图文四位一体的方式进行方言的记录、建库、存档，在一定程度了保存了宁夏方言的基本面貌，为将来宁夏方言的研究保存了最真实、宝贵的资料，意义重大。宁夏方言研究可依托中国语言资源保护工程，不断创新思路和方法，参考全国各地语言方言博物馆的建设思路，打造宁夏特色方言博物馆，切实开展宁夏方言文化的保护和传承工作。

# 参考文献

## 一 著作类

白涤洲遗稿，喻世长整理：《关中方音调查报告》，中国科学院出版社 1954 版。

白永刚主编：《盐池历史文化探微》，宁夏人民教育出版社 2011 年版。

曹志耘：《曹志耘语言学论文集》，北京语言大学出版社 2012 年版。

曹志耘：《徽语严州方言研究》，北京语言大学出版社 2017 年版。

曹志耘：《南部吴语语音研究》，商务印书馆 2002 年版。

曹志耘：《吴语婺州方言研究》，商务印书馆 2016 年版。

曹志耘主编：《汉语方言地图集》，商务印书馆 2008 年版。

陈鸣猷校勘：《嘉靖宁夏新志》，宁夏人民出版社 1982 年版。

仇王军：《丝绸之路在宁夏》，宁夏人民出版社 2008 年版。

段亚广：《中原官话音韵研究》，中国社会科学出版社 2012 年版。

高本汉：《中国音韵学研究》，1940 年第 1 版，商务印书馆 2003 年版。

龚煌城：《汉藏语研究论文集》，北京大学出版社 2004 年版。

龚煌城：《西夏语言文字研究论集》，民族出版社 2005 年版。

固原县志编纂委员会：《固原县志》，宁夏人民出版社 1993 年版。

海峰：《中亚东干语言研究》，新疆大学出版社 2003 年版。

海原县志办：《海原县志》，宁夏人民出版社 1999 年版。

侯精一、温端正：《山西方言调查研究报告》，山西高校联合出版社 1993 年版。

黄伯荣、廖旭东：《现代汉语》，高等教育出版社 2017 年版。

黄淬伯：《唐代关中方言音系》，江苏古籍出版社 1998 年版。

蒋绍愚：《近代汉语研究概况》，北京大学出版社 2005 年版。

李宁：《宁夏生态吊庄移民》，民族出版社 2003 年版。

李荣：《方言存稿》，商务印书馆 2012 年版。

李荣：《切韵音系》，科学出版社 1956 年版。

李荣：《音韵存稿》，商务印书馆 1982 年版。

李荣：《语文论衡》，商务印书馆 2014 年版。

李树俨、李倩：《宁夏方言研究论集》，中国当代出版社 2001 年版。

林涛：《宁夏方言概要》，宁夏人民出版社 2012 年版。

刘俐李：《焉耆汉语方言研究》，新疆大学出版社 1993 年版。

刘天明、王晓华、张 哲：《移民大开发与宁夏历史文化》，宁夏人民出版社 2008 年版。

刘晓南：《宋代语音考》，岳麓书社 1991 年版。

刘勋宁：一个中原官活中曾经存在过的语音层次，载邢向东主编：《西北方言与民俗研究论丛》，中国社会科学出版社 2006 年版。

刘泽民：《客赣方言历史层次研究》，甘肃民族出版社 2005 年版。

罗常培：《唐五代西北方音》，国立中央研究院历史语言研究所 1933 年，商务印书馆 2012 年版。

马伯乐：《唐代长安方言考》，中华书局 2005 年版。

潘悟云：《汉语言历史音韵学》，上海教育出版社 2000 年版。

乔全生：《晋方言语音史研究》，中华书局 2008 年版。

秦安县志编纂委员会：《秦安县志》，甘肃人民出版社 2001 年版。

王福堂：《汉语方言语音的演变和层次》，语文出版社 2005 年版。

王洪君：《汉语非线性音系学—汉语音系格局与单字音》，北京大学出版社 2008 年版。

王莉宁：《汉语方言声调分化研究》，语文出版社 2016 年版。

王力：《汉语史稿》，中华书局 1980 年版。

王力：《汉语语音史》，中国社会科学出版社 1985 年版。

王士元：　"A Note on Tone Development", in WangLi, *Memorial Volumes*, Joint Publishing Company, 1987.

吴忠礼主编：《宁夏历代方志萃编》之《万历朔方新志》，天津古籍出版社 1988 年版。

吴忠市红寺堡区统计局：《红寺堡区国民经济和社会事业发展统计情况手册（2009—2013）》，2014 年。

新吉乐图：《中国环境政策报告：生态移民——来自中日两国学者对中国

生态环境的考察》，内蒙古大学出版社 2005 年版。

邢向东、蔡文婷：《合阳方言调查研究》，中华书局 2010 年版。

邢向东：《陕北晋语语法比较研究》，商务印书馆 2006 年版。

邢向东：《神木方言研究》，中华书局 2002 年版。

邢向东、王临惠、张维佳、李小平：《秦晋两省沿河方言比较研究》，商务
　　印书馆 2012 年版。

邢向东：《西北方言与民俗研究论丛》，中国社会科学出版社 2004 年版。

熊燕：汉语方言里果摄字的读音，《语言学论丛》（第五十一辑），商务印
　　书馆 2015 年版。

薛正昌：《宁夏历史文化地理》，宁夏人民出版社 2007 年版。

杨子仪、马继善：《西吉县志·方言》，宁夏人民出版社 1995 年版。

杨子仪、马学恭：《固原县方言志》，宁夏人民出版社 1990 年版。

游汝杰：《汉语方言学教程》，上海教育出版社 2004 年版。

张安生：《同心方言研究》，中华书局 2006 年版。

张安：《同心县志·方言》，宁夏人民出版社 1995 年版。

张维佳：《演化与竞争——关中方言音韵结构的变迁》，陕西人民出版社
　　2002 年版。

张燕来：《兰银官话语音研究》，北京语言大学出版社 2014 年版。

郑张尚芳：汉语塞擦音声母的来源，《郑张尚芳语言学论文集》，中华书局
　　2012 年版。

中国社会科学院：《中国语言地图集》（第二版），商务印书馆 2012 年版。

## 二　论文类

包智民：《关于生态移民的定义、分类及若干问题》，《中央民族大学学报》
　　2006 年第 1 期。

曹强：《海原方言音韵研究》，硕士学位论文，陕西师范大学，2006 年。

曹强：《海原话"例外字"试解》，《宁夏师范学院学报》2008 年第 5 期。

曹强、王玉鼎：《古影疑母在海原方言中的演变》，《安康学院学报》2009
　　年第 5 期。

曹志耘：《敦煌方言的声调》，《语文研究》1998 年第 1 期。

曹志耘：《关于濒危汉语方言问题》，《语言教学与研究》2001 年第 1 期。

曹志耘：《论方言岛的形成和消亡——以吴徽语区为例》，《语言研究》

2005 年第 4 期。

曹志耘、邵朝阳：《青海乐都方言音系》，《方言》2001 年第 4 期。

丁邦新：《汉语声调的演变》，《中央研究院第二届国际汉学会会议论文集》，中央研究院 1989 年。

高葆泰：《宁夏方言的语音特点和分区》，《宁夏大学学报》1989 年第 4 期。

高葆泰：《宁夏方音跟陕、甘、青方音的比较》，《宁夏大学学报》1982 年第 4 期。

高顺斌：《固原方言两字组连读变调和轻声》，《语言文字》2013 年第 2 期。

韩瑜：《渭南方言语音研究》，硕士学位论文，西北大学，2011 年。

何大安：《声调的完全回头演变是否可能》，《中央研究院历史语言研究所集刊》，1994 年第 65 本。

贺巍：《中原官话分区（稿）》，《方言》2005 年第 2 期。

季永海：《汉语儿化音的发生与发展——兼与李思敬先生商榷》，《民族语文》1999 年第 5 期。

李范文：《中古汉语全浊声母是否吐气一证》，《固原师专学报》1989 年第 3 期。

李蓝：《甘肃红古方言的单字调与连读调——兼论甘肃汉语方言的连读调》，《语文研究》2018 年第 1 期。

李蓝：《甘肃秦安（吴川村）方言声母的特点》，《方言》2009 年第 1 期。

李蓝：《中国重点方言区域示范性调查研究》，中国社会科学院研究所创新工程 2013 年成果，未刊稿。

李荣：《官话方言的分区》，《方言》1985 年第 1 期。

李如龙、辛世彪：《晋南、关中的"全浊送气"与唐宋西北方音》，《中国语文》1999 年第 3 期。

李生信：《宁夏方言研究五十年》，《宁夏大学学报》2008 年第 5 期。

李生信：《宁夏生态移民居住方式对方言变化的影响》，《北方民族大学学报》2018 年第 1 期。

李树俨：《宁夏方言的分区及其归属》，《宁夏教育学院学报》1986 年第 1 期。

李树俨：《试论宁夏方言的形成》，《宁夏大学学报》1988 年第 2 期。

李树俨:《银川方言读音例外字例释》,《语文研究》2004 年第 4 期。

李树俨:《中古知庄章三组声纽在隆德方言中的演变——兼论宁夏境内方言分 ts、tʂ 的类型》,《宁夏大学学报》1993 年第 1 期。

林茂灿、颜景助:《北京话轻声的声学性质》,《方言》1980 年第 3 期。

刘晨红:《从移民文化看宁夏话的形成与发展》,《北方民族大学学报》2009 年第 6 期。

刘晨红:《红寺堡回族中学生语言情况调查研究》,《北方民族大学学报》2015 年第 4 期。

刘晨红:《移民文化对宁夏话形成发展的影响》,《北方语言论丛》2012 年第 1 期。

刘有安:《20 世纪迁入宁夏的汉族移民社会文化适应研究》,博士学位论文,兰州大学,2010 年。

芦兰花:《湟水流域汉语方言语音研究》,博士学位论文,陕西师范大学,2011 年。

陆招英:《〈切韵〉系韵书歌戈韵分合性质研究——歌戈韵在韵书中的反切比较》,《福建师范大学学报》2004 年第 4 期。

陆招英:《〈切韵〉系韵书中歌戈韵与梵汉、汉藏对音比较》,《莆田学院学报》2004 年第 2 期。

雒鹏:《一种只有两个声调的汉语方言——兰州红古方言的声韵调》,《西北师大学报》1999 年第 6 期。

马晓玲:《宁夏兰银官话区的〔ər〕韵母及儿化韵》,《宁夏大学学报》2006 年第 2 期。

莫超、朱富林:《二声调红古话的连读变调》,《甘肃高师学报》2014 年第 1 期。

乔全生、余跃龙:《文水方言百年来的元音高化》,《山西大学学报》2009 年第 3 期。

桥本万太郎:《西北方言和中古汉语的硬软颚音韵尾——中古汉语的鼻音韵尾和塞音韵尾的不同作用》,《语文研究》1982 年第 1 辑。

冉启斌、田弘瑶佳、祁褒然:《二声调方言红古话声调的声学分析》,《中国语音学报》2013 年第 4 辑。

闫淑琴:《对宁夏固原话吸气音的两个听辨实验》,《方言》2009 年第 3 期。

邵荣芬：《敦煌俗文学中的别字异文和唐五代西北方音》，《中国语文》1963 年第 3 期。

舍秀存：《二声调方言西宁回民话音略》，《宜春学院学报》2013 年第 4 期。

沈丹萍：《河北唐山秦皇岛方言语音研究》，博士学位论文，北京语言大学，2016 年。

沈明：《山西晋语古清平字的演变》，《方言》1999 年第 4 期。

盛益民、黄河、贾泽林：《汉语方言中古端组声母塞擦化的蕴含共性及解释》，《语言研究》2016 年第 1 期。

孙建华：《延安方言语音的地理语言学研究》，博士学位论文，北京语言大学，2016 年。

谭治琪、赵红：《甘肃环县方言同音字汇》，《陇东学院学报》2013 年第 6 期。

田晓荣：《渭南市临渭区方言同音字汇》，《咸阳师范学院学报》2016 年第 1 期。

王洪君：《山西闻喜方言的白读层与宋西北方音》，《中国语文》1987 年第 1 期。

王军虎：《晋陕甘方言的"支微入鱼"现象和唐五代西北方音》，《中国语文》2004 年第 3 期。

王莉宁：《汉语方言中的"平分阴阳"及其地理分布》，《语文研究》2012 年第 1 期。

王为民、乔全生：《〔i〕＞〔ʅ〕引起的汉语方言音韵结构的共时调整——以声母的舌尖化为例》，《晋中学院学报》2011 年第 2 期。

王为民：《青海方言元音〔i〕的舌尖化音变》，《中国语文》2006 年第 4 期。

王玉鼎：《论海原方言的浊音清化规则及其形成原因》，《延安大学学报》2009 年第 6 期。

尉迟治平：《周、隋长安方音初探》，《语言研究》1982 年第 2 期。

吴波：《汉语舌尖元音的声学模式分析》，《中国语文》2017 年第 4 期。

吴银霞：《秦安方言语音研究》，硕士学位论文，西北师范大学，2013 年。

吴媛：《关中西府方言中古端精见组声母在今齐齿呼韵母前的分合》，《西北语言与文化研究》2013 年第一辑。

吴媛:《陕西关中西府方言语音研究》,博士学位论文,陕西师范大学,
　　2011 年。

喜清聘:《宁夏闽宁镇回族吊庄移民语言生活调查研究》,硕士学位论文,
　　中央民族大学,2012 年。

项梦冰:《方言地理、方言分区和谱系分类》,《龙岩学院学报》2012 第
　　4 期。

项梦冰:《晋陕甘宁部分方言古全浊声母的今读》,《咸阳师范学院学报》
　　2012 年第 5 期。

项梦冰:《客家话古日母字的今读——兼论切韵日母的音值及北方方言日
　　母的音变历程》,《广西师范学院学报》2006 年第 1 期。

项梦冰:《"秦晋读清平如浊平"解——也论晋语的平声不分阴阳现象》,
　　《继承与创新:庆祝〈方言〉创刊四十周年学术研讨会论文集》
　　2018 年。

辛亚宁:《陕西方言语音类型演化研究》,博士学位论文,北京语言大学,
　　2018 年。

邢向东、蔡文婷:《合阳方言音系与文白异读》,《咸阳师范学院学报》
　　2010 年第 3 期。

邢向东、黄珊:《中古端、精、见组字在关中方言齐齿呼韵母前的演变》,
　　《语言学论丛》2007 年第 36 辑。

邢向东、黄珊:《中古精组来母合口一等字在关中方言中的演变——附论
　　精组合口三等字的演变》,《语文研究》2009 年第 1 期。

邢向东:《论西北方言和晋语重轻式语音词的调位中和模式》,《南开语言
　　学刊》2004 年第 1 期。

邢向东、马梦玲:《论西北官话的词调及其与单字调、连读调的关系》,
　　《中国语文》2019 年第 1 期。

邢向东:《陕西关中方言古帮组声母的唇齿化与汉语史上的重唇变轻唇》,
　　《中国语文》2013 年第 2 期。

邢向东、张双庆:《关中东府方言古知庄章组合口字与精组字合流的内外
　　因素》,《语言研究》2014 年第 1 期。

邢向东、张双庆:《关中方言例外上声字探究》,《陕西师范大学学报》
　　2011 年第 2 期。

邢向东、张双庆:《近八十年来关中方言端精见组齐齿呼字的分混类型及

其分布的演变》，《陕西师范大学学报》2013 年第 5 期。

熊正辉：《官话方言分 ts tʂ的类型》，《方言》1990 第 1 期。

阎淑琴：《固原话中的吸气音》，《语言研究》2002 年第 4 期。

杨捷：《关于同心方言中后鼻音读为前鼻音探源》，《回族研究》2007 年第 4 期。

杨苏平：《隆德方言几种特殊的句式》，《北方民族大学学报》2016 年第 4 期。

杨苏平：《隆德方言尖团音分读与合流现象探析》，《宁夏师范学院学报》2007 年第 5 期。

杨苏平：《隆德方言研究》，博士学位论文，河北大学，2015 年。

杨苏平：《隆德方言音系与中古音系比较》，《宁夏师范学院学报》2009 年第 4 期。

杨苏平：《宁夏隆德方言分尖团举例》，《中国语文》2008 年第 1 期。

杨苏平：《宁夏隆德方言古从母仄声字的声母异读现象》，《语言科学》2012 年第 6 期。

杨苏平：《宁夏隆德方言古全浊声母今读的送气现象》，《方言》2013 年第 2 期。

杨苏平：《西北汉语方言泥来母混读的类型及历史层次》，《北方民族大学学报》2015 年第 3 期。

杨子仪：《固原话声调与中古调类之比较研究》，《固原师专学报》1988 年第 2 期。

杨子仪：《西吉音略》，《固原师专学报》1989 年第 4 期。

雍淑凤、马晓玲：《中古知、庄、章三组声纽在同心方言中的演变》，《宁夏大学学报》2011 年第 5 期。

张安生：《宁夏境内的兰银官话和中原官话》，《方言》2008 年第 3 期。

张安生：《同心音略》，《固原师专学报》1991 年第 3 期。

张建军：《河州方言语音研究》，博士学位论文，陕西师范大学，2009 年。

张盛裕、张成材：《陕甘宁青四省区汉语方言的分区（稿）》，《方言》1986 年第 2 期。

张世方：《汉语方言三调现象初探》，《语言研究》2000 年第 4 期。

张双庆、邢向东：《关中方言古知系合口字的声母类型及其演变》，《方言》2012 年第 2 期。

张双庆、邢向东:《关中礼泉方言音系及声调对元音开口度的影响——兼论关中及西北方言调查中的音位处理原则》,《语文研究》2011 年第 2 期。

张文轩、邓文婧:《二声调方言红古话的语音特点》,《语言研究》2010 年第 4 期。

张燕来:《山西晋语舌面高元音的舌尖化》,《语文研究》2006 年第 1 期。

赵红芳:《固原方言中回族亲属称谓的特点》,《语文建设》2013 年第 11 期。

赵日新:《汉语方言中的〔i〕>〔ʅ〕》,《中国语文》2007 年第 1 期。

周晨萌:《北京话轻声、儿化、清入字的变异研究》,博士学位论文,北京语言大学,2006 年。

周磊:《兰银官话的分区(稿)》,《方言》2005 年第 3 期。

周永军、马子豪:《宁夏生态移民区移民语言使用状况实证研究》,《宁夏大学学报》2008 年第 6 期。

周永军:《宁夏红寺堡生态移民区回族移民语言态度调查》,《宁夏师范学院学报》2008 年第 12 期。

周永军:《生态移民区移民语言使用状况及其影响因素的相关性研究——以宁夏红寺堡生态移民区语言调查为例》,《宁夏大学学报》2008 年第 3 期。

朱晓农、衣莉:《西北地区官话声调的类型》,《语文研究》2015 年第 3 期。

# 附录一　发音人简况

| 序号 | 调查点 | 发音人 | 性别 | 民族 | 出生年月 | 职业 | 备注 |
|---|---|---|---|---|---|---|---|
| 1 | 固原开城镇 | 赛生俊 | 男 | 回族 | 1961 年 3 月 | 农民 | |
| 2 | 固原官厅镇 | 马炳仁 | 男 | 汉族 | 1949 年 8 月 | 农民 | |
| 3 | 固原三营镇 | 杨占平 | 男 | 回族 | 1957 年 1 月 | 教师 | |
| 4 | 彭阳县小岔乡 | 孙国怀 | 男 | 汉族 | 1957 年 11 月 | 农民 | |
| 5 | 彭阳县白阳镇 | 任万亮 | 男 | 汉族 | 1955 年 2 月 | 农民 | |
| 6 | 彭阳县王洼镇 | 陈光亮 | 男 | 汉族 | 1950 年 4 月 | 农民 | |
| 7 | 彭阳县王洼镇 | 马占祥 | 男 | 回族 | 1950 年 3 月 | 农民 | |
| 8 | 彭阳县草庙乡 | 祁国宏 | 男 | 汉族 | 1970 年 | 教师 | |
| 9 | 彭阳县城阳乡 | 陈　强 | 男 | 汉族 | 1947 年 1 月 | 公务员 | |
| 10 | 彭阳县城阳乡 | 虎安池 | 男 | 汉族 | 1957 年 12 月 | 农民 | |
| 11 | 彭阳县城阳乡 | 王万有 | 男 | 汉族 | 1956 年 11 月 | 教师 | |
| 12 | 彭阳县新集乡 | 王敬荣 | 男 | 汉族 | 1948 年 4 月 | 公务员 | |
| 13 | 海原县贾塘乡 | 杨义福 | 男 | 回族 | 1957 年 6 月 | 教师 | 原双河乡 |
| 14 | 海原县海城镇 | 马贵福 | 男 | 回族 | 1952 年 9 月 | 个体户 | |
| 15 | 海原县李俊乡 | 白玉成 | 男 | 回族 | 1944 年 5 月 | 农民 | |
| 16 | 海原县郑旗乡 | 马进科 | 男 | 回族 | 1950 年 1 月 | 农民 | |
| 17 | 海原县李旺乡 | 罗永录 | 男 | 回族 | 1952 年 3 月 | 村支书 | 原罗川乡 |
| 18 | 西吉县吉强镇 | 马海龙 | 男 | 回族 | 1956 年 7 月 | 教师 | |
| 19 | 西吉县田坪乡 | 牛正铎 | 男 | 汉族 | 1955 年 5 月 | 医生 | |
| 20 | 西吉县马莲乡 | 杜金义 | 男 | 汉族 | 1955 年 3 月 | 教师 | |
| 21 | 西吉县火石寨乡 | 穆风清 | 男 | 回族 | 1954 年 2 月 | 司机 | |
| 22 | 西吉县硝河乡 | 张存良 | 男 | 回族 | 1957 年 2 月 | 教师 | |
| 23 | 隆德县观庄乡 | 刘　平 | 男 | 汉族 | 1956 年 3 月 | 农民 | |

续表

| 序号 | 调查点 | 发音人 | 性别 | 民族 | 出生年月 | 职业 | 备注 |
|---|---|---|---|---|---|---|---|
| 24 | 隆德县观庄乡 | 韩启虎 | 男 | 汉族 | 1962 年 8 月 | 农民 | 原大庄乡 |
| 25 | 隆德县城关镇 | 董　忠 | 男 | 汉族 | 1959 年 12 月 | 农民 | |
| 26 | 隆德县温堡乡 | 杜彦虎 | 男 | 汉族 | 1962 年 4 月 | 教师 | |
| 27 | 隆德县奠安乡 | 梁德喜 | 男 | 汉族 | 1963 年 9 月 | 农民 | |
| 28 | 隆德县山河乡 | 马明学 | 男 | 回族 | 1959 年 1 月 | 农民 | |
| 29 | 隆德县联财镇 | 王世忠 | 男 | 汉族 | 1945 年 4 月 | 农民 | |
| 30 | 隆德县好水乡 | 方俊鹏 | 男 | 汉族 | 1944 年 10 月 | 会计 | |
| 31 | 泾源县香水镇 | 杨有成 | 男 | 回族 | 1960 年 6 月 | 农民 | |
| 32 | 泾源县香水镇 | 者国伟 | 男 | 回族 | 1990 年 7 月 | 教师 | |
| 33 | 泾源县新民乡 | 笪舍利 | 男 | 回族 | 1954 年 5 月 | 农民 | |
| 34 | 泾源县新民乡 | 禹万喜 | 男 | 回族 | 1964 年 1 月 | 村支书 | |
| 35 | 泾源县黄花乡 | 李　炜 | 男 | 回族 | 1990 年 5 月 | 医生 | |
| 36 | 泾源县黄花乡 | 马志虎 | 男 | 回族 | 1968 年 | 司机 | |
| 37 | 泾源县大湾乡 | 马德清 | 男 | 回族 | 1963 年 | 村支书 | |
| 38 | 泾源县六盘山镇 | 王小军 | 男 | 汉族 | 1975 年 | 教师 | |
| 37 | 同心县张家垣乡 | 马正彪 | 男 | 回族 | 1961 年 12 月 | 农民 | |
| 38 | 盐池麻黄山乡 | 曾武伟 | 男 | 汉族 | 1960 年 7 月 | 农民 | |
| 39 | 盐池大水坑 | 张　珍 | 男 | 汉族 | 1959 年 10 月 | 农民 | |

# 附录二 代表点音系

## 壹 固原官厅音系

### 1. 声母（25个，含零声母）

| | | | | | |
|---|---|---|---|---|---|
| p 八兵病 | pʰ 派爬 | m 麦明 | f 飞副饭 | v 温王 | |
| t 多毒 | tʰ 讨甜 | n 脑熬白恶安白 | | | l 老蓝连路 |
| ts 资字争纸 | tsʰ 刺祠拆茶抄 | | s 丝三酸山 | | |
| tʂ 张柱装主 | tʂʰ 初床车春船 | | ʂ 双顺手十树 | ʐ 热软 | |
| tɕ 酒九 | tɕʰ 清轻权 | ȵ 年泥 | ɕ 想谢响县 | | |
| k 高共 | kʰ 开苦 | ŋ 我 | x 好灰活 | | |
| ∅ 问一云药 | | | | | |

说明：

（1）浊擦音［v］摩擦成分弱，实际读音接近［ʋ］。

（2）［n］与［ȵ］音位互补，前者拼洪音，后者拼细音。

（3）舌根鼻音［ŋ］只发现"我"一个字，固原下辖开城镇、三营镇等地无该声母。

### 2. 韵母（32个）

| | | | |
|---|---|---|---|
| ɿ 师丝试 | i 米戏急七一锡 | u 苦五猪出骨谷 | y 雨橘局 |
| ʅ 十直尺 | | | |
| ɚ 二耳 | | | |
| a 茶塔法辣八 | ia 牙鸭 | ua 瓦刮 | |
| ə 歌热壳 | iə 写节贴接 | uə 过坐活郭盒 | yə 靴月药白学 |
| ɛ 开排鞋宅 | | uɛ 快怪 | |

续表

| | | | |
|---|---|---|---|
| ɔ 宝饱 | iɔ 笑桥 | | |
| ei 赔飞北白色 | | uei 对鬼国 | |
| əu 豆走 | iəu 油六绿 | | |
| æ 南山半 | iæ̃ 盐年 | uæ̃ 短官 | yæ̃ 权卷 |
| aŋ 糖王 | iaŋ 响讲 | uaŋ 床双 | |
| əŋ 灯升参横根 | iŋ 心新星硬病 | uŋ 滚春寸东 | yŋ 云兄用 |

说明：

（1）［i］作单韵母时，实际音值为［j］。

（2）［a］作单韵母时，发音部位靠后，实际音值为［A］。

（3）［ə］拼舌根音声母时，发音部位靠后，实际音值接近［ɤ］。

（4）［ɛ］实际音值接近［E］。

（5）［əu］主元音唇形略圆，实际音值接近［ou］。

（6）［iəu］实际音值接近［iu］。

（7）鼻尾韵主元音略带鼻化色彩，韵母［iŋ］中鼻尾实际发音介于［n］和［ŋ］之间，记为［iŋ］。

3. 声调（4 个）

| 阴平 | 132 | 东该灯风通开天春谷百搭节急哭拍塔切刻六麦叶月 |
|---|---|---|
| 阳平 | 13 | 门龙牛油铜皮糖红毒白盒罚 |
| 上声 | 52 | 懂古鬼九统苦讨草买老五有 |
| 去声 | 44 | 动罪近后冻怪半四快寸路硬洞地饭树 |

说明：

（1）阴平与阳平调形、调值基本接近，但归入今阴平的古清入、次浊入字调值为［132］，归入阳平的古全浊入声调值为［13］。为便于区分，故将阴平记为［132］，阳平记为［13］。

（2）去声调尾略升，实际调值接近［445］。

## 贰　彭阳城阳音系

### 1. 声母（28 个，含零声母）

| p 八兵病 | pʰ 派爬 | m 麦明 | f 飞副饭 | v 问温王五 | |
|---|---|---|---|---|---|
| t 多毒 | tʰ 讨甜 | n 脑熬白恶安白 | | | l 老蓝连路 |
| ts 资字争纸 | tsʰ 刺祠拆茶抄 | | s 丝三酸山 | | |
| tʂ 张招 | tʂʰ 车抽 | | ʂ 手十 | ʐ 热让 | |
| tʃ 柱装主 | tʃʰ 初床春船 | | ʃ 双顺树 | ʒ 软如 | |
| tɕ 酒九 | tɕʰ 抽清轻权 | ȵ 年泥 | ɕ 想谢响县 | | |
| k 高共 | kʰ 开苦 | | x 好灰活 | | |
| ∅ 问一云药 | | | | | |

说明：

（1）［v］摩擦成分弱，实际音值接近［ʋ］。

（2）［n］与［ȵ］音位互补，前者拼洪音，后者拼细音。

（3）［tʂ tʂʰ ʂ］拼合口呼韵母时实际读音接近［tʃ tʃʰ ʃ］。

### 2. 韵母（31 个）

| ɿ 师丝试 | i 米戏急七一锡 | u 苦五猪出骨谷绿 | y 雨橘局 |
|---|---|---|---|
| ʅ 十直尺 | | | |
| a 茶塔法辣八瓦 | ia 牙鸭 | ua 刮 | |
| ə 歌盒热壳色 | iə 写节贴接 | uə 过坐活郭磕 | |
| ɛ 开排鞋 | | uɛ 快 | ye 靴月药白学 |
| ɔ 宝饱 | iɔ 笑桥 | | |
| ei 赔飞北白 | | uei 对鬼国 | |
| əu 豆走 | iəu 油六 | | |
| æ 南山半 | iæ 盐年 | uæ 短官 | yæ 权卷 |
| aŋ 糖王 | iaŋ 响讲 | uaŋ 床双 | |
| əŋ 参根灯升横 | iŋ 心新星硬病 | uŋ 滚春寸东 | yŋ 云兄用 |

说明：

（1）［i］与鼻音声母相拼时，实际音值接近［ȵi］；作单韵母时，实际音值为［j］。

（2）［a］作单韵母时，实际音值为［ɑ］。

（3）［ə］实际音值接近［ɤ］。

（4）［ɛ］实际音值为［E］。

（5）［iəu］实际音值接近［iu］。

（6）鼻尾韵主元音略带鼻化色彩，韵母［iŋ］中鼻尾实际发音介于［n］和［ŋ］之间，记为［iⁿ］。

3. 声调（4个）

| 阴平 | 213 | 东该灯风通开天春谷百搭节急哭拍塔切刻六麦叶月 |
|---|---|---|
| 阳平 | 13 | 门龙牛油铜皮糖红毒白盒罚 |
| 上声 | 52 | 懂古鬼九统苦讨草买老五有 |
| 去声 | 44 | 动罪近后冻怪半四快寸路硬洞地饭树 |

说明：

（1）阴平调调首降幅实际介于1—2之间，记为［213］。

（2）去声调值介于［33—44］之间，记为［44］。

## 叁　同心张家垣音系

1. 声母（24个，含零声母）

| p 八兵病 | pʰ 派爬 | m 麦明 | f 飞副饭 | v 我味五王 | |
|---|---|---|---|---|---|
| t 多东毒 | tʰ 讨甜 | n 脑熬ₐ安ₐ | | | l 老蓝连路 |
| ts 资字争纸 | tsʰ 刺祠拆茶抄 | | s 丝酸事山 | | |
| tʂ 张竹柱装主 | tʂʰ 抽初床春城 | | ʂ 双顺手十树 | ʐ 软热 | |
| tɕ 酒九 | tɕʰ 清全轻权 | ȵ 年泥 | ɕ 想谢响县 | | |
| k 高共 | kʰ 开哭 | | x 好灰活 | | |
| Ø 月ᵥ安云一药 | | | | | |

说明：

（1）［v］摩擦成分弱，实际音值接近［ʋ］。

（2）［n］与［ȵ］音位互补，前者拼洪音，后者拼细音。

（3）［tʰ］在拼读中存在擦音成分，实际音值接近［tθʰ］。

（4）［tʂ tʂʰ ʂ］拼合口呼韵母时实际音值接近［tʃ tʃʰ ʃ］。

2. 韵母（32 个）

| ɿ 师丝试白 | i 米戏急一锡 | u 苦五猪骨出谷 | y 雨橘绿文局 |
|---|---|---|---|
| ʅ 试文十直尺 | | | |
| ɚ 二而 | | | |
| a 茶瓦塔法辣八 | ia 牙鸭 | ua 刮 | |
| ə 歌盒文热壳色文 | iə 接贴节鞋文 | uə 坐过盒白活托郭国 | yə 靴药白学 |
| ɛ 开排鞋白 | | uɛ 快 | |
| ɔ 宝饱 | iɔ 笑桥药文 | | |
| əu 豆走 | iəu 油六绿白 | | |
| ei 赔北白色白 | | uei 对鬼 | |
| æ 南山半 | iæ 盐年 | uæ 短官 | yæ 权卷 |
| aŋ 糖王 | iaŋ 响讲 | uaŋ 床双 | |
| əŋ 深根灯升争 | iŋ 心新硬病星 | uŋ 寸滚春东 | yŋ 云兄用轮 |

说明：

（1）［i］作单韵母时，实际音值为［j］。

（2）［a］实际音值为［A］。

（3）［ə］拼舌根音声母时，发音部位靠后，实际音值接近［ɤ］。

（4）［ɛ］实际音值为［E］。

（5）［uə］与声母［p pʰ］相拼时，自由变读为［ə］韵母。

（6）［iəu］实际音值接近［iu］。

（7）［ei］与擦音声母相拼时，实际音值为［ɿi］。

（8）鼻尾韵主元音略带鼻化色彩，韵母［iŋ］中鼻尾实际发音介于
［n］和［ŋ］之间，记为［iŋ］。

## 3. 声调（4个）

| 阴平 | 213 | 东灯通春谷百哭拍六麦 |
|---|---|---|
| 阳平 | 13 | 门龙铜红毒白 |
| 上声 | 52 | 懂古苦草买老 |
| 去声 | 44 | 动罪冻怪快寸卖路洞地 |

说明：

（1）阴平调调首降幅实际介于［1－2］之间，记为［213］。

（2）去声调值介于［33—44］之间，记为［44］。

## 肆　盐池麻黄山音系

### 1. 声母（28个，含零声母）

| | | pʰ 派爬 | m 麦明 | f 飞副饭 | v 温王 | |
|---|---|---|---|---|---|---|
| t 多毒 | tʰ 讨甜 | n 脑熬白恶安白 | | | | l 老蓝连路 |
| ts 资字争纸 | tsʰ 刺祠拆茶抄 | | s 丝三酸山 | | | |
| tʂ 张招 | tʂʰ 车抽 | | ʂ 手十 | ʐ 热让 | | |
| tʃ 柱装主 | tʃʰ 初床春船 | | ʃ 双顺树 | ʒ 软如 | | |
| tɕ 酒九 | tɕʰ 清轻权 | ȵ 年泥 | ɕ 想谢响县 | | | |
| k 高共 | kʰ 开苦 | | x 好灰活 | | | |
| ø 问一云药 | | | | | | |

说明：

（1）［v］摩擦成分弱，实际读音接近［ʋ］。

（2）［n］与［ȵ］音位互补，前者拼洪音，后者拼细音。

（3）［tʂ tʂʰ ʂ］拼合口呼韵母时实际读音接近［tʃ tʃʰ ʃ］。

### 2. 韵母（32个）

| ɿ 师丝试 | i 米戏急七一锡 | u 苦五猪出骨谷绿白 | y 雨橘局 |
|---|---|---|---|
| ʅ 十直尺 | | | |
| ər 二耳 | | | |

续表

| a 茶瓦塔法辣八 | ia 牙鸭 | ua 刮夸 | |
| ə 歌热壳 | iə 写接贴节 | uə 坐过活郭盒白 | yə 靴月药白学 |
| ɛ 开排鞋白 | | uɛ 快怪 | |
| ɔ 宝饱 | iɔ 笑桥 | | |
| ei 赔飞北贼白色 | | uei 对鬼国白 | |
| əu 豆走 | iəu 油六 | | |
| æ 南山半 | iæ 盐年 | uæ 短官 | yæ 权卷 |
| aŋ 糖王 | iaŋ 响讲 | uaŋ 床双 | |
| əŋ 参根灯升争 | iŋ 心新星硬病 | uŋ 滚春寸东横东 | yŋ 云兄用 |

说明：

（1）［i］作单韵母时，实际音值为［j］。

（2）［ʅ］与［tʂ］组声母相拼时，实际读音为［ʅə］。

（3）［a］作单韵母时，实际音值为［A］。

（4）［ə］拼舌根音声母时，发音部位靠后，实际音值接近［ɤ］。

（5）［ɛ］实际音值为［E］。

（6）［əu］实际音值接近［ou］。

（7）［iəu］实际音值接近［iu］。

（8）鼻尾韵的主元音略带鼻化色彩。

3. 声调（4个）

| 阴平 | 31 | 东该灯风通开天春拍国六麦 |
| 阳平 | 35 | 门龙牛油铜皮糖红谷百搭节急哭塔切刻叶月毒白盒罚 |
| 上声 | 52 | 懂古鬼九统苦讨草买老五有 |
| 去声 | 44 | 动罪近后冻怪半四快寸路硬洞地饭树 |

说明：

（1）阴平有大部分字调值读［44］，与去声调值同。

（2）阳平实际调值接近［354］。

（3）去声有大部分字调值读［35］，与阳平调值同。

（4）清入、次浊入声调归并方向不一，无规律。

## 伍　西吉吉强音系

### 1. 声母（29 个，含零声母）

| | pʰ 派片爬 | m 麦明 | f 飞副饭风 | v 问温王 | |
|---|---|---|---|---|---|
| t 多东毒 | tʰ 讨谈土 | n 脑南安白 | | | l 老蓝连路 |
| ts 资字争纸 | tsʰ 刺祠拆茶抄 | | s 丝三酸山事 | | |
| tʂ 张招哲 | tʂʰ 车抽城 | | ʂ 手十 | ʐ 热让认 | |
| tʃ 柱装主 | tʃʰ 初床船 | | ʃ 双书树 | ʒ 软如闰 | |
| tɕ 酒九 | tɕʰ 清全轻权天甜 | ɲ 年泥 | ɕ 想谢响县 | | |
| k 高共 | kʰ 开 | ŋ 安白崖白恶白 | x 好灰活 | | |
| ø 月雨云用 | | | | | |

说明：

（1）［v］摩擦成分弱，实际读音接近［ʋ］。

（2）［n］与［ɲ］音位互补，前者拼洪音，后者拼细音。

（3）［k］拼合口呼韵母时实际读音接近［kʰ］。

### 2. 韵母（32 个）

| ɿ 师丝试 | i 米戏急七锡 | u 苦五猪骨出谷 | y 雨橘局 |
|---|---|---|---|
| ʅ 十直尺 | | | |
| ər 二耳 | | | |
| a 茶塔法瓦辣八 | ia 牙鸭 | ua 刮 | |
| ə 歌盒文热色文 | iə 写接贴节 | uə 坐过活托郭盒白 | |
| ɛ 开排鞋 | | uɛ 快 | yɛ 靴药学月 |
| ɔ 宝饱 | iɔ 笑桥 | | |
| ei 赔白北色白 | | uei 对鬼国白 | |
| əu 豆走 | iəu 油六绿 | | |
| æ 南山半 | iæ 盐年 | uæ 短官 | yæ 权卷 |
| aŋ 糖王 | iaŋ 响讲 | uaŋ 床双 | |
| əŋ 参根灯升争横文 | iŋ 心新星硬病 | uŋ 寸滚春东横白 | yŋ 云兄用 |

说明：

（1）［i］实际音值接近［j］；与鼻音声母相拼时，实际音值接近［ɿ］；与清擦音声母相拼时，实际音值接近［ɿi］。

（2）合口呼韵母与［tʂ tʂh ʂ z̧］声母相拼时，实际音值为［ʮ ʮa ʮə ʮɛ ʮei ʮæ ʮn ʮaŋ ʮŋ］。

（3）［ɛ］实际音值接近［Ei］。

（4）鼻音韵母主元音带鼻化。

3. 声调（3个）

| 平声 | 132 | 东该通开门龙铜皮糖红谷百搭节急哭拍塔切刻六麦叶月毒白盒罚 |
| 上声 | 52 | 懂古鬼九统苦讨草买老五有 |
| 去声 | 44 | 动罪近后冻怪半死痛快寸去卖路硬乱洞地饭树 |

说明：

（1）上声实际调值接近［522］。

（2）去声调尾稍降，实际调值接近［443］。

## 陆　隆德城关音系

1. 声母（28个，含零声母）

| | pʰ 派爬 | m 麦明 | f 飞副饭 | v 我味五王 | |
| --- | --- | --- | --- | --- | --- |
| t 多东毒 | tʰ 讨甜 | n 脑熬白安白 | | | l 老蓝连路 |
| ts 资字争纸 | tsʰ 刺祠拆茶抄 | | s 丝酸事山 | | |
| tʂ 张招哲 | tʂʰ 抽城昌 | | ʂ 手十 | z̧ 热让认 | |
| tʃ 竹柱装主 | tʃʰ 初床春 | | ʃ 双顺树 | ʒ 软如闰 | |
| tɕ 酒九 | tɕʰ 清全轻权局 | ɳ 年泥 | ɕ 想谢响县 | | |
| k 高共 | kʰ 开哭 | | x 好灰活 | | |
| Ø 月安文云一药 | | | | | |

说明：

（1）［v］摩擦成分弱，实际读音接近［ʋ］。

（2）［n］与［ɳ］音位互补，前者拼洪音，后者拼细音。

（3）隆德温堡乡例字"九""秋""齐""节"等精组细音字读为［ts tsʰ s］声母。

2. 韵母（32 个）

| ɿ 师丝试白 | i 米戏急一锡 | u 苦五猪骨出谷 | y 雨橘绿文局 |
|---|---|---|---|
| ʅ 试文十直尺 | | | |
| ər 二而 | | | |
| a 茶瓦塔法辣八 | ia 牙鸭 | ua 刮 | |
| ə 歌盒文热壳色文 | iə 接贴节鞋文 | uə 坐过盒白活托郭国 | yə 靴药白学 |
| ɛ 开排鞋白 | | uɛ 快 | |
| ɔ 宝饱 | iɔ 笑桥药文 | | |
| əu 豆走 | iəu 油六绿白 | | |
| ei 赔北白色白 | | uei 对鬼 | |
| æ 南山半 | iæ 盐年 | uæ 短官 | yæ 权卷 |
| aŋ 糖王 | iaŋ 响讲 | uaŋ 床双 | |
| əŋ 深根灯升争 | iŋ 心新硬病星 | uŋ 寸滚春东横 | yŋ 云兄用轮 |

说明：

（1）［i］作单韵母时，实际音值为［j］。

（2）［u］与舌根音相拼时，实际音值接近［w］。

（3）［a］实际音值为［A］。

（4）［ə］拼舌根音声母时，发音部位靠后，实际音值接近［ɤ］。

（5）［ɛ］实际音值为［E］。

（6）［iəu］实际音值接近［iu］。

（7）鼻尾韵主元音略带鼻化色彩，韵母［iŋ］中鼻尾实际发音介于［n］和［ŋ］之间，记为［iŋ］。

3. 声调（3 个）

| 平声 | 132 | 东灯通春谷百哭拍六麦门龙铜红毒白 |
|---|---|---|
| 上声 | 52 | 懂古苦草买老 |
| 去声 | 44 | 动罪冻怪快寸卖路洞地 |

说明：

（1）阴平调尾介于［2—3］之间，记为［132］。

（2）去声调值接近［443］，记为［44］。

## 柒　海原郑旗音系

1. 声母（24个，含零声母）

|  | pʰ 派爬 | m 麦明 | f 飞副饭 | v 味五温王 |  |
|---|---|---|---|---|---|
| t 多东毒 | tʰ 讨天甜 | n 脑南熬白恶白 |  |  | l 老蓝连路 |
| ts 资字争纸 | tsʰ 刺祠拆茶抄 |  | s 丝酸事山 |  |  |
| tʂ 张正招柱装主 | tʂʰ 抽城初床船 |  | ʂ 手十双顺树 | ʐ 热绕软如 |  |
| tɕ 酒九 | tɕʰ 清全轻权 | ȵ 年泥 | ɕ 想谢响县 |  |  |
| k 高共 | kʰ 开哭 |  | x 好灰活 |  |  |
| Ø 月云一药我 |  |  |  |  |  |

说明：

（1）［v］摩擦成分弱，实际音值接近［ʋ］。

（2）［n］与［ȵ］音位互补，前者拼洪音，后者拼细音。

（3）［k］拼合口呼韵母时实际音值接近［kʰ］。

2. 韵母（32个）

| ɿ 师白丝试白 | i 米戏急一锡 | u 苦五猪骨出谷 | y 雨橘绿局 |
|---|---|---|---|
| ʅ 师文试文十直尺 |  |  |  |
| ər 二而 |  |  |  |
| a 茶瓦塔法辣八 | ia 牙鸭 | ua 刮 |  |
| ə 歌盒热壳色 | iə 接贴节鞋文 | uə 坐过活托郭国 | yə 靴药白学 |
| ɛ 开排鞋白 |  | uɛ 快 |  |
| ɔ 宝饱 | iɔ 笑桥药文 |  |  |
| əu 豆走 | iəu 油六 |  |  |
| ei 赔北白 |  | uei 对鬼 |  |
| æ 南山半 | iæ 盐年 | uæ 短官 | yæ 权卷 |
| aŋ 糖王 | iaŋ 响讲 | uaŋ 床双 |  |
| əŋ 深根灯升争横 | iŋ 心新硬病星 | uŋ 寸滚春东 | yŋ 云兄用 |

说明：

（1）［i］与鼻音声母相拼时，实际音值接近［ɿ］；作单韵母与除鼻音外的声母相拼时，实际音值为［j］。

（2）［a］实际音值为［A］。

（3）［ə］实际音值接近［ɤ］。

（4）［ε］实际音值为［E］。

（5）［uə］与双唇音［p pʰ］相拼时，实际音值为［ə］。

（6）［iəu］实际音值接近［iu］。

（7）鼻尾韵主元音带鼻化色彩，韵母［iŋ］中鼻尾实际音值介于［n］和［ŋ］之间，记为［iŋ］。

3. 声调（3个）

| 平声 | 132 | 东灯通春谷百哭拍六麦门龙铜红毒白 |
|---|---|---|
| 上声 | 52 | 懂古苦草买老 |
| 去声 | 44 | 动罪冻怪快寸卖路洞地 |

说明：

（1）上声调尾降幅实际介于［2—3］之间，记为［52］。

（2）去声调值介于［33—44］之间，记为［44］。

## 捌 泾源香水音系

1. 声母（30个，含零声母）

| | pʰ 派片爬 | m 麦明 | f 飞副饭 | v 问王 | |
|---|---|---|---|---|---|
| t 多东毒 | tʰ 讨谈土 | n 脑男 | | | l 老蓝连路 |
| ts 资竹争纸 | tsʰ 刺祠拆茶抄 | | s 丝三事山 | z 耳褥 | |
| tʂ 张招 | tʂʰ 抽城车 | | ʂ 手十 | ʐ 热让 | |
| tʃ 柱装主 | tʃʰ 床春 | | ʃ 双顺树 | ʒ 软如 | |
| tɕ 酒九电 | tɕʰ 天甜清全轻权 | ȵ 年泥 | ɕ 想酸谢响县 | | |
| k 高共 | kʰ 开哭 | ŋ 额熬安白 | x 好灰活 | | |
| ∅ 月安文云一药 | | | | | |

说明：

（1）［p pʰ m］与合口呼韵母相拼时，实际音值接近唇齿塞擦音［pf pfʰ ɱ］。

（2）［v］摩擦成分弱，实际音值接近［ʋ］。

（3）［t］拼［u］韵母时，双唇颤动，实际音值接近［β］。

（4）［t tʰ］声母中，来源于中古端组四等的字，实际音值接近［ȶ ȶʰ］声母。

（5）舌尖前塞擦音、擦音［ts tsʰ s］声母，实际读音接近［tθ tθʰ θ］，尤其在子尾词中"子"作后缀时，摩擦尤其明显。

（6）［k］拼合口呼韵母时实际音值接近［kʰ］。

2. 韵母（36个）

| ɿ 师丝试白 | i 米戏急一锡 | u 苦五猪骨出谷 | y 雨橘局 |
|---|---|---|---|
| ʅ 试文十直尺 | | | |
| ər 二而 | | | |
| a 茶塔法辣八 | ia 牙鸭 | ua 刮瓦 | |
| ə 歌盒文热壳 | iə 写接贴节鞋文 | uə 坐盒白活托郭国躲 | yə 靴药白学 |
| ɛ 开排鞋白 | | uɛ 快拐怪 | |
| ɔ 宝饱 | iɔ 笑桥药文 | | |
| əu 豆走 | iəu 油六绿 | | |
| ei 赔北白色白 | | uei 对鬼 | |
| æ 南山半 | iæ 盐年 | uæ 短官 | yæ 权卷 |
| in 心新 | ən 深根 | un 寸滚春 | yn 云群 |
| aŋ 糖党 | iaŋ 响讲 | uaŋ 床王双 | |
| əŋ 灯升争横 | iŋ 硬病星 | uŋ 东通 | yŋ 兄用轮 |

说明：

（1）［i］作单韵母时，实际音值为［j］。

（2）［ə］发音部位靠后，实际音值接近［ɤ］；［iə］、［yə］主元音偏低偏后，实际音值接近［iɤ］、［yɤ］。

（3）［ɛ］实际音值为［E］。

（4）［a］实际音值为［A］。

（5）合口呼韵母与［tʃ tʃʰ ʃ ʒ］声母相拼时，实际读音为［ʮ ʮa ʮə

ɥɛ ɥei ɥæ̃ ɥn ɥaŋ ɥŋ]。

（6）［uæ̃］［uɑŋ］等韵母的［u］作介音圆唇色彩较弱。

（7）［æ̃ iæ̃ uæ̃ yæ̃］韵母在拼鼻音、边音时鼻化色彩比拼擦音、塞音、塞擦音明显。

（8）［iəu］实际音值接近［iu］。

3. 声调（4 个）

| 阴平 | 31 | 东灯通春谷百哭拍六麦 |
| 阳平 | 35 | 门龙铜红毒白 |
| 上声 | 52 | 懂古苦草买老 |
| 去声 | 44 | 动罪冻怪快寸卖路洞地 |

说明：

（1）部分阳平字调尾略降，实际调值为［354］。

（2）去声字实际调值在［44—55］之间，记为［44］。

# 附录三　字音对照表

1. 本节主要收录宁夏 8 个方言代表点的字音材料。所收方言点依次为：1 固原开城、2 彭阳城阳、3 同心张家垣、4 盐池麻黄山、5 海原李旺、6 西吉硝河、7 隆德温堡、8 泾源新民。

2. 本节共选录汉字 1000 个，按照《中国语言资源保护调查手册·汉语方言》顺序排列。

3. 如果某字存在文白异读或又读现象，只收录该字在方言口语中比较常用的读法。

4. 注释和举例在汉字后用小字表示。

| | 固原开城 | 海原李旺 | 彭阳城阳 | 同心张家垣 | 盐池麻黄山 | 西吉硝河 | 隆德温堡 | 泾源新民 |
|---|---|---|---|---|---|---|---|---|
| 多 | tuə¹³² | tuə¹³² | tuə²¹³ | tuə²¹³ | tuə³¹ | tə¹³ | tuə¹³ | tuə³¹ |
| 拖 | tʰuə¹³² | tʰuə¹³² | tʰuə²¹³ | tʰuə²¹³ | tʰuə³¹ | tʰuə¹³ | tʰuə¹³ | tʰuə³¹ |
| 大~小 | ta⁴⁴ | ta⁴⁴ | ta⁴⁴ | ta⁴⁴ | ta⁴⁴ | ta⁴⁴ | ta⁴⁴ | tʰuə⁴⁴ |
| 锣 | luə¹³² | luə¹³² | luə¹³ | luə³⁵ | luə¹³ | luə¹³ | luə¹³ | luə¹³ |
| 左 | tsuə⁵² | tsuə⁴⁴ | tsuə⁵² | tsuə⁵² | tsuə⁴⁴ | tsə⁵² | tsuə⁵² | tsuə⁴⁴ |
| 哥 | kə¹³² | kə¹³² | kuə²¹³ | kuə²¹³ | kuə³¹ | kə¹³ | kə¹³ | kə³¹ |
| 个一~ | kə⁴⁴ | kə⁴⁴ | kuə⁴⁴ | kə⁴⁴ | kuə³⁵ | kə¹³ | kə⁴⁴ | kə⁴⁴ |
| 可 | kʰə⁵² | kʰə⁵² | kʰə⁵² | kʰə⁵² | kʰə⁵² | kʰə⁵² | kʰə⁵² | kʰə⁵² |
| 蛾 | ə¹³² | nuə¹³² | luə¹³ | nuə¹³ | nuə³⁵ | ŋə¹³ | ŋə¹³ | ŋə³⁵ |
| 饿 | nuə⁴⁴ | nuə⁴⁴ | vuə⁴⁴ | vuə⁴⁴ | nuə⁴⁴ | ŋə⁴⁴ | ŋə⁴⁴ | ŋə⁴⁴ |
| 河 | xuə¹³² | xə¹³² | xuə¹³ | xuə¹³ | xuə³⁵ | xə¹³ | xə¹³ | xə³⁵ |
| 茄~子 | tɕʰiə¹³² | tɕʰiə¹³² | tɕʰiə¹³ | tɕʰiə¹³ | tɕʰiə³⁵ | tɕʰiə¹³ | tɕʰiə¹³ | tɕʰiə³⁵ |
| 破 | pʰuə⁴⁴ | pʰə⁴⁴ | pʰuə⁴⁴ | pʰuə⁴⁴ | pʰuə⁴⁴ | pʰə⁴⁴ | pʰə⁴⁴ | pʰuə⁴⁴ |
| 婆 | pʰuə¹³² | pʰə¹³² | pʰuə¹³ | pʰuə¹³ | pʰuə³⁵ | pʰə¹³ | pʰə¹³ | pʰuə³⁵ |

续表

| | 固原开城 | 海原李旺 | 彭阳城阳 | 同心张家垣 | 盐池麻黄山 | 西吉硝河 | 隆德温堡 | 泾源新民 |
|---|---|---|---|---|---|---|---|---|
| 磨动词 | muə$^{132}$ | mə$^{132}$ | muə$^{13}$ | muə$^{13}$ | muə$^{35}$ | muə$^{13}$ | mə$^{13}$ | muə$^{31}$ |
| 磨名词 | muə$^{44}$ | mə$^{44}$ | muə$^{44}$ | muə$^{44}$ | muə$^{44}$ | muə$^{44}$ | mə$^{44}$ | muə$^{44}$ |
| 朵 | tuə$^{52}$ | tuə$^{52}$ | tuə$^{52}$ | tuə$^{52}$ | tuə$^{52}$ | tuə$^{52}$ | tuə$^{52}$ | tuə$^{52}$ |
| 螺 | luə$^{132}$ | luə$^{132}$ | luə$^{13}$ | luə$^{13}$ | luə$^{35}$ | luə$^{13}$ | luə$^{13}$ | luə$^{35}$ |
| 坐 | tsuə$^{44}$ | tsʰuə$^{44}$ | tsuə$^{44}$ | tsuə$^{44}$ | tsuə$^{44}$ | tsʰuə$^{44}$ | tsuə$^{44}$ | tsʰuə$^{44}$ |
| 锁 | suə$^{52}$ | suə$^{52}$ | suə$^{52}$ | suə$^{52}$ | suə$^{52}$ | suə$^{52}$ | suə$^{52}$ | suə$^{52}$ |
| 果 | kuə$^{52}$ | kuə$^{52}$ | kuə$^{52}$ | kuə$^{52}$ | kuə$^{52}$ | kuə$^{52}$ | kuə$^{52}$ | kuə$^{52}$ |
| 过 | kuə$^{44}$ | kuə$^{44}$ | kuə$^{44}$ | kuə$^{44}$ | kuə$^{35}$ | kuə$^{44}$ | kuə$^{44}$ | kuə$^{44}$ |
| 课 | kʰuə$^{44}$ | kʰuə$^{44}$ | kʰuə$^{44}$ | kʰuə$^{44}$ | kʰuə$^{44}$ | kʰuə$^{44}$ | kʰuə$^{44}$ | kʰuə$^{44}$ |
| 火 | xuə$^{52}$ | xuə$^{52}$ | xuə$^{52}$ | xuə$^{52}$ | xuə$^{52}$ | xuə$^{52}$ | xuə$^{52}$ | xuə$^{52}$ |
| 货 | xuə$^{44}$ | xuə$^{44}$ | xuə$^{44}$ | xuə$^{44}$ | xuə$^{44}$ | xuə$^{44}$ | xuə$^{44}$ | xuə$^{44}$ |
| 祸 | xuə$^{44}$ | xuə$^{44}$ | xuə$^{44}$ | xuə$^{44}$ | xuə$^{44}$ | xuə$^{44}$ | xuə$^{44}$ | xuə$^{44}$ |
| 靴 | çyə$^{132}$ | çyə$^{132}$ | çyə$^{213}$ | çyə$^{213}$ | çyə$^{31}$ | çyə$^{13}$ | çyə$^{13}$ | çyə$^{31}$ |
| 把量词 | pa$^{52}$ | pa$^{52}$ | pa$^{52}$ | pa$^{52}$ | pa$^{52}$ | pa$^{52}$ | pa$^{52}$ | pa$^{52}$ |
| 爬 | pʰa$^{132}$ | pʰa$^{132}$ | pʰa$^{13}$ | pʰa$^{13}$ | pʰa$^{35}$ | pʰa$^{13}$ | pʰa$^{13}$ | pʰa$^{35}$ |
| 马 | ma$^{52}$ | ma$^{52}$ | ma$^{52}$ | ma$^{52}$ | ma$^{52}$ | ma$^{52}$ | ma$^{52}$ | ma$^{52}$ |
| 骂 | ma$^{44}$ | ma$^{44}$ | ma$^{44}$ | ma$^{44}$ | ma$^{44}$ | ma$^{44}$ | ma$^{44}$ | ma$^{44}$ |
| 茶 | tsʰa$^{132}$ | tsʰa$^{132}$ | tsʰa$^{13}$ | tsʰa$^{13}$ | tsʰa$^{35}$ | tsʰa$^{13}$ | tsʰa$^{13}$ | tsʰa$^{35}$ |
| 沙 | sa$^{132}$ | sa$^{132}$ | sa$^{213}$ | sa$^{213}$ | sa$^{44}$ | sa$^{13}$ | sa$^{13}$ | sa$^{31}$ |
| 假真~ | tçia$^{52}$ | tçia$^{52}$ | tçia$^{52}$ | tçia$^{52}$ | tçia$^{52}$ | tçia$^{52}$ | tçia$^{52}$ | tçia$^{52}$ |
| 嫁 | tçia$^{44}$ | tçia$^{44}$ | tçia$^{44}$ | tçia$^{44}$ | tçia$^{44}$ | tçia$^{44}$ | tçia$^{44}$ | tçia$^{44}$ |
| 牙 | ia$^{132}$ | ia$^{132}$ | ia$^{13}$ | ia$^{13}$ | ia$^{35}$ | ia$^{13}$ | ia$^{13}$ | ia$^{35}$ |
| 虾鱼~ | çia$^{132}$ | çia$^{132}$ | çia$^{213}$ | çia$^{213}$ | çia$^{35}$ | çia$^{13}$ | çia$^{13}$ | çia$^{31}$ |
| 下方位 | xa$^{44}$ | xa$^{44}$ | xa$^{44}$ | xa$^{44}$ | xa$^{44}$ | xa$^{44}$ | xa$^{44}$ | xa$^{44}$ |
| 夏 | çia$^{44}$ | çia$^{44}$ | çia$^{44}$ | çia$^{44}$ | çia$^{44}$ | çia$^{44}$ | çia$^{44}$ | çia$^{44}$ |
| 哑 | ia$^{52}$ | ia$^{52}$ | ia$^{52}$ | ia$^{52}$ | ia$^{52}$ | ȵia$^{52}$ | ia$^{52}$ | ia$^{52}$ |
| 姐 | tçiə$^{52}$ | tçiə$^{52}$ | tçiə$^{52}$ | tçiə$^{52}$ | tçiə$^{52}$ | tçiə$^{52}$ | tçiə$^{52}$ | tçiə$^{52}$ |
| 借 | tçiə$^{44}$ | tçiə$^{44}$ | tçiə$^{44}$ | tçiə$^{44}$ | tçiə$^{44}$ | tçiə$^{44}$ | tçiə$^{44}$ | tçiə$^{44}$ |
| 写 | çiə$^{52}$ | çiə$^{52}$ | çiə$^{52}$ | çiə$^{52}$ | çiə$^{52}$ | çiə$^{52}$ | çiə$^{52}$ | çiə$^{52}$ |
| 斜 | çiə$^{132}$ | çiə$^{132}$ | çiə$^{13}$ | çiə$^{13}$ | çiə$^{35}$ | çiə$^{13}$ | çiə$^{13}$ | çiə$^{35}$ |
| 谢 | çiə$^{44}$ | çiə$^{44}$ | çiə$^{44}$ | çiə$^{44}$ | çiə$^{44}$ | çiə$^{44}$ | çiə$^{44}$ | çiə$^{44}$ |

续表

| | 固原开城 | 海原李旺 | 彭阳城阳 | 同心张家垣 | 盐池麻黄山 | 西吉硝河 | 隆德温堡 | 泾源新民 |
|---|---|---|---|---|---|---|---|---|
| 车 | tʂʰə$^{132}$ | tʂʰə$^{132}$ | tʂʰə$^{213}$ | tʂʰə$^{213}$ | tʂʰə$^{31}$ | tʂʰə$^{13}$ | tʂʰə$^{13}$ | tʂʰə$^{31}$ |
| 蛇 | ʂə$^{132}$ | ʂə$^{132}$ | ʂə$^{13}$ | ʂə$^{13}$ | ʂə$^{35}$ | ʂə$^{13}$ | ʂə$^{13}$ | ʂə$^{35}$ |
| 射 | ʂə$^{44}$ | ʂə$^{44}$ | ʂə$^{44}$ | ʂə$^{44}$ | ʂə$^{44}$ | ʂə$^{44}$ | ʂə$^{44}$ | ʂə$^{52}$ |
| 爷 | iə$^{132}$ | iə$^{132}$ | iə$^{13}$ | iə$^{13}$ | iə$^{35}$ | iə$^{13}$ | iə$^{13}$ | iə$^{35}$ |
| 野 | iə$^{52}$ | iə$^{52}$ | iə$^{52}$ | iə$^{52}$ | iə$^{52}$ | iə$^{52}$ | iə$^{52}$ | iə$^{52}$ |
| 夜 | iə$^{44}$ | iə$^{44}$ | iə$^{44}$ | iə$^{44}$ | iə$^{44}$ | iə$^{44}$ | iə$^{44}$ | iə$^{44}$ |
| 瓜 | kua$^{132}$ | kua$^{132}$ | kua$^{213}$ | kua$^{213}$ | kua$^{44}$ | kua$^{13}$ | kua$^{13}$ | kua$^{31}$ |
| 瓦名词 | va$^{52}$ | va$^{52}$ | va$^{52}$ | va$^{52}$ | va$^{52}$ | va$^{52}$ | va$^{52}$ | va$^{52}$ |
| 花 | xua$^{132}$ | xua$^{132}$ | xua$^{213}$ | xua$^{213}$ | xua$^{44}$ | xua$^{13}$ | xua$^{13}$ | xua$^{31}$ |
| 化 | xua$^{44}$ | xua$^{44}$ | xua$^{44}$ | xua$^{44}$ | xua$^{35}$ | xua$^{44}$ | xua$^{44}$ | xua$^{44}$ |
| 华中~ | xua$^{132}$ | xua$^{132}$ | xua$^{13}$ | xua$^{13}$ | xua$^{44}$ | xua$^{13}$ | xua$^{13}$ | xua$^{31}$ |
| 谱家~ | pʰu$^{52}$ | pʰu$^{52}$ | pʰu$^{52}$ | pʰu$^{52}$ | pʰu$^{52}$ | pʰu$^{52}$ | pʰu$^{52}$ | pʰu$^{52}$ |
| 布 | pu$^{44}$ | pu$^{44}$ | pu$^{44}$ | pu$^{44}$ | pu$^{35}$ | pu$^{44}$ | pu$^{44}$ | pu$^{44}$ |
| 铺动词 | pʰu$^{132}$ | pʰu$^{132}$ | pʰu$^{213}$ | pʰu$^{213}$ | pʰu$^{44}$ | pʰu$^{13}$ | pʰu$^{13}$ | pʰu$^{31}$ |
| 簿 | pʰu$^{44}$ | pʰu$^{44}$ | pʰu$^{44}$ | pʰu$^{44}$ | pʰu$^{44}$ | pʰu$^{44}$ | pʰu$^{44}$ | pʰu$^{44}$ |
| 步 | pʰu$^{44}$ | pʰu$^{44}$ | pʰu$^{44}$ | pʰu$^{44}$ | pu$^{44}$ | pʰu$^{44}$ | pʰu$^{44}$ | pʰu$^{44}$ |
| 赌 | tu$^{52}$ | tu$^{52}$ | tu$^{52}$ | tu$^{52}$ | tu$^{52}$ | tu$^{52}$ | tu$^{52}$ | tu$^{52}$ |
| 土 | tʰu$^{52}$ | tʰu$^{52}$ | tʰu$^{52}$ | tʰu$^{52}$ | tʰu$^{52}$ | tʰu$^{52}$ | tʰu$^{52}$ | tʰu$^{52}$ |
| 图 | tʰu$^{132}$ | tʰu$^{132}$ | tʰu$^{13}$ | tʰu$^{13}$ | tʰu$^{35}$ | tʰu$^{13}$ | tʰu$^{13}$ | tʰu$^{35}$ |
| 杜 | tu$^{44}$ | tʰu$^{44}$ | tu$^{44}$ | tu$^{44}$ | tu$^{44}$ | tu$^{44}$ | tʰu$^{44}$ | tu$^{44}$ |
| 奴 | nəu$^{132}$ | nəu$^{132}$ | nəu$^{13}$ | nəu$^{13}$ | nəu$^{35}$ | nu$^{13}$ | nəu$^{13}$ | nəu$^{35}$ |
| 路 | lu$^{44}$ | lu$^{44}$ | lu$^{44}$ | lu$^{44}$ | lu$^{35}$ | lu$^{44}$ | lu$^{44}$ | ləu$^{44}$ |
| 租 | tsu$^{132}$ | tsu$^{132}$ | tɕy$^{213}$ | tsu$^{213}$ | tsu$^{31}$ | tsu$^{13}$ | tɕy$^{13}$ | tsu$^{31}$ |
| 做~饭 | tsu$^{44}$ | tsu$^{44}$ | tɕy$^{44}$ | tsu$^{44}$ | tsu$^{44}$ | tsu$^{44}$ | tsu$^{44}$ | tsu$^{44}$ |
| 错对~ | tsʰuə$^{44}$ | tsʰuə$^{44}$ | tsʰuə$^{44}$ | tsʰuə$^{44}$ | tsʰuə$^{44}$ | tsʰuə$^{44}$ | tsʰuə$^{44}$ | tsʰuə$^{44}$ |
| 箍~桶 | ku$^{132}$ | ku$^{132}$ | ku$^{213}$ | ku$^{213}$ | ku$^{44}$ | ku$^{13}$ | ku$^{13}$ | ku$^{31}$ |
| 古 | ku$^{52}$ | ku$^{52}$ | ku$^{52}$ | ku$^{52}$ | ku$^{52}$ | ku$^{52}$ | ku$^{52}$ | ku$^{52}$ |
| 苦 | kʰu$^{52}$ | kʰu$^{52}$ | kʰu$^{52}$ | kʰu$^{52}$ | kʰu$^{52}$ | kʰu$^{52}$ | kʰu$^{52}$ | kʰu$^{52}$ |
| 裤 | kʰu$^{44}$ | kʰu$^{44}$ | kʰu$^{44}$ | kʰu$^{44}$ | kʰu$^{44}$ | kʰu$^{44}$ | kʰu$^{44}$ | kʰu$^{44}$ |
| 吴 | vu$^{132}$ | vu$^{132}$ | vu$^{13}$ | vu$^{13}$ | vu$^{35}$ | vu$^{13}$ | vu$^{13}$ | vu$^{35}$ |
| 五 | vu$^{52}$ | vu$^{52}$ | vu$^{52}$ | vu$^{52}$ | vu$^{52}$ | vu$^{52}$ | vu$^{52}$ | vu$^{52}$ |

续表

| | 固原开城 | 海原李旺 | 彭阳城阳 | 同心张家垣 | 盐池麻黄山 | 西吉硝河 | 隆德温堡 | 泾源新民 |
|---|---|---|---|---|---|---|---|---|
| 虎 | xu⁵² | xu⁵² | xu⁵² | xu⁵² | xu⁵² | xu⁵² | xu⁵² | xu⁵² |
| 壶 | xu¹³² | xu¹³² | xu¹³ | xu¹³ | xu³⁵ | xu¹³ | xu¹³ | xu³⁵ |
| 户 | xu⁴⁴ | xu⁴⁴ | xu⁴⁴ | xu⁴⁴ | xu⁴⁴ | xu⁴⁴ | xu⁴⁴ | xu⁴⁴ |
| 乌 | vu¹³² | vu¹³² | vu²¹³ | vu²¹³ | vu⁴⁴ | vu¹³ | vu¹³ | vu³⁵ |
| 女 | ȵy⁵² | ȵy⁵² | mi⁵² | mi⁵² | ȵy⁵² | ȵy⁵² | ȵy⁵² | ȵy⁵² |
| 吕 | ly⁵² | ly⁵² | ly⁵² | ly⁵² | ly⁵² | ly⁵² | ly⁵² | ly⁵² |
| 徐 | ɕy¹³² | ɕy¹³² | ɕy¹³ | ɕy¹³ | ɕy³⁵ | ɕy¹³ | ɕy¹³ | ɕy³⁵ |
| 猪 | tʂu¹³² | tʃu¹³² | tʃu²¹³ | tʂu²¹³ | tʃu⁴⁴ | tʃu¹³ | tʃu¹³ | tʃu³¹ |
| 除 | tʂʰu¹³² | tʃʰu¹³² | tʃʰu¹³ | tʂʰu¹³ | tʃʰu³⁵ | tʃʰu¹³ | tʃʰu¹³ | tʃʰu³⁵ |
| 初 | tʂʰu¹³² | tʃʰu¹³² | tʃʰu²¹³ | tʂʰu²¹³ | tʃʰu³¹ | tʃʰu¹³ | tʃʰu¹³ | tʃʰu³¹ |
| 锄 | tʂʰu¹³² | tʃʰu¹³² | tʃʰu²¹³ | tʂʰu²¹³ | tʃʰu³⁵ | tʃʰu¹³ | tʃʰu¹³ | tʃʰu³⁵ |
| 所 | ʂuə⁵² | ʃuə⁵² | ʃuə⁵² | ʂuə⁵² | ʃuə⁵² | ʃuə⁵² | ʃuə⁵² | ʃuə⁵² |
| 书 | ʂu¹³² | ʃu¹³² | ʃu²¹³ | ʂu²¹³ | ʃu³¹ | ʃu¹³ | ʃu¹³ | ʃu³¹ |
| 鼠 | tʂʰu⁵² | tʃʰu⁵² | tʃʰu⁵² | tʂʰu⁵² | tʃʰu⁵² | tʃʰu⁵² | tʃʰu⁵² | tʃʰu⁵² |
| 如 | z̩u¹³² | ʒu¹³² | ʒu¹³ | z̩u¹³ | ʒu³⁵ | ʒu¹³ | ʒu¹³ | ʒu³¹ |
| 举 | tɕy⁵² | tɕy⁵² | tɕy⁵² | tɕy⁵² | tɕy⁵² | tɕy⁵² | tɕy⁵² | tɕy⁵² |
| 锯名词 | tɕy⁴⁴ | tɕy⁴⁴ | tɕy⁴⁴ | tɕy⁴⁴ | tɕy⁴⁴ | tɕy⁴⁴ | tɕy⁴⁴ | tɕy⁴⁴ |
| 去~哪儿 | tɕʰi⁴⁴ | tɕʰi⁴⁴ | tɕʰi⁴⁴ | tɕʰi⁴⁴ | tɕʰi⁴⁴ | tɕʰi⁴⁴ | tɕʰi⁴⁴ | tɕʰi⁴⁴ |
| 渠水~ | tɕʰy¹³² | tɕʰy¹³² | tɕʰy¹³ | tɕʰy¹³ | tɕʰy³⁵ | tɕʰy¹³ | tɕʰy¹³ | tɕʰy³⁵ |
| 鱼 | y¹³² | y¹³² | y¹³ | y¹³ | y³⁵ | y¹³ | y¹³ | y³⁵ |
| 许 | ɕy⁵² | ɕy⁵² | ɕy⁵² | ɕy⁵² | ɕy⁵² | ɕy⁵² | ɕy⁵² | ɕy³¹ |
| 余多~ | y¹³² | y¹³² | y¹³ | y¹³ | y³⁵ | y¹³ | y¹³ | y³⁵ |
| 府 | fu⁵² | fu⁵² | fu⁵² | fu⁵² | fu⁵² | fu⁵² | fu⁵² | fu⁵² |
| 付 | fu⁵² | fu⁵² | fu⁵² | fu⁵² | fu⁴⁴ | fu⁴⁴ | fu⁵² | fu⁵² |
| 父 | fu⁴⁴ | fu⁴⁴ | fu⁴⁴ | fu⁴⁴ | fu⁴⁴ | fu⁴⁴ | fu⁴⁴ | fu⁴⁴ |
| 武 | vu⁵² | vu⁵² | vu⁵² | vu⁵² | vu⁵² | vu⁵² | vu⁵² | vu⁵² |
| 雾 | vu⁴⁴ | vu⁴⁴ | vu⁴⁴ | vu⁴⁴ | vu⁴⁴ | vu⁴⁴ | vu⁴⁴ | vu⁴⁴ |
| 取 | tɕʰy⁵² | tɕʰy⁵² | tɕʰy⁵² | tɕʰy⁵² | tɕʰy⁵² | tɕʰy⁵² | tɕʰy⁵² | tɕʰy⁵² |
| 柱 | tʂʰu⁴⁴ | tʃʰu⁴⁴ | tʃu⁴⁴ | tʂu⁴⁴ | tʃu³⁵ | tʃu⁴⁴ | tʃʰu⁴⁴ | tʃʰu⁴⁴ |
| 住 | tʂʰu⁴⁴ | tʃu⁴⁴ | tʃu⁴⁴ | tʂu⁴⁴ | tʃu³⁵ | tʃu⁴⁴ | tʃʰu⁴⁴ | tʃʰu⁴⁴ |
| 数动词 | ʂu⁵² | ʃu⁵² | ʃu⁵² | ʂu⁵² | ʃu⁵² | ʃu⁵² | ʂu⁵² | ʃu⁵² |

续表

| | 固原开城 | 海原李旺 | 彭阳城阳 | 同心张家塬 | 盐池麻黄山 | 西吉硝河 | 隆德温堡 | 泾源新民 |
|---|---|---|---|---|---|---|---|---|
| 数名词 | ʂu⁴⁴ | ʃu⁴⁴ | ʃu⁴⁴ | ʂu⁴⁴ | ʃu⁴⁴ | ʃu⁴⁴ | ʃu⁴⁴ | ʃu⁴⁴ |
| 主 | tʂu⁵² | tʃu⁵² | tʃu⁵² | tʂu⁵² | tʃu⁵² | tʃu⁵² | tʃu⁵² | tʃu⁵² |
| 输 | ʂu¹³² | ʃu¹³² | ʃu²¹³ | ʂu²¹³ | ʃu³¹ | ʃu¹³ | ʃu¹³ | ʃu³¹ |
| 竖 | ʂu⁴⁴ | ʃu⁴⁴ | ʃu⁴⁴ | ʂu⁴⁴ | ʃu⁴⁴ | ʃu⁴⁴ | ʃu⁴⁴ | ʃu⁵² |
| 树 | ʂu⁴⁴ | ʃu⁴⁴ | ʃu⁴⁴ | ʂu⁴⁴ | ʃu⁴⁴ | ʃu⁴⁴ | ʃu⁴⁴ | ʃu⁴⁴ |
| 句 | tɕy⁴⁴ | tɕy⁴⁴ | tɕy⁴⁴ | tɕy⁴⁴ | tɕy⁴⁴ | tɕy⁴⁴ | tɕy⁴⁴ | tɕy⁴⁴ |
| 区地~ | tɕʰy¹³² | tɕʰy¹³² | tɕʰy²¹³ | tɕʰy²¹³ | tɕʰy³⁵ | tɕʰy¹³ | tɕʰy¹³ | tɕʰy³¹ |
| 遇 | y⁴⁴ | y⁴⁴ | y⁴⁴ | y⁴⁴ | y⁴⁴ | y⁴⁴ | y⁴⁴ | y⁴⁴ |
| 雨 | y⁵² | y⁵² | y⁵² | y⁵² | y⁵² | y⁵² | y⁵² | y⁵² |
| 芋 | y⁴⁴ | y⁴⁴ | y⁴⁴ | y⁴⁴ | y⁴⁴ | y⁴⁴ | y⁴⁴ | y⁴⁴ |
| 裕 | y⁴⁴ | y⁴⁴ | y⁴⁴ | y⁴⁴ | y⁴⁴ | y⁴⁴ | y⁴⁴ | y⁴⁴ |
| 胎 | tʰɛ¹³² | tʰɛ¹³² | tʰɛ¹³ | tʰɛ¹³ | tʰɛ³¹ | tʰɛ⁴⁴ | tʰei¹³ | tʰɛ³¹ |
| 台戏~ | tʰɛ¹³² | tʰɛ¹³² | tʰɛ¹³ | tʰɛ¹³ | tʰɛ³⁵ | tʰɛ¹³ | tʰei¹³ | tʰɛ³⁵ |
| 袋 | tɛ⁴⁴ | tɛ⁴⁴ | tɛ⁴⁴ | tɛ⁴⁴ | tɛ³⁵ | tɛ⁴⁴ | tei⁴⁴ | tɛ⁴⁴ |
| 来 | lɛ¹³² | lɛ¹³² | lɛ¹³ | lɛ¹³ | lɛ³⁵ | lɛ¹³ | lei¹³ | lɛ³⁵ |
| 菜 | tsʰɛ⁴⁴ | tsʰei⁴⁴ | tsʰɛ⁴⁴ | tsʰɛ⁴⁴ | tsʰɛ⁴⁴ | tsʰɛ⁴⁴ | tsʰei⁴⁴ | tsʰɛ⁴⁴ |
| 财 | tsʰɛ¹³² | tsʰei¹³² | tsʰɛ¹³ | tsʰɛ¹³ | tsʰɛ³⁵ | tsʰɛ¹³ | tsʰei¹³ | tsʰɛ³⁵ |
| 该 | kɛ¹³² | kei¹³² | kɛ²¹³ | kɛ²¹³ | kɛ⁴⁴ | kɛ¹³ | kei¹³ | kɛ³¹ |
| 改 | kɛ⁵² | kei⁵² | kɛ⁵² | kɛ⁵² | kɛ⁵² | kɛ⁵² | kei⁵² | kɛ⁵² |
| 开 | kʰɛ¹³² | kʰɛ¹³² | kʰɛ²¹³ | kʰɛ²¹³ | kʰɛ⁴⁴ | kʰɛ¹³ | kʰei¹³ | kʰɛ¹¹ |
| 海 | xɛ⁵² | xɛ⁵² | xɛ⁵² | xɛ⁵² | xɛ⁵² | xɛ⁵² | xei⁵² | xɛ⁵² |
| 爱 | nɛ⁴⁴ | nɛ⁴⁴ | nɛ⁴⁴ | nɛ⁴⁴ | nɛ⁴⁴ | ŋɛ⁴⁴ | ŋei⁴⁴ | ŋɛ⁴⁴ |
| 贝 | pei⁵² | pei⁴⁴ | pei⁴⁴ | pei⁴⁴ | pei⁴⁴ | pei⁴⁴ | pei⁴⁴ | pei⁴⁴ |
| 带动词 | tɛ⁴⁴ | tɛ⁴⁴ | tɛ⁴⁴ | tɛ⁴⁴ | tɛ³⁵ | tɛ⁴⁴ | tei⁴⁴ | tɛ⁴⁴ |
| 盖动词 | kɛ⁴⁴ | kɛ⁴⁴ | kɛ⁴⁴ | kɛ⁴⁴ | kɛ³⁵ | kɛ⁴⁴ | kei⁴⁴ | kɛ⁴⁴ |
| 害 | xɛ⁴⁴ | xɛ⁴⁴ | xɛ⁴⁴ | xɛ⁴⁴ | xɛ³⁵ | xɛ⁴⁴ | xei⁴⁴ | xɛ⁴⁴ |
| 拜 | pɛ⁴⁴ | pɛ⁴⁴ | pɛ⁴⁴ | pɛ⁴⁴ | pɛ³⁵ | pɛ⁴⁴ | pei⁴⁴ | pɛ⁴⁴ |
| 排 | pʰɛ¹³² | pʰɛ¹³² | pʰɛ¹³ | pʰɛ¹³ | pʰɛ³⁵ | pʰɛ¹³ | pʰei¹³ | pʰɛ³⁵ |
| 埋 | mɛ¹³² | mɛ¹³² | mɛ¹³ | mɛ¹³ | mɛ³⁵ | mɛ¹³ | mei¹³ | mɛ³⁵ |
| 戒 | tɕiə⁴⁴ | tɕiə⁴⁴ | tɕiə⁴⁴ | tɕiə⁴⁴ | tɕiə⁴⁴ | tɕiə⁴⁴ | tɕiə⁴⁴ | tɕiə⁴⁴ |
| 摆 | pɛ⁵² | pɛ⁵² | pɛ⁵² | pɛ⁵² | pɛ⁵² | pɛ⁵² | pei⁵² | pɛ⁵² |

| | 固原开城 | 海原李旺 | 彭阳城阳 | 同心张家垣 | 盐池麻黄山 | 西吉硝河 | 隆德温堡 | 泾源新民 |
|---|---|---|---|---|---|---|---|---|
| 派 | pʰɛ$^{44}$ | pʰɛ$^{44}$ | pʰɛ$^{44}$ | pʰɛ$^{44}$ | pʰɛ$^{44}$ | pʰɛ$^{44}$ | pʰei$^{44}$ | pʰɛ$^{52}$ |
| 牌 | pʰɛ$^{132}$ | pʰɛ$^{132}$ | pʰɛ$^{13}$ | pʰɛ$^{13}$ | pʰɛ$^{35}$ | pʰɛ$^{13}$ | pʰei$^{13}$ | pʰɛ$^{35}$ |
| 买 | mɛ$^{52}$ | mɛ$^{44}$ | mɛ$^{52}$ | mɛ$^{52}$ | mɛ$^{52}$ | mɛ$^{52}$ | mei$^{52}$ | mɛ$^{52}$ |
| 卖 | mɛ$^{44}$ | mɛ$^{44}$ | mɛ$^{52}$ | mɛ$^{52}$ | mɛ$^{44}$ | mɛ$^{44}$ | mei$^{44}$ | mɛ$^{44}$ |
| 柴 | tsʰɛ$^{132}$ | tsʰɛ$^{132}$ | tsʰɛ$^{13}$ | tsʰɛ$^{13}$ | tsʰɛ$^{35}$ | tsʰɛ$^{13}$ | tsʰei$^{13}$ | tsʰɛ$^{35}$ |
| 晒 | sɛ$^{44}$ | sɛ$^{44}$ | sɛ$^{44}$ | sɛ$^{44}$ | sɛ$^{35}$ | sɛ$^{44}$ | sei$^{44}$ | sɛ$^{44}$ |
| 街 | kɛ$^{132}$ | kɛ$^{132}$ | kɛ$^{213}$ | kɛ$^{213}$ | kɛ$^{31}$ | kɛ$^{13}$ | kei$^{13}$ | kɛ$^{31}$ |
| 解~开 | kɛ$^{52}$ | kɛ$^{52}$ | kɛ$^{52}$ | kɛ$^{52}$ | kɛ$^{52}$ | kɛ$^{52}$ | kɛ$^{52}$ | kɛ$^{52}$ |
| 鞋 | xɛ$^{132}$ | xɛ$^{132}$ | xɛ$^{13}$ | xɛ$^{13}$ | xɛ$^{35}$ | xɛ$^{13}$ | xei$^{13}$ | xɛ$^{35}$ |
| 蟹 | ɕiə$^{44}$ | ɕiə$^{44}$ | ɕiə$^{44}$ | ɕiə$^{44}$ | ɕiə$^{44}$ | ɕiə$^{44}$ | ɕiə$^{44}$ | ɕiə$^{44}$ |
| 矮 | ɛ$^{52}$ | nɛ$^{52}$ | nɛ$^{52}$ | nɛ$^{52}$ | nɛ$^{52}$ | nɛ$^{52}$ | ŋei$^{13}$ | ɛ$^{52}$ |
| 败 | pʰɛ$^{44}$ | pʰɛ$^{44}$ | pʰɛ$^{44}$ | pʰɛ$^{44}$ | pʰɛ$^{44}$ | pʰɛ$^{44}$ | pʰei$^{44}$ | pʰɛ$^{44}$ |
| 币 | pi$^{44}$ | pi$^{44}$ | pi$^{44}$ | pi$^{44}$ | pi$^{35}$ | pi$^{44}$ | pi$^{44}$ | pi$^{44}$ |
| 制 | tʂʅ$^{44}$ | tʂʅ$^{44}$ | tʂʅ$^{44}$ | tʂʅ$^{44}$ | tʂʅ$^{35}$ | tʂʅ$^{44}$ | tʂʅ$^{44}$ | tʂʅ$^{44}$ |
| 世 | ʂʅ$^{44}$ | ʂʅ$^{44}$ | ʂʅ$^{44}$ | ʂʅ$^{44}$ | ʂʅ$^{44}$ | ʂʅ$^{44}$ | ʂʅ$^{44}$ | ʂʅ$^{44}$ |
| 艺 | i$^{44}$ | i$^{44}$ | i$^{44}$ | i$^{44}$ | i$^{44}$ | i$^{44}$ | i$^{44}$ | i$^{44}$ |
| 米 | mi$^{52}$ | mi$^{52}$ | mi$^{52}$ | mi$^{52}$ | mi$^{52}$ | mi$^{52}$ | mi$^{52}$ | mi$^{52}$ |
| 低 | ti$^{132}$ | ti$^{132}$ | tsʅ$^{213}$ | ti$^{213}$ | ti$^{44}$ | tɕi$^{13}$ | ti$^{13}$ | tɕi$^{31}$ |
| 梯 | tʰi$^{132}$ | tʰi$^{132}$ | tʰi$^{213}$ | tʰi$^{213}$ | tʰi$^{44}$ | tɕʰi$^{13}$ | tʰi$^{13}$ | tɕʰi$^{31}$ |
| 剃 | tʰi$^{44}$ | tʰi$^{44}$ | tʰi$^{44}$ | tʰi$^{44}$ | tʰi$^{44}$ | tɕʰi$^{44}$ | tʰi$^{44}$ | tɕʰi$^{44}$ |
| 弟 | tʰi$^{44}$ | tʰi$^{44}$ | tsʅ$^{44}$ | tʰi$^{44}$ | ti$^{44}$ | tɕʰi$^{44}$ | tʰi$^{44}$ | tɕʰi$^{44}$ |
| 递 | ti$^{44}$ | ti$^{44}$ | ti$^{44}$ | ti$^{44}$ | ti$^{44}$ | ti$^{44}$ | ti$^{44}$ | ti$^{44}$ |
| 泥 | ȵi$^{132}$ | ȵi$^{132}$ | ȵi$^{13}$ | ȵi$^{13}$ | mi$^{35}$ | ȵi$^{13}$ | ȵi$^{13}$ | ȵi$^{35}$ |
| 犁 | li$^{132}$ | li$^{132}$ | li$^{13}$ | li$^{13}$ | li$^{35}$ | li$^{13}$ | li$^{13}$ | li$^{35}$ |
| 西 | ɕi$^{132}$ | ɕi$^{132}$ | ɕi$^{213}$ | ɕi$^{213}$ | ɕi$^{44}$ | ɕi$^{13}$ | ɕi$^{13}$ | ɕi$^{31}$ |
| 洗 | ɕi$^{52}$ | ɕi$^{52}$ | ɕi$^{52}$ | ɕi$^{52}$ | ɕi$^{52}$ | ɕi$^{52}$ | ɕi$^{52}$ | ɕi$^{52}$ |
| 鸡 | tɕi$^{132}$ | tɕi$^{132}$ | tɕi$^{213}$ | tɕi$^{213}$ | tɕi$^{44}$ | tɕi$^{13}$ | tɕi$^{13}$ | tɕi$^{31}$ |
| 溪 | ɕi$^{132}$ | ɕi$^{132}$ | ɕi$^{213}$ | ɕi$^{213}$ | ɕi$^{44}$ | ɕi$^{13}$ | ɕi$^{13}$ | ɕi$^{31}$ |
| 契地~ | tɕʰi$^{44}$ | tɕʰi$^{44}$ | tɕʰi$^{44}$ | tɕʰi$^{44}$ | tɕʰi$^{44}$ | tɕʰi$^{52}$ | tɕʰi$^{44}$ | tɕʰi$^{44}$ |
| 系联~ | ɕi$^{44}$ | ɕi$^{44}$ | ɕi$^{44}$ | ɕi$^{44}$ | ɕi$^{44}$ | ɕi$^{44}$ | ɕi$^{44}$ | ɕi$^{31}$ |
| 杯 | pʰei$^{132}$ | pʰei$^{132}$ | pʰei$^{213}$ | pʰei$^{213}$ | pʰei$^{44}$ | pʰei$^{13}$ | pʰei$^{13}$ | pʰei$^{31}$ |

续表

| | 固原开城 | 海原李旺 | 彭阳城阳 | 同心张家垣 | 盐池麻黄山 | 西吉硝河 | 隆德温堡 | 泾源新民 |
|---|---|---|---|---|---|---|---|---|
| 配 | $p^hei^{44}$ | $p^hei^{44}$ | $p^hei^{44}$ | $p^hei^{44}$ | $p^hei^{35}$ | $p^hei^{44}$ | $p^hei^{44}$ | $p^hei^{44}$ |
| 赔 | $p^hei^{132}$ | $p^hei^{132}$ | $p^hei^{13}$ | $p^hei^{13}$ | $p^hei^{35}$ | $p^hei^{13}$ | $p^hei^{13}$ | $p^hei^{35}$ |
| 背~诵 | $pei^{44}$ | $pei^{44}$ | $pei^{44}$ | $pei^{44}$ | $pei^{44}$ | $p^hei^{44}$ | $p^hei^{44}$ | $pei^{44}$ |
| 煤 | $mei^{132}$ | $mei^{132}$ | $mei^{13}$ | $mei^{13}$ | $mei^{35}$ | $mei^{13}$ | $mei^{13}$ | $mei^{35}$ |
| 妹 | $mei^{44}$ | $mei^{44}$ | $mei^{44}$ | $mei^{44}$ | $mei^{44}$ | $mei^{44}$ | $mei^{44}$ | $mei^{44}$ |
| 对 | $tuei^{44}$ | $tuei^{44}$ | $tuei^{44}$ | $tuei^{44}$ | $tuei^{35}$ | $tuei^{44}$ | $tuei^{44}$ | $tuei^{44}$ |
| 雷 | $luei^{132}$ | $luei^{132}$ | $luei^{13}$ | $luei^{13}$ | $luei^{35}$ | $luei^{13}$ | $luei^{13}$ | $luei^{35}$ |
| 罪 | $tsuei^{44}$ | $tsuei^{44}$ | $tsuei^{44}$ | $tsuei^{44}$ | $tsuei^{35}$ | $ts^huei^{44}$ | $ts^huei^{44}$ | $ts^huei^{44}$ |
| 碎 | $suei^{44}$ | $suei^{44}$ | $suei^{44}$ | $suei^{44}$ | $suei^{35}$ | $suei^{44}$ | $suei^{44}$ | $suei^{44}$ |
| 灰 | $xuei^{132}$ | $xuei^{132}$ | $xuei^{213}$ | $xuei^{213}$ | $xuei^{44}$ | $xuei^{13}$ | $xuei^{13}$ | $xuei^{31}$ |
| 回 | $xuei^{132}$ | $xuei^{132}$ | $xuei^{13}$ | $xuei^{13}$ | $xuei^{35}$ | $xuei^{13}$ | $xuei^{13}$ | $xuei^{35}$ |
| 外~头 | $vɛ^{44}$ | $vɛ^{44}$ | $vɛ^{44}$ | $vɛ^{44}$ | $vɛ^{35}$ | $vɛ^{44}$ | $vei^{44}$ | $vɛ^{44}$ |
| 会开~ | $xuei^{44}$ | $xuei^{44}$ | $xuei^{44}$ | $xuei^{44}$ | $xuei^{44}$ | $xuei^{44}$ | $xuei^{44}$ | $xuei^{44}$ |
| 怪 | $kuɛ^{44}$ | $kuei^{44}$ | $kuɛ^{44}$ | $kuɛ^{44}$ | $kuɛ^{35}$ | $kuɛ^{44}$ | $kuei^{44}$ | $kuɛ^{44}$ |
| 块 | $kuɛ^{44}$ | $kuei^{44}$ | $kuɛ^{44}$ | $kuɛ^{44}$ | $k^huɛ^{44}$ | $kuɛ^{44}$ | $kuei^{44}$ | $k^huɛ^{44}$ |
| 怀 | $xuɛ^{132}$ | $xuei^{132}$ | $xuɛ^{13}$ | $xuɛ^{13}$ | $xuɛ^{35}$ | $xuɛ^{13}$ | $xuei^{13}$ | $xuɛ^{35}$ |
| 坏 | $xuɛ^{44}$ | $xuei^{44}$ | $xuɛ^{44}$ | $xuɛ^{44}$ | $xuɛ^{44}$ | $xuɛ^{44}$ | $xuei^{44}$ | $xuɛ^{44}$ |
| 拐 | $kuɛ^{52}$ | $kuei^{52}$ | $kuɛ^{52}$ | $kuɛ^{52}$ | $kuɛ^{52}$ | $kuɛ^{52}$ | $kuei^{52}$ | $kuɛ^{52}$ |
| 挂 | $kua^{44}$ | $kua^{44}$ | $kua^{44}$ | $kua^{44}$ | $kua^{44}$ | $kua^{44}$ | $kua^{44}$ | $kua^{44}$ |
| 歪 | $vɛ^{132}$ | $vei^{132}$ | $vɛ^{213}$ | $vɛ^{213}$ | $vɛ^{44}$ | $vɛ^{13}$ | $vei^{13}$ | $vɛ^{31}$ |
| 画 | $xua^{44}$ | $xua^{44}$ | $xua^{44}$ | $xua^{44}$ | $xua^{35}$ | $xua^{44}$ | $xua^{44}$ | $xua^{44}$ |
| 快 | $k^huɛ^{44}$ | $k^huei^{44}$ | $k^huɛ^{44}$ | $k^huɛ^{44}$ | $k^huɛ^{44}$ | $k^huɛ^{44}$ | $k^huei^{44}$ | $k^huɛ^{44}$ |
| 话 | $xua^{44}$ | $xua^{44}$ | $xua^{44}$ | $xua^{44}$ | $xua^{44}$ | $xua^{44}$ | $xua^{44}$ | $xua^{44}$ |
| 岁 | $suei^{44}$ | $suei^{44}$ | $suei^{44}$ | $suei^{44}$ | $suei^{44}$ | $suei^{44}$ | $suei^{44}$ | $suei^{44}$ |
| 卫 | $vei^{44}$ | $vei^{44}$ | $vei^{44}$ | $vei^{44}$ | $vei^{35}$ | $vei^{44}$ | $vei^{44}$ | $vei^{44}$ |
| 肺 | $fei^{44}$ | $fei^{44}$ | $fei^{44}$ | $fei^{44}$ | $fei^{44}$ | $fei^{44}$ | $fei^{44}$ | $fei^{44}$ |
| 桂 | $kuei^{44}$ | $kuei^{44}$ | $kuei^{44}$ | $kuei^{44}$ | $kuei^{44}$ | $kuei^{44}$ | $kuei^{44}$ | $kuei^{44}$ |
| 碑 | $pi^{132}$ | $pi^{132}$ | $pi^{213}$ | $pi^{213}$ | $pei^{31}$ | $pi^{13}$ | $pei^{13}$ | $pei^{31}$ |
| 皮 | $p^hi^{132}$ | $p^hi^{132}$ | $p^hi^{13}$ | $p^hi^{13}$ | $p^hi^{35}$ | $p^hi^{13}$ | $p^hi^{13}$ | $p^hi^{35}$ |
| 被~子 | $pi^{44}$ | $pi^{44}$ | $pi^{44}$ | $pi^{44}$ | $pi^{44}$ | $pi^{44}$ | $pi^{44}$ | $pi^{44}$ |
| 紫 | $tsʅ^{52}$ | $tsʅ^{52}$ | $tsʅ^{52}$ | $tsʅ^{52}$ | $tsʅ^{52}$ | $tsʅ^{52}$ | $tsʅ^{52}$ | $tsʅ^{52}$ |

| | 固原开城 | 海原李旺 | 彭阳城阳 | 同心张家垣 | 盐池麻黄山 | 西吉硝河 | 隆德温堡 | 泾源新民 |
|---|---|---|---|---|---|---|---|---|
| 刺 | tsʰɿ52 | tsʰɿ44 | tsʰɿ44 | tsʰɿ44 | tsʰɿ44 | tsʰɿ44 | tsʰɿ44 | tsʰɿ44 |
| 知 | tʂʅ132 | tʂʅ132 | tʂʅ213 | tʂʅ213 | tʂʅ31 | tʂʅ13 | tʂʅ13 | tʂʅ31 |
| 池 | tʂʰʅ132 | tʂʰʅ132 | tʂʰʅ13 | tʂʰʅ13 | tʂʰʅ35 | tʂʰʅ13 | tʂʰʅ13 | tʂʰʅ35 |
| 纸 | tʂʅ52 | tʂʅ52 | tʂʅ52 | tʂʅ52 | tʂʅ52 | tʂʅ52 | tʂʅ52 | tʂʅ52 |
| 儿 | ər132 | ər132 | ɛ13 | ər13 | ər35 | ər13 | ər13 | ər35 |
| 寄 | tɕi44 | tɕi44 | tɕi44 | tɕi44 | tɕi35 | tɕi44 | tɕi44 | tɕi44 |
| 骑 | tɕʰi132 | tɕʰi132 | tɕʰi13 | tɕʰi13 | tɕʰi35 | tɕʰi13 | tɕʰi13 | tɕʰi35 |
| 蚁 | i52 | i52 | i52 | i52 | i52 | i52 | i52 | i52 |
| 义 | i44 | i44 | i44 | i44 | i44 | i44 | i44 | i44 |
| 戏 | çi44 | çi44 | çi44 | çi44 | çi44 | çi44 | çi44 | çi44 |
| 移 | i132 | i132 | i13 | i13 | i35 | i13 | i13 | i35 |
| 比~较 | pi52 | pi52 | pi52 | pi52 | pi52 | pi52 | pi52 | pi52 |
| 屁 | pʰi44 | pʰi44 | pʰi44 | pʰi44 | pʰi44 | pʰi44 | pʰi44 | pʰi44 |
| 鼻 | pi132 | pʰi132 | pi13 | pi13 | pi35 | pi13 | pʰi13 | pʰi35 |
| 眉 | mi132 | mi132 | mi13 | mi13 | mi35 | mi13 | mi13 | mi35 |
| 地 | ti44 | ti44 | tɕi44 | ti44 | ti35 | tɕi44 | ti44 | tɕi44 |
| 梨 | li132 | li132 | li13 | li13 | li35 | li13 | li13 | li35 |
| 资 | tsɿ132 | tsɿ132 | tsɿ213 | tsɿ213 | tsɿ44 | tsɿ13 | tsɿ13 | tsɿ31 |
| 死 | sɿ52 | sɿ52 | sɿ52 | sɿ52 | sɿ52 | sɿ52 | sɿ52 | sɿ52 |
| 四 | sɿ44 | sɿ44 | sɿ44 | sɿ44 | sɿ44 | sɿ44 | sɿ44 | sɿ44 |
| 迟 | tʂʰʅ132 | tʂʰʅ132 | tʂʰʅ13 | tʂʰʅ13 | tʂʰʅ35 | tʂʰʅ13 | tʂʰʅ13 | tʂʰʅ35 |
| 师 | ʂʅ132 | ʂʅ132 | ʂʅ213 | ʂʅ213 | ʂʅ31 | ʂʅ13 | ʂʅ13 | ʂʅ31 |
| 指 | tʂʅ52 | tʂʅ52 | tʂʅ52 | tʂʅ52 | tʂʅ52 | tʂʅ52 | tʂʅ52 | tʂʅ52 |
| 二 | ər44 | ər44 | ɛ44 | ər44 | ər35 | ər44 | ər44 | ər44 |
| 饥~饿 | tɕi132 | tɕi132 | tɕi213 | tɕi213 | tɕi31 | tɕi13 | tɕi13 | tɕi31 |
| 器 | tɕʰi44 | tɕʰi44 | tɕʰi44 | tɕʰi44 | tɕʰi44 | tɕʰi44 | tɕʰi44 | tɕʰi44 |
| 姨 | i132 | i132 | i13 | i13 | i35 | i13 | i13 | i35 |
| 李 | li52 | li52 | li52 | li52 | li52 | li52 | li52 | li52 |
| 子 | tsɿ52 | tsɿ52 | tsɿ52 | tsɿ52 | tsɿ52 | tsɿ52 | tsɿ52 | tsɿ52 |
| 字 | tsɿ44 | tsɿ44 | tsɿ44 | tsɿ44 | tsɿ35 | tsʰɿ44 | tsʰɿ44 | tsʰɿ44 |
| 丝 | sɿ132 | sɿ132 | sɿ213 | sɿ213 | sɿ44 | sɿ13 | sɿ13 | sɿ31 |

| | 固原开城 | 海原李旺 | 彭阳城阳 | 同心张家垣 | 盐池麻黄山 | 西吉硝河 | 隆德温堡 | 泾源新民 |
|---|---|---|---|---|---|---|---|---|
| 祠 | sʅ¹³² | sʅ¹³² | tsʰʅ¹³ | tsʰʅ¹³ | tsʰʅ³⁵ | tsʰʅ¹³ | sʅ¹³ | sʅ³⁵ |
| 寺 | sʅ⁴⁴ | sʅ⁴⁴ | sʅ⁴⁴ | sʅ⁴⁴ | sʅ⁴⁴ | sʅ⁴⁴ | sʅ⁴⁴ | sʅ⁴⁴ |
| 治 | tʂʅ⁴⁴ | tʂʅ⁴⁴ | tʂʅ⁴⁴ | tʂʅ⁴⁴ | tʂʅ⁴⁴ | tʂʅ⁴⁴ | tʂʅ⁴⁴ | tʂʅ⁴⁴ |
| 柿 | sʅ⁴⁴ | sʅ⁴⁴ | sʅ⁴⁴ | sʅ⁴⁴ | sʅ⁴⁴ | sʅ⁴⁴ | sʅ⁴⁴ | sʅ⁴⁴ |
| 事 | sʅ⁴⁴ | sʅ⁴⁴ | sʅ⁴⁴ | sʅ⁴⁴ | sʅ⁴⁴ | sʅ⁴⁴ | sʅ⁴⁴ | sʅ⁴⁴ |
| 使 | sʅ⁴⁴ | sʅ⁵² | sʅ⁵² | sʅ⁵² | sʅ⁵² | sʅ⁵² | sʅ⁴⁴ | sʅ⁵² |
| 试 | sʅ⁴⁴ | sʅ⁴⁴ | sʅ⁴⁴ | sʅ⁴⁴ | sʅ⁴⁴ | sʅ⁴⁴ | sʅ⁴⁴ | sʅ⁴⁴ |
| 时 | sʅ¹³² | sʅ¹³² | sʅ¹³ | sʅ¹³ | sʅ³⁵ | sʅ¹³ | sʅ¹³ | sʅ³⁵ |
| 市 | sʅ⁴⁴ | sʅ⁴⁴ | sʅ⁴⁴ | sʅ⁴⁴ | sʅ⁴⁴ | sʅ⁴⁴ | sʅ⁴⁴ | sʅ⁴⁴ |
| 耳 | ər⁵² | ər⁵² | ɛ⁵² | ər⁵² | ər⁵² | ər⁵² | ər⁵² | zʅ⁵² |
| 记 | tɕi⁴⁴ | tɕi⁴⁴ | tɕi⁴⁴ | tɕi⁴⁴ | tɕi³⁵ | tɕi⁴⁴ | tɕi⁴⁴ | tɕi⁴⁴ |
| 棋 | tɕʰi¹³² | tɕʰi¹³² | tɕʰi¹³ | tɕʰi¹³ | tɕʰi³⁵ | tɕʰi¹³ | tɕʰi¹³ | tɕʰi³⁵ |
| 喜 | ɕi⁵² | ɕi⁵² | ɕi⁵² | ɕi⁵² | ɕi⁵² | ɕi⁵² | ɕi¹³ | ɕi⁵² |
| 意 | i⁴⁴ | i⁴⁴ | i⁴⁴ | i⁴⁴ | i⁴⁴ | i⁴⁴ | i⁴⁴ | i⁴⁴ |
| 几~个 | tɕi⁵² | tɕi⁵² | tɕi⁵² | tɕi⁵² | tɕi⁵² | tɕi⁵² | tɕi⁵² | |
| 气 | tɕʰi⁴⁴ | tɕʰi⁴⁴ | tɕʰi⁴⁴ | tɕʰi⁴⁴ | tɕʰi⁴⁴ | tɕʰi⁴⁴ | tɕʰi⁴⁴ | tɕʰi⁴⁴ |
| 希 | ɕi¹³² | ɕi¹³² | ɕi²¹³ | ɕi²¹³ | ɕi⁴⁴ | ɕi¹³ | ɕi¹³ | ɕi³¹ |
| 衣 | i¹³² | i¹³² | i²¹³ | i²¹³ | i⁴⁴ | i¹³ | i¹³ | i³¹ |
| 嘴 | tsuei⁵² | tsuei⁵² | tsuei⁵² | tsuei⁵² | tsuei⁵² | tsuei⁵² | tsuei⁵² | tsuei⁵² |
| 随 | suei¹³² | suei¹³² | suei¹³ | suei¹³ | suei³⁵ | suei¹³ | suei¹³ | suei³⁵ |
| 吹 | tʂʰuei¹³² | tʃʰuei¹³² | tʃʰuei²¹³ | tʂʰuei²¹³ | tʃʰuei⁴⁴ | tʃʰuei¹³ | tʃʰuei¹³ | tʃʰuei³¹ |
| 垂 | tʂʰuei¹³² | tʃʰuei¹³² | tʃʰuei¹³ | tʂʰuei¹³ | tʃʰuei³⁵ | tʃʰuei¹³ | tʃʰuei¹³ | tʃʰuei³⁵ |
| 规 | kuei¹³² | kʰuei¹³² | kuei²¹³ | kuei²¹³ | kʰuei³¹ | kʰuei¹³ | kuei¹³ | kuei³¹ |
| 亏 | kʰuei¹³² | kʰuei¹³² | kʰuei²¹³ | kʰuei²¹³ | kʰuei³¹ | kʰuei¹³ | kʰuei¹³ | kʰuei³¹ |
| 跪 | kuei⁴⁴ | kʰuei⁴⁴ | kʰuei⁴⁴ | kuei⁴⁴ | kʰuei⁴⁴ | kʰuei⁴⁴ | kuei⁴⁴ | kʰuei⁴⁴ |
| 危 | vei¹³² | vei¹³² | vei²¹³ | vei²¹³ | vei³¹ | vei¹³ | vei¹³ | vei³¹ |
| 类 | luei⁵² | luei⁵² | luei⁵² | luei⁴⁴ | luei⁴⁴ | luei⁴⁴ | luei⁵² | luei⁵² |
| 醉 | tsuei⁴⁴ | tsuei⁴⁴ | tsuei⁴⁴ | tsuei⁴⁴ | tsuei⁴⁴ | tsuei⁴⁴ | tsuei⁴⁴ | tsuei⁴⁴ |
| 追 | tʂuei¹³² | tʃuei¹³² | tʃuei²¹³ | tʂuei²¹³ | tʃuei³¹ | tʃuei¹³ | tʃuei¹³ | tʃuei³¹ |
| 锤 | tʂʰuei¹³² | tʃʰuei¹³² | tʃʰuei¹³ | tʂʰuei¹³ | tʃʰuei³⁵ | tʃʰuei¹³ | tʃʰuei¹³ | tʃʰuei³⁵ |
| 水 | ʂuei⁵² | ʃuei⁵² | ʃuei⁵² | ʂuei⁵² | ʃuei⁵² | ʃuei⁵² | ʃuei⁵² | ʃuei⁵² |

| | 固原开城 | 海原李旺 | 彭阳城阳 | 同心张家垣 | 盐池麻黄山 | 西吉硝河 | 隆德温堡 | 泾源新民 |
|---|---|---|---|---|---|---|---|---|
| 龟 | kuei$^{132}$ | kuei$^{132}$ | kuei$^{213}$ | kuei$^{213}$ | kuei$^{31}$ | kuei$^{13}$ | kuei$^{13}$ | kuei$^{31}$ |
| 季 | tɕi$^{44}$ | tɕi$^{44}$ | tɕi$^{44}$ | tɕi$^{44}$ | tɕi$^{44}$ | tɕi$^{44}$ | tɕi$^{44}$ | tɕi$^{44}$ |
| 柜 | kʰuei$^{44}$ | kʰuei$^{44}$ | kʰuei$^{44}$ | kʰuei$^{44}$ | kuei$^{44}$ | kʰuei$^{44}$ | kʰuei$^{44}$ | kʰuei$^{44}$ |
| 位 | vei$^{44}$ | vei$^{44}$ | vei$^{44}$ | vei$^{44}$ | vei$^{44}$ | vei$^{44}$ | vei$^{44}$ | vei$^{44}$ |
| 飞 | fei$^{132}$ | fei$^{132}$ | fei$^{213}$ | fei$^{213}$ | fei$^{44}$ | fei$^{13}$ | fei$^{13}$ | fei$^{31}$ |
| 费 | fei$^{44}$ | fei$^{44}$ | fei$^{44}$ | fei$^{44}$ | fei$^{44}$ | fei$^{44}$ | fei$^{44}$ | fei$^{44}$ |
| 肥 | fei$^{132}$ | fei$^{132}$ | fei$^{13}$ | fei$^{13}$ | fei$^{35}$ | fei$^{13}$ | fei$^{13}$ | fei$^{35}$ |
| 尾 | vei$^{52}$ | vei$^{52}$ | vei$^{52}$ | vei$^{52}$ | vei$^{52}$ | vei$^{52}$ | vei$^{52}$ | vei$^{52}$ |
| 味 | vei$^{44}$ | vei$^{44}$ | vei$^{44}$ | vei$^{44}$ | vei$^{44}$ | vei$^{44}$ | vei$^{44}$ | vei$^{44}$ |
| 鬼 | kuei$^{52}$ | kuei$^{52}$ | kuei$^{52}$ | kuei$^{52}$ | kuei$^{52}$ | kuei$^{52}$ | kuei$^{52}$ | kuei$^{52}$ |
| 贵 | kuei$^{44}$ | kuei$^{44}$ | kuei$^{44}$ | kuei$^{44}$ | kuei$^{44}$ | kuei$^{44}$ | kuei$^{44}$ | kuei$^{44}$ |
| 围 | vei$^{132}$ | vei$^{132}$ | vei$^{13}$ | vei$^{13}$ | vei$^{35}$ | vei$^{13}$ | vei$^{13}$ | vei$^{35}$ |
| 胃 | vei$^{44}$ | vei$^{44}$ | vei$^{44}$ | vei$^{44}$ | vei$^{44}$ | vei$^{44}$ | vei$^{44}$ | vei$^{44}$ |
| 宝 | pɔ$^{52}$ | pɔ$^{52}$ | pɔ$^{52}$ | pɔ$^{52}$ | pɔ$^{52}$ | pɔ$^{52}$ | pɔ$^{52}$ | pɔ$^{52}$ |
| 抱 | pɔ$^{44}$ | pɔ$^{44}$ | pɔ$^{44}$ | pɔ$^{44}$ | pɔ$^{44}$ | pɔ$^{44}$ | pɔ$^{44}$ | pɔ$^{44}$ |
| 毛 | mɔ$^{132}$ | mɔ$^{132}$ | mɔ$^{13}$ | mɔ$^{13}$ | mɔ$^{35}$ | mɔ$^{13}$ | mɔ$^{13}$ | mɔ$^{35}$ |
| 帽 | mɔ$^{44}$ | mɔ$^{44}$ | mɔ$^{44}$ | mɔ$^{44}$ | mɔ$^{44}$ | mɔ$^{44}$ | mɔ$^{44}$ | mɔ$^{44}$ |
| 刀 | tɔ$^{132}$ | tɔ$^{132}$ | tɔ$^{213}$ | tɔ$^{213}$ | tɔ$^{31}$ | tɔ$^{13}$ | tɔ$^{13}$ | tɔ$^{31}$ |
| 讨 | tʰɔ$^{52}$ | tʰɔ$^{52}$ | tʰɔ$^{52}$ | tʰɔ$^{52}$ | tʰɔ$^{52}$ | tʰɔ$^{52}$ | tʰɔ$^{52}$ | tʰɔ$^{52}$ |
| 桃 | tʰɔ$^{132}$ | tʰɔ$^{132}$ | tʰɔ$^{13}$ | tʰɔ$^{13}$ | tʰɔ$^{35}$ | tʰɔ$^{13}$ | tʰɔ$^{13}$ | tʰɔ$^{35}$ |
| 道 | tɔ$^{52}$ | tɔ$^{44}$ | tɔ$^{44}$ | tɔ$^{44}$ | tɔ$^{52}$ | tɔ$^{44}$ | tɔ$^{52}$ | tɔ$^{52}$ |
| 脑 | nɔ$^{52}$ | nɔ$^{52}$ | nɔ$^{52}$ | nɔ$^{52}$ | nɔ$^{52}$ | nɔ$^{52}$ | nɔ$^{52}$ | nɔ$^{52}$ |
| 老 | lɔ$^{52}$ | lɔ$^{52}$ | lɔ$^{52}$ | lɔ$^{52}$ | lɔ$^{52}$ | lɔ$^{52}$ | lɔ$^{52}$ | lɔ$^{52}$ |
| 早 | tsɔ$^{52}$ | tsɔ$^{52}$ | tsɔ$^{52}$ | tsɔ$^{52}$ | tsɔ$^{52}$ | tsɔ$^{52}$ | tsɔ$^{52}$ | tsɔ$^{52}$ |
| 灶 | tsɔ$^{44}$ | tsɔ$^{44}$ | tsɔ$^{44}$ | tsɔ$^{44}$ | tsɔ$^{44}$ | tsɔ$^{44}$ | tsɔ$^{44}$ | tsɔ$^{44}$ |
| 草 | tsʰɔ$^{52}$ | tsʰɔ$^{52}$ | tsʰɔ$^{52}$ | tsʰɔ$^{52}$ | tsʰɔ$^{52}$ | tsʰɔ$^{52}$ | tsʰɔ$^{52}$ | tsʰɔ$^{52}$ |
| 糙粗~ | tsʰɔ$^{44}$ | tsʰɔ$^{44}$ | tsʰɔ$^{44}$ | tsʰɔ$^{44}$ | tsʰɔ$^{44}$ | tsʰɔ$^{44}$ | tsʰɔ$^{13}$ | tsʰɔ$^{44}$ |
| 造 | tsɔ$^{44}$ | tsɔ$^{44}$ | tsɔ$^{44}$ | tsɔ$^{44}$ | tsʰɔ$^{44}$ | tsɔ$^{44}$ | tsɔ$^{44}$ | tsɔ$^{44}$ |
| 嫂 | sɔ$^{52}$ | sɔ$^{52}$ | sɔ$^{52}$ | sɔ$^{52}$ | sɔ$^{52}$ | sɔ$^{52}$ | sɔ$^{52}$ | sɔ$^{52}$ |
| 高 | kɔ$^{132}$ | kɔ$^{132}$ | kɔ$^{213}$ | kɔ$^{213}$ | kɔ$^{44}$ | kɔ$^{13}$ | kɔ$^{13}$ | kɔ$^{31}$ |
| 靠 | kʰɔ$^{44}$ | kʰɔ$^{44}$ | kʰɔ$^{44}$ | kʰɔ$^{44}$ | kʰɔ$^{44}$ | kʰɔ$^{44}$ | kʰɔ$^{44}$ | kʰɔ$^{44}$ |

| | 固原<sub>开城</sub> | 海原<sub>李旺</sub> | 彭阳<sub>城阳</sub> | 同心<sub>张家垣</sub> | 盐池<sub>麻黄山</sub> | 西吉<sub>硝河</sub> | 隆德<sub>温堡</sub> | 泾源<sub>新民</sub> |
|---|---|---|---|---|---|---|---|---|
| 熬 | $nɔ^{132}$ | $nɔ^{132}$ | $nɔ^{13}$ | $nɔ^{13}$ | $nɔ^{35}$ | $ŋɔ^{13}$ | $ŋɔ^{13}$ | $ŋɔ^{35}$ |
| 好~坏 | $xɔ^{52}$ | $xɔ^{52}$ | $xɔ^{52}$ | $xɔ^{52}$ | $xɔ^{52}$ | $xɔ^{52}$ | $xɔ^{52}$ | $xɔ^{52}$ |
| 号名词 | $xɔ^{44}$ | $xɔ^{44}$ | $xɔ^{44}$ | $xɔ^{44}$ | $xɔ^{44}$ | $xɔ^{44}$ | $xɔ^{44}$ | $xɔ^{44}$ |
| 包 | $pɔ^{132}$ | $pɔ^{132}$ | $pɔ^{213}$ | $pɔ^{213}$ | $pɔ^{31}$ | $pɔ^{13}$ | $pɔ^{13}$ | $pɔ^{31}$ |
| 饱 | $pɔ^{52}$ | $pɔ^{52}$ | $pɔ^{52}$ | $pɔ^{52}$ | $pɔ^{52}$ | $pɔ^{52}$ | $pɔ^{52}$ | $pɔ^{52}$ |
| 炮枪~ | $pʰɔ^{44}$ | $pʰɔ^{44}$ | $pʰɔ^{44}$ | $pʰɔ^{44}$ | $pʰɔ^{44}$ | $pʰɔ^{44}$ | $pʰɔ^{44}$ | $pʰɔ^{44}$ |
| 猫 | $mɔ^{44}$ | $mɔ^{132}$ | $mɔ^{13}$ | $mɔ^{13}$ | $mɔ^{35}$ | $mɔ^{13}$ | $mɔ^{13}$ | $mɔ^{35}$ |
| 闹 | $nɔ^{44}$ | $nɔ^{44}$ | $nɔ^{44}$ | $nɔ^{44}$ | $nɔ^{44}$ | $nɔ^{44}$ | $nɔ^{44}$ | $nɔ^{44}$ |
| 罩 | $tsɔ^{44}$ | $tsɔ^{44}$ | $tsɔ^{44}$ | $tsɔ^{44}$ | $tsɔ^{44}$ | $tsɔ^{44}$ | $tsɔ^{44}$ | $tsɔ^{44}$ |
| 抓 | $tʂua^{132}$ | $tʃua^{132}$ | $tʃua^{213}$ | $tʂua^{213}$ | $tʃua^{44}$ | $tʃua^{13}$ | $tʃua^{13}$ | $tʃua^{31}$ |
| 找~钱 | $tsɔ^{52}$ | $tsɔ^{52}$ | $tsɔ^{52}$ | $tsɔ^{52}$ | $tsɔ^{52}$ | $tsɔ^{52}$ | $tsɔ^{52}$ | $tsɔ^{52}$ |
| 抄 | $tsʰɔ^{132}$ | $tsʰɔ^{132}$ | $tsʰɔ^{213}$ | $tsʰɔ^{213}$ | $tsʰɔ^{31}$ | $tsʰɔ^{13}$ | $tsʰɔ^{13}$ | $tsʰɔ^{31}$ |
| 交 | $tɕiɔ^{132}$ | $tɕiɔ^{132}$ | $tɕiɔ^{213}$ | $tɕiɔ^{213}$ | $tɕiɔ^{44}$ | $tɕiɔ^{13}$ | $tɕiɔ^{13}$ | $tɕiɔ^{31}$ |
| 敲 | $tɕʰiɔ^{132}$ | $tɕʰiɔ^{132}$ | $tɕʰiɔ^{213}$ | $tɕʰiɔ^{213}$ | $tɕʰiɔ^{44}$ | $tɕʰiɔ^{13}$ | $tɕʰiɔ^{13}$ | $tɕʰiɔ^{31}$ |
| 孝 | $ɕiɔ^{44}$ | $ɕiɔ^{44}$ | $ɕiɔ^{44}$ | $ɕiɔ^{44}$ | $ɕiɔ^{35}$ | $ɕiɔ^{44}$ | $ɕiɔ^{44}$ | $ɕiɔ^{44}$ |
| 校学~ | $ɕiɔ^{44}$ | $ɕiɔ^{44}$ | $ɕiɔ^{44}$ | $ɕiɔ^{44}$ | $ɕiɔ^{44}$ | $ɕiɔ^{44}$ | $ɕiɔ^{44}$ | $ɕiɔ^{44}$ |
| 表手~ | $piɔ^{52}$ | $piɔ^{52}$ | $piɔ^{52}$ | $piɔ^{52}$ | $piɔ^{52}$ | $piɔ^{52}$ | $piɔ^{52}$ | $piɔ^{52}$ |
| 票 | $pʰiɔ^{44}$ | $pʰiɔ^{44}$ | $pʰiɔ^{44}$ | $pʰiɔ^{44}$ | $pʰiɔ^{35}$ | $pʰiɔ^{44}$ | $pʰiɔ^{44}$ | $pʰiɔ^{44}$ |
| 庙 | $miɔ^{44}$ | $miɔ^{44}$ | $miɔ^{44}$ | $miɔ^{44}$ | $miɔ^{44}$ | $miɔ^{44}$ | $miɔ^{44}$ | $miɔ^{44}$ |
| 焦 | $tɕiɔ^{132}$ | $tɕiɔ^{132}$ | $tɕiɔ^{213}$ | $tɕiɔ^{213}$ | $tɕiɔ^{31}$ | $tɕiɔ^{13}$ | $tɕiɔ^{13}$ | $tɕiɔ^{31}$ |
| 小 | $ɕiɔ^{52}$ | $ɕiɔ^{52}$ | $ɕiɔ^{52}$ | $ɕiɔ^{52}$ | $ɕiɔ^{52}$ | $ɕiɔ^{52}$ | $ɕiɔ^{52}$ | $ɕiɔ^{52}$ |
| 笑 | $ɕiɔ^{44}$ | $ɕiɔ^{44}$ | $ɕiɔ^{44}$ | $ɕiɔ^{44}$ | $ɕiɔ^{35}$ | $ɕiɔ^{44}$ | $ɕiɔ^{44}$ | $ɕiɔ^{44}$ |
| 朝~代 | $tʂʰɔ^{132}$ | $tʂʰɔ^{132}$ | $tʂʰɔ^{13}$ | $tʂʰɔ^{13}$ | $tʂʰɔ^{35}$ | $tʂʰɔ^{13}$ | $tʂʰɔ^{13}$ | $tʂʰɔ^{35}$ |
| 照 | $tʂɔ^{44}$ | $tʂɔ^{44}$ | $tʂɔ^{44}$ | $tʂɔ^{44}$ | $tʂɔ^{44}$ | $tʂɔ^{44}$ | $tʂɔ^{44}$ | $tʂɔ^{44}$ |
| 烧 | $ʂɔ^{132}$ | $ʂɔ^{132}$ | $ʂɔ^{213}$ | $ʂɔ^{213}$ | $ʂɔ^{31}$ | $ʂɔ^{13}$ | $ʂɔ^{13}$ | $ʂɔ^{31}$ |
| 绕~线 | $ʐɔ^{44}$ | $ʐɔ^{44}$ | $ʐɔ^{44}$ | $ʐɔ^{44}$ | $ʐɔ^{35}$ | $ʐɔ^{44}$ | $ʐɔ^{44}$ | $ʐɔ^{44}$ |
| 桥 | $tɕʰiɔ^{132}$ | $tɕʰiɔ^{132}$ | $tɕʰiɔ^{13}$ | $tɕʰiɔ^{13}$ | $tɕʰiɔ^{35}$ | $tɕʰiɔ^{13}$ | $tɕʰiɔ^{13}$ | $tɕʰiɔ^{35}$ |
| 轿 | $tɕʰiɔ^{44}$ | $tɕʰiɔ^{44}$ | $tɕiɔ^{44}$ | $tɕiɔ^{44}$ | $tɕiɔ^{44}$ | $tɕʰiɔ^{44}$ | $tɕiɔ^{44}$ | $tɕʰiɔ^{44}$ |
| 腰 | $iɔ^{132}$ | $iɔ^{132}$ | $iɔ^{213}$ | $iɔ^{213}$ | $iɔ^{44}$ | $iɔ^{13}$ | $iɔ^{13}$ | $iɔ^{31}$ |
| 要重~ | $iɔ^{44}$ | $iɔ^{44}$ | $iɔ^{44}$ | $iɔ^{44}$ | $iɔ^{44}$ | $iɔ^{44}$ | $iɔ^{44}$ | $iɔ^{44}$ |
| 摇 | $iɔ^{132}$ | $iɔ^{132}$ | $iɔ^{13}$ | $iɔ^{13}$ | $iɔ^{35}$ | $iɔ^{13}$ | $iɔ^{13}$ | $iɔ^{35}$ |

| | 固原开城 | 海原李旺 | 彭阳城阳 | 同心张家垣 | 盐池麻黄山 | 西吉硝河 | 隆德温堡 | 泾源新民 |
|---|---|---|---|---|---|---|---|---|
| 鸟 | ȵiɔ52 | ȵiɔ52 | ȵiɔ52 | ȵiɔ52 | ȵiɔ52 | ȵiɔ52 | ȵiɔ52 | ȵiɔ52 |
| 钓 | tiɔ44 | tiɔ44 | tiɔ44 | tiɔ44 | tiɔ44 | tɕiɔ44 | tiɔ44 | tɕiɔ44 |
| 条 | tʰiɔ132 | tʰiɔ132 | tʰiɔ13 | tʰiɔ13 | tʰiɔ35 | tɕʰiɔ13 | tʰiɔ13 | tɕʰiɔ35 |
| 料 | liɔ44 | liɔ44 | liɔ44 | liɔ44 | liɔ44 | liɔ44 | liɔ44 | liɔ44 |
| 萧 | ɕiɔ132 | ɕiɔ132 | ɕiɔ213 | ɕiɔ213 | ɕiɔ44 | ɕiɔ13 | ɕiɔ13 | ɕiɔ31 |
| 叫 | tɕiɔ44 | tɕiɔ44 | tɕiɔ44 | tɕiɔ44 | tɕiɔ35 | tɕiɔ44 | tɕiɔ44 | tɕiɔ44 |
| 母 | mu52 | mu52 | mu52 | mu52 | mu52 | mu52 | mu52 | mu52 |
| 抖 | təu52 | tʰəu52 | təu52 | təu52 | təu52 | təu52 | təu52 | təu52 |
| 偷 | tʰəu132 | tʰəu132 | tʰəu213 | tʰəu213 | tʰəu31 | tʰəu13 | tʰəu13 | tʰəu31 |
| 头 | tʰəu132 | tʰəu132 | tʰəu13 | tʰəu13 | tʰəu35 | tʰəu13 | tʰəu13 | tʰəu35 |
| 豆 | təu44 | təu44 | təu44 | təu44 | təu44 | təu44 | təu44 | təu44 |
| 楼 | lu132 | lu132 | lu13 | lu13 | ləu35 | lu13 | lu13 | lu35 |
| 走 | tsəu52 | tsəu52 | tsəu52 | tsəu52 | tsəu52 | tsəu52 | tsəu52 | tsəu52 |
| 凑 | tsʰəu44 | tsʰəu44 | tsʰəu44 | tsʰəu44 | tsʰəu44 | tsʰəu44 | tsʰəu44 | tsʰəu44 |
| 钩 | kəu132 | kəu132 | kəu213 | kəu213 | kəu31 | kəu13 | kəu13 | kəu31 |
| 狗 | kəu52 | kəu52 | kəu52 | kəu52 | kəu52 | kəu52 | kəu52 | kəu52 |
| 够 | kəu44 | kəu44 | kəu44 | kəu44 | kəu44 | kəu44 | kəu44 | kəu44 |
| 口 | kʰəu52 | kʰəu52 | kʰəu52 | kʰəu52 | kʰəu52 | kʰəu52 | kʰəu52 | kʰəu52 |
| 藕 | əu52 | nəu52 | nəu52 | əu52 | nəu52 | ŋəu52 | ŋəu52 | ŋəu52 |
| 后前~ | xəu44 | xəu44 | xəu44 | xəu44 | xəu44 | xəu44 | xəu44 | xəu44 |
| 厚 | xəu44 | xəu44 | xəu44 | xəu44 | xəu44 | xəu44 | xəu44 | xəu44 |
| 富 | fu44 | fu44 | fu44 | fu44 | fu44 | fu44 | fu44 | fu44 |
| 副 | fu44 | fu44 | fu44 | fu44 | fu44 | fu44 | fu44 | fu44 |
| 浮 | fu132 | fu132 | fu13 | fu13 | fu35 | fu13 | fu13 | fu35 |
| 妇 | fu44 | fu44 | fu44 | fu44 | fu44 | fu44 | fu44 | fu44 |
| 流 | liəu132 | liəu132 | liəu13 | liəu13 | liəu35 | liəu13 | liəu13 | liəu35 |
| 酒 | tɕiəu52 | tɕiəu52 | tɕiəu52 | tɕiəu52 | tɕiəu52 | tɕiəu52 | tɕiəu52 | tɕiəu52 |
| 修 | ɕiəu132 | ɕiəu132 | ɕiəu213 | ɕiəu213 | ɕiəu31 | ɕiəu13 | ɕiəu13 | ɕiəu31 |
| 袖 | ɕiəu44 | ɕiəu44 | ɕiəu44 | ɕiəu44 | ɕiəu44 | ɕiəu44 | ɕiəu44 | ɕiəu44 |
| 抽 | tʂʰəu132 | tʂʰəu132 | tʂʰəu213 | tʂʰəu213 | tʂʰəu31 | tʂʰəu13 | tʂʰəu13 | tʂʰəu31 |
| 稠 | tʂʰəu132 | tʂʰəu132 | tʂʰəu13 | tʂʰəu13 | tʂʰəu35 | tʂʰəu13 | tʂʰəu13 | tʂʰəu35 |

续表

| | 固原开城 | 海原李旺 | 彭阳城阳 | 同心张家垣 | 盐池麻黄山 | 西吉硝河 | 隆德温堡 | 泾源新民 |
|---|---|---|---|---|---|---|---|---|
| 愁 | tsʰəu132 | tsʰəu132 | tsʰəu13 | tsʰəu13 | tsʰəu35 | tsʰəu13 | tsʰəu13 | tsʰəu35 |
| 瘦 | səu44 | səu44 | səu44 | səu44 | səu44 | səu44 | səu44 | səu44 |
| 州 | tʂəu132 | tʂəu132 | tʂəu213 | tʂəu213 | tʂəu31 | tʂəu13 | tʂəu13 | tʂəu31 |
| 臭香~ | tʂʰəu44 | tʂʰəu44 | tʂʰəu44 | tʂʰəu44 | tʂʰəu44 | tʂʰəu44 | tʂʰəu44 | tʂʰəu44 |
| 手 | ʂəu52 | ʂəu52 | ʂəu52 | ʂəu52 | ʂəu52 | ʂəu52 | ʂəu52 | ʂəu52 |
| 寿 | ʂəu44 | ʂəu44 | ʂəu44 | ʂəu44 | ʂəu44 | ʂəu44 | ʂəu44 | ʂəu44 |
| 九 | tɕiəu52 | tɕiəu52 | tɕiəu52 | tɕiəu52 | tɕiəu52 | tɕiəu52 | tɕiəu52 | tɕiəu52 |
| 球 | tɕʰiəu132 | tɕʰiəu132 | tɕʰiəu13 | tɕʰiəu13 | tɕʰiəu35 | tɕʰiəu13 | tɕʰiəu13 | tɕʰiəu35 |
| 舅 | tɕiəu44 | tɕiəu44 | tɕiəu44 | tɕiəu44 | tɕiəu44 | tɕiəu44 | tɕiəu44 | tɕiəu44 |
| 旧 | tɕiəu44 | tɕʰiəu44 | tɕʰiəu44 | tɕiəu44 | tɕiəu44 | tɕʰiəu44 | tɕʰiəu44 | tɕʰiəu44 |
| 牛 | ȵiəu132 | ȵiəu132 | ȵiəu13 | ȵiəu13 | ȵiəu35 | ȵiəu13 | ȵiəu13 | ȵiəu35 |
| 休 | ɕiəu132 | ɕiəu132 | ɕiəu213 | ɕiəu213 | ɕiəu31 | ɕiəu13 | ɕiəu13 | ɕiəu31 |
| 优 | iəu132 | iəu132 | iəu213 | iəu213 | iəu44 | iəu13 | iəu13 | iəu31 |
| 有 | iəu52 | iəu52 | iəu52 | iəu52 | iəu52 | iəu52 | iəu52 | iəu52 |
| 右 | iəu52 | iəu44 | iəu44 | iəu44 | iəu44 | iəu44 | iəu52 | iəu44 |
| 油 | iəu132 | iəu132 | iəu13 | iəu13 | iəu35 | iəu13 | iəu13 | iəu35 |
| 丢 | tiəu132 | tiəu132 | tiəu213 | tiəu213 | tiəu31 | tɕiəu13 | tiəu13 | tiəu31 |
| 幼 | iəu44 | iəu44 | iəu44 | iəu44 | iəu44 | iəu44 | iəu44 | iəu44 |
| 贪 | tʰæ132 | tʰæ132 | tʰæ213 | tʰæ213 | tʰæ31 | tʰæ13 | tʰæ13 | tʰæ31 |
| 潭 | tʰæ132 | tʰæ132 | tʰæ13 | tʰæ13 | tʰæ35 | tʰæ13 | tʰæ13 | tʰæ35 |
| 南 | næ132 | næ132 | næ13 | næ13 | næ35 | næ13 | næ13 | næ35 |
| 蚕 | tsʰæ132 | tsʰæ132 | tsʰæ13 | tsʰæ13 | tsʰæ35 | tsʰæ13 | tsʰæ13 | tsʰæ35 |
| 感 | kæ52 | kæ52 | kæ52 | kæ52 | kæ52 | kæ52 | kæ52 | kæ52 |
| 含 | xæ132 | xæ132 | xæ13 | xæ13 | xæ35 | xæ13 | xæ13 | xæ35 |
| 暗 | næ52 | næ44 | næ44 | næ44 | næ44 | ŋæ44 | ŋæ44 | ŋæ44 |
| 搭 | ta132 | ta132 | ta213 | ta213 | ta31 | ta13 | ta13 | ta35 |
| 踏 | tʰa132 | tʰa132 | tʰa213 | tʰa213 | tʰa31 | tʰa13 | tʰa13 | tʰa35 |
| 拉 | la132 | la132 | la213 | la213 | la31 | la13 | la13 | la31 |
| 杂 | tsa132 | tsa132 | tsa13 | tsa13 | tsa35 | tsa13 | tsa13 | tsa35 |
| 鸽 | kə132 | kə132 | kuə213 | kə213 | kuə31 | kə13 | kə13 | kə31 |
| 盒 | xuə132 | xə132 | xuə13 | xə13 | xuə35 | xə13 | xuə13 | xuə35 |

| | 固原开城 | 海原李旺 | 彭阳城阳 | 同心张家垣 | 盐池麻黄山 | 西吉硝河 | 隆德温堡 | 泾源新民 |
|---|---|---|---|---|---|---|---|---|
| 胆 | tæ̃$^{52}$ | tæ̃$^{52}$ | tæ̃$^{52}$ | tæ̃$^{52}$ | tæ̃$^{52}$ | tæ̃$^{52}$ | tæ̃$^{52}$ | tæ̃$^{52}$ |
| 毯 | tʰæ̃$^{52}$ | tʰæ̃$^{52}$ | tʰæ̃$^{52}$ | tʰæ̃$^{52}$ | tʰæ̃$^{52}$ | tʰæ̃$^{52}$ | tʰæ̃$^{52}$ | tʰæ̃$^{52}$ |
| 淡 | tʰæ̃$^{44}$ | tʰæ̃$^{44}$ | tʰæ̃$^{44}$ | tʰæ̃$^{44}$ | tʰæ̃$^{35}$ | tʰæ̃$^{44}$ | tʰæ̃$^{44}$ | tʰæ̃$^{44}$ |
| 蓝 | læ̃$^{132}$ | læ̃$^{132}$ | læ̃$^{13}$ | læ̃$^{13}$ | læ̃$^{35}$ | læ̃$^{13}$ | læ̃$^{13}$ | læ̃$^{35}$ |
| 三 | sæ̃$^{132}$ | sæ̃$^{132}$ | sæ̃$^{213}$ | sæ̃$^{213}$ | sæ̃$^{44}$ | sæ̃$^{13}$ | sæ̃$^{13}$ | sæ̃$^{31}$ |
| 甘 | kæ̃$^{132}$ | kæ̃$^{132}$ | kæ̃$^{213}$ | kæ̃$^{213}$ | kæ̃$^{44}$ | kæ̃$^{13}$ | kæ̃$^{13}$ | kæ̃$^{31}$ |
| 敢 | kæ̃$^{52}$ | kæ̃$^{52}$ | kæ̃$^{52}$ | kæ̃$^{52}$ | kæ̃$^{52}$ | kæ̃$^{52}$ | kæ̃$^{52}$ | kæ̃$^{52}$ |
| 喊 | xæ̃$^{52}$ | xæ̃$^{52}$ | xæ̃$^{52}$ | xæ̃$^{52}$ | xæ̃$^{52}$ | xæ̃$^{52}$ | xæ̃$^{52}$ | xæ̃$^{52}$ |
| 塔 | tʰa$^{132}$ | tʰa$^{132}$ | tʰa$^{213}$ | tʰa$^{213}$ | tʰa$^{35}$ | tʰa$^{13}$ | tʰa$^{13}$ | tʰa$^{13}$ |
| 蜡 | la$^{132}$ | la$^{132}$ | la$^{213}$ | la$^{213}$ | la$^{35}$ | la$^{13}$ | la$^{13}$ | la$^{31}$ |
| 赚 | tʂuæ̃$^{44}$ | tʃuæ̃$^{44}$ | tʃuæ̃$^{44}$ | tʂuæ̃$^{44}$ | tʃuæ̃$^{44}$ | tʃuæ̃$^{44}$ | tʃuæ̃$^{44}$ | tʃuæ̃$^{44}$ |
| 杉~木 | sæ̃$^{132}$ | sæ̃$^{132}$ | sæ̃$^{213}$ | sæ̃$^{213}$ | sæ̃$^{31}$ | sæ̃$^{13}$ | sæ̃$^{13}$ | sæ̃$^{31}$ |
| 减 | tɕiæ̃$^{52}$ | tɕiæ̃$^{52}$ | tɕiæ̃$^{52}$ | tɕiæ̃$^{52}$ | tɕiæ̃$^{52}$ | tɕiæ̃$^{52}$ | tɕiæ̃$^{52}$ | tɕiæ̃$^{52}$ |
| 咸~淡 | xæ̃$^{132}$ | xæ̃$^{132}$ | xæ̃$^{13}$ | xæ̃$^{13}$ | xæ̃$^{35}$ | xæ̃$^{13}$ | xæ̃$^{13}$ | xæ̃$^{35}$ |
| 插 | tsʰa$^{132}$ | tsʰa$^{132}$ | tsʰa$^{213}$ | tsʰa$^{213}$ | tsʰa$^{31}$ | tsʰa$^{13}$ | tsʰa$^{13}$ | tsʰa$^{31}$ |
| 闸 | tsa$^{44}$ | tsa$^{44}$ | tsa$^{44}$ | tsa$^{44}$ | tsa$^{35}$ | tsa$^{44}$ | tsa$^{44}$ | tsa$^{44}$ |
| 夹 | tɕia$^{132}$ | tɕia$^{132}$ | tɕia$^{213}$ | tɕia$^{213}$ | tɕia$^{35}$ | tɕia$^{13}$ | tɕia$^{13}$ | tɕia$^{31}$ |
| 衫 | sæ̃$^{132}$ | sæ̃$^{132}$ | sæ̃$^{213}$ | sæ̃$^{213}$ | sæ̃$^{44}$ | sæ̃$^{13}$ | sæ̃$^{13}$ | sæ̃$^{31}$ |
| 监~督 | tɕiæ̃$^{132}$ | tɕiæ̃$^{132}$ | tɕiæ̃$^{213}$ | tɕiæ̃$^{213}$ | tɕiæ̃$^{44}$ | tɕiæ̃$^{13}$ | tɕiæ̃$^{13}$ | tɕiæ̃$^{31}$ |
| 岩 | iæ̃$^{132}$ | iæ̃$^{132}$ | iæ̃$^{13}$ | iæ̃$^{13}$ | iæ̃$^{35}$ | iæ̃$^{13}$ | iæ̃$^{13}$ | iæ̃$^{35}$ |
| 甲 | tɕia$^{132}$ | tɕia$^{132}$ | tɕia$^{213}$ | tɕia$^{213}$ | tɕia$^{31}$ | tɕia$^{13}$ | tɕia$^{13}$ | tɕia$^{31}$ |
| 鸭 | ia$^{132}$ | ia$^{132}$ | ia$^{213}$ | ia$^{213}$ | ia$^{31}$ | ia$^{13}$ | ia$^{13}$ | ia$^{31}$ |
| 黏~得很 | ȵiæ̃$^{132}$ | ȵiæ̃$^{132}$ | ȵiæ̃$^{13}$ | ȵiæ̃$^{13}$ | miæ̃$^{35}$ | ȵiæ̃$^{13}$ | ȵiæ̃$^{13}$ | ȵiæ̃$^{35}$ |
| 尖 | tɕiæ̃$^{132}$ | tɕiæ̃$^{132}$ | tɕiæ̃$^{213}$ | tɕiæ̃$^{213}$ | tɕiæ̃$^{31}$ | tɕiæ̃$^{13}$ | tɕiæ̃$^{13}$ | tɕiæ̃$^{31}$ |
| 签 | tɕʰiæ̃$^{132}$ | tɕʰiæ̃$^{132}$ | tɕʰiæ̃$^{213}$ | tɕʰiæ̃$^{213}$ | tɕʰiæ̃$^{31}$ | tɕʰiæ̃$^{13}$ | tɕʰiæ̃$^{13}$ | tɕʰiæ̃$^{31}$ |
| 占~领 | tʂæ̃$^{44}$ | tʂæ̃$^{44}$ | tʂæ̃$^{44}$ | tʂæ̃$^{44}$ | tʂæ̃$^{44}$ | tʂæ̃$^{44}$ | tʂæ̃$^{44}$ | tʂæ̃$^{44}$ |
| 染 | ʐæ̃$^{52}$ | ʐæ̃$^{52}$ | ʐæ̃$^{52}$ | ʐæ̃$^{52}$ | ʐæ̃$^{52}$ | ʐæ̃$^{52}$ | ʐæ̃$^{52}$ | ʐæ̃$^{52}$ |
| 钳 | tɕʰiæ̃$^{132}$ | tɕʰiæ̃$^{132}$ | tɕʰiæ̃$^{13}$ | tɕʰiæ̃$^{13}$ | tɕʰiæ̃$^{35}$ | tɕʰiæ̃$^{13}$ | tɕʰiæ̃$^{13}$ | tɕʰiæ̃$^{35}$ |
| 验 | iæ̃$^{52}$ | iæ̃$^{44}$ | iæ̃$^{44}$ | iæ̃$^{44}$ | iæ̃$^{44}$ | iæ̃$^{44}$ | iæ̃$^{44}$ | iæ̃$^{44}$ |
| 险 | ɕiæ̃$^{52}$ | ɕiæ̃$^{52}$ | ɕiæ̃$^{52}$ | ɕiæ̃$^{52}$ | ɕiæ̃$^{52}$ | ɕiæ̃$^{52}$ | ɕiæ̃$^{52}$ | ɕiæ̃$^{52}$ |
| 厌 | iæ̃$^{44}$ | iæ̃$^{44}$ | iæ̃$^{44}$ | iæ̃$^{44}$ | iæ̃$^{44}$ | iæ̃$^{44}$ | iæ̃$^{44}$ | iæ̃$^{44}$ |

续表

| | 固原开城 | 海原李旺 | 彭阳城阳 | 同心张家垣 | 盐池麻黄山 | 西吉硝河 | 隆德温堡 | 泾源新民 |
|---|---|---|---|---|---|---|---|---|
| 炎 | iæ44 | iæ132 | iæ44 | iæ44 | iæ44 | iæ13 | iæ44 | iæ44 |
| 盐 | iæ132 | iæ132 | iæ13 | iæ13 | iæ35 | iæ13 | iæ13 | iæ35 |
| 接 | tɕiə132 | tɕiə132 | tɕiə213 | tɕiə213 | tɕiə35 | tɕiə13 | tɕiə13 | tɕiə31 |
| 折~叠 | tʂə132 | tʂə132 | tʂə13 | tʂə13 | tʂə35 | tʂə13 | tʂə13 | tʂə31 |
| 叶 | iə132 | iə132 | iə213 | iə213 | iə35 | iə13 | iə13 | iə31 |
| 剑 | tɕiæ44 | tɕiæ44 | tɕiæ44 | tɕiæ44 | tɕiæ44 | tɕiæ44 | tɕiæ44 | tɕiæ44 |
| 欠 | tɕʰiæ44 | tɕʰiæ44 | tɕʰiæ44 | tɕʰiæ44 | tɕʰiæ44 | tɕʰiæ44 | tɕʰiæ44 | tɕʰiæ44 |
| 严 | iæ132 | iæ132 | iæ13 | iæ13 | iæ35 | iæ13 | iæ13 | iæ35 |
| 业 | ȵiə132 | ȵiə132 | ȵiə213 | ȵiə213 | ȵiə31 | ȵiə13 | ȵiə13 | ȵiə31 |
| 点 | tiæ52 | tiæ52 | tiæ52 | tiæ52 | tiæ52 | tɕiæ52 | tiæ52 | tɕiæ52 |
| 店 | tiæ44 | tiæ44 | tiæ44 | tiæ44 | tiæ44 | tɕiæ44 | tiæ44 | tɕiæ44 |
| 添 | tʰiæ132 | tʰiæ132 | tʰiæ213 | tʰiæ213 | tʰiæ44 | tɕʰiæ13 | tʰiæ13 | tɕʰiæ31 |
| 甜 | tʰiæ132 | tʰiæ132 | tʰiæ13 | tʰiæ13 | tʰiæ35 | tɕʰiæ13 | tʰiæ13 | tɕʰiæ35 |
| 念 | ȵiæ44 | ȵiæ44 | ȵiæ44 | ȵiæ44 | ȵiæ44 | ȵiæ44 | ȵiæ44 | ȵiæ44 |
| 嫌 | ɕiæ132 | ɕiæ132 | ɕiæ13 | ɕiæ13 | ɕiæ35 | ɕiæ13 | ɕiæ13 | ɕiæ35 |
| 跌 | tiə132 | tiə132 | tiə213 | tiə213 | tiə35 | tɕiə13 | tiə13 | tɕiə31 |
| 贴 | tʰiə132 | tʰiə132 | tʰiə213 | tʰiə213 | tʰiə35 | tɕʰiə13 | tʰiə13 | tɕʰiə31 |
| 叠 | tiə132 | tiə132 | tiə213 | tiə213 | tiə35 | tɕiə13 | tiə13 | tɕiə35 |
| 协 | ɕiə132 | ɕiə132 | ɕiə13 | ɕiə13 | ɕiə35 | ɕiə13 | ɕiə13 | ɕiə31 |
| 犯 | fæ44 | fæ44 | fæ44 | fæ44 | fæ44 | fæ44 | fæ44 | fæ44 |
| 法方~ | fa132 | fa132 | fa213 | fa213 | fa35 | fa13 | fa13 | fa31 |
| 品 | pʰiŋ52 | pʰiŋ52 | pʰiŋ52 | pʰiŋ52 | pʰiŋ52 | pʰiŋ52 | pʰiŋ52 | pʰiŋ52 |
| 林 | liŋ132 | liŋ132 | liŋ13 | liŋ13 | liŋ35 | liŋ13 | liŋ13 | lin35 |
| 浸 | tɕʰiŋ44 | tɕʰiŋ52 | tɕʰiŋ44 | tɕʰiŋ44 | tɕiŋ44 | tɕʰiŋ44 | tɕʰiŋ52 | tɕʰin44 |
| 心 | ɕiŋ132 | ɕiŋ132 | ɕiŋ213 | ɕiŋ213 | ɕiŋ44 | ɕiŋ13 | ɕiŋ13 | ɕin31 |
| 寻 | ɕiŋ132 | ɕiŋ132 | ɕiŋ13 | ɕyŋ13 | ɕyŋ35 | ɕiŋ13 | ɕiŋ13 | ɕiŋ35 |
| 沉 | tʂʰəŋ132 | tʂʰəŋ132 | tʂʰəŋ13 | tʂʰəŋ13 | tʂʰəŋ35 | tʂʰəŋ13 | tʂʰəŋ13 | tʂʰəŋ35 |
| 参人~ | səŋ132 | səŋ132 | səŋ213 | səŋ213 | səŋ31 | səŋ13 | səŋ13 | səŋ31 |
| 针 | tʂəŋ132 | tʂəŋ132 | tʂəŋ213 | tʂəŋ213 | tʂəŋ31 | tʂəŋ13 | tʂəŋ13 | tʂəŋ31 |
| 深 | ʂəŋ132 | ʂəŋ132 | ʂəŋ213 | ʂəŋ213 | ʂəŋ31 | ʂəŋ13 | ʂəŋ13 | ʂəŋ31 |
| 任责~ | ʐəŋ44 | ʐəŋ44 | ʐəŋ44 | ʐəŋ44 | ʐəŋ44 | ʐəŋ44 | ʐəŋ44 | ʐəŋ44 |

| | 固原开城 | 海原李旺 | 彭阳城阳 | 同心张家垣 | 盐池麻黄山 | 西吉硝河 | 隆德温堡 | 泾源新民 |
|---|---|---|---|---|---|---|---|---|
| 金 | tɕin¹³² | tɕiŋ¹³² | tɕiŋ²¹³ | tɕiŋ²¹³ | tɕiŋ⁴⁴ | tɕiŋ¹³ | tɕiŋ¹³ | tɕin³¹ |
| 琴 | tɕʰin¹³² | tɕʰiŋ¹³² | tɕʰiŋ¹³ | tɕʰiŋ¹³ | tɕʰiŋ³⁵ | tɕʰiŋ¹³ | tɕʰiŋ¹³ | tɕʰin³⁵ |
| 音 | in¹³² | iŋ¹³² | iŋ²¹³ | iŋ²¹³ | iŋ⁴⁴ | iŋ¹³ | iŋ¹³ | in³¹ |
| 立 | li¹³² | li¹³² | li²¹³ | li²¹³ | li³⁵ | li¹³ | li¹³ | li³¹ |
| 集赶~ | tɕi¹³² | tɕi¹³² | tɕi¹³ | tɕi¹³ | tɕi³⁵ | tɕʰi¹³ | tɕʰi¹³ | tɕʰi³¹ |
| 习 | ɕi¹³² | ɕi¹³² | ɕi¹³ | ɕi¹³ | ɕi³⁵ | ɕi¹³ | ɕi¹³ | ɕi³⁵ |
| 汁 | tʂʅ¹³² | tʂʅ¹³² | tʂʅ²¹³ | tʂʅ²¹³ | tʂʅ³¹ | tʂʅ¹³ | tʂʅ¹³ | tʂʅ³¹ |
| 十 | ʂʅ¹³² | ʂʅ¹³² | ʂʅ¹³ | ʂʅ¹³ | ʂʅ³⁵ | ʂʅ¹³ | ʂʅ¹³ | ʂʅ³⁵ |
| 入 | ʐu¹³² | ʒu¹³² | ʒu²¹³ | ʐu²¹³ | ʒu³⁵ | ʒu¹³ | ʒu¹³ | ʒu³¹ |
| 急 | tɕi¹³² | tɕi¹³² | tɕi¹³ | tɕi¹³ | tɕi³⁵ | tɕi¹³ | tɕi¹³ | tɕi³⁵ |
| 及 | tɕi¹³² | tɕi¹³² | tɕi¹³ | tɕi¹³ | tɕi³⁵ | tɕi¹³ | tɕi¹³ | tɕi³⁵ |
| 吸 | ɕi¹³² | ɕi¹³² | ɕi²¹³ | ɕi²¹³ | ɕi³⁵ | ɕi¹³ | ɕi¹³ | ɕi³¹ |
| 单简~ | tæ̃¹³² | tæ̃¹³² | tæ̃²¹³ | tæ̃²¹³ | tæ̃³¹ | tæ̃¹³ | tæ̃¹³ | tæ̃³¹ |
| 炭 | tʰæ̃⁴⁴ | tʰæ̃⁴⁴ | tʰæ̃⁴⁴ | tʰæ̃⁴⁴ | tʰæ̃⁴⁴ | tʰæ̃⁴⁴ | tʰæ̃⁴⁴ | tʰæ̃⁴⁴ |
| 弹~琴 | tʰæ̃¹³² | tʰæ̃¹³² | tʰæ̃¹³ | tʰæ̃¹³ | tʰæ̃³⁵ | tʰæ̃¹³ | tʰæ̃¹³ | tʰæ̃³⁵ |
| 难~易 | næ̃⁴⁴ | næ̃¹³² | næ̃¹³ | næ̃¹³ | næ̃⁴⁴ | læ̃¹³ | næ̃¹³ | næ̃⁴⁴ |
| 兰 | læ̃¹³² | læ̃¹³² | læ̃¹³ | læ̃¹³ | læ̃³⁵ | læ̃¹³ | læ̃¹³ | læ̃³⁵ |
| 懒 | læ̃⁵² | læ̃⁵² | læ̃⁵² | læ̃⁵² | læ̃⁵² | læ̃⁵² | læ̃⁵² | læ̃⁵² |
| 烂 | læ̃⁴⁴ | læ̃⁴⁴ | læ̃⁴⁴ | læ̃⁴⁴ | læ̃⁴⁴ | læ̃⁴⁴ | læ̃⁴⁴ | læ̃⁴⁴ |
| 伞 | sæ̃⁵² | sæ̃⁵² | sæ̃⁵² | sæ̃⁵² | sæ̃⁵² | sæ̃⁵² | sæ̃⁵² | sæ̃⁵² |
| 肝 | kæ̃¹³² | kæ̃¹³² | kæ̃²¹³ | kæ̃²¹³ | kæ̃⁴⁴ | kæ̃¹³ | kæ̃¹³ | kæ̃³¹ |
| 看~见 | kʰæ̃⁴⁴ | kʰæ̃⁴⁴ | kʰæ̃⁴⁴ | kʰæ̃⁴⁴ | kʰæ̃⁴⁴ | kʰæ̃⁴⁴ | kʰæ̃⁴⁴ | kʰæ̃⁴⁴ |
| 岸 | næ̃⁴⁴ | næ̃⁴⁴ | næ̃⁴⁴ | næ̃⁴⁴ | næ̃³⁵ | ŋæ̃⁴⁴ | ŋæ̃⁴⁴ | ŋæ̃⁴⁴ |
| 汉 | xæ̃⁴⁴ | xæ̃⁴⁴ | xæ̃⁴⁴ | xæ̃⁴⁴ | xæ̃⁴⁴ | xæ̃⁴⁴ | xæ̃⁴⁴ | xæ̃⁴⁴ |
| 汗 | xæ̃¹³² | xæ̃¹³² | xæ̃²¹³ | xæ̃²¹³ | xæ̃⁴⁴ | xæ̃¹³ | xæ̃¹³ | xæ̃³¹ |
| 安 | næ̃¹³² | næ̃¹³ | næ̃²¹³ | næ̃²¹³ | næ̃³¹ | ŋæ̃¹³ | ŋæ̃¹³ | ŋæ̃³¹ |
| 达 | ta¹³² | ta¹³² | ta¹³ | ta¹³ | ta³⁵ | ta¹³ | ta¹³ | ta³⁵ |
| 辣 | la¹³² | la¹³² | la²¹³ | la²¹³ | la³⁵ | la¹³ | la¹³ | la³¹ |
| 擦 | tsʰa¹³² | tsʰa¹³² | tsʰa²¹³ | tsʰa²¹³ | tsʰa³⁵ | tsʰa¹³ | tsʰa¹³ | tsʰa³¹ |
| 割 | kuə¹³² | kə¹³² | kuə²¹³ | kuə²¹³ | kuə³¹ | kə¹³ | kuə¹³ | kuə³¹ |
| 渴 | kʰə¹³² | kʰə¹³² | kʰə²¹³ | kʰə²¹³ | kʰuə³¹ | kʰə¹³ | kʰə¹³ | kʰə³¹ |

续表

| | 固原开城 | 海原李旺 | 彭阳城阳 | 同心张家垣 | 盐池麻黄山 | 西吉硝河 | 隆德温堡 | 泾源新民 |
|---|---|---|---|---|---|---|---|---|
| 扮 | $p\tilde{æ}^{132}$ | $p^h\tilde{æ}^{44}$ | $p\tilde{æ}^{44}$ | $p\tilde{æ}^{44}$ | $p\tilde{æ}^{44}$ | $p\tilde{æ}^{44}$ | $p^h\tilde{æ}^{13}$ | $p\tilde{æ}^{44}$ |
| 办 | $p\tilde{æ}^{44}$ | $p\tilde{æ}^{44}$ | $p\tilde{æ}^{44}$ | $p\tilde{æ}^{44}$ | $p\tilde{æ}^{44}$ | $p\tilde{æ}^{44}$ | $p\tilde{æ}^{44}$ | $p\tilde{æ}^{44}$ |
| 铲 | $ts^h\tilde{æ}^{52}$ | $ts^h\tilde{æ}^{52}$ | $ts^h\tilde{æ}^{52}$ | $ts^h\tilde{æ}^{52}$ | $ts\tilde{æ}^{52}$ | $ts^h\tilde{æ}^{52}$ | $ts^h\tilde{æ}^{52}$ | $ts\tilde{æ}^{52}$ |
| 山 | $s\tilde{æ}^{132}$ | $s\tilde{æ}^{132}$ | $s\tilde{æ}^{213}$ | $s\tilde{æ}^{213}$ | $s\tilde{æ}^{44}$ | $s\tilde{æ}^{13}$ | $s\tilde{æ}^{13}$ | $s\tilde{æ}^{31}$ |
| 产生~ | $ts^h\tilde{æ}^{52}$ | $ts^h\tilde{æ}^{52}$ | $ts^h\tilde{æ}^{52}$ | $ts^h\tilde{æ}^{52}$ | $ts^h\tilde{æ}^{52}$ | $ts^h\tilde{æ}^{52}$ | $ts^h\tilde{æ}^{52}$ | $ts^h\tilde{æ}^{52}$ |
| 间房~ | $tɕi\tilde{æ}^{132}$ | $tɕi\tilde{æ}^{132}$ | $tɕi\tilde{æ}^{213}$ | $tɕi\tilde{æ}^{213}$ | $tɕi\tilde{æ}^{52}$ | $tɕi\tilde{æ}^{13}$ | $tɕi\tilde{æ}^{13}$ | $tɕi\tilde{æ}^{31}$ |
| 眼 | $ȵi\tilde{æ}^{52}$ | $ȵi\tilde{æ}^{52}$ | $ȵi\tilde{æ}^{52}$ | $ȵi\tilde{æ}^{52}$ | $ȵi\tilde{æ}^{52}$ | $ȵi\tilde{æ}^{52}$ | $ȵi\tilde{æ}^{52}$ | $ȵi\tilde{æ}^{52}$ |
| 限 | $ɕi\tilde{æ}^{44}$ | $ɕi\tilde{æ}^{44}$ | $ɕi\tilde{æ}^{44}$ | $ɕi\tilde{æ}^{44}$ | $ɕi\tilde{æ}^{44}$ | $ɕi\tilde{æ}^{44}$ | $ɕi\tilde{æ}^{44}$ | $ɕi\tilde{æ}^{44}$ |
| 八 | $pa^{132}$ | $pa^{132}$ | $pa^{213}$ | $pa^{213}$ | $pa^{35}$ | $pa^{13}$ | $pa^{13}$ | $pa^{31}$ |
| 扎 | $tsa^{132}$ | $tsa^{132}$ | $tsa^{213}$ | $tsa^{213}$ | $tsa^{35}$ | $tsa^{13}$ | $tsa^{13}$ | $tsa^{31}$ |
| 杀 | $sa^{132}$ | $sa^{132}$ | $sa^{213}$ | $sa^{213}$ | $sa^{35}$ | $sa^{13}$ | $sa^{13}$ | $sa^{31}$ |
| 班 | $p\tilde{æ}^{132}$ | $p\tilde{æ}^{132}$ | $p\tilde{æ}^{213}$ | $p\tilde{æ}^{213}$ | $p\tilde{æ}^{31}$ | $p\tilde{æ}^{13}$ | $p\tilde{æ}^{13}$ | $p\tilde{æ}^{31}$ |
| 板 | $p\tilde{æ}^{52}$ | $p\tilde{æ}^{52}$ | $p\tilde{æ}^{52}$ | $p\tilde{æ}^{52}$ | $p\tilde{æ}^{52}$ | $p\tilde{æ}^{52}$ | $p\tilde{æ}^{52}$ | $p\tilde{æ}^{52}$ |
| 慢 | $m\tilde{æ}^{44}$ | $m\tilde{æ}^{44}$ | $m\tilde{æ}^{44}$ | $m\tilde{æ}^{44}$ | $m\tilde{æ}^{44}$ | $m\tilde{æ}^{44}$ | $m\tilde{æ}^{44}$ | $m\tilde{æ}^{44}$ |
| 奸 | $tɕi\tilde{æ}^{132}$ | $tɕi\tilde{æ}^{132}$ | $tɕi\tilde{æ}^{213}$ | $tɕi\tilde{æ}^{213}$ | $tɕi\tilde{æ}^{31}$ | $tɕi\tilde{æ}^{13}$ | $tɕi\tilde{æ}^{13}$ | $tɕi\tilde{æ}^{31}$ |
| 颜 | $i\tilde{æ}^{132}$ | $i\tilde{æ}^{132}$ | $i\tilde{æ}^{13}$ | $i\tilde{æ}^{13}$ | $i\tilde{æ}^{35}$ | $i\tilde{æ}^{13}$ | $i\tilde{æ}^{13}$ | $i\tilde{æ}^{35}$ |
| 瞎 | $xa^{132}$ | $xa^{132}$ | $xa^{213}$ | $xa^{213}$ | $xa^{31}$ | $xa^{13}$ | $xa^{13}$ | $xa^{31}$ |
| 变 | $pi\tilde{æ}^{44}$ | $pi\tilde{æ}^{44}$ | $pi\tilde{æ}^{44}$ | $pi\tilde{æ}^{44}$ | $pi\tilde{æ}^{44}$ | $pi\tilde{æ}^{44}$ | $pi\tilde{æ}^{44}$ | $pi\tilde{æ}^{44}$ |
| 骗欺~ | $p^hi\tilde{æ}^{44}$ | $p^hi\tilde{æ}^{44}$ | $p^hi\tilde{æ}^{44}$ | $p^hi\tilde{æ}^{44}$ | $p^hi\tilde{æ}^{44}$ | $p^hi\tilde{æ}^{44}$ | $p^hi\tilde{æ}^{44}$ | $p^hi\tilde{æ}^{44}$ |
| 便方~ | $pi\tilde{æ}^{44}$ | $pi\tilde{æ}^{44}$ | $pi\tilde{æ}^{44}$ | $pi\tilde{æ}^{44}$ | $pi\tilde{æ}^{44}$ | $pi\tilde{æ}^{44}$ | $pi\tilde{æ}^{44}$ | $pi\tilde{æ}^{44}$ |
| 棉 | $mi\tilde{æ}^{132}$ | $mi\tilde{æ}^{132}$ | $mi\tilde{æ}^{13}$ | $mi\tilde{æ}^{13}$ | $mi\tilde{æ}^{35}$ | $mi\tilde{æ}^{13}$ | $mi\tilde{æ}^{13}$ | $mi\tilde{æ}^{35}$ |
| 面~孔 | $mi\tilde{æ}^{44}$ | $mi\tilde{æ}^{44}$ | $mi\tilde{æ}^{44}$ | $mi\tilde{æ}^{44}$ | $mi\tilde{æ}^{44}$ | $mi\tilde{æ}^{44}$ | $mi\tilde{æ}^{44}$ | $mi\tilde{æ}^{44}$ |
| 连 | $li\tilde{æ}^{132}$ | $li\tilde{æ}^{132}$ | $li\tilde{æ}^{13}$ | $li\tilde{æ}^{13}$ | $li\tilde{æ}^{35}$ | $li\tilde{æ}^{13}$ | $li\tilde{æ}^{13}$ | $li\tilde{æ}^{35}$ |
| 剪 | $tɕi\tilde{æ}^{52}$ | $tɕi\tilde{æ}^{52}$ | $tɕi\tilde{æ}^{52}$ | $tɕi\tilde{æ}^{52}$ | $tɕi\tilde{æ}^{52}$ | $tɕi\tilde{æ}^{52}$ | $tɕi\tilde{æ}^{52}$ | $tɕi\tilde{æ}^{52}$ |
| 浅 | $tɕ^hi\tilde{æ}^{52}$ | $tɕ^hi\tilde{æ}^{52}$ | $tɕ^hi\tilde{æ}^{52}$ | $tɕ^hi\tilde{æ}^{52}$ | $tɕ^hi\tilde{æ}^{52}$ | $tɕ^hi\tilde{æ}^{52}$ | $tɕ^hi\tilde{æ}^{52}$ | $tɕ^hi\tilde{æ}^{52}$ |
| 钱 | $tɕ^hi\tilde{æ}^{132}$ | $tɕ^hi\tilde{æ}^{132}$ | $tɕ^hi\tilde{æ}^{13}$ | $tɕ^hi\tilde{æ}^{13}$ | $tɕ^hi\tilde{æ}^{35}$ | $tɕ^hi\tilde{æ}^{13}$ | $tɕ^hi\tilde{æ}^{13}$ | $tɕ^hi\tilde{æ}^{35}$ |
| 鲜新~ | $ɕi\tilde{æ}^{52}$ | $ɕi\tilde{æ}^{132}$ | $ɕi\tilde{æ}^{213}$ | $ɕi\tilde{æ}^{213}$ | $ɕi\tilde{æ}^{31}$ | $ɕi\tilde{æ}^{13}$ | $ɕi\tilde{æ}^{52}$ | $ɕi\tilde{æ}^{52}$ |
| 线 | $ɕi\tilde{æ}^{44}$ | $ɕi\tilde{æ}^{44}$ | $ɕi\tilde{æ}^{44}$ | $ɕi\tilde{æ}^{44}$ | $ɕi\tilde{æ}^{44}$ | $ɕi\tilde{æ}^{44}$ | $ɕi\tilde{æ}^{44}$ | $ɕi\tilde{æ}^{44}$ |
| 缠 | $tʂ^h\tilde{æ}^{132}$ | $tʂ^h\tilde{æ}^{132}$ | $tʂ^h\tilde{æ}^{13}$ | $tʂ^h\tilde{æ}^{13}$ | $tʂ^h\tilde{æ}^{35}$ | $tʂ^h\tilde{æ}^{13}$ | $tʂ^h\tilde{æ}^{13}$ | $tʂ^h\tilde{æ}^{35}$ |
| 战 | $tʂ\tilde{æ}^{44}$ | $tʂ\tilde{æ}^{44}$ | $tʂ\tilde{æ}^{44}$ | $tʂ\tilde{æ}^{44}$ | $tʂ\tilde{æ}^{44}$ | $tʂ\tilde{æ}^{44}$ | $tʂ\tilde{æ}^{44}$ | $tʂ\tilde{æ}^{44}$ |
| 扇名词 | $ʂ\tilde{æ}^{44}$ | $ʂ\tilde{æ}^{44}$ | $ʂ\tilde{æ}^{44}$ | $ʂ\tilde{æ}^{44}$ | $ʂ\tilde{æ}^{44}$ | $ʂ\tilde{æ}^{44}$ | $ʂ\tilde{æ}^{44}$ | $ʂ\tilde{æ}^{44}$ |

| | 固原开城 | 海原李旺 | 彭阳城阳 | 同心张家垣 | 盐池麻黄山 | 西吉硝河 | 隆德温堡 | 泾源新民 |
|---|---|---|---|---|---|---|---|---|
| 善 | ʂæ̃⁴⁴ | ʂæ̃⁴⁴ | ʂæ̃⁴⁴ | ʂæ̃⁴⁴ | ʂæ̃⁴⁴ | ʂæ̃⁴⁴ | ʂæ̃⁴⁴ | ʂæ̃⁴⁴ |
| 件 | tɕʰiæ̃⁴⁴ | tɕʰiæ̃⁴⁴ | tɕʰiæ̃⁴⁴ | tɕʰiæ̃⁴⁴ | tɕiæ̃⁴⁴ | tɕʰiæ̃⁴⁴ | tɕʰiæ̃⁴⁴ | tɕʰiæ̃⁴⁴ |
| 延 | iæ̃¹³² | iæ̃¹³² | iæ̃¹³ | iæ̃¹³ | iæ̃³⁵ | iæ̃¹³ | iæ̃¹³ | iæ̃³⁵ |
| 别 ~人 | piə¹³² | piə¹³² | piə¹³ | piə¹³ | piə³⁵ | piə¹³ | piə¹³ | piə³⁵ |
| 灭 | miə¹³² | miə¹³² | miə²¹³ | miə²¹³ | miə³⁵ | miə¹³ | miə¹³ | miə³¹ |
| 列 | liə¹³² | liə¹³² | liə²¹³ | liə²¹³ | liə⁴⁴ | liə¹³ | liə¹³ | liə³¹ |
| 撒 | tʂʰə⁵² | tʂʰə⁵² | tʂʰə⁵² | tʂʰə⁵² | tʂʰə⁵² | tʂʰə¹³ | tʂʰə⁵² | tʂʰə⁵² |
| 舌 | ʂə¹³² | ʂə¹³² | ʂə¹³ | ʂə¹³ | ʂə³⁵ | ʂə¹³ | ʂə¹³ | ʂə³⁵ |
| 设 | ʂə¹³² | ʂə¹³² | ʂə²¹³ | ʂə²¹³ | ʂə⁴⁴ | ʂə¹³ | ʂə¹³ | ʂə⁵² |
| 热 | ʐ̩ə¹³² | ʐ̩ə¹³² | ʐ̩ə²¹³ | ʐ̩ə²¹³ | ʐ̩ə³⁵ | ʐ̩ə¹³ | ʐ̩ə¹³ | ʐ̩ə³¹ |
| 杰 | tɕiə¹³² | tɕiə¹³² | tɕiə¹³ | tɕiə¹³ | tɕiə³⁵ | tɕiə¹³ | tɕiə¹³ | tɕiə³⁵ |
| 孽 | ɲiə¹³² | ɲiə¹³² | ɲiə¹³ | ɲiə²¹³ | ɲiə³¹ | ɲiə¹³ | ɲiə¹³ | ɲiə³¹ |
| 建 | tɕiæ̃⁴⁴ | tɕiæ̃⁴⁴ | tɕiæ̃⁴⁴ | tɕiæ̃⁴⁴ | tɕiæ̃³⁵ | tɕiæ̃⁴⁴ | tɕiæ̃⁴⁴ | tɕiæ̃⁴⁴ |
| 健 | tɕiæ̃⁴⁴ | tɕiæ̃⁴⁴ | tɕiæ̃⁴⁴ | tɕiæ̃⁴⁴ | tɕiæ̃³⁵ | tɕiæ̃⁴⁴ | tɕiæ̃⁴⁴ | tɕiæ̃⁴⁴ |
| 言 | iæ̃¹³² | iæ̃¹³² | iæ̃¹³ | iæ̃¹³ | iæ̃³⁵ | iæ̃¹³ | iæ̃¹³ | iæ̃³⁵ |
| 歇 | ɕiə¹³² | ɕiə¹³² | ɕiə²¹³ | ɕiə²¹³ | ɕiə³⁵ | ɕiə¹³ | ɕiə¹³ | ɕiə³¹ |
| 扁 | piæ̃⁵² | piæ̃⁵² | piæ̃⁵² | piæ̃⁵² | piæ̃⁵² | piæ̃⁵² | piæ̃⁵² | piæ̃⁵² |
| 片 | pʰiæ̃⁵² | pʰiæ̃⁵² | pʰiæ̃⁵² | pʰiæ̃⁵² | pʰiæ̃⁵² | pʰiæ̃⁵² | pʰiæ̃⁵² | pʰiæ̃⁵² |
| 面 ~条 | miæ̃⁴⁴ | miæ̃⁴⁴ | miæ̃⁴⁴ | miæ̃⁴⁴ | miæ̃⁴⁴ | miæ̃⁴⁴ | miæ̃⁴⁴ | miæ̃⁴⁴ |
| 典 | tiæ̃⁵² | tiæ̃⁵² | tiæ̃⁵² | tiæ̃⁵² | tiæ̃⁵² | tɕiæ̃⁵² | tiæ̃⁵² | tɕiæ̃⁵² |
| 天 | tʰiæ̃¹³² | tʰiæ̃¹³² | tʰiæ̃²¹³ | tʰiæ̃¹³ | tʰiæ̃⁴⁴ | tɕʰiæ̃¹³ | tʰiæ̃¹³ | tɕʰiæ̃³¹ |
| 田 | tʰiæ̃¹³² | tʰiæ̃¹³² | tʰiæ̃¹³ | tʰiæ̃¹³ | tʰiæ̃³⁵ | tɕʰiæ̃¹³ | tʰiæ̃¹³ | tɕʰiæ̃³⁵ |
| 垫 | tiæ̃⁴⁴ | tʰiæ̃⁴⁴ | tiæ̃⁴⁴ | tiæ̃⁴⁴ | tiæ̃³⁵ | tɕiæ̃¹³ | tiæ̃⁴⁴ | tɕiæ̃⁴⁴ |
| 年 | ɲiæ̃¹³² | ɲiæ̃¹³² | ɲiæ̃¹³ | ɲiæ̃¹³ | ɲiæ̃³⁵ | ɲiæ̃¹³ | ɲiæ̃¹³ | ɲiæ̃³⁵ |
| 莲 | liæ̃¹³² | liæ̃¹³² | liæ̃¹³ | liæ̃¹³ | liæ̃³⁵ | liæ̃¹³ | liæ̃¹³ | liæ̃³⁵ |
| 前 | tɕʰiæ̃¹³² | tɕʰiæ̃¹³² | tɕʰiæ̃¹³ | tɕʰiæ̃¹³ | tɕʰiæ̃³⁵ | tɕʰiæ̃¹³ | tɕʰiæ̃¹³ | tɕʰiæ̃³⁵ |
| 先 | ɕiæ̃¹³² | ɕiæ̃¹³² | ɕiæ̃²¹³ | ɕiæ̃²¹³ | ɕiæ̃⁴⁴ | ɕiæ̃¹³ | ɕiæ̃¹³ | ɕiæ̃³¹ |
| 肩 | tɕiæ̃¹³² | tɕiæ̃¹³² | tɕiæ̃²¹³ | tɕiæ̃²¹³ | tɕiæ̃⁴⁴ | tɕiæ̃¹³ | tɕiæ̃¹³ | tɕiæ̃³¹ |
| 见 | tɕiæ̃⁴⁴ | tɕiæ̃⁴⁴ | tɕiæ̃⁴⁴ | tɕiæ̃⁴⁴ | tɕiæ̃³⁵ | tɕiæ̃⁴⁴ | tɕiæ̃⁴⁴ | tɕiæ̃⁴⁴ |
| 牵 | tɕʰiæ̃¹³² | tɕʰiæ̃¹³² | tɕʰiæ̃²¹³ | tɕʰiæ̃²¹³ | tɕʰiæ̃⁴⁴ | tɕʰiæ̃¹³ | tɕʰiæ̃¹³ | tɕʰiæ̃³¹ |
| 显 | ɕiæ̃⁵² | ɕiæ̃⁵² | ɕiæ̃⁵² | ɕiæ̃⁵² | ɕiæ̃⁵² | ɕiæ̃⁵² | ɕiæ̃⁵² | ɕiæ̃⁵² |

续表

| | 固原开城 | 海原李旺 | 彭阳城阳 | 同心张家垣 | 盐池麻黄山 | 西吉硝河 | 隆德温堡 | 泾源新民 |
|---|---|---|---|---|---|---|---|---|
| 现 | çiæ⁴⁴ | çiæ⁴⁴ | çiæ⁴⁴ | çiæ⁴⁴ | çiæ³⁵ | çiæ⁴⁴ | çiæ⁴⁴ | çiæ⁴⁴ |
| 烟 | iæ¹³² | iæ¹³² | iæ²¹³ | iæ²¹³ | iæ⁴⁴ | iæ¹³ | iæ¹³ | iæ³¹ |
| 憋 | piə¹³² | piə¹³² | piə²¹³ | piə²¹³ | piə⁴⁴ | piə¹³ | piə¹³ | piə³¹ |
| 篾 | miə¹³² | miə¹³² | miə²¹³ | miə²¹³ | miə³⁵ | miə¹³ | miə¹³ | miə³¹ |
| 铁 | tʰiə¹³² | tʰiə¹³² | tʰiə²¹³ | tʰiə²¹³ | tʰiə³⁵ | tɕʰiə¹³ | tʰiə¹³ | tɕʰiə³¹ |
| 捏 | ɲiə¹³² | ɲiə¹³² | ɲiə²¹³ | ɲiə²¹³ | ɲiə³⁵ | ɲiə¹³ | ɲiə¹³ | ɲiə³¹ |
| 节 | tɕiə¹³² | tɕiə¹³² | tɕiə²¹³ | tɕiə²¹³ | tɕiə³⁵ | tɕiə¹³ | tɕiə¹³ | tɕiə³¹ |
| 切动词 | tɕʰiə¹³² | tɕʰiə¹³² | tɕʰiə²¹³ | tɕʰiə²¹³ | tɕʰiə³⁵ | tɕʰiə¹³ | tɕʰiə¹³ | tɕʰiə³¹ |
| 截 | tɕʰiə¹³² | tɕʰiə¹³² | tɕiə¹³ | tɕiə¹³ | tɕiə³⁵ | tɕiə¹³ | tɕʰiə¹³ | tɕʰiə³⁵ |
| 结 | tɕiə¹³² | tɕiə¹³² | tɕiə¹³ | tɕiə¹³ | tɕiə³⁵ | tɕiə¹³ | tɕiə¹³ | tɕiə³¹ |
| 搬 | pæ̃¹³² | pæ̃¹³² | pæ̃²¹³ | pæ̃²¹³ | pæ̃³¹ | pæ̃¹³ | pæ̃¹³ | pæ̃³¹ |
| 半 | pæ̃⁴⁴ | pæ̃⁴⁴ | pæ̃⁴⁴ | pæ̃⁴⁴ | pæ̃³⁵ | pæ̃⁴⁴ | pæ̃⁴⁴ | pæ̃⁴⁴ |
| 判 | pʰæ̃⁴⁴ | pʰæ̃⁴⁴ | pʰæ̃⁴⁴ | pʰæ̃⁴⁴ | pʰæ̃⁴⁴ | pʰæ̃⁴⁴ | pʰæ̃⁴⁴ | pʰæ̃⁴⁴ |
| 盘 | pʰæ̃¹³² | pʰæ̃¹³² | pʰæ̃¹³ | pʰæ̃¹³ | pʰæ̃³⁵ | pʰæ̃¹³ | pʰæ̃¹³ | pʰæ̃³⁵ |
| 满 | mæ̃⁵² | mæ̃⁵² | mæ̃⁵² | mæ̃⁵² | mæ̃⁵² | mæ̃⁵² | mæ̃⁵² | mæ̃⁵² |
| 端~午 | tuæ̃¹³² | tuæ̃¹³² | tuæ̃²¹³ | tuæ̃²¹³ | tæ̃³¹ | tuæ̃¹³ | tuæ̃¹³ | tuæ̃³¹ |
| 短 | tuæ̃⁵² | tuæ̃⁵² | tuæ̃⁵² | tuæ̃⁵² | tuæ̃⁵² | tuæ̃⁵² | tuæ̃⁵² | tuæ̃⁵² |
| 断绳~了 | tuæ̃⁴⁴ | tʰuæ̃⁴⁴ | tuæ̃⁴⁴ | tuæ̃⁴⁴ | tuæ̃⁴⁴ | tuæ̃⁴⁴ | tʰuæ̃⁴⁴ | tʰuæ̃⁴⁴ |
| 暖 | luæ̃⁵² | luæ̃⁵² | luæ̃⁵² | luæ̃⁵² | næ̃⁵² | luæ̃⁵² | luæ̃⁵² | luæ̃⁵² |
| 乱 | luæ̃⁴⁴ | luæ̃⁴⁴ | luæ̃⁴⁴ | luæ̃⁴⁴ | læ̃⁴⁴ | luæ̃⁴⁴ | luæ̃⁴⁴ | luæ̃⁴⁴ |
| 酸 | suæ̃¹³² | suæ̃¹³² | suæ̃²¹³ | suæ̃²¹³ | suæ̃³¹ | suæ̃¹³ | suæ̃¹³ | çyæ̃³¹ |
| 算 | suæ̃⁴⁴ | suæ̃⁴⁴ | suæ̃⁴⁴ | suæ̃⁴⁴ | suæ̃⁴⁴ | suæ̃⁴⁴ | suæ̃⁴⁴ | çyæ̃⁴⁴ |
| 官 | kuæ̃¹³² | kuæ̃¹³² | kuæ̃²¹³ | kuæ̃²¹³ | kuæ̃³¹ | kuæ̃¹³ | kuæ̃¹³ | kuæ̃³¹ |
| 宽 | kʰuæ̃¹³² | kʰuæ̃¹³² | kʰuæ̃²¹³ | kʰuæ̃²¹³ | kʰuæ̃⁴⁴ | kʰuæ̃¹³ | kʰuæ̃¹³ | kʰuæ̃³¹ |
| 欢 | xuæ̃¹³² | xuæ̃¹³² | xuæ̃²¹³ | xuæ̃²¹³ | xuæ̃⁴⁴ | xuæ̃¹³ | xuæ̃¹³ | xuæ̃³¹ |
| 完 | væ̃¹³² | væ̃¹³² | væ̃¹³ | væ̃¹³ | væ̃³⁵ | væ̃¹³ | væ̃¹³ | væ̃³⁵ |
| 换 | xuæ̃⁴⁴ | xuæ̃⁴⁴ | xuæ̃⁴⁴ | xuæ̃⁴⁴ | xuæ̃⁴⁴ | xuæ̃⁴⁴ | xuæ̃⁴⁴ | xuæ̃⁴⁴ |
| 碗 | væ̃⁵² | væ̃⁵² | væ̃⁵² | væ̃⁵² | væ̃⁵² | væ̃⁵² | væ̃⁵² | væ̃⁵² |
| 拨 | puə¹³² | puə¹³² | puə²¹³ | puə²¹³ | puə³¹ | puə¹³ | puə¹³ | puə³¹ |
| 泼 | pʰuə¹³² | pʰuə¹³² | pʰuə²¹³ | pʰuə²¹³ | pʰuə³¹ | pʰuə¹³ | pʰuə¹³ | pʰuə³¹ |
| 末 | muə¹³² | mə¹³² | muə²¹³ | muə²¹³ | muə³¹ | muə¹³ | muə¹³ | muə³¹ |

| | 固原开城 | 海原李旺 | 彭阳城阳 | 同心张家垣 | 盐池麻黄山 | 西吉硝河 | 隆德温堡 | 泾源新民 |
|---|---|---|---|---|---|---|---|---|
| 脱 | $t^huə^{132}$ | $t^huə^{132}$ | $t^huə^{213}$ | $t^huə^{213}$ | $t^huə^{35}$ | $t^huə^{13}$ | $t^huə^{13}$ | $t^huə^{31}$ |
| 夺 | $tuə^{132}$ | $t^huə^{132}$ | $tuə^{13}$ | $tuə^{13}$ | $tuə^{35}$ | $tuə^{13}$ | $tuə^{13}$ | $tuə^{35}$ |
| 阔 | $k^huə^{132}$ | $k^huə^{132}$ | $k^huə^{213}$ | $k^huə^{213}$ | $k^huə^{35}$ | $k^huə^{13}$ | $k^huə^{13}$ | $k^huə^{31}$ |
| 活 | $xuə^{132}$ | $xuə^{132}$ | $xuə^{13}$ | $xuə^{13}$ | $xuə^{35}$ | $xuə^{13}$ | $xuə^{13}$ | $xuə^{35}$ |
| 顽~皮 | $væ̃^{132}$ | $væ̃^{132}$ | $væ̃^{13}$ | $væ̃^{13}$ | $væ̃^{35}$ | $væ̃^{13}$ | $væ̃^{13}$ | $væ̃^{35}$ |
| 滑 | $xua^{132}$ | $xua^{132}$ | $xua^{13}$ | $xua^{13}$ | $xua^{35}$ | $xua^{13}$ | $xua^{13}$ | $xua^{35}$ |
| 挖 | $ua^{132}$ | $va^{132}$ | $va^{213}$ | $va^{213}$ | $va^{44}$ | $va^{13}$ | $ua^{13}$ | $va^{31}$ |
| 拴 | $ʂuæ̃^{132}$ | $ʃuæ̃^{132}$ | $ʃuæ̃^{213}$ | $ʂuæ̃^{213}$ | $ʃuæ̃^{44}$ | $ʃuæ̃^{13}$ | $ʃuæ̃^{13}$ | $ʃuæ̃^{31}$ |
| 关~门 | $kuæ̃^{132}$ | $kuæ̃^{132}$ | $kuæ̃^{213}$ | $kuæ̃^{213}$ | $kuæ̃^{31}$ | $kuæ̃^{13}$ | $kuæ̃^{13}$ | $kuæ̃^{31}$ |
| 惯 | $kuæ̃^{44}$ | $kuæ̃^{44}$ | $kuæ̃^{44}$ | $kuæ̃^{44}$ | $kuæ̃^{44}$ | $kuæ̃^{44}$ | $kuæ̃^{44}$ | $kuæ̃^{44}$ |
| 还动词 | $xuæ̃^{132}$ | $xuæ̃^{132}$ | $xuæ̃^{13}$ | $xuæ̃^{13}$ | $xuæ̃^{35}$ | $xuæ̃^{13}$ | $xuæ̃^{13}$ | $xuæ̃^{35}$ |
| 还副词 | $xæ̃^{132}$ | $xæ̃^{132}$ | $xæ̃^{13}$ | $xæ̃^{13}$ | $xæ̃^{35}$ | $xæ̃^{13}$ | $xæ̃^{13}$ | $xæ̃^{35}$ |
| 弯 | $væ̃^{132}$ | $væ̃^{132}$ | $væ̃^{213}$ | $væ̃^{213}$ | $væ̃^{31}$ | $væ̃^{13}$ | $væ̃^{13}$ | $væ̃^{31}$ |
| 刷 | $ʂua^{132}$ | $ʃua^{132}$ | $ʃua^{213}$ | $ʂua^{213}$ | $ʃua^{35}$ | $ʃua^{52}$ | $ʃua^{13}$ | $ʃua^{31}$ |
| 刮~风 | $kua^{52}$ | $kua^{52}$ | $kua^{52}$ | $kua^{52}$ | $kua^{52}$ | $kua^{52}$ | $kua^{52}$ | $kua^{52}$ |
| 全 | $tɕ^hyæ̃^{132}$ | $tɕ^hyæ̃^{132}$ | $tɕ^hyæ̃^{13}$ | $tɕ^hyæ̃^{13}$ | $tɕ^hyæ̃^{35}$ | $tɕ^hyæ̃^{13}$ | $tɕ^hyæ̃^{13}$ | $tɕ^hyæ̃^{35}$ |
| 选 | $ɕyæ̃^{52}$ | $ɕyæ̃^{52}$ | $ɕyæ̃^{52}$ | $ɕyæ̃^{52}$ | $ɕyæ̃^{52}$ | $ɕyæ̃^{52}$ | $ɕyæ̃^{52}$ | $ɕyæ̃^{52}$ |
| 转~眼 | $tʂuæ̃^{52}$ | $tʃuæ̃^{52}$ | $tʃuæ̃^{52}$ | $tʂuæ̃^{52}$ | $tʃuæ̃^{44}$ | $tʃuæ̃^{44}$ | $tʃuæ̃^{52}$ | $tʃuæ̃^{52}$ |
| 传~达 | $tʂ^huæ̃^{132}$ | $tʃ^huæ̃^{132}$ | $tʃ^huæ̃^{13}$ | $tʂ^huæ̃^{13}$ | $tʃ^huæ̃^{35}$ | $tʃ^huæ̃^{13}$ | $tʃ^huæ̃^{13}$ | $tʃ^huæ̃^{35}$ |
| 传~记 | $tʂuæ̃^{44}$ | $tʃuæ̃^{44}$ | $tʃuæ̃^{44}$ | $tʂuæ̃^{44}$ | $tʃuæ̃^{44}$ | $tʃuæ̃^{44}$ | $tʃuæ̃^{44}$ | $tʃuæ̃^{44}$ |
| 砖 | $tʂuæ̃^{132}$ | $tʃuæ̃^{132}$ | $tʃuæ̃^{213}$ | $tʂuæ̃^{213}$ | $tʃuæ̃^{44}$ | $tʃuæ̃^{13}$ | $tʃuæ̃^{13}$ | $tʃuæ̃^{31}$ |
| 船 | $ʂuæ̃^{132}$ | $ʃuæ̃^{132}$ | $ʃuæ̃^{13}$ | $ʂuæ̃^{13}$ | $tʃ^huæ̃^{35}$ | $ʃuæ̃^{13}$ | $ʃuæ̃^{13}$ | $ʃuæ̃^{35}$ |
| 软 | $ʐuæ̃^{52}$ | $ʒuæ̃^{52}$ | $ʒuæ̃^{52}$ | $ʐuæ̃^{52}$ | $ʒuæ̃^{52}$ | $ʒuæ̃^{52}$ | $ʒuæ̃^{52}$ | $ʒuæ̃^{52}$ |
| 卷~起 | $tɕyæ̃^{52}$ | $tɕyæ̃^{52}$ | $tɕyæ̃^{52}$ | $tɕyæ̃^{52}$ | $tɕyæ̃^{52}$ | $tɕyæ̃^{52}$ | $tɕyæ̃^{52}$ | $tɕyæ̃^{52}$ |
| 圈圆~ | $tɕ^hyæ̃^{132}$ | $tɕ^hyæ̃^{132}$ | $tɕ^hyæ̃^{213}$ | $tɕ^hyæ̃^{213}$ | $tɕ^hyæ̃^{44}$ | $tɕ^hyæ̃^{13}$ | $tɕ^hyæ̃^{13}$ | $tɕ^hyæ̃^{31}$ |
| 权 | $tɕ^hyæ̃^{132}$ | $tɕ^hyæ̃^{132}$ | $tɕ^hyæ̃^{13}$ | $tɕ^hyæ̃^{13}$ | $tɕ^hyæ̃^{35}$ | $tɕ^hyæ̃^{13}$ | $tɕ^hyæ̃^{13}$ | $tɕ^hyæ̃^{35}$ |
| 圆 | $yæ̃^{132}$ | $yæ̃^{132}$ | $yæ̃^{13}$ | $yæ̃^{13}$ | $yæ̃^{35}$ | $yæ̃^{13}$ | $yæ̃^{13}$ | $yæ̃^{35}$ |
| 院 | $yæ̃^{44}$ | $yæ̃^{44}$ | $yæ̃^{44}$ | $yæ̃^{44}$ | $yæ̃^{44}$ | $yæ̃^{44}$ | $yæ̃^{44}$ | $yæ̃^{44}$ |
| 铅~笔 | $tɕ^hiæ̃^{132}$ | $tɕ^hiæ̃^{132}$ | $tɕ^hiæ̃^{213}$ | $tɕ^hiæ̃^{213}$ | $tɕ^hiæ̃^{31}$ | $tɕ^hiæ̃^{13}$ | $tɕ^hiæ̃^{13}$ | $tɕ^hiæ̃^{35}$ |
| 绝 | $tɕyə^{132}$ | $tɕyə^{132}$ | $tɕyə^{13}$ | $tɕyə^{13}$ | $tɕyə^{35}$ | $tɕyə^{13}$ | $tɕyə^{13}$ | $tɕyə^{35}$ |
| 雪 | $ɕyə^{132}$ | $ɕyə^{132}$ | $ɕyə^{213}$ | $ɕyə^{213}$ | $ɕyə^{35}$ | $ɕyə^{13}$ | $ɕyə^{13}$ | $ɕyə^{31}$ |

续表

| | 固原开城 | 海原李旺 | 彭阳城阳 | 同心张家垣 | 盐池麻黄山 | 西吉硝河 | 隆德温堡 | 泾源新民 |
|---|---|---|---|---|---|---|---|---|
| 反 | fæ̃⁵² | fæ̃⁵² | fæ̃⁵² | fæ̃⁵² | fæ̃⁵² | fæ̃⁵² | fæ̃⁵² | fæ̃⁵² |
| 翻 | fæ̃¹³² | fæ̃¹³² | fæ̃²¹³ | fæ̃²¹³ | fæ̃⁴⁴ | fæ̃¹³ | fæ̃¹³ | fæ̃³¹ |
| 饭 | fæ̃⁴⁴ | fæ̃⁴⁴ | fæ̃⁴⁴ | fæ̃⁴⁴ | fæ̃⁴⁴ | fæ̃⁴⁴ | fæ̃⁴⁴ | fæ̃⁴⁴ |
| 晚 | væ̃⁵² | væ̃⁵² | væ̃⁵² | væ̃⁵² | væ̃⁵² | væ̃⁵² | væ̃⁵² | væ̃⁵² |
| 万 | væ̃⁴⁴ | væ̃⁴⁴ | væ̃⁴⁴ | væ̃⁴⁴ | væ̃³⁵ | væ̃⁴⁴ | væ̃⁴⁴ | væ̃⁴⁴ |
| 劝 | tɕʰyæ̃⁴⁴ | tɕʰyæ̃⁴⁴ | tɕʰyæ̃⁴⁴ | tɕʰyæ̃⁴⁴ | tɕʰyæ̃³⁵ | tɕʰyæ̃⁴⁴ | tɕʰyæ̃⁴⁴ | tɕʰyæ̃⁴⁴ |
| 原 | yæ̃¹³² | yæ̃¹³² | yæ̃¹³ | yæ̃¹³ | yæ̃³⁵ | yæ̃¹³ | yæ̃¹³ | yæ̃³⁵ |
| 冤 | yæ̃¹³² | yæ̃¹³² | yæ̃²¹³ | yæ̃²¹³ | yæ̃³¹ | yæ̃¹³ | yæ̃¹³ | yæ̃³¹ |
| 园 | yæ̃¹³² | yæ̃¹³² | yæ̃¹³ | yæ̃¹³ | yæ̃³⁵ | yæ̃¹³ | yæ̃¹³ | yæ̃³⁵ |
| 远 | yæ̃⁵² | yæ̃⁵² | yæ̃⁵² | yæ̃⁵² | yæ̃⁵² | yæ̃⁵² | yæ̃⁵² | yæ̃⁵² |
| 发头~ | fa¹³² | fa¹³² | fa²¹³ | fa²¹³ | fa³⁵ | fa¹³ | fa¹³ | fa³¹ |
| 罚 | fa¹³² | fa¹³² | fa¹³ | fa¹³ | fa³⁵ | fa¹³ | fa¹³ | fa³⁵ |
| 袜 | va¹³² | va¹³² | va²¹³ | va²¹³ | va³¹ | va¹³ | va¹³ | va³¹ |
| 月 | yə¹³² | yə¹³² | yə²¹³ | yə²¹³ | yə³⁵ | yə¹³ | yə¹³ | yə³¹ |
| 越 | yə¹³² | yə¹³² | yə²¹³ | yə²¹³ | yə³¹ | yə¹³ | yə¹³ | yə³¹ |
| 县 | ɕiæ⁴⁴ | ɕiæ⁴⁴ | ɕiæ⁴⁴ | ɕiæ⁴⁴ | ɕiæ⁴⁴ | ɕiæ⁴⁴ | ɕiæ⁴⁴ | ɕiæ⁴⁴ |
| 决 | tɕyə¹³² | tɕyə¹³² | tɕyə¹³ | tɕyə¹³ | tɕyə³⁵ | tɕyə¹³ | tɕyə¹³ | tɕyə³⁵ |
| 缺 | tɕʰyə¹³² | tɕʰyə¹³² | tɕʰyə²¹³ | tɕʰyə²¹³ | tɕʰyə³⁵ | tɕʰyə¹³ | tɕʰyə¹³ | tɕʰyə³¹ |
| 血 | ɕiə¹³² | ɕiə¹³² | ɕiə¹³ | ɕiə¹³ | ɕiə³⁵ | ɕiə¹³ | ɕiə¹³ | ɕiə³¹ |
| 吞 | təŋ¹³² | tʰəŋ¹³² | tʰəŋ²¹³ | tʰəŋ²¹³ | tʰuŋ³¹ | tʰəŋ¹³ | tʰəŋ¹³ | tʰun³¹ |
| 根 | kəŋ¹³² | kəŋ¹³² | kəŋ²¹³ | kəŋ²¹³ | kəŋ³¹ | kəŋ¹³ | kəŋ¹³ | kəŋ³¹ |
| 恨 | xəŋ⁴⁴ | xəŋ⁴⁴ | xəŋ⁴⁴ | xəŋ⁴⁴ | xəŋ⁴⁴ | xəŋ⁴⁴ | xəŋ⁴⁴ | xəŋ⁴⁴ |
| 恩 | nəŋ¹³² | ŋəŋ¹³² | nəŋ²¹³ | nəŋ²¹³ | nəŋ³¹ | ŋəŋ¹³ | nəŋ¹³ | ŋən³¹ |
| 贫 | pʰiŋ¹³² | pʰiŋ¹³² | pʰiŋ¹³ | pʰiŋ¹³ | pʰiŋ³⁵ | pʰiŋ¹³ | pʰiŋ¹³ | pʰin³⁵ |
| 民 | miŋ¹³² | miŋ¹³² | miŋ¹³ | miŋ¹³ | miŋ³⁵ | miŋ¹³ | miŋ¹³ | min³⁵ |
| 邻 | liŋ¹³² | liŋ¹³² | liŋ¹³ | liŋ¹³ | liŋ³⁵ | liŋ¹³ | liŋ¹³ | lin³¹ |
| 进 | tɕiŋ⁴⁴ | tɕiŋ⁴⁴ | tɕiŋ⁴⁴ | tɕiŋ⁴⁴ | tɕiŋ⁴⁴ | tɕiŋ⁴⁴ | tɕiŋ⁴⁴ | tɕin⁴⁴ |
| 亲 | tɕʰiŋ¹³² | tɕʰiŋ¹³² | tɕʰiŋ²¹³ | tɕʰiŋ²¹³ | tɕʰiŋ³¹ | tɕʰiŋ¹³ | tɕʰiŋ¹³ | tɕʰin³¹ |
| 新 | ɕiŋ¹³² | ɕiŋ¹³² | ɕiŋ²¹³ | ɕiŋ²¹³ | ɕiŋ³¹ | ɕiŋ¹³ | ɕiŋ¹³ | ɕin³¹ |
| 镇 | tʂəŋ⁴⁴ | tʂəŋ⁴⁴ | tʂəŋ⁴⁴ | tʂəŋ⁴⁴ | tʂəŋ⁴⁴ | tʂəŋ⁴⁴ | tʂəŋ⁴⁴ | tʂən⁴⁴ |
| 陈 | tʂʰəŋ¹³² | tʂʰəŋ¹³² | tʂʰəŋ¹³ | tʂʰəŋ¹³ | tʂʰəŋ³⁵ | tʂʰəŋ¹³ | tʂʰəŋ¹³ | tʂʰən³⁵ |

| | 固原开城 | 海原李旺 | 彭阳城阳 | 同心张家垣 | 盐池麻黄山 | 西吉硝河 | 隆德温堡 | 泾源新民 |
|---|---|---|---|---|---|---|---|---|
| 震 | tʂəŋ⁴⁴ | tʂəŋ⁴⁴ | tʂəŋ⁴⁴ | tʂəŋ⁴⁴ | tʂəŋ⁴⁴ | tʂəŋ⁴⁴ | tʂəŋ⁴⁴ | tʂən⁴⁴ |
| 神 | ʂəŋ¹³² | ʂəŋ¹³² | ʂəŋ¹³ | ʂəŋ¹³ | ʂəŋ³⁵ | ʂəŋ¹³ | ʂəŋ¹³ | ʂən³⁵ |
| 身 | ʂəŋ¹³² | ʂəŋ¹³² | ʂəŋ²¹³ | ʂəŋ²¹³ | ʂəŋ⁴⁴ | ʂəŋ¹³ | ʂəŋ¹³ | ʂən³¹ |
| 辰 | tʂʰəŋ¹³² | tʂʰəŋ¹³² | tʂʰəŋ¹³ | tʂʰəŋ¹³ | tʂʰəŋ³⁵ | tʂʰəŋ¹³ | tʂʰəŋ¹³ | tʂʰən³⁵ |
| 人 | ʐ̩əŋ¹³² | ʐ̩əŋ¹³² | ʐ̩əŋ¹³ | ʐ̩əŋ¹³ | ʐ̩əŋ³⁵ | ʐ̩əŋ¹³ | ʐ̩əŋ¹³ | ʐ̩ən³⁵ |
| 认 | ʐ̩əŋ⁴⁴ | ʐ̩əŋ⁴⁴ | ʐ̩əŋ⁴⁴ | ʐ̩əŋ⁴⁴ | ʐ̩əŋ⁴⁴ | ʐ̩əŋ⁴⁴ | ʐ̩əŋ⁴⁴ | ʐ̩ən⁴⁴ |
| 紧 | tɕiŋ⁵² | tɕiŋ⁵² | tɕiŋ⁵² | tɕiŋ⁵² | tɕiŋ⁵² | tɕiŋ⁵² | tɕiŋ⁵² | tɕin⁵² |
| 银 | iŋ¹³² | iŋ¹³² | iŋ¹³ | iŋ¹³ | iŋ³⁵ | iŋ¹³ | iŋ¹³ | in³⁵ |
| 印 | iŋ⁴⁴ | iŋ⁴⁴ | iŋ⁴⁴ | iŋ⁴⁴ | iŋ⁴⁴ | iŋ⁴⁴ | iŋ⁴⁴ | in⁴⁴ |
| 引 | iŋ⁵² | iŋ⁵² | iŋ⁵² | iŋ⁵² | iŋ⁵² | iŋ⁵² | iŋ⁵² | in⁵² |
| 笔 | pi¹³² | pi¹³² | pi²¹³ | pi²¹³ | pi³⁵ | pi¹³ | pi¹³ | pi³¹ |
| 匹 一~布 | pʰi⁵² | pʰi⁵² | pʰi⁵² | pʰi²¹³ | pʰi³⁵ | pʰi⁵² | pʰi⁵² | pʰi⁵² |
| 密 | mi¹³² | mi¹³² | mi²¹³ | mi²¹³ | mi³¹ | mi¹³ | mi¹³ | mi³¹ |
| 栗 | li¹³² | li¹³² | li²¹³ | li²¹³ | li³¹ | li¹³ | li¹³ | li³¹ |
| 七 | tɕʰi¹³² | tɕʰi¹³² | tɕʰi²¹³ | tɕʰi²¹³ | tɕʰi³⁵ | tɕʰi¹³ | tɕʰi¹³ | tɕʰi³¹ |
| 侄 | tʂʅ¹³² | tʂʰʅ¹³² | tʂʅ²¹³ | tʂʅ²¹³ | tʂʅ³⁵ | tʂʅ¹³ | tʂʅ¹³ | tʂʅ³⁵ |
| 虱 | sei¹³² | sei¹³² | sei²¹³ | sei²¹³ | sei³¹ | sei¹³ | sei¹³ | sei³¹ |
| 实 | ʂʅ¹³² | ʂʅ¹³² | ʂʅ¹³ | ʂʅ¹³ | ʂʅ³⁵ | ʂʅ¹³ | ʂʅ¹³ | ʂʅ³⁵ |
| 失 | ʂʅ¹³² | ʂʅ¹³² | ʂʅ²¹³ | ʂʅ²¹³ | ʂʅ³¹ | ʂʅ¹³ | ʂʅ¹³ | ʂʅ³¹ |
| 日 | ʐʅ¹³² | ʐʅ¹³² | ʐʅ²¹³ | ʐʅ²¹³ | ʐʅ³¹ | ʐʅ¹³ | ʐʅ¹³ | ʐʅ³¹ |
| 吉 | tɕi¹³² | tɕi¹³² | tɕi¹³ | tɕi¹³ | tɕi³⁵ | tɕi¹³ | tɕi¹³ | tɕi³⁵ |
| 一 | i¹³² | i¹³² | i²¹³ | i²¹³ | i³⁵ | i¹³ | i¹³ | i³¹ |
| 筋 | tɕiŋ¹³² | tɕiŋ¹³² | tɕiŋ²¹³ | tɕiŋ²¹³ | tɕiŋ³¹ | tɕiŋ¹³ | tɕiŋ¹³ | tɕin³¹ |
| 劲 有~ | tɕiŋ⁴⁴ | tɕiŋ⁴⁴ | tɕiŋ⁴⁴ | tɕiŋ⁴⁴ | tɕiŋ⁴⁴ | tɕiŋ⁴⁴ | tɕiŋ⁴⁴ | tɕin⁴⁴ |
| 勤 | tɕʰiŋ¹³² | tɕʰiŋ¹³² | tɕʰiŋ¹³ | tɕʰiŋ¹³ | tɕʰiŋ³⁵ | tɕʰiŋ¹³ | tɕʰiŋ¹³ | tɕʰin³⁵ |
| 近 | tɕiŋ⁴⁴ | tɕʰiŋ⁴⁴ | tɕiŋ⁴⁴ | tɕiŋ⁴⁴ | tɕiŋ⁴⁴ | tɕiŋ⁴⁴ | tɕiŋ⁴⁴ | tɕin⁴⁴ |
| 隐 | ɕiŋ⁵² | iŋ⁵² | iŋ⁵² | iŋ⁵² | iŋ⁵² | iŋ⁵² | ɕiŋ⁵² | in⁵² |
| 本 | pəŋ⁵² | pəŋ⁵² | pəŋ⁵² | pəŋ⁵² | pəŋ⁵² | pəŋ⁵² | pəŋ⁵² | pən⁵² |
| 盆 | pʰəŋ¹³² | pʰəŋ¹³² | pʰəŋ¹³ | pʰəŋ¹³ | pʰəŋ³⁵ | pʰəŋ¹³ | pʰəŋ¹³ | pʰən³⁵ |
| 门 | məŋ¹³² | məŋ¹³² | məŋ¹³ | məŋ¹³ | məŋ³⁵ | məŋ¹³ | məŋ¹³ | mən³⁵ |
| 墩 | tuŋ¹³² | tuŋ¹³² | tuŋ²¹³ | tuŋ²¹³ | tuŋ³¹ | tuŋ¹³ | tuŋ¹³ | tun³¹ |

续表

| | 固原开城 | 海原李旺 | 彭阳城阳 | 同心张家垣 | 盐池麻黄山 | 西吉硝河 | 隆德温堡 | 泾源新民 |
|---|---|---|---|---|---|---|---|---|
| 嫩 | nuŋ⁴⁴ | luŋ⁴⁴ | lyŋ⁴⁴ | lyŋ⁴⁴ | nəŋ⁴⁴ | luŋ⁴⁴ | luŋ⁴⁴ | lyŋ⁵² |
| 村 | tsʰuŋ¹³² | tsʰuŋ¹³² | tsʰuŋ²¹³ | tsʰuŋ²¹³ | tsʰuŋ³¹ | tsʰuŋ¹³ | tsʰuŋ¹³ | tsʰun³¹ |
| 寸 | tsʰuŋ⁴⁴ | tsʰuŋ⁴⁴ | tsʰuŋ⁴⁴ | tsʰuŋ⁴⁴ | tsʰuŋ³⁵ | tsʰuŋ⁴⁴ | tsʰuŋ⁴⁴ | tsʰun⁴⁴ |
| 蹲 | tuŋ¹³² | tuŋ¹³² | tuŋ²¹³ | tuŋ²¹³ | tuŋ³¹ | tuŋ¹³ | tuŋ¹³ | tun³¹ |
| 孙 | suŋ¹³² | suŋ¹³² | suŋ²¹³ | suŋ²¹³ | suŋ³¹ | suŋ¹³ | suŋ¹³ | ɕyŋ³¹ |
| 滚 | kuŋ⁵² | kuŋ⁵² | kuŋ⁵² | kuŋ⁵² | kuŋ⁵² | kuŋ⁵² | kuŋ⁵² | kun⁵² |
| 困 | kʰuŋ⁴⁴ | kʰuŋ⁴⁴ | kʰuŋ⁴⁴ | kʰuŋ⁴⁴ | kʰuŋ⁴⁴ | kʰuŋ⁴⁴ | kʰuŋ⁴⁴ | kʰun⁴⁴ |
| 婚 | xuŋ¹³² | xuŋ¹³² | xuŋ²¹³ | xuŋ²¹³ | xuŋ³¹ | xuŋ¹³ | xuŋ¹³ | xun³¹ |
| 魂 | xuŋ¹³² | xuŋ¹³² | xuŋ¹³ | xuŋ¹³ | xuŋ³⁵ | xuŋ¹³ | xuŋ¹³ | xun³⁵ |
| 温 | vəŋ¹³² | vəŋ¹³² | vəŋ²¹³ | vəŋ²¹³ | vəŋ⁴⁴ | vəŋ¹³ | vəŋ¹³ | vən³¹ |
| 卒 | tsu¹³² | tsu¹³² | tsu¹³ | tsu¹³ | tsu³⁵ | tsu¹³ | tsu¹³ | tsu³⁵ |
| 骨 | ku¹³² | ku¹³² | ku²¹³ | ku²¹³ | ku³⁵ | ku¹³ | ku¹³ | ku³⁵ |
| 轮 | luŋ¹³² | lyŋ¹³² | lyŋ¹³ | lyŋ¹³ | lyŋ³⁵ | lyŋ¹³ | ly¹³ | lun³⁵ |
| 俊 | tɕyŋ⁴⁴ | tɕyŋ⁴⁴ | tɕyŋ⁴⁴ | tɕyŋ⁴⁴ | tɕyŋ⁴⁴ | tɕyŋ⁴⁴ | tɕyŋ⁴⁴ | tɕyŋ⁴⁴ |
| 笋 | suŋ⁵² | suŋ⁵² | ɕyŋ⁵² | suŋ⁵² | ɕyŋ⁵² | suŋ⁵² | suŋ⁵² | ɕyŋ⁵² |
| 准 | tʂuŋ⁵² | tʃuŋ⁵² | tʂuŋ⁵² | tʂuŋ⁵² | tʂuŋ⁵² | tʂuŋ⁵² | tʂuŋ⁵² | tʂuŋ⁵² |
| 春 | tʂʰuŋ¹³² | tʃʰuŋ¹³² | tʂʰuŋ²¹³ | tʂʰuŋ²¹³ | tʂʰuŋ⁴⁴ | tʂʰuŋ¹³ | tʂʰuŋ¹³ | tʂʰun³¹ |
| 唇 | ʂuŋ¹³² | ʃuŋ¹³² | ʃuŋ¹³ | ʂuŋ¹³ | tʃʰuŋ³⁵ | ʃuŋ¹³ | ʃuŋ¹³ | ʃun³⁵ |
| 顺 | ʂuŋ⁴⁴ | ʃuŋ⁴⁴ | ʃuŋ⁴⁴ | ʂuŋ⁴⁴ | ʃuŋ⁴⁴ | ʃuŋ⁴⁴ | ʃuŋ⁴⁴ | ʃun⁴⁴ |
| 纯 | tʂʰuŋ¹³² | tʃʰuŋ¹³² | tʃʰuŋ¹³ | tʂʰuŋ¹³ | tʃʰuŋ³⁵ | tʃʰuŋ¹³ | tʃʰuŋ¹³ | tʃʰun³⁵ |
| 闰 | ʐuŋ⁴⁴ | ʐuŋ⁴⁴ | ʐuŋ⁴⁴ | ʐuŋ⁴⁴ | ʐuŋ⁴⁴ | ʐuŋ⁴⁴ | ʐuŋ⁴⁴ | ʐun⁴⁴ |
| 均 | tɕyŋ¹³² | tɕyŋ¹³² | tɕyŋ²¹³ | tɕyŋ²¹³ | tɕyŋ³¹ | tɕyŋ⁵² | tɕyŋ¹³ | tɕyŋ³¹ |
| 匀 | yŋ¹³² | yŋ¹³² | yŋ¹³ | yŋ¹³ | yŋ³⁵ | yŋ¹³ | yŋ¹³ | yn³⁵ |
| 律 | ly¹³² | ly¹³² | ly²¹³ | ly²¹³ | ly³¹ | ly¹³ | ly¹³ | ly³¹ |
| 出 | tʂʰu¹³² | tʃʰu¹³² | tʃʰu²¹³ | tʂʰu²¹³ | tʃʰu³¹ | tʃʰu¹³ | tʃʰu¹³ | tʃʰu³¹ |
| 橘 | tɕy¹³² | tɕy¹³² | tɕy¹³ | tɕy¹³ | tɕy³⁵ | tɕy¹³ | tɕy¹³ | tɕy³⁵ |
| 分 动词 | fəŋ¹³² | fəŋ¹³² | fəŋ²¹³ | fəŋ²¹³ | fəŋ³¹ | fəŋ¹³ | fəŋ¹³ | fən³¹ |
| 粉 | fəŋ⁵² | fəŋ⁵² | fəŋ⁵² | fəŋ⁵² | fəŋ⁵² | fəŋ⁵² | fəŋ⁵² | fən⁵² |
| 粪 | fəŋ⁴⁴ | fəŋ⁴⁴ | fəŋ⁴⁴ | fəŋ⁴⁴ | fəŋ⁴⁴ | fəŋ⁴⁴ | fəŋ⁴⁴ | fən⁴⁴ |
| 坟 | fəŋ¹³² | fəŋ¹³² | fəŋ¹³ | fəŋ¹³ | fəŋ³⁵ | fəŋ¹³ | fəŋ¹³ | fən³⁵ |
| 蚊 ～子 | vəŋ¹³² | vəŋ¹³² | vəŋ¹³ | vəŋ¹³ | məŋ⁵² | vəŋ¹³ | vəŋ¹³ | vən³⁵ |

| | 固原开城 | 海原李旺 | 彭阳城阳 | 同心张家垣 | 盐池麻黄山 | 西吉硝河 | 隆德温堡 | 泾源新民 |
|---|---|---|---|---|---|---|---|---|
| 问 | vəŋ$^{44}$ | vəŋ$^{44}$ | vəŋ$^{44}$ | vəŋ$^{44}$ | vəŋ$^{44}$ | vəŋ$^{44}$ | vəŋ$^{44}$ | vən$^{44}$ |
| 军 | tɕyŋ$^{44}$ | tɕyŋ$^{132}$ | tɕyŋ$^{213}$ | tɕyŋ$^{213}$ | tɕyŋ$^{31}$ | tɕyŋ$^{13}$ | tɕyŋ$^{44}$ | tɕyn$^{31}$ |
| 裙 | tɕʰyŋ$^{132}$ | tɕʰyŋ$^{132}$ | tɕʰyŋ$^{13}$ | tɕʰyŋ$^{13}$ | tɕʰyŋ$^{35}$ | tɕʰyŋ$^{13}$ | tɕʰyŋ$^{13}$ | tɕʰyŋ$^{35}$ |
| 熏 | ɕyŋ$^{132}$ | ɕyŋ$^{132}$ | ɕyŋ$^{213}$ | ɕyŋ$^{213}$ | ɕyŋ$^{31}$ | ɕyŋ$^{13}$ | ɕyŋ$^{13}$ | ɕyn$^{31}$ |
| 云 | yŋ$^{132}$ | yŋ$^{132}$ | yŋ$^{13}$ | yŋ$^{13}$ | yŋ$^{35}$ | yŋ$^{13}$ | yŋ$^{13}$ | yn$^{35}$ |
| 运 | yŋ$^{44}$ | yŋ$^{44}$ | yŋ$^{44}$ | yŋ$^{44}$ | yŋ$^{44}$ | yŋ$^{44}$ | yŋ$^{44}$ | yn$^{44}$ |
| 佛~像 | fuə$^{132}$ | fuə$^{132}$ | fuə$^{13}$ | fuə$^{13}$ | fuə$^{35}$ | fuə$^{13}$ | fuə$^{13}$ | fuə$^{35}$ |
| 物 | vuə$^{132}$ | vuə$^{132}$ | vuə$^{13}$ | vuə$^{13}$ | vuə$^{35}$ | vuə$^{13}$ | vuə$^{13}$ | vuə$^{31}$ |
| 帮 | paŋ$^{132}$ | paŋ$^{132}$ | paŋ$^{213}$ | paŋ$^{213}$ | paŋ$^{31}$ | paŋ$^{13}$ | paŋ$^{13}$ | paŋ$^{31}$ |
| 忙 | maŋ$^{132}$ | maŋ$^{132}$ | maŋ$^{13}$ | maŋ$^{13}$ | maŋ$^{35}$ | maŋ$^{13}$ | maŋ$^{13}$ | maŋ$^{35}$ |
| 党 | taŋ$^{52}$ | taŋ$^{52}$ | taŋ$^{52}$ | taŋ$^{52}$ | taŋ$^{52}$ | taŋ$^{52}$ | taŋ$^{52}$ | taŋ$^{52}$ |
| 汤 | tʰaŋ$^{132}$ | tʰaŋ$^{132}$ | tʰaŋ$^{213}$ | tʰaŋ$^{213}$ | tʰaŋ$^{44}$ | tʰaŋ$^{13}$ | tʰaŋ$^{13}$ | tʰaŋ$^{31}$ |
| 糖 | tʰaŋ$^{132}$ | tʰaŋ$^{132}$ | tʰaŋ$^{13}$ | tʰaŋ$^{13}$ | tʰaŋ$^{35}$ | tʰaŋ$^{13}$ | tʰaŋ$^{13}$ | tʰaŋ$^{35}$ |
| 浪 | laŋ$^{44}$ | laŋ$^{44}$ | laŋ$^{44}$ | laŋ$^{44}$ | laŋ$^{44}$ | laŋ$^{44}$ | laŋ$^{44}$ | laŋ$^{44}$ |
| 仓 | tsʰaŋ$^{132}$ | tsʰaŋ$^{132}$ | tsʰaŋ$^{213}$ | tsʰaŋ$^{213}$ | tsʰaŋ$^{44}$ | tsʰaŋ$^{13}$ | tsʰaŋ$^{13}$ | tsʰaŋ$^{31}$ |
| 钢名词 | kaŋ$^{132}$ | kaŋ$^{132}$ | kaŋ$^{213}$ | kaŋ$^{213}$ | kaŋ$^{44}$ | kaŋ$^{13}$ | kaŋ$^{13}$ | kaŋ$^{31}$ |
| 糠 | kʰaŋ$^{132}$ | kʰaŋ$^{132}$ | kʰaŋ$^{213}$ | kʰaŋ$^{213}$ | kʰaŋ$^{44}$ | kʰaŋ$^{13}$ | kʰaŋ$^{13}$ | kʰaŋ$^{31}$ |
| 薄形容词 | puə$^{132}$ | pʰuə$^{132}$ | puə$^{13}$ | puə$^{13}$ | puə$^{35}$ | pʰuə$^{13}$ | puə$^{13}$ | pʰuə$^{35}$ |
| 摸 | muə$^{52}$ | mə$^{52}$ | muə$^{52}$ | muə$^{52}$ | muə$^{31}$ | muə$^{52}$ | muə$^{52}$ | muə$^{52}$ |
| 托手承物 | tʰuə$^{52}$ | tʰuə$^{52}$ | tʰuə$^{52}$ | tʰuə$^{52}$ | tʰuə$^{44}$ | tʰuə$^{52}$ | tʰuə$^{52}$ | tʰuə$^{52}$ |
| 落 | luə$^{132}$ | luə$^{132}$ | luə$^{213}$ | luə$^{213}$ | luə$^{35}$ | luə$^{13}$ | luə$^{13}$ | luə$^{31}$ |
| 作工~ | tsuə$^{132}$ | tsuə$^{132}$ | tsuə$^{213}$ | tsuə$^{213}$ | tsuə$^{35}$ | tsuə$^{13}$ | tsuə$^{13}$ | tsuə$^{31}$ |
| 索绳~ | suə$^{132}$ | suə$^{132}$ | suə$^{213}$ | suə$^{213}$ | suə$^{52}$ | suə$^{13}$ | suə$^{13}$ | suə$^{31}$ |
| 各 | kə$^{132}$ | kə$^{132}$ | kə$^{213}$ | kə$^{213}$ | kuə$^{35}$ | kə$^{13}$ | kə$^{13}$ | kə$^{31}$ |
| 鹤 | xə$^{52}$ | xə$^{132}$ | xuə$^{213}$ | xuə$^{213}$ | xuə$^{13}$ | xə$^{13}$ | xə$^{13}$ | xə$^{52}$ |
| 恶形容词 | ə$^{132}$ | ŋə$^{132}$ | vuə$^{213}$ | vuə$^{213}$ | nuə$^{31}$ | nuə$^{13}$ | ŋuə$^{13}$ | ŋə$^{31}$ |
| 娘 | ȵiaŋ$^{132}$ | ȵia$^{132}$ | ȵiaŋ$^{13}$ | ȵiaŋ$^{35}$ | ȵiaŋ$^{13}$ | ȵiaŋ$^{13}$ | ȵiaŋ$^{13}$ | ȵiaŋ$^{35}$ |
| 两斤~ | liaŋ$^{52}$ | liaŋ$^{52}$ | liaŋ$^{52}$ | liaŋ$^{52}$ | liaŋ$^{52}$ | liaŋ$^{52}$ | liaŋ$^{52}$ | liaŋ$^{52}$ |
| 亮 | liaŋ$^{44}$ | liaŋ$^{44}$ | liaŋ$^{44}$ | liaŋ$^{44}$ | liaŋ$^{44}$ | liaŋ$^{44}$ | liaŋ$^{44}$ | liaŋ$^{44}$ |
| 浆 | tɕiaŋ$^{52}$ | tɕiaŋ$^{52}$ | tɕiaŋ$^{52}$ | tɕiaŋ$^{52}$ | tɕiaŋ$^{44}$ | tɕiaŋ$^{52}$ | tɕiaŋ$^{52}$ | tɕiaŋ$^{52}$ |
| 抢 | tɕʰiaŋ$^{52}$ | tɕʰiaŋ$^{52}$ | tɕʰiaŋ$^{52}$ | tɕʰiaŋ$^{52}$ | tɕʰiaŋ$^{52}$ | tɕʰiaŋ$^{52}$ | tɕʰiaŋ$^{52}$ | tɕʰiaŋ$^{52}$ |

续表

| | 固原开城 | 海原李旺 | 彭阳城阳 | 同心张家垣 | 盐池麻黄山 | 西吉硝河 | 隆德温堡 | 泾源新民 |
|---|---|---|---|---|---|---|---|---|
| 匠 | tɕiaŋ$^{44}$ | tɕʰiaŋ$^{44}$ | tɕiaŋ$^{44}$ | tɕiaŋ$^{44}$ | tɕiaŋ$^{44}$ | tɕʰiaŋ$^{44}$ | tɕiaŋ$^{44}$ | tɕiaŋ$^{44}$ |
| 想 | ɕiaŋ$^{52}$ | ɕiaŋ$^{52}$ | ɕiaŋ$^{52}$ | ɕiaŋ$^{52}$ | ɕiaŋ$^{52}$ | ɕiaŋ$^{52}$ | ɕiaŋ$^{52}$ | ɕiaŋ$^{52}$ |
| 像 | ɕiaŋ$^{44}$ | ɕiaŋ$^{44}$ | ɕiaŋ$^{44}$ | ɕiaŋ$^{44}$ | ɕiaŋ$^{44}$ | ɕiaŋ$^{44}$ | ɕiaŋ$^{44}$ | ɕiaŋ$^{44}$ |
| 张量词 | tʂaŋ$^{132}$ | tʂaŋ$^{132}$ | tʂaŋ$^{213}$ | tʂaŋ$^{213}$ | tʂaŋ$^{44}$ | tʂaŋ$^{13}$ | tʂaŋ$^{13}$ | tʂaŋ$^{31}$ |
| 长~短 | tʂʰaŋ$^{132}$ | tʂʰaŋ$^{132}$ | tʂʰaŋ$^{13}$ | tʂʰaŋ$^{13}$ | tʂʰaŋ$^{35}$ | tʂʰaŋ$^{13}$ | tʂʰaŋ$^{13}$ | tʂʰaŋ$^{35}$ |
| 装 | tʂuaŋ$^{132}$ | tʃuaŋ$^{132}$ | tʃuaŋ$^{213}$ | tʂuaŋ$^{213}$ | tʃuaŋ$^{44}$ | tʃuaŋ$^{13}$ | tʃuaŋ$^{13}$ | tʃuaŋ$^{31}$ |
| 壮 | tʂuaŋ$^{44}$ | tʃuaŋ$^{44}$ | tʃuaŋ$^{44}$ | tʂuaŋ$^{44}$ | tʃuaŋ$^{35}$ | tʃuaŋ$^{44}$ | tʃuaŋ$^{44}$ | tʃuaŋ$^{44}$ |
| 疮 | tʂʰuaŋ$^{132}$ | tʃʰuaŋ$^{132}$ | tʃʰuaŋ$^{213}$ | tʂʰuaŋ$^{213}$ | tʃʰuaŋ$^{44}$ | tʃʰuaŋ$^{13}$ | tʃʰuaŋ$^{13}$ | tʃʰuaŋ$^{31}$ |
| 床 | tʂʰuaŋ$^{132}$ | tʃʰuaŋ$^{132}$ | tʃʰuaŋ$^{13}$ | tʂʰuaŋ$^{13}$ | tʃʰuaŋ$^{35}$ | tʃʰuaŋ$^{13}$ | tʃʰuaŋ$^{13}$ | tʃʰuaŋ$^{35}$ |
| 霜 | ʂuaŋ$^{132}$ | ʃuaŋ$^{132}$ | ʃuaŋ$^{213}$ | ʂuaŋ$^{213}$ | ʃuaŋ$^{44}$ | ʃuaŋ$^{13}$ | ʃuaŋ$^{13}$ | ʃuaŋ$^{31}$ |
| 章 | tʂaŋ$^{132}$ | tʂaŋ$^{132}$ | tʂaŋ$^{213}$ | tʂaŋ$^{213}$ | tʂaŋ$^{44}$ | tʂaŋ$^{13}$ | tʂaŋ$^{13}$ | tʂaŋ$^{31}$ |
| 厂 | tʂʰaŋ$^{52}$ | tʂʰaŋ$^{52}$ | tʂʰaŋ$^{52}$ | tʂʰaŋ$^{52}$ | tʂʰaŋ$^{52}$ | tʂʰaŋ$^{52}$ | tʂʰaŋ$^{52}$ | tʂʰaŋ$^{52}$ |
| 唱 | tʂʰaŋ$^{44}$ | tʂʰaŋ$^{44}$ | tʂʰaŋ$^{44}$ | tʂʰaŋ$^{44}$ | tʂʰaŋ$^{35}$ | tʂʰaŋ$^{44}$ | tʂʰaŋ$^{44}$ | tʂʰaŋ$^{44}$ |
| 伤 | ʂaŋ$^{132}$ | ʂaŋ$^{132}$ | ʂaŋ$^{213}$ | ʂaŋ$^{213}$ | ʂaŋ$^{44}$ | ʂaŋ$^{13}$ | ʂaŋ$^{13}$ | ʂaŋ$^{31}$ |
| 尝 | ʂaŋ$^{132}$ | ʂaŋ$^{132}$ | ʂaŋ$^{13}$ | ʂaŋ$^{13}$ | ʂaŋ$^{35}$ | ʂaŋ$^{13}$ | ʂaŋ$^{13}$ | tʂʰaŋ$^{35}$ |
| 上 | ʂaŋ$^{44}$ | ʂaŋ$^{44}$ | ʂaŋ$^{44}$ | ʂaŋ$^{44}$ | ʂaŋ$^{44}$ | ʂaŋ$^{44}$ | ʂaŋ$^{44}$ | ʂaŋ$^{44}$ |
| 让 | ʐaŋ$^{44}$ | ʐaŋ$^{44}$ | ʐaŋ$^{44}$ | ʐaŋ$^{44}$ | ʐaŋ$^{44}$ | ʐaŋ$^{44}$ | ʐaŋ$^{44}$ | ʐaŋ$^{44}$ |
| 姜 | tɕiaŋ$^{132}$ | tɕiaŋ$^{132}$ | tɕiaŋ$^{213}$ | tɕiaŋ$^{213}$ | tɕiaŋ$^{44}$ | tɕiaŋ$^{13}$ | tɕiaŋ$^{13}$ | tɕiaŋ$^{31}$ |
| 响 | ɕiaŋ$^{52}$ | ɕiaŋ$^{52}$ | ɕiaŋ$^{52}$ | ɕiaŋ$^{52}$ | ɕiaŋ$^{52}$ | ɕiaŋ$^{52}$ | ɕiaŋ$^{52}$ | ɕiaŋ$^{52}$ |
| 向 | ɕiaŋ$^{44}$ | ɕiaŋ$^{44}$ | ɕiaŋ$^{44}$ | ɕiaŋ$^{44}$ | ɕiaŋ$^{44}$ | ɕiaŋ$^{44}$ | ɕiaŋ$^{44}$ | ɕiaŋ$^{44}$ |
| 秧 | iaŋ$^{132}$ | iaŋ$^{132}$ | iaŋ$^{213}$ | iaŋ$^{213}$ | iaŋ$^{44}$ | iaŋ$^{13}$ | iaŋ$^{13}$ | iaŋ$^{31}$ |
| 痒 | iaŋ$^{52}$ | iaŋ$^{52}$ | iaŋ$^{52}$ | iaŋ$^{52}$ | iaŋ$^{52}$ | iaŋ$^{52}$ | iaŋ$^{52}$ | iaŋ$^{52}$ |
| □痒 | ȵiɔ$^{52}$ | ȵiɔ$^{52}$ | ȵiɔ$^{52}$ | ȵiɔ$^{52}$ | ȵiɔ$^{52}$ | ȵiɔ$^{52}$ | ȵiɔ$^{52}$ | ȵiɔ$^{52}$ |
| 样 | iaŋ$^{44}$ | iaŋ$^{44}$ | iaŋ$^{44}$ | iaŋ$^{44}$ | iaŋ$^{44}$ | iaŋ$^{44}$ | iaŋ$^{44}$ | iaŋ$^{44}$ |
| 雀麻~ | tɕʰiɔ$^{132}$ | tɕʰiɔ$^{132}$ | tɕʰiɔ$^{213}$ | tɕʰiɔ$^{213}$ | tɕʰiɔ$^{31}$ | tɕʰiɔ$^{13}$ | tɕʰiɔ$^{13}$ | tɕʰiɔ$^{31}$ |
| 着睡~ | tʂuə$^{132}$ | tʂʰə$^{132}$ | tʂuə$^{13}$ | tʂuə$^{13}$ | tʂuə$^{35}$ | tʂuə$^{13}$ | tʂuə$^{13}$ | tʂuə$^{35}$ |
| 勺~子 | ʂuə$^{132}$ | ʃə$^{132}$ | ʃə$^{13}$ | ʂuə$^{13}$ | ʃuə$^{35}$ | ʃuə$^{13}$ | ʃuə$^{13}$ | ʃuə$^{35}$ |
| 弱 | ʐuə$^{132}$ | ʒuə$^{132}$ | ʒuə$^{213}$ | ʐuə$^{213}$ | ʒuə$^{35}$ | ʒuə$^{13}$ | ʒuə$^{13}$ | ʒuə$^{31}$ |
| 脚 | tɕyə$^{132}$ | tɕyə$^{132}$ | tɕyə$^{213}$ | tɕyə$^{213}$ | tɕyə$^{35}$ | tɕyə$^{13}$ | tɕyə$^{13}$ | tɕyə$^{31}$ |
| 约 | yə$^{132}$ | yə$^{132}$ | yə$^{213}$ | yə$^{213}$ | yə$^{44}$ | yə$^{13}$ | yə$^{13}$ | yə$^{31}$ |
| 药 | yə$^{132}$ | yə$^{132}$ | yə$^{213}$ | yə$^{213}$ | yə$^{35}$ | yə$^{13}$ | yə$^{13}$ | yə$^{31}$ |

| | 固原开城 | 海原李旺 | 彭阳城阳 | 同心张家垣 | 盐池麻黄山 | 西吉硝河 | 隆德温堡 | 泾源新民 |
|---|---|---|---|---|---|---|---|---|
| 光 | kuaŋ132 | kuaŋ132 | kuaŋ213 | kuaŋ213 | kuaŋ44 | kuaŋ13 | kuaŋ13 | kuaŋ31 |
| 慌 | xuaŋ132 | xuaŋ132 | xuaŋ213 | xuaŋ213 | xuaŋ44 | xuaŋ13 | xuaŋ13 | xuaŋ31 |
| 黄 | xuaŋ132 | xuaŋ132 | xuaŋ13 | xuaŋ13 | xuaŋ35 | xuaŋ13 | xuaŋ13 | xuaŋ35 |
| 郭 | kuə132 | kuə132 | kuə213 | kuə213 | kuə35 | kuə13 | kuə13 | kuə31 |
| 霍 | xuə132 | xuə132 | xuə213 | xuə213 | xuə44 | xuə13 | xuə13 | xuə31 |
| 方 | faŋ132 | faŋ132 | faŋ213 | faŋ213 | faŋ31 | faŋ13 | faŋ13 | faŋ31 |
| 放 | faŋ44 | faŋ44 | faŋ44 | faŋ44 | faŋ44 | faŋ44 | faŋ44 | faŋ44 |
| 纺 | faŋ52 | faŋ52 | faŋ52 | faŋ52 | faŋ52 | faŋ52 | faŋ52 | faŋ52 |
| 房 | faŋ132 | faŋ132 | faŋ13 | faŋ13 | faŋ35 | faŋ13 | faŋ13 | faŋ35 |
| 防 | faŋ132 | faŋ132 | faŋ13 | faŋ13 | faŋ35 | faŋ13 | faŋ13 | faŋ35 |
| 网 | vaŋ52 | vaŋ52 | vaŋ52 | vaŋ52 | vaŋ52 | vaŋ52 | vaŋ52 | vaŋ52 |
| 筐 | kʰuaŋ132 | kʰuaŋ132 | kʰuaŋ213 | kʰuaŋ213 | kʰuaŋ44 | kʰuaŋ13 | kʰuaŋ13 | kʰuaŋ31 |
| 狂 | kʰuaŋ132 | kʰuaŋ132 | kʰuaŋ13 | kʰuaŋ13 | kʰuaŋ35 | kʰuaŋ13 | kʰuaŋ13 | kʰuaŋ35 |
| 王 | vaŋ132 | vaŋ132 | vaŋ13 | vaŋ13 | vaŋ35 | vaŋ13 | vaŋ13 | vaŋ35 |
| 旺 | vaŋ44 | vaŋ44 | vaŋ44 | vaŋ44 | vaŋ44 | vaŋ44 | vaŋ44 | vaŋ44 |
| 缚 | fuə132 | fuə132 | fuə213 | fuə213 | fuə31 | fuə13 | fuə13 | fuə31 |
| 绑 | paŋ52 | paŋ52 | paŋ52 | paŋ52 | paŋ52 | paŋ52 | paŋ52 | paŋ52 |
| 胖 | pʰaŋ44 | pʰaŋ44 | pʰaŋ44 | pʰaŋ44 | pʰaŋ44 | pʰaŋ44 | pʰaŋ44 | pʰaŋ44 |
| 棒 | paŋ44 | paŋ44 | paŋ44 | paŋ44 | paŋ44 | paŋ44 | paŋ44 | paŋ44 |
| 桩 | tʂuaŋ132 | tʃuaŋ132 | tʃuaŋ213 | tʂuaŋ213 | tʃuaŋ31 | tʃuaŋ13 | tʃuaŋ13 | tʃuaŋ31 |
| 撞 | tʂʰuaŋ44 | tʃʰuaŋ44 | tʃʰuaŋ44 | tʂʰuaŋ44 | tʃʰuaŋ44 | tʃʰuaŋ44 | tʃʰuaŋ44 | tʃʰuaŋ44 |
| 窗 | tʂʰuaŋ132 | tʃʰuaŋ132 | tʃʰuaŋ213 | tʂʰuaŋ213 | tʃʰuaŋ31 | tʃʰuaŋ13 | tʃʰuaŋ13 | tʃʰuaŋ31 |
| 双 | ʂuaŋ132 | ʃuaŋ132 | ʂuaŋ213 | ʂuaŋ213 | ʃuaŋ44 | ʃuaŋ13 | ʃuaŋ13 | ʃuaŋ31 |
| 江 | tɕiaŋ132 | tɕiaŋ132 | tɕiaŋ213 | tɕiaŋ213 | tɕiaŋ44 | tɕiaŋ13 | tɕiaŋ13 | tɕiaŋ31 |
| 讲 | tɕiaŋ52 | tɕiaŋ52 | tɕiaŋ52 | tɕiaŋ52 | tɕiaŋ52 | tɕiaŋ52 | tɕiaŋ52 | tɕiaŋ52 |
| 降投~ | ɕiaŋ132 | ɕiaŋ132 | ɕiaŋ13 | ɕiaŋ13 | ɕiaŋ35 | ɕiaŋ13 | ɕiaŋ13 | ɕiaŋ35 |
| 项脖~ | xaŋ44 | xaŋ44 | xaŋ44 | xaŋ44 | xaŋ44 | xaŋ44 | xaŋ44 | xaŋ52 |
| 剥 | puə132 | puə132 | puə213 | puə213 | puə35 | puə13 | puə13 | puə35 |
| 桌 | tʂuə132 | tʃuə132 | tʃuə213 | tʂuə213 | tʃuə35 | tʃuə13 | tʃuə13 | tʃuə35 |
| 镯~子 | tʂʰuə132 | tʃʰuə132 | tʃuə13 | tʂʰuə13 | tʃuə35 | ʃuə13 | tʃʰuə13 | tʃʰuə35 |
| 角 | kə132 | kə132 | kə213 | kə213 | kuə35 | kə13 | kə13 | kə31 |

| | 固原开城 | 海原李旺 | 彭阳城阳 | 同心张家垣 | 盐池麻黄山 | 西吉硝河 | 隆德温堡 | 泾源新民 |
|---|---|---|---|---|---|---|---|---|
| 壳 | kʰə¹³² | kʰə¹³² | kʰə¹³ | kʰə¹³ | kʰuə³⁵ | kʰə¹³ | kʰə¹³ | kʰə³⁵ |
| 学 | çyə¹³² | çyə¹³² | çyə¹³ | çyə¹³ | çyə³⁵ | çyə¹³ | çyə¹³ | çyə³⁵ |
| 握 | vuə¹³² | vuə¹³² | vuə²¹³ | vuə²¹³ | vuə³¹ | vuə¹³ | vuə¹³ | vuə¹³ |
| 朋 | pʰəŋ¹³² | pʰəŋ¹³² | pʰəŋ¹³ | pʰəŋ¹³ | pʰəŋ³⁵ | pʰəŋ¹³ | pʰəŋ¹³ | pʰəŋ³⁵ |
| 灯 | təŋ¹³² | təŋ¹³² | təŋ²¹³ | təŋ²¹³ | təŋ³¹ | təŋ¹³ | təŋ¹³ | təŋ³¹ |
| 等 | təŋ⁵² | təŋ⁵² | təŋ⁵² | təŋ⁵² | təŋ⁵² | təŋ⁵² | təŋ⁵² | təŋ⁵² |
| 凳 | təŋ⁴⁴ | təŋ⁴⁴ | təŋ⁴⁴ | təŋ⁴⁴ | təŋ⁴⁴ | təŋ⁴⁴ | təŋ⁴⁴ | təŋ⁴⁴ |
| 藤 | tʰəŋ¹³² | tʰəŋ¹³² | tʰəŋ¹³ | tʰəŋ¹³ | tʰəŋ³⁵ | tʰəŋ¹³ | tʰəŋ¹³ | tʰəŋ³⁵ |
| 能 | nəŋ¹³² | nəŋ¹³² | nəŋ¹³ | nəŋ¹³ | nəŋ³⁵ | ləŋ¹³ | nəŋ¹³ | nəŋ³⁵ |
| 层 | tsʰəŋ¹³² | tsʰəŋ¹³² | tsʰəŋ¹³ | tsʰəŋ¹³ | tsʰəŋ³⁵ | tsʰəŋ¹³ | tsʰəŋ¹³ | tsʰəŋ³⁵ |
| 僧 | səŋ¹³² | səŋ¹³² | səŋ²¹³ | səŋ²¹³ | səŋ³¹ | səŋ¹³ | səŋ¹³ | səŋ³¹ |
| 肯 | kʰəŋ⁵² | kʰəŋ⁵² | kʰəŋ⁵² | kʰəŋ⁵² | kʰəŋ⁵² | kʰəŋ⁵² | kʰəŋ⁵² | kʰəŋ⁵² |
| 北 | pei¹³² | pei¹³² | pei²¹³ | pei²¹³ | pei³¹ | pei¹³ | pei¹³ | pei³¹ |
| 墨 | mei¹³² | mei¹³² | mei²¹³ | mei²¹³ | mei³⁵ | mei¹³ | mei¹³ | mei³¹ |
| 得 | tei¹³² | tei¹³² | tei²¹³ | tei²¹³ | tei³⁵ | tei¹³ | tei¹³ | tei³⁵ |
| 特 | tʰei¹³² | tʰei¹³² | tʰei²¹³ | tʰei²¹³ | tʰei³¹ | tʰei¹³ | tʰei¹³ | tʰei³¹ |
| 贼 | tsei¹³² | tsei¹³² | tsei¹³ | tsei¹³ | tsei³⁵ | tsʰei¹³ | tsʰei¹³ | tsʰei³⁵ |
| 塞 | sei¹³² | sei¹³² | sei²¹³ | sei²¹³ | sei³¹ | tsei¹³ | sei¹³ | sei³¹ |
| 刻~章 | kʰə¹³² | kʰei¹³² | kʰə²¹³ | kʰə²¹³ | kʰuə³⁵ | kʰei¹³ | kʰei¹³ | kʰei¹³ |
| 黑 | xei¹³² | xei¹³² | xei²¹³ | xei²¹³ | xə³⁵ | xei¹³ | xei¹³ | xei³¹ |
| 冰 | piŋ¹³² | piŋ¹³² | piŋ²¹³ | piŋ²¹³ | piŋ³¹ | piŋ¹³ | piŋ¹³ | piŋ³¹ |
| 证 | tʂəŋ⁴⁴ | tʂəŋ⁴⁴ | tʂəŋ⁴⁴ | tʂəŋ⁴⁴ | tʂəŋ⁴⁴ | tʂəŋ⁴⁴ | tʂəŋ⁴⁴ | tʂəŋ⁴⁴ |
| 秤 | tʂʰəŋ⁴⁴ | tʂʰəŋ⁴⁴ | tʂʰəŋ⁴⁴ | tʂʰəŋ⁴⁴ | tʂʰəŋ⁴⁴ | tʂʰəŋ⁴⁴ | tʂʰəŋ⁴⁴ | tʂʰəŋ⁴⁴ |
| 绳 | ʂəŋ¹³² | ʂəŋ¹³² | ʂəŋ¹³ | ʂəŋ¹³ | ʂəŋ³⁵ | ʂəŋ¹³ | ʂəŋ¹³ | ʂəŋ³⁵ |
| 剩 | ʂəŋ⁴⁴ | ʂəŋ⁴⁴ | ʂəŋ⁴⁴ | ʂəŋ⁴⁴ | ʂəŋ⁴⁴ | ʂəŋ⁴⁴ | ʂəŋ⁴⁴ | ʂəŋ⁴⁴ |
| 升 | ʂəŋ¹³² | ʂəŋ¹³² | ʂəŋ²¹³ | ʂəŋ²¹³ | ʂəŋ⁴⁴ | ʂəŋ¹³ | ʂəŋ¹³ | ʂəŋ³¹ |
| 兴高~ | çiŋ⁴⁴ | çiŋ⁴⁴ | çiŋ⁴⁴ | çiŋ⁴⁴ | çiŋ⁴⁴ | çiŋ⁴⁴ | çiŋ⁴⁴ | çiŋ³¹ |
| 蝇 | iŋ¹³² | iŋ¹³² | iŋ¹³ | iŋ¹³ | iŋ⁴⁴ | iŋ¹³ | iŋ¹³ | iŋ³⁵ |
| 逼 | pi¹³² | pi¹³² | pi²¹³ | pi²¹³ | pi³⁵ | pi¹³ | pi¹³ | pi³¹ |
| 力 | li¹³² | li¹³² | li²¹³ | li²¹³ | li³⁵ | li¹³ | li¹³ | li³¹ |
| 息 | çi¹³² | çi¹³² | çi²¹³ | çi²¹³ | çi³¹ | çi¹³ | çi¹³ | çi³¹ |

续表

| | 固原开城 | 海原李旺 | 彭阳城阳 | 同心张家垣 | 盐池麻黄山 | 西吉硝河 | 隆德温堡 | 泾源新民 |
|---|---|---|---|---|---|---|---|---|
| 直 | tʂʅ¹³² | tʂʅ¹³² | tʂʅ¹³ | tʂʅ¹³ | tʂʅ³⁵ | tʂʅ¹³ | tʂʅ¹³ | tʂʅ³⁵ |
| 侧~面 | tsʰɛ¹³² | tsʰei¹³² | tsʰei²¹³ | tsʰei²¹³ | tsʰei³¹ | tsʰei¹³ | tsʰei¹³ | tsʰɛ³¹ |
| 测 | tsʰɛ¹³² | tsʰei¹³² | tsʰei²¹³ | tsʰei²¹³ | tsʰei³¹ | tsʰei¹³ | tsʰei¹³ | tsʰɛ³¹ |
| 色 | sə¹³² | sei¹³² | sei²¹³ | sei²¹³ | sei³¹ | sei¹³ | sei¹³ | sei³¹ |
| 织 | tʂʅ¹³² | tʂʅ¹³² | tʂʅ²¹³ | tʂʅ²¹³ | tʂʅ³⁵ | tʂʅ¹³ | tʂʅ¹³ | tʂʅ³¹ |
| 食 | ʂʅ¹³² | ʂʅ¹³² | ʂʅ¹³ | ʂʅ¹³ | ʂʅ³⁵ | ʂʅ¹³ | ʂʅ¹³ | ʂʅ³⁵ |
| 式 | ʂʅ¹³² | ʂʅ¹³² | ʂʅ²¹³ | ʂʅ²¹³ | ʂʅ³¹ | ʂʅ¹³ | ʂʅ¹³ | ʂʅ³¹ |
| 极 | tɕi¹³² | tɕi¹³² | tɕi¹³ | tɕi¹³ | tɕi³⁵ | tɕi¹³ | tɕi¹³ | tɕi³⁵ |
| 国 | kuei¹³² | kuei¹³² | kuei¹³ | kuei¹³ | kuei³⁵ | kuei¹³ | kuei¹³ | kuei³⁵ |
| 或 | xuə¹³² | xuei¹³² | xuɛ²¹³ | xuɛ²¹³ | xuei³⁵ | xuɛ¹³ | xuə¹³ | xuə³⁵ |
| 猛 | məŋ⁵² | məŋ⁵² | məŋ⁵² | məŋ⁵² | məŋ⁵² | məŋ⁵² | məŋ⁵² | məŋ⁵² |
| 打 | ta⁵² | ta⁵² | ta⁵² | ta⁵² | ta⁵² | ta⁵² | ta⁵² | ta⁵² |
| 冷 | ləŋ⁵² | ləŋ⁵² | ləŋ⁵² | ləŋ⁵² | ləŋ⁵² | ləŋ⁵² | ləŋ⁵² | ləŋ⁵² |
| 生 | səŋ¹³² | səŋ¹³² | səŋ²¹³ | səŋ²¹³ | səŋ⁴⁴ | səŋ¹³ | səŋ¹³ | səŋ³¹ |
| 省~长 | səŋ⁵² | səŋ⁵² | səŋ⁵² | səŋ⁵² | səŋ⁵² | səŋ⁵² | səŋ⁵² | səŋ⁵² |
| 更三~ | kəŋ⁴⁴ | kəŋ⁴⁴ | kəŋ⁴⁴ | kəŋ⁴⁴ | kəŋ⁴⁴ | kəŋ⁴⁴ | kəŋ⁴⁴ | kəŋ⁴⁴ |
| 埂田~ | kəŋ⁵² | kəŋ⁵² | kəŋ⁵² | kəŋ⁵² | kəŋ⁵² | kəŋ⁵² | kəŋ⁵² | kəŋ⁵² |
| 坑 | kʰəŋ¹³² | kʰəŋ¹³² | kʰəŋ²¹³ | kʰəŋ²¹³ | kʰəŋ⁴⁴ | kʰəŋ¹³ | kʰəŋ¹³ | kʰəŋ³¹ |
| 硬 | ɲiŋ⁴⁴ | ɲiŋ⁴⁴ | ɲiŋ⁴⁴ | ɲiŋ⁴⁴ | ɲiŋ⁴⁴ | ɲiŋ⁴⁴ | ŋiŋ⁴⁴ | ɲiŋ⁴⁴ |
| 行~为 | ɕiŋ¹³² | ɕiŋ¹³² | ɕiŋ¹³ | ɕiŋ¹³ | ɕiŋ³⁵ | ɕiŋ¹³ | ɕiŋ¹³ | ɕiŋ³⁵ |
| 百 | pei¹³² | pei¹³² | pei²¹³ | pei²¹³ | pei³¹ | pei¹³ | pei¹³ | pei³¹ |
| 拍 | pʰɛ¹³² | pʰei¹³² | pʰei²¹³ | pʰei²¹³ | pʰei³¹ | pʰei¹³ | pʰei¹³ | pʰɛ³¹ |
| 白 | pɛ¹³² | pei¹³² | pei¹³ | pei¹³ | pei³⁵ | pʰei¹³ | pei¹³ | pei³⁵ |
| 拆 | tsʰɛ¹³² | tsʰei¹³² | tsʰei²¹³ | tsʰei²¹³ | tsʰei³¹ | tsʰei¹³ | tsʰei¹³ | tsʰei³¹ |
| 择 | tsɛ¹³² | tsei¹³² | tsɛ¹³ | tsei¹³ | tsei³⁵ | tsei¹³ | tsei¹³ | tsʰei³¹ |
| 窄 | tsɛ¹³² | tsei¹³² | tsei²¹³ | tsei²¹³ | tsei³¹ | tsei¹³ | tsei¹³ | tsei³¹ |
| 格 | kə¹³² | kei¹³² | kei¹³ | kei¹³ | kei³¹ | kei¹³ | kə¹³ | kə³¹ |
| 客 | kʰə¹³² | kʰei¹³² | kʰə²¹³ | kʰə²¹³ | kʰuə³¹ | kʰei¹³ | kʰei¹³ | kʰə³¹ |
| 额~颅 | nɛ¹³² | nɛ¹³² | nɛ¹³ | nɛ¹³ | ə³⁵ | ŋɛ¹³ | ŋei¹³ | ŋɛ³¹ |
| 棚 | pʰəŋ¹³² | pʰəŋ¹³² | pʰəŋ¹³ | pʰəŋ¹³ | pʰəŋ³⁵ | pʰəŋ¹³ | pʰəŋ¹³ | pʰəŋ³⁵ |
| 争 | tsəŋ¹³² | tsəŋ¹³² | tsəŋ²¹³ | tsəŋ²¹³ | tsəŋ⁴⁴ | tsəŋ¹³ | tsəŋ¹³ | tsəŋ³¹ |

| | 固原开城 | 海原李旺 | 彭阳城阳 | 同心张家垣 | 盐池麻黄山 | 西吉硝河 | 隆德温堡 | 泾源新民 |
|---|---|---|---|---|---|---|---|---|
| 耕 | kəŋ¹³² | kəŋ¹³² | kəŋ²¹³ | kəŋ²¹³ | kəŋ⁴⁴ | kəŋ¹³ | kəŋ¹³ | kəŋ³¹ |
| 麦 | mɛ¹³² | mei¹³² | mei²¹³ | mei²¹³ | mei³¹ | mei¹³ | mei¹³ | mei³¹ |
| 摘 | tsɛ¹³² | tsei¹³² | tsei²¹³ | tsei²¹³ | tsei³¹ | tsei¹³ | tsei¹³ | tsei³¹ |
| 策 | tsʰɛ¹³² | tsʰei¹³² | tsʰei²¹³ | tsʰei²¹³ | tsʰei³¹ | tsʰei¹³ | tsei¹³ | tsʰei³¹ |
| 隔 | kə¹³² | kei¹³² | kə¹³ | kə¹³ | kei³⁵ | kei¹³ | kei¹³ | kei³⁵ |
| 兵 | piŋ¹³² | piŋ¹³² | piŋ²¹³ | piŋ²¹³ | piŋ³¹ | piŋ¹³ | piŋ¹³ | piŋ³¹ |
| 柄 | piŋ⁵² | piŋ⁵² | piŋ⁵² | piŋ⁵² | piŋ⁵² | piŋ⁵² | piŋ⁵² | piŋ⁵² |
| 平 | pʰiŋ¹³² | pʰiŋ¹³² | pʰiŋ¹³ | pʰiŋ¹³ | pʰiŋ³⁵ | pʰiŋ¹³ | pʰiŋ¹³ | pʰiŋ³⁵ |
| 病 | piŋ⁴⁴ | pʰiŋ⁴⁴ | piŋ⁴⁴ | piŋ⁴⁴ | piŋ⁴⁴ | pʰiŋ⁴⁴ | pʰiŋ⁴⁴ | piŋ⁴⁴ |
| 明 | miŋ¹³² | miŋ¹³² | miŋ¹³ | miŋ¹³ | miŋ³⁵ | miŋ¹³ | miŋ¹³ | miŋ³⁵ |
| 命 | miŋ⁴⁴ | miŋ⁴⁴ | miŋ⁴⁴ | miŋ⁴⁴ | miŋ⁴⁴ | miŋ⁴⁴ | miŋ⁴⁴ | miŋ⁴⁴ |
| 镜 | tɕiŋ⁴⁴ | tɕiŋ⁴⁴ | tɕiŋ⁴⁴ | tɕiŋ⁴⁴ | tɕiŋ⁴⁴ | tɕiŋ⁴⁴ | tɕiŋ⁴⁴ | tɕiŋ⁴⁴ |
| 庆 | tɕʰiŋ⁴⁴ | tɕʰiŋ⁴⁴ | tɕʰiŋ⁴⁴ | tɕʰiŋ⁴⁴ | tɕʰiŋ⁴⁴ | tɕʰiŋ⁴⁴ | tɕʰiŋ⁴⁴ | tɕʰiŋ⁴⁴ |
| 迎 | iŋ¹³² | iŋ¹³² | iŋ¹³ | iŋ¹³ | iŋ³⁵ | iŋ¹³ | iŋ¹³ | iŋ³⁵ |
| 影 | iŋ⁵² | iŋ⁵² | iŋ⁵² | iŋ⁵² | iŋ⁵² | iŋ⁵² | iŋ⁵² | iŋ⁵² |
| 刷戏~ | tɕy⁴⁴ | tɕy⁴⁴ | tɕy⁴⁴ | tɕy⁴⁴ | tɕy⁴⁴ | tɕy⁴⁴ | tɕy⁴⁴ | tɕy⁴⁴ |
| 饼 | piŋ⁵² | piŋ⁵² | piŋ⁵² | piŋ⁵² | piŋ⁵² | piŋ⁵² | piŋ⁵² | piŋ⁵² |
| 名 | miŋ¹³² | miŋ¹³² | miŋ¹³ | miŋ¹³ | miŋ³⁵ | miŋ¹³ | miŋ¹³ | miŋ³⁵ |
| 领 | liŋ⁵² | liŋ⁵² | liŋ⁵² | liŋ⁵² | liŋ⁵² | liŋ⁵² | liŋ⁵² | liŋ⁵² |
| 井 | tɕiŋ⁵² | tɕiŋ⁵² | tɕiŋ⁵² | tɕiŋ⁵² | tɕiŋ⁵² | tɕiŋ⁵² | tɕiŋ⁵² | tɕiŋ⁵² |
| 清 | tɕʰiŋ¹³² | tɕʰiŋ¹³² | tɕʰiŋ²¹³ | tɕʰiŋ²¹³ | tɕʰiŋ³¹ | tɕʰiŋ¹³ | tɕʰiŋ¹³ | tɕʰiŋ³¹ |
| 静 | tɕiŋ⁴⁴ | tɕʰiŋ⁴⁴ | tɕiŋ⁴⁴ | tɕiŋ⁴⁴ | tɕiŋ⁴⁴ | tɕiŋ⁴⁴ | tɕʰiŋ⁴⁴ | tɕiŋ⁴⁴ |
| 姓 | ɕiŋ⁴⁴ | ɕiŋ⁴⁴ | ɕiŋ⁴⁴ | ɕiŋ⁴⁴ | ɕiŋ⁴⁴ | ɕiŋ⁴⁴ | ɕiŋ⁴⁴ | ɕiŋ⁴⁴ |
| 贞 | tʂəŋ¹³² | tʂəŋ¹³² | tʂəŋ²¹³ | tʂəŋ²¹³ | tʂəŋ³¹ | tʂəŋ¹³ | tʂəŋ¹³ | tʂəŋ³¹ |
| 程 | tʂʰəŋ¹³² | tʂʰəŋ¹³² | tʂʰəŋ¹³ | tʂʰəŋ¹³ | tʂʰəŋ³⁵ | tʂʰəŋ¹³ | tʂʰəŋ¹³ | tʂʰəŋ³⁵ |
| 整 | tʂəŋ⁵² | tʂəŋ⁵² | tʂəŋ⁵² | tʂəŋ⁵² | tʂəŋ⁵² | tʂəŋ⁵² | tʂəŋ⁵² | tʂəŋ⁵² |
| 正~反 | tʂəŋ⁴⁴ | tʂəŋ⁴⁴ | tʂəŋ⁴⁴ | tʂəŋ⁴⁴ | tʂəŋ⁴⁴ | tʂəŋ⁴⁴ | tʂəŋ⁴⁴ | tʂəŋ⁴⁴ |
| 声 | ʂəŋ¹³² | ʂəŋ¹³² | ʂəŋ²¹³ | ʂəŋ²¹³ | ʂəŋ³¹ | ʂəŋ¹³ | ʂəŋ¹³ | ʂəŋ³¹ |
| 城 | tʂʰəŋ¹³² | tʂʰəŋ¹³² | tʂʰəŋ¹³ | tʂʰəŋ¹³ | tʂʰəŋ³⁵ | tʂʰəŋ¹³ | tʂʰəŋ¹³ | tʂʰəŋ³⁵ |
| 轻 | tɕʰiŋ¹³² | tɕʰiŋ¹³² | tɕʰiŋ²¹³ | tɕʰiŋ²¹³ | tɕʰiŋ³¹ | tɕʰiŋ¹³ | tɕʰiŋ¹³ | tɕʰiŋ³¹ |
| 赢 | iŋ¹³² | iŋ¹³² | iŋ¹³ | iŋ¹³ | iŋ³⁵ | iŋ¹³ | iŋ¹³ | iŋ³⁵ |

| | 固原开城 | 海原李旺 | 彭阳城阳 | 同心张家垣 | 盐池麻黄山 | 西吉硝河 | 隆德温堡 | 泾源新民 |
|---|---|---|---|---|---|---|---|---|
| 积 | tɕi132 | tɕi132 | tɕi213 | tɕi213 | tɕi31 | tɕi13 | tɕi13 | tɕi31 |
| 惜 | ɕi132 | ɕi132 | ɕi213 | ɕi213 | ɕi31 | ɕi13 | ɕi13 | ɕi31 |
| 席 | ɕi132 | ɕi132 | ɕi13 | ɕi13 | ɕi35 | ɕi13 | ɕi13 | ɕi35 |
| 尺 | tʂhʅ132 | tʂhʅ132 | tʂhʅ213 | tʂhʅ213 | tʂhʅ31 | tʂhʅ13 | tʂhʅ13 | tʂhʅ31 |
| 石 | ʂʅ132 | ʂʅ132 | ʂʅ13 | ʂʅ13 | ʂʅ35 | ʂʅ13 | ʂʅ13 | ʂʅ35 |
| 益 | i44 | i132 | i213 | i213 | i35 | i44 | i13 | i44 |
| 瓶 | phiŋ132 | phiŋ132 | phiŋ13 | phiŋ13 | phiŋ35 | phiŋ13 | phiŋ13 | phiŋ35 |
| 钉~子 | tiŋ132 | tiŋ132 | tiŋ213 | tiŋ213 | tiŋ44 | tɕiŋ13 | tiŋ13 | tɕiŋ31 |
| 顶 | tiŋ52 | tiŋ52 | tiŋ52 | tiŋ52 | tiŋ52 | tɕiŋ52 | tiŋ52 | tɕiŋ52 |
| 厅 | thiŋ132 | thiŋ132 | thiŋ213 | thiŋ213 | thiŋ44 | tɕhiŋ13 | thiŋ13 | tɕhiŋ31 |
| 听~见 | thiŋ132 | thiŋ132 | thiŋ213 | thiŋ213 | thiŋ44 | tɕhiŋ13 | thiŋ13 | tɕhiŋ31 |
| 停 | thiŋ44 | thiŋ132 | thiŋ44 | thiŋ13 | thiŋ35 | tɕhiŋ13 | thiŋ44 | tɕhiŋ44 |
| 挺 | thiŋ52 | thiŋ52 | thiŋ52 | thiŋ52 | thiŋ52 | tɕhiŋ52 | thiŋ52 | tɕhiŋ52 |
| 定 | tiŋ44 | tiŋ44 | tiŋ44 | tiŋ44 | tiŋ44 | tɕiŋ44 | tiŋ44 | tɕiŋ44 |
| 零 | liŋ132 | liŋ132 | liŋ13 | liŋ13 | liŋ35 | liŋ13 | liŋ13 | liŋ35 |
| 青 | tɕhiŋ132 | tɕhiŋ132 | tɕhiŋ213 | tɕhiŋ213 | tɕhiŋ44 | tɕhiŋ13 | tɕhiŋ13 | tɕhiŋ31 |
| 星 | ɕiŋ132 | ɕiŋ132 | ɕiŋ213 | ɕiŋ213 | ɕiŋ44 | ɕiŋ13 | ɕiŋ13 | ɕiŋ31 |
| 经 | tɕiŋ132 | tɕiŋ132 | tɕiŋ213 | tɕiŋ213 | tɕiŋ44 | tɕiŋ13 | tɕiŋ13 | tɕiŋ31 |
| 形 | ɕiŋ132 | ɕiŋ132 | ɕiŋ13 | ɕiŋ13 | ɕiŋ35 | ɕiŋ13 | ɕiŋ13 | ɕiŋ35 |
| 壁 | pi132 | pi132 | pi213 | pi213 | pi44 | pi13 | pi13 | pi31 |
| 劈 | phi52 | phi52 | phi52 | phi52 | phi44 | phi13 | phi52 | phi52 |
| 踢 | thi132 | thi132 | tshʅ213 | tshʅ213 | thi35 | tɕhi13 | thi13 | tɕhi31 |
| 笛 | ti132 | thi132 | tsʅ13 | ti13 | ti35 | tɕi13 | ti13 | tɕi35 |
| 历农~ | li132 | li132 | li213 | li213 | li44 | li13 | li13 | li35 |
| 锡 | ɕi132 | ɕi132 | ɕi213 | ɕi213 | ɕi44 | ɕi13 | ɕi13 | |
| 击 | tɕi132 | tɕi132 | tɕi213 | tɕi213 | tɕi35 | tɕi13 | tɕi13 | tɕi31 |
| 吃 | tʂhʅ132 | tʂhʅ132 | tʂhʅ213 | tʂhʅ213 | tʂhʅ31 | tʂhʅ13 | tʂhʅ13 | tʂhʅ31 |
| 横~直 | xəŋ13 | xuŋ13 | xuŋ13 | xuŋ13 | xuŋ44 | xəŋ13 | xəŋ13 | xəŋ35 |
| 划计~ | xua44 | xua132 | xua44 | xua44 | xua44 | xua44 | xua44 | xua44 |
| 兄 | ɕyŋ132 | ɕyŋ132 | ɕyŋ213 | ɕyŋ213 | ɕyŋ44 | ɕyŋ13 | ɕyŋ44 | ɕyŋ31 |
| 荣 | ʐuŋ132 | yŋ132 | yŋ13 | yŋ13 | yŋ35 | yŋ13 | yŋ13 | ʐuŋ35 |

续表

| | 固原开城 | 海原李旺 | 彭阳城阳 | 同心张家垣 | 盐池麻黄山 | 西吉硝河 | 隆德温堡 | 泾源新民 |
|---|---|---|---|---|---|---|---|---|
| 永 | $yŋ^{52}$ | $yŋ^{52}$ | $yŋ^{52}$ | $yŋ^{52}$ | $yŋ^{52}$ | $yŋ^{52}$ | $yŋ^{52}$ | $yŋ^{52}$ |
| 营 | $iŋ^{132}$ | $iŋ^{132}$ | $iŋ^{13}$ | $iŋ^{13}$ | $iŋ^{35}$ | $iŋ^{13}$ | $iŋ^{13}$ | $iŋ^{35}$ |
| 蓬 | $p^həŋ^{132}$ | $p^həŋ^{132}$ | $p^həŋ^{13}$ | $p^həŋ^{13}$ | $p^həŋ^{35}$ | $p^həŋ^{13}$ | $p^həŋ^{13}$ | $p^həŋ^{35}$ |
| 东 | $tuŋ^{132}$ | $tuŋ^{132}$ | $tuŋ^{213}$ | $tuŋ^{213}$ | $tuŋ^{31}$ | $tuŋ^{13}$ | $tuŋ^{13}$ | $tuŋ^{31}$ |
| 懂 | $tuŋ^{52}$ | $tuŋ^{52}$ | $tuŋ^{52}$ | $tuŋ^{52}$ | $tuŋ^{52}$ | $tuŋ^{52}$ | $tuŋ^{52}$ | $tuŋ^{52}$ |
| 冻 | $tuŋ^{44}$ | $tuŋ^{44}$ | $tuŋ^{44}$ | $tuŋ^{44}$ | $tuŋ^{35}$ | $tuŋ^{44}$ | $tuŋ^{44}$ | $tuŋ^{44}$ |
| 通 | $t^huŋ^{132}$ | $t^huŋ^{132}$ | $t^huŋ^{213}$ | $t^huŋ^{213}$ | $t^huŋ^{31}$ | $t^huŋ^{13}$ | $t^huŋ^{13}$ | $t^huŋ^{31}$ |
| 桶 | $t^huŋ^{52}$ | $t^huŋ^{52}$ | $t^huŋ^{52}$ | $t^huŋ^{52}$ | $t^huŋ^{52}$ | $t^huŋ^{52}$ | $t^huŋ^{52}$ | $t^huŋ^{52}$ |
| 痛 | $t^huŋ^{44}$ | $t^huŋ^{44}$ | $t^huŋ^{44}$ | $t^huŋ^{44}$ | $t^huŋ^{44}$ | $t^huŋ^{44}$ | $t^huŋ^{44}$ | $t^huŋ^{44}$ |
| 铜 | $t^huŋ^{132}$ | $t^huŋ^{132}$ | $t^huŋ^{13}$ | $t^huŋ^{13}$ | $t^huŋ^{35}$ | $t^huŋ^{13}$ | $t^huŋ^{13}$ | $t^huŋ^{35}$ |
| 动 | $tuŋ^{44}$ | $tuŋ^{44}$ | $tuŋ^{44}$ | $tuŋ^{44}$ | $tuŋ^{44}$ | $tuŋ^{44}$ | $tuŋ^{44}$ | $tuŋ^{44}$ |
| 洞 | $tuŋ^{44}$ | $tuŋ^{44}$ | $tuŋ^{44}$ | $tuŋ^{44}$ | $tuŋ^{44}$ | $tuŋ^{44}$ | $tuŋ^{44}$ | $tuŋ^{44}$ |
| 聋 | $luŋ^{132}$ | $luŋ^{132}$ | $luŋ^{13}$ | $luŋ^{13}$ | $luŋ^{35}$ | $luŋ^{13}$ | $luŋ^{13}$ | $luŋ^{35}$ |
| 弄 | $nuŋ^{44}$ | $luŋ^{44}$ | $luŋ^{44}$ | $luŋ^{44}$ | $nəŋ^{44}$ | $luŋ^{44}$ | $luŋ^{44}$ | $nuŋ^{44}$ |
| 粽 | $tsuŋ^{44}$ | $tsuŋ^{44}$ | $tsuŋ^{44}$ | $tsuŋ^{44}$ | $tsuŋ^{44}$ | $tsuŋ^{44}$ | $tsuŋ^{44}$ | $tsuŋ^{44}$ |
| 葱 | $ts^huŋ^{132}$ | $ts^huŋ^{132}$ | $ts^huŋ^{213}$ | $ts^huŋ^{213}$ | $ts^huŋ^{31}$ | $ts^huŋ^{13}$ | $ts^huŋ^{13}$ | $ts^huŋ^{31}$ |
| 送 | $suŋ^{44}$ | $suŋ^{44}$ | $suŋ^{44}$ | $suŋ^{44}$ | $suŋ^{44}$ | $suŋ^{44}$ | $suŋ^{44}$ | $suŋ^{44}$ |
| 公 | $kuŋ^{132}$ | $kuŋ^{132}$ | $kuŋ^{213}$ | $kuŋ^{213}$ | $kuŋ^{31}$ | $kuŋ^{13}$ | $kuŋ^{13}$ | $kuŋ^{31}$ |
| 孔 | $k^huŋ^{52}$ | $k^huŋ^{52}$ | $k^huŋ^{52}$ | $k^huŋ^{52}$ | $k^huŋ^{52}$ | $k^huŋ^{52}$ | $k^huŋ^{52}$ | $k^huŋ^{52}$ |
| 烘~干 | $xuŋ^{132}$ | $xuŋ^{52}$ | $xuŋ^{13}$ | $xuŋ^{13}$ | $xuŋ^{31}$ | $xuŋ^{13}$ | $xuŋ^{13}$ | $xuŋ^{31}$ |
| 红 | $xuŋ^{132}$ | $xuŋ^{132}$ | $xuŋ^{13}$ | $xuŋ^{13}$ | $xuŋ^{35}$ | $xuŋ^{13}$ | $xuŋ^{13}$ | $xuŋ^{35}$ |
| 翁 | $vəŋ^{132}$ | $vəŋ^{132}$ | $vəŋ^{213}$ | $vəŋ^{213}$ | $vəŋ^{31}$ | $vəŋ^{13}$ | $vəŋ^{44}$ | $vəŋ^{31}$ |
| 木 | $mu^{132}$ | $mu^{132}$ | $mu^{213}$ | $mu^{213}$ | $mu^{35}$ | $mu^{13}$ | $mu^{13}$ | $mu^{31}$ |
| 读 | $tu^{132}$ | $tu^{132}$ | $tu^{13}$ | $tu^{13}$ | $tu^{35}$ | $tu^{13}$ | $tu^{13}$ | $tu^{35}$ |
| 鹿 | $lu^{132}$ | $lu^{132}$ | $lu^{213}$ | $lu^{213}$ | $lu^{44}$ | $lu^{13}$ | $lu^{13}$ | $lu^{31}$ |
| 族 | $tsu^{132}$ | $tsu^{132}$ | $tɕy^{13}$ | $tsu^{13}$ | $ts^hu^{31}$ | $tsu^{13}$ | $tsu^{13}$ | $tsu^{35}$ |
| 谷 | $ku^{132}$ | $ku^{132}$ | $ku^{213}$ | $ku^{213}$ | $ku^{35}$ | $ku^{13}$ | $ku^{13}$ | $ku^{31}$ |
| 哭 | $k^hu^{132}$ | $k^hu^{132}$ | $k^hu^{213}$ | $k^hu^{213}$ | $k^hu^{35}$ | $k^hu^{13}$ | $k^hu^{13}$ | $k^hu^{31}$ |
| 屋 | $vu^{132}$ | $vu^{132}$ | $vu^{213}$ | $vu^{213}$ | $vu^{35}$ | $vu^{13}$ | $vu^{13}$ | $vu^{31}$ |
| 冬 | $tuŋ^{132}$ | $tuŋ^{132}$ | $tuŋ^{213}$ | $tuŋ^{213}$ | $tuŋ^{31}$ | $tuŋ^{13}$ | $tuŋ^{13}$ | $tuŋ^{31}$ |
| 统 | $t^huŋ^{52}$ | $t^huŋ^{52}$ | $t^huŋ^{52}$ | $t^huŋ^{52}$ | $t^huŋ^{52}$ | $t^huŋ^{52}$ | $t^huŋ^{52}$ | $t^huŋ^{52}$ |

续表

| | 固原开城 | 海原李旺 | 彭阳城阳 | 同心张家垣 | 盐池麻黄山 | 西吉硝河 | 隆德温堡 | 泾源新民 |
|---|---|---|---|---|---|---|---|---|
| 农 | luŋ$^{132}$ | luŋ$^{132}$ | luŋ$^{13}$ | luŋ$^{13}$ | luŋ$^{35}$ | luŋ$^{13}$ | luŋ$^{13}$ | luŋ$^{35}$ |
| 松~紧 | suŋ$^{132}$ | suŋ$^{132}$ | suŋ$^{213}$ | suŋ$^{213}$ | suŋ$^{31}$ | suŋ$^{13}$ | suŋ$^{13}$ | suŋ$^{31}$ |
| 宋 | suŋ$^{44}$ | suŋ$^{44}$ | suŋ$^{44}$ | suŋ$^{44}$ | suŋ$^{44}$ | suŋ$^{44}$ | suŋ$^{44}$ | suŋ$^{44}$ |
| 毒 | tu$^{132}$ | tʰu$^{132}$ | tu$^{13}$ | tu$^{13}$ | tu$^{35}$ | tʰu$^{13}$ | tu$^{13}$ | tu$^{35}$ |
| 风 | fəŋ$^{132}$ | fəŋ$^{132}$ | fəŋ$^{213}$ | fəŋ$^{213}$ | fəŋ$^{31}$ | fəŋ$^{13}$ | fəŋ$^{13}$ | fəŋ$^{31}$ |
| 丰 | fəŋ$^{132}$ | fəŋ$^{132}$ | fəŋ$^{213}$ | fəŋ$^{213}$ | fəŋ$^{31}$ | fəŋ$^{13}$ | fəŋ$^{13}$ | fəŋ$^{31}$ |
| 凤 | fəŋ$^{44}$ | fəŋ$^{44}$ | fəŋ$^{44}$ | fəŋ$^{44}$ | fəŋ$^{44}$ | fəŋ$^{44}$ | fəŋ$^{44}$ | fəŋ$^{44}$ |
| 梦 | məŋ$^{44}$ | məŋ$^{44}$ | məŋ$^{44}$ | məŋ$^{44}$ | məŋ$^{44}$ | məŋ$^{44}$ | məŋ$^{44}$ | məŋ$^{44}$ |
| 中~间 | tʂuŋ$^{132}$ | tʃuŋ$^{132}$ | tʃuŋ$^{213}$ | tʂuŋ$^{213}$ | tʃuŋ$^{31}$ | tʃuŋ$^{13}$ | tʃuŋ$^{13}$ | tʃuŋ$^{31}$ |
| 虫 | tʂʰuŋ$^{132}$ | tʃʰuŋ$^{132}$ | tʃʰuŋ$^{13}$ | tʂʰuŋ$^{13}$ | tʃʰuŋ$^{35}$ | tʃʰuŋ$^{13}$ | tʃʰuŋ$^{13}$ | tʃʰuŋ$^{35}$ |
| 终 | tʂuŋ$^{132}$ | tʃuŋ$^{132}$ | tʃuŋ$^{213}$ | tʂuŋ$^{213}$ | tʃuŋ$^{31}$ | tʃuŋ$^{13}$ | tʃuŋ$^{13}$ | tʃuŋ$^{31}$ |
| 充 | tʂʰuŋ$^{132}$ | tʃʰuŋ$^{132}$ | tʃʰuŋ$^{213}$ | tʂʰuŋ$^{213}$ | tʃʰuŋ$^{31}$ | tʃʰuŋ$^{13}$ | tʃʰuŋ$^{13}$ | tʃʰuŋ$^{31}$ |
| 宫 | kuŋ$^{132}$ | kuŋ$^{132}$ | kuŋ$^{213}$ | kuŋ$^{213}$ | kuŋ$^{31}$ | kuŋ$^{13}$ | kuŋ$^{13}$ | kuŋ$^{31}$ |
| 穷 | tɕʰyŋ$^{132}$ | tɕʰyŋ$^{132}$ | tɕʰyŋ$^{13}$ | tɕʰyŋ$^{13}$ | tɕʰyŋ$^{35}$ | tɕʰyŋ$^{13}$ | tɕʰyŋ$^{13}$ | tɕʰyŋ$^{35}$ |
| 熊 | ɕyŋ$^{132}$ | ɕyŋ$^{132}$ | ɕyŋ$^{13}$ | ɕyŋ$^{13}$ | ɕyŋ$^{35}$ | ɕyŋ$^{13}$ | ɕyŋ$^{13}$ | ɕyŋ$^{35}$ |
| 雄 | ɕyŋ$^{132}$ | ɕyŋ$^{132}$ | ɕyŋ$^{13}$ | ɕyŋ$^{13}$ | ɕyŋ$^{35}$ | ɕyŋ$^{13}$ | ɕyŋ$^{13}$ | ɕyŋ$^{35}$ |
| 福 | fu$^{132}$ | fu$^{132}$ | fu$^{213}$ | fu$^{213}$ | fu$^{35}$ | fu$^{13}$ | fu$^{13}$ | fu$^{35}$ |
| 服 | fu$^{132}$ | fu$^{132}$ | fu$^{13}$ | fu$^{13}$ | fu$^{35}$ | fu$^{13}$ | fu$^{13}$ | fu$^{35}$ |
| 目 | mu$^{132}$ | mu$^{132}$ | mu$^{213}$ | mu$^{213}$ | mu$^{35}$ | mu$^{13}$ | mu$^{13}$ | mu$^{31}$ |
| 六 | liəu$^{132}$ | liəu$^{132}$ | liəu$^{213}$ | liəu$^{213}$ | liəu$^{35}$ | liəu$^{13}$ | liəu$^{13}$ | liəu$^{31}$ |
| 宿 | ɕy$^{132}$ | ɕy$^{132}$ | ɕy$^{213}$ | ɕy$^{213}$ | ɕy$^{35}$ | ɕy$^{13}$ | ɕy$^{13}$ | ɕy$^{31}$ |
| 竹 | tʂu$^{132}$ | tʃu$^{132}$ | tʃu$^{13}$ | tʂu$^{13}$ | tʃu$^{35}$ | tʃu$^{13}$ | tʃu$^{13}$ | tʃu$^{35}$ |
| 畜~牲 | tʂʰu$^{132}$ | tʃʰu$^{132}$ | ɕy$^{213}$ | tʂʰu$^{213}$ | tʃʰu$^{31}$ | tʃʰu$^{13}$ | tʃʰu$^{13}$ | tʃʰu$^{31}$ |
| 缩 | suə$^{132}$ | suə$^{132}$ | suə$^{213}$ | suə$^{213}$ | suə$^{35}$ | suə$^{13}$ | suə$^{13}$ | suə$^{31}$ |
| 粥 | tʂəu$^{132}$ | tʂəu$^{132}$ | tʂu$^{213}$ | tʂu$^{213}$ | tʂəu$^{31}$ | tʂəu$^{13}$ | tʂəu$^{13}$ | tʂəu$^{31}$ |
| 叔 | ʂu$^{132}$ | ʃu$^{132}$ | ʃu$^{213}$ | ʂu$^{213}$ | ʃu$^{35}$ | ʃu$^{13}$ | ʃu$^{13}$ | ʃu$^{31}$ |
| 熟 | ʂu$^{132}$ | ʃu$^{132}$ | ʃu$^{13}$ | ʂu$^{13}$ | ʃu$^{35}$ | ʃu$^{13}$ | ʃu$^{13}$ | ʃu$^{35}$ |
| 肉 | ʐəu$^{44}$ | ʒu$^{132}$ | ʐ̩əu$^{44}$ | ʐ̩əu$^{44}$ | ʐ̩əu$^{44}$ | ʐ̩əu$^{44}$ | ʐ̩əu$^{44}$ | ʐ̩əu$^{44}$ |
| 菊 | tɕy$^{132}$ | tɕy$^{132}$ | tɕy$^{13}$ | tɕy$^{13}$ | tɕy$^{35}$ | tɕy$^{13}$ | tɕy$^{13}$ | tɕy$^{35}$ |
| 育 | y$^{44}$ | y$^{44}$ | y$^{44}$ | y$^{44}$ | y$^{35}$ | y$^{44}$ | y$^{44}$ | y$^{44}$ |
| 封 | fəŋ$^{132}$ | fəŋ$^{132}$ | fəŋ$^{213}$ | fəŋ$^{213}$ | fəŋ$^{31}$ | fəŋ$^{13}$ | fəŋ$^{13}$ | fəŋ$^{31}$ |

续表

| | 固原开城 | 海原李旺 | 彭阳城阳 | 同心张家垣 | 盐池麻黄山 | 西吉硝河 | 隆德温堡 | 泾源新民 |
|---|---|---|---|---|---|---|---|---|
| 蜂 | fəŋ¹³² | fəŋ¹³² | fəŋ²¹³ | fəŋ²¹³ | fəŋ³¹ | fəŋ¹³ | fəŋ¹³ | fəŋ³¹ |
| 缝—条~ | fəŋ⁴⁴ | fəŋ⁴⁴ | fəŋ⁴⁴ | fəŋ⁴⁴ | fəŋ⁴⁴ | fəŋ⁴⁴ | fəŋ⁴⁴ | fəŋ⁴⁴ |
| 浓 | luŋ¹³² | luŋ¹³² | luŋ¹³ | luŋ¹³ | luŋ³⁵ | luŋ¹³ | luŋ¹³ | nuŋ³⁵ |
| 龙 | luŋ¹³² | luŋ¹³² | luŋ¹³ | luŋ¹³ | luŋ³⁵ | luŋ¹³ | luŋ¹³ | luŋ³⁵ |
| 松~树 | suŋ¹³² | suŋ¹³² | suŋ²¹³ | suŋ²¹³ | suŋ³¹ | suŋ¹³ | suŋ¹³ | suŋ³¹ |
| 重轻~ | tʂʰuŋ⁴⁴ | tʃuŋ⁴⁴ | tʃuŋ⁴⁴ | tʂuŋ⁴⁴ | tʃuŋ⁴⁴ | tʃuŋ⁴⁴ | tʃuŋ⁴⁴ | tʃuŋ⁴⁴ |
| 肿 | tʂuŋ⁵² | tʃuŋ⁵² | tʃuŋ⁵² | tʂuŋ⁵² | tʃuŋ⁵² | tʃuŋ⁵² | tʃuŋ⁵² | tʃuŋ⁵² |
| 种~树 | tʂuŋ⁴⁴ | tʃuŋ⁴⁴ | tʃuŋ⁴⁴ | tʂuŋ⁴⁴ | tʃuŋ⁴⁴ | tʃuŋ⁴⁴ | tʃuŋ⁴⁴ | tʃuŋ⁴⁴ |
| 冲 | tʂʰuŋ¹³² | tʃʰuŋ¹³² | tʃʰuŋ²¹³ | tʂʰuŋ²¹³ | tʃʰuŋ³¹ | tʃʰuŋ¹³ | tʃʰuŋ¹³ | tʃʰuŋ³¹ |
| 恭 | kuŋ¹³² | kuŋ¹³² | kuŋ²¹³ | kuŋ²¹³ | kuŋ³¹ | kuŋ¹³ | kuŋ¹³ | kuŋ³¹ |
| 共 | kuŋ⁴⁴ | kuŋ⁴⁴ | kuŋ⁴⁴ | kuŋ⁴⁴ | kuŋ⁴⁴ | kuŋ⁴⁴ | kuŋ⁴⁴ | kuŋ⁴⁴ |
| 凶 | çyŋ¹³² | çyŋ¹³² | çyŋ²¹³ | çyŋ²¹³ | çyŋ³¹ | çyŋ¹³ | çyŋ¹³ | çyŋ³¹ |
| 拥 | yŋ⁵² | yŋ⁵² | yŋ⁵² | yŋ⁵² | yŋ³¹ | yŋ⁵² | yŋ¹³ | yŋ⁵² |
| 容 | yŋ¹³² | yŋ¹³² | yŋ¹³ | yŋ¹³ | yŋ³⁵ | yŋ¹³ | yŋ¹³ | yŋ¹³ |
| 用 | yŋ⁴⁴ | yŋ⁴⁴ | yŋ⁴⁴ | yŋ⁴⁴ | yŋ⁴⁴ | yŋ⁴⁴ | yŋ⁴⁴ | yŋ⁴⁴ |
| 绿 | lu¹³² | liəu¹³² | liəu²¹³ | liəu²¹³ | liəu³¹ | lu¹³ | liəu¹³ | lu³¹ |
| 足 | tsu¹³² | tsu¹³² | tɕy¹³ | tɕy¹³ | tɕy³⁵ | tsu¹³ | tsu¹³ | tsu³⁵ |
| 烛 | tʂu¹³² | tʃu¹³² | tʃu²¹³ | tʂu²¹³ | tʃu³⁵ | tʃu¹³ | tʃu¹³ | tʃu³⁵ |
| 赎 | ʂu¹³² | ʃu¹³² | ʃu¹³ | ʂu¹³ | ʃu³⁵ | ʃu¹³ | ʃu¹³ | ʃu³⁵ |
| 属 | ʂu¹³² | ʃu¹³² | ʃu²¹³ | ʂu²¹³ | ʃu³¹ | ʃu¹³ | ʃu¹³ | ʃu³¹ |
| 褥 | z̩u¹³² | ʒu¹³² | ʒu²¹³ | z̩u²¹³ | ʒu³¹ | ʒu¹³ | ʒu¹³ | zəu³¹ |
| 曲~折 | tɕʰy¹³² | tɕʰy¹³² | tɕy²¹³ | tɕy²¹³ | tɕʰy³¹ | tɕʰy¹³ | tɕʰy¹³ | tɕʰy³¹ |
| 局 | tɕʰy¹³² | tɕʰy¹³² | tɕy¹³ | tɕy¹³ | tɕʰy³⁵ | tɕʰy¹³ | tɕʰy¹³ | tɕʰy³⁵ |
| 玉 | y¹³² | y¹³² | y¹³ | y¹³ | y⁴⁴ | y¹³ | y¹³ | y³¹ |
| 浴 | y¹³² | y¹³² | y¹³ | y¹³ | y⁴⁴ | y¹³ | y¹³ | y³¹ |

# 后　记

　　本书是我的博士学位论文修改稿。时光荏苒，两年时间又过去了，却每每恍如昨日，历历在目。蒙北方民族大学给予本书出版的全额资助，让我得以继续修改书稿，但时间仓促加之工作后事务繁多，书稿修改得比较不尽人意，唯恐贻笑大方。该书出版之际，依旧附上学位论文后记。

　　玉兰花开的三月，我从银川来到北京考博。领上准考证后去找考场，天空澄澈，新柳初芽，行走在梧桐大道，午后暖阳下有些许的沉醉，"在这坐坐吧，也许以后没有机会来这呢"，我心想。通往博士的求学路并不平坦，我从来没有奢望过大名鼎鼎的曹志耘教授能收下我，以至老师给我发邮件告知录取时有点不敢相信，但是喜悦之情已经蹦出了我的小心脏。

　　提笔后记，求学生涯即将告落，思绪万千却不知如何落笔。所有形容老师优秀品质的词句已被师兄师姐们搜罗光了，我竟不知该用什么词来形容我的老师，他是我见过第一个如此高尚的人，严谨、细致、高效、勤奋、正直等等，我常常被这些优秀品格所震撼，正所谓"高山仰止，景行行止"。2016年中国语言资源保护工程全面铺开，身为北京语言大学副校长兼中国语言资源保护研究中心主任的曹老师一刻也不曾停歇，但是无论多忙，学生的事情老师永远放在心上。论文开题时，我把开题报告发给老师，他告诉我研究方向写错了，于是我和舍友一起对着研究生系统核对，跟老师说我没写错，老师回复："请逐字核对，如有错误，下不为例！"我俩再一核对，天呐，"社会语言学与语言应用"写成了"社会语言学及语言应用"，竟然四只眼睛都没有看出来！三年来，我的粗心不知让老师有多头疼，等我毕业了，老师应该可以松口气了。有一次老师给我提完论文修改意见后，我想说："老师，谢谢您，我本来想好好写论文，让您少操点心。"结果一紧张，脱口而出："老师，我给您添麻烦了！"老师说："这怎么是添麻烦呢？这是我的职责所在啊！"听闻此言，真的有种说不出的感动。三年来跟老师说话老是紧张得舌头都捋不直，同学都知道我怕曹老师，所以被我"欺负"时就搬出"给曹老师告状"来吓唬我，虽然从未得逞却也乐此不疲。老师的话不多，但字字珠玑，从他的言传身教中总能体会到老师的优秀品质，"桃李不言，下自成蹊"，这种品质深深烙印在我心里，并时刻提醒自己在将来的工作、生活中去践行老师的理念。感谢师母高丽老师，她的温暖慈爱如人间四月天，与曹老师的严厉相得益彰。

感谢张世方老师，亦师亦友亦如兄长。因为我参与编辑《语保》简报的缘故，从入学开始就跟张老师交流比较多。三年来，张老师如兄长般不断鼓励我帮助我指导我，论文从开题到答辩，张老师总是不辞劳苦地帮我修改完善，甚至连参考文献的不妥之处都不遗余力，张老师跟曹老师一样，看文章时眼睛像是雷达，总能把我的问题扫出来。学习中遇到任何问题我也可以随时向他请教，不管再忙，他都耐心地给我分析。如果说曹老师是严师，张老师则是慈兄，他们一张一弛让我收获良多。张老师无私、幽默、细致的精神值得我终身学习，如他的学生陈晓姣所言，在北京语言大学遇到张老师是我的小确幸。

感谢赵日新老师。赵老师是个"方言百事通"，学习中遇到任何问题向他请教，他都能给你解答，令我们敬佩不已。语言科学院的学生无论硕士还是博士研究生，无不喜欢赵老师，他和蔼亲切，循循善诱，总能给人以启迪，也正是因为赵老师带领我们去江西九江调查，我们这一级方言方向的七个同学友谊才更加深厚并不断凝聚在一起。我们调查回来常常去约赵老师小聚，结束后赵老师继续回办公室忙碌，我们几个则跑到操场一起仰望星空，或者再回学五楼谈天说地，至今记忆犹新。

感谢开题时张振兴、张惠英、谢留文、赵日新、张世方等专家老师的指导，感谢预答辩时张世方、王莉宁老师细心的建议。感谢答辩专家张振兴、沈明、谢留文、赵日新、张世方老师的建议和意见。感谢匿名评阅专家的建议和意见。感谢黄晓东、贾坤、孙林嘉、张薇老师，他们如师如友，让人如沐春风。

感谢中国语言资源保护研究中心黄拾全、程俊芬、崔融、张琦，融洽的工作氛围让博一的助研生活变得生动有趣。感谢编辑部的王正刚老师，编《语保》简报时遇到任何排版问题咨询王老师，他都会热心地帮我解决。语保中心的老师是学术界的一股清流，他们一心为学生，更为我国语言文化资源的传承和保护呕心沥血。感谢语保中心顾问、湖南卫视主持人汪涵老师，涵哥是一个情商特别高、天赋特别好的人，第一次跟荧幕主持人这么近距离接触，跟他一起上课或交流时总能感受到他的宽厚、渊博和幽默。感谢陕西师范大学邢向东教授，正是他一路的鼓励让我重燃方言学研究的兴趣。参与他的项目，邢老师带我们调查方言，那是我第一次跟随方言学专家调查方言，受益匪浅。

感谢三年来一路相伴的同学王帅臣、郑君龙、李相霖、翟占国、刘洋、王图保，与你们度过了我人生最快乐的时光。感谢小师姐沈丹萍、师兄刘宇亮、师妹赵晓阳、袁胤婷、孙樱元、师弟赵亚伟，还有好友陈晓姣、李加璺，与你们的结缘是美好的。感谢我的舍友柳文佳，在论文写作的时候留给我单独的空间。感谢一起约饭饭的朋友许圆圆、寇雅儒、王玉华、裴瑞玲，让每个紧张忙碌之余的午餐晚饭时光变得欢乐无比。去年寒假临近过年，学五楼的人大多回家了，空荡荡的宿舍楼有点冷清，就让圆圆改签火车票留下来陪我，没想到她毫不犹豫地答应了，从那以后我觉得她就像我在北京语言大学的亲人一般。

感谢北方民族大学给予我三年脱产学习的机会，让我这三年得以安心地做学问。

感谢帮我寻找发音人的人，没有政府机构的帮忙，为了寻找合适的发音人，我问遍了身边的宁夏人。谢谢宁夏社科院张万静主任以及记者祁国平老师，素未谋面却极尽所能替我找寻；谢谢同事祁国宏老师，既帮我找发音人也零报酬地作我的发音人；谢谢虎世录叔叔以七十多岁的高龄依然四处帮我物色合适的发音人。谢谢我的发音人，不辞辛苦地配合我调查，结识每一个发音人都能写成一个小故事。

感谢我的父母的辛勤付出。我的父亲勤劳乐观，不管再苦再累都能以口哨形式吹着曲子；我的母亲勤劳善良，为了孩子勤勤恳恳、任劳任怨。即使最艰难的岁月，他们也竭尽所能供我们上学，把三个孩子一路送到大学直至毕业，如今父母终于可以卸下重担了。感谢两个妹妹，他们懂事体贴，我在遥远的西北工作，一直是妹妹们照顾家里，读博期间更是没有后顾之忧，这三年宝贝外甥航航和涵涵的到来更为我们家增添了很多欢乐。

感谢自己在这并不好走的求学路上没有放弃。读博的三年是自我认可度最低的时候，因为硕士期间没有经过方言学专业训练，读博要从头开始，常常有莫名低落的时候，却每每自我治愈。论文写作期间，久坐导致腰肌劳损，晚上疼得难以入眠，贴膏药又过敏，去针灸又很费时间，于是拖着老腰完成了论文的写作，为自己的毅力点个赞。

"时光容易把人抛，红了樱桃，绿了芭蕉。"三载光阴倏忽而逝，昔我来时玉兰初开，今我往矣蔷薇满园，是北京语言大学给了我最美时光。

博士毕业后回到北方民族大学工作，感谢领导和同事给予的厚爱，让我可以安心教学。感谢 2019 级汉语言文字学研究生冷志敏同学帮我认真校对书稿。感谢人生的每一次遇见，让我觉得生活虽苦犹甜。如今继续耕耘宁夏方言，虽才疏学浅，却也望能以绵薄之力，让方言学界能够更多地了解宁夏、关注宁夏。

2021 年 4 月 20 日于银川